T0326516

Quelles architectures pour quelle Europe ?

Des projets d'une Europe unie à l'Union européenne (1945-1992)

P.I.E. Peter Lang

Bruxelles · Bern · Berlin · Frankfurt am Main · New York · Oxford · Wien

Sylvain SCHIRMANN (dir.)

Quelles architectures pour quelle Europe ?

Des projets d'une Europe unie à l'Union européenne (1945-1992)

Actes des deuxièmes journées d'étude
de la Maison de Robert Schuman
Metz, 9, 10 et 11 mai 2010

Publications de la Maison de Robert Schuman
Études et Travaux
n° 2

© P.I.E. PETER LANG s.a.

Éditions scientifiques internationales

Bruxelles, 2011

1 avenue Maurice, B-1050 Bruxelles, Belgique

www.peterlang.com ; info@peterlang.com

Imprimé en Allemagne

ISSN 2030-5982
ISBN 978-90-5201-742-6
D/2011/5678/31

Information bibliographique publiée par « Die Deutsche Nationalbibliothek »

« Die Deutsche Nationalbibliothek » répertorie cette publication dans la « Deutsche Nationalbibliografie » ; les données bibliographiques détaillées sont disponibles sur le site http://dnb.ddb.de.

Table des matières

Table des sigles et abréviations

ACEN	Assembly of Captive European Nations
	Assemblée des Nations captives d'Europe
AELE	Association européenne de libre-échange
AFCCE	Association française pour le Conseil des communes d'Europe
ANCI	Association nationale des Communes d'Italie
AOF	Afrique-occidentale française
APE	Assemblée parlementaire européenne
BIT	Bureau international du travail
BRI	Banque des règlements internationaux
CAE	Comité d'action pour l'Europe
CCE	Conseil des communes d'Europe
CCRE	Conseil des communes et des régions d'Europe
CDU	Christlich Demokratische Union Deutschlands
	Union chrétienne-démocrate d'Allemagne
CECA	Communauté européenne du charbon et de l'acier
CED	Communauté européenne de défense
CEE	Communauté économique européenne
CEEA	Communauté européenne de l'énergie atomique (Euratom)
CEO	Commission de l'Europe centrale et orientale
CEPL	Conférence européenne des pouvoirs locaux
CES	Confédération européenne des syndicats
CFDT	Confédération française démocratique du travail
CFLN	Comité français de libération nationale
CFTC	Confédération française des travailleurs chrétiens
CIG	Conférence intergouvernementale
CISL	Confédération internationale des syndicats libres
CPE	Communauté politique européenne
CPE	Congrès du peuple européen
GPRF	Gouvernement provisoire de la République française
CSCE	Conférence sur la sécurité et la coopération en Europe
DC	Démocratie-chrétienne

DDR	Deutsche Demokratische Republik République démocratique allemande
ECU	European Currency Unit
EFTA	European Free Trade Association (voir AELE)
EG	Europaïsche Gemeinschaft/Communauté européenne
ENI	Ente Nazionale Idrocarburi/Société nationale italienne des pétroles
EPZ	Europäische Politische Zusammenarbeit Coopération politique européenne
EWS	Europäisches Währungssystem (voir SME)
FEC	Foyer de l'Étudiant catholique
FECOM	Fonds européen de coopération monétaire
GATT	General Agreement on Tariffs and Trade Accord général sur les tarifs douaniers et le commerce
IOM	Groupe interparlementaire des indépendants d'outre-mer
MEC	Mercato europeo comune/Marché commun européen
MFE	Mouvement fédéraliste européen
MRP	Mouvement républicain populaire
NATO	North Atlantic Treaty Organization (voir OTAN)
OECE	Organisation européenne de coopération économique
OIT	Organisation internationale du travail
OMC	Organisation mondiale du commerce
ONU	Organisation des Nations unies
OTAN	Organisation du Traité de l'Atlantique Nord
PAC	Politique agricole commune
PCF	Parti communiste français
PCS	Parti chrétien-social
PE	Parlement européen
PESC	Politique extérieure et de sécurité commune
PSOE	Parti socialiste ouvrier espagnol
PTOM	Pays et territoires d'outre-mer
RFA	République fédérale d'Allemagne
SDN	Société des Nations
SECOME	Section d'Europe centrale et orientale du Mouvement européen
SFIO	Section française de l'Internationale ouvrière
SME	Système monétaire européen

SPD	Sozialdemokratische Partei Deutschlands
	Parti social-démocrate d'Allemagne
UDR	Union pour la défense de la République
UE	Union européenne
UEBL	Union économique belgo-luxembourgeoise
UEF	Union européenne des fédéralistes
UEM	Union économique et monétaire
UEO	Union de l'Europe occidentale
UNO	United Nations Organization (voir ONU)
URSS	Union des Républiques socialistes soviétiques
WWU	Wirtschafts- und Währungsunion (voir UEM)

Préface

L'année 2010 a été marquée par le soixantième anniversaire de la déclaration fondatrice prononcée par Robert Schuman le 9 mai 1950. La célébration de cette date fondamentale dans le processus d'intégration européenne a donné lieu à plusieurs initiatives alors que l'Union européenne franchissait une étape importante de son histoire à la faveur de l'application du Traité de Lisbonne.

C'est dans ce contexte que la Maison de Robert Schuman, site du Conseil général de la Moselle, s'inscrivant dans la continuité d'un premier colloque organisé à Metz du 10 au 12 octobre 2007 sur le thème « Robert Schuman et les Pères de l'Europe : cultures politiques et années de formation », a voulu contribuer à la nécessaire réflexion sur l'histoire et les enjeux du projet européen par l'organisation de journées d'étude qui posaient la question des architectures institutionnelles de l'Europe.

L'ambition de ces journées, introduites par une table-ronde où intervenaient un acteur majeur des institutions communautaires (Jacques Delors) et un grand témoin de l'œuvre européenne de Robert Schuman (Paul Collowald), était ainsi de présenter, de façon originale et novatrice les visions institutionnelles d'acteurs politiques européens et d'analyser leurs actions en faveur de la réalisation de ces différents projets.

Il s'agissait donc d'explorer les représentations, les visions des hommes d'État, responsables de partis politiques, personnalités de premier plan des institutions européennes, qui ont pendant un demi-siècle dessiné des voies possibles pour le projet européen et contribué souvent de façon significative à la construction du meccano institutionnel grâce auquel les politiques européennes se sont développées.

La lecture des communications scientifiques qui constituent la matière de cet ouvrage confirme la nécessité d'un travail collectif autour de la connaissance et de l'approfondissement de l'histoire politique et institutionnelle de la construction européenne. C'est en ce sens que la Maison de Robert Schuman, forte des orientations fixées par son comité scientifique, joue pleinement le rôle de médiation qui est le sien auprès du grand public et établit ce lien essentiel entre l'histoire d'un homme, d'un territoire, et les citoyens mosellans, français et européens d'aujourd'hui et de demain.

Philippe Leroy
Président du Conseil général – Sénateur de la Moselle

Table ronde

« État des lieux et perspectives européennes »

Jacques DELORS

*Ancien Ministre, Ancien Président de la Commission européenne,
Président fondateur de Notre Europe*

Paul COLLOWALD

*Ancien Directeur général de l'information au Parlement européen,
Président de l'Association Robert Schuman.*

Table ronde animée par Sébastien MAILLARD, correspondant permanent de La Croix à Bruxelles et Sylvain SCHIRMANN, Directeur de l'Institut d'Études Politiques de Strasbourg, Président du Comité scientifique de la Maison de Robert Schuman.

Il est utile d'attirer l'attention du lecteur sur le fait que les propos tenus lors de cette table ronde datent du 9 mai 2010. Depuis, des évènements se sont produits en Europe, des orientations ont été définies ici ou là, la mise en œuvre du Traité de Lisbonne s'est confrontée aux réalités de l'Union européenne, l'actualité a bousculé des évidences... Merci au lecteur de prendre en compte ces données, qui prouvent que l'Europe n'est pas figée et qu'elle reste en mouvement.

Sébastien MAILLARD (Se.Ma.) : Pour ce soixantième anniversaire de la déclaration Schuman, la première question que j'ai envie de poser à nos deux invités, presque sous forme d'un interrogatoire, est la suivante : Que faisiez-vous le 9 mai 1950 à 18 h et quel souvenir gardez-vous de ce jour ?

Jacques DELORS (J.D.) : Je travaillais à la banque de France. Je terminais mes études supérieures en travaillant. Ce qui était déjà une chance. Je militais à la CFTC qui allait devenir la CFDT. Et j'ai reçu l'appel de Robert Schuman. J'y ai été attentif grâce à mon père. Mon père était mutilé de la guerre 1914-1918 à 90 %, laissé pour mort sur le champ de bataille. C'est pour vous dire qu'il était vigilant et anti-allemand mais c'était un homme de réconciliation. Et il m'avait toujours éduqué en me disant : « Si l'on veut un jour mettre fin à ces guerres civiles européennes, il faut le faire comme moi je le fais dans ma vie, il faut la réconciliation » et il m'a dit deux ou trois jours après le 9 mai : « Le déclic, c'est l'appel de Robert Schuman ».

Paul COLLOWALD (P.C.) : C'est presque une question piège puisque j'étais, à cette époque, jeune journaliste à Strasbourg, au *Nouvel Alsacien*, et, aucun journaliste de province ne pouvait être à 18 h au Salon de l'Horloge, car le Conseil des ministres se terminait vers 12 h 45. Le temps de téléphoner aux accrédités sur place, et il n'y avait pas de TGV ! Mais, alors, ce qu'il y a pour moi de formidable, c'est que j'ai eu de la chance. J'avais rencontré Robert Schuman, neuf mois avant, puisque j'avais écrit sa biographie. C'était en marge du Conseil de l'Europe au mois d'août 1949 et à la veille des premières élections allemandes. Le dimanche 14 août, la Bundesrepublik n'avait pas encore ni gouvernement, ni parlement. Elle avait son Grundgesätz, sa Constitution. Au FEC (Foyer de l'Étudiant Catholique), à Strasbourg, place Saint-Étienne, il y avait une réception ; j'ai été présenté à Robert Schuman et lui ai évidemment demandé une dédicace. Il m'a dit « Vous l'aurez… Venez avec moi à la préfecture où je loge ». Et en effet, nous avons cheminé vers la préfecture. Alors moi, jeune journaliste, il m'interroge : « Sur quel sujet travaillez-vous ? » Je venais de faire un reportage sur « la jeunesse allemande après le nazisme ». Et Schuman poursuit : « Alors, savez-vous que, dans 48 heures, on vote pour la première fois en Allemagne ? Que va-t-il sortir des urnes ? Va-t-on vers une nouvelle crise ? Est-ce qu'on aura des solutions européennes ? » Donc je chemine avec lui et avec ces quatre questions qu'il se posait. L'après-midi du 9 mai 1950, nous avions été alertés par Paris ; le lendemain devait se réunir, à Londres, une conférence internationale tripartite, et qu'il allait se passer quelque chose au ministère des Affaires étrangères, mais on ne savait pas très bien quoi.

On guettait sur le téléscripteur d'AFP. Dès réception de l'annonce de la Déclaration Schuman j'appelle mon rédacteur en chef et je lui dis : « C'est exactement la réponse aux quatre questions que Robert Schuman se posait à la veille des élections allemandes ! »

Sylvain SCHIRMANN (Sy.Sc.) : Vous venez d'insister encore une fois sur cette nécessité de paix. L'Europe a relativement bien réussi à garantir la paix entre ses États membres jusqu'à présent et pourtant il y a eu des drames, le drame yougoslave, la question chypriote où finalement des peuples européens ont été affectés sur le continent même par des guerres. Alors y a-t-il place pour une défense européenne ? Comment voyez-vous cette articulation avec l'OTAN pour garantir la paix ?

J.D. : La paix aujourd'hui, ce n'est pas simplement une question de défense, même si c'est primordial. « La paix, plus jamais la guerre entre nous », c'était bien entendu le slogan schumanien. Et de ce point de vue là, le bilan de l'Europe est bon si l'on parle de l'Europe à l'intérieur. Il est bon aussi si l'on évoque le drame irlandais. Car nous avons fait beaucoup, dans la mesure de nos moyens, pour aider les deux camps à se mettre d'accord. En revanche, je pense que vis-à-vis de l'ex-Yougoslavie, nous avions oublié les leçons de Robert Schuman, parce que, à l'intérieur de la Yougoslavie, le monde de rancœur, de mémoires tragiques, de volonté de revanche était considérable. Ce qu'il aurait fallu, c'est que, à l'instar de Schuman, on ne leur dise pas « embrassez-vous et dépassez vos frontières » mais « vous allez pouvoir échanger entre vous, sortir de votre situation économique qui n'est pas bonne, et si vous avez des déficits entre vous, l'Europe les paiera ». Il fallait leur apprendre à travailler ensemble. C'était ça la méthode Schuman. On ne l'a pas fait pour l'ex-Yougoslavie. Pour Chypre, on rappellera, j'espère, à la Grèce qu'elle pourrait y mettre un peu du sien alors que nous allons y mettre beaucoup du nôtre. J'espère que cette question sera comprise dans les échanges avec les Grecs.

Se.Ma. : Vous avez souligné que la paix, ce n'est pas que les questions de défense. C'est aussi un état d'esprit, c'est un mot au centre de la déclaration Schuman. Est-ce que vous avez le sentiment qu'aujourd'hui la paix en Europe est trop vite considérée comme un acquis ? Est-ce que la paix ne nous a pas tous un peu ramollis ?

J.D. : Quand on veut analyser l'Europe, et qu'on est un militant européen connu, il ne faut pas attaquer d'abord les personnes qui sont au pouvoir, il faut d'abord regarder l'ambiance, la problématique, et il ne faut donner aucun argument à la spéculation. Ce sont deux règles nécessaires. Si l'Europe va moins bien, c'est parce que d'une part l'individualisme contemporain a balancé trop de son côté par rapport aux valeurs de l'*affectio societatis* comme la solidarité. Voilà un monde dans lequel l'individualisme contemporain est fort et où la mondialisation alerte chaque citoyen qui vit dans le local et voit le global. Ce citoyen a l'impression que cela lui échappe, et l'amène à se rapprocher davantage de sa nation. Bien entendu, certains hommes politiques habiles utilisent ça pour faire du nationalisme rampant voire du populisme. C'est l'ambiance générale qui n'est pas bonne, c'est dans ce contexte que s'éloigne l'esprit schumanien.

Chez Schuman, il y avait en effet un humaniste qui considérait que chacun ne peut pas être le seul juge, qu'il vit dans une famille, dans une société, que chaque homme se définit également par ses relations humaines, alors qu'aujourd'hui avec l'individualisme excessif, avec le marketing qui s'en est emparé, on vit à l'ère du marché, du « toujours plus ». Quand on est homme ou femme politique, on peut plus ou moins céder à cela. Il y a là deux éléments essentiels. Il faut rappeler quelques chiffres : la mère de l'économie, c'est la démographie. Après-guerre, en

1945, l'Europe représentait 15 % de la population mondiale. Aujourd'hui 6 %. Rien que ces chiffres montrent bien que nous avons le choix entre la survie ou le déclin. Il faut impérativement retrouver l'esprit entre les trois éléments qui fondent l'Europe économique et sociale : la compétition qui stimule, la coopération qui renforce, la solidarité qui unit. Le chaînon le plus manquant, ce n'est pas la solidarité même si elle est insuffisante, c'est la coopération. Autrement dit, les États et gouvernements européens ne coopèrent pas suffisamment pour faire face à ce monde. Preuve en est du fonctionnement interne de l'Union économique et monétaire.

Sy.Sc. : Robert Schuman, c'est la réconciliation franco-allemande, c'est le couple moteur. Quel état des lieux faites-vous aujourd'hui sur la réalité du couple franco-allemand ? Est-il aussi moteur ? Peut-il être encore aussi moteur ?

J.D. : Il pourrait l'être. Mais pour moi qui aime parfois les mauvaises plaisanteries, c'est la messe de onze heures sans la foi ! Je veux dire par là que les apparences sont là. La liturgie franco-allemande n'a pas changé. Mais est-ce qu'on y croit vraiment ? Il y a des gens qui se donnent beaucoup de mal pour le jumelage des écoles, le jumelage des villes, l'Office franco-allemand de la Jeunesse. On se donne un peu moins de mal pour apprendre l'allemand et les Allemands pour apprendre le français. Ce sont aussi les rencontres entre chefs d'État. Parfois les intérêts convergent, parfois pas. Prenons un exemple : dans les premières années de la décennie 1970, il y a eu le choc pétrolier. Le prix du pétrole a été multiplié par cinq et il y a eu le fait que le dollar n'était plus rattaché à l'or. Ce phénomène a plongé les pays européens dans une situation extraordinairement difficile. Et à ce moment-là, les Français ont dit : « Le bout du tunnel est proche : on fait 2 % de croissance de plus et on sort de la crise ». Le chancelier allemand Helmut Schmidt a quant à lui déclaré : « On se serre la ceinture ». Les Allemands avaient raison. Dans cette ambiance là, avec deux politiques différentes, deux hommes d'État, Helmut Schmidt et Valéry Giscard d'Estaing, ont réussi à bâtir le système monétaire européen. C'est là l'efficacité du franco-allemand pour l'Europe, c'est de dire à un moment « certes, nous avons des divergences mais où allons-nous si nous n'arrivons pas à travailler ensemble » ? On pourrait aussi évoquer les périodes H. Kohl et F. Mitterrand, voire K. Adenauer et C. de Gaulle.

Se.Ma. : Vous qui êtes un observateur attentif de la scène européenne, est-ce que vous avez le sentiment que l'Allemagne est toujours aussi engagée dans cette construction européenne ou au contraire qu'elle joue un peu cavalier seul ?

J.D. : Il est évident que l'Allemagne de Berlin n'est pas l'Allemagne de Bonn. Il est évident qu'en Allemagne l'individualisme joue un rôle comme chez nous. Il peut y avoir la tentation allemande de trôner au milieu de cette grande Europe. Bref, il y a une sorte de *Sonderweg* qui se poursuit. La France, quant à elle, se perçoit comme irremplaçable et universelle pour tout le monde. Or, si l'Allemand pense *Sonderweg* et la France se croit unique au monde, et si on a des chefs d'État qui ont cette mentalité là, on ne peut pas se parler ni progresser ensemble !

Se.Ma. : Paul Collowald, vous qui connaissez bien l'Allemagne aussi ?

P.C. : Jacques Delors a évoqué Helmut Schmidt et Valéry Giscard d'Estaing, et comme je fréquente mes amis historiens, j'ai toujours quelques petites fiches et notamment s'agissant de Bernard Clappier, Directeur de cabinet de Schuman, qui a joué un rôle extrêmement important entre Monnet et Schuman. Bernard Clappier fut, aussi, l'homme de confiance de Giscard pour le Système monétaire européen. Je l'avais rencontré et, connaissant mon parcours, il m'avait dit un jour : « Croyez-moi, lorsqu'il y a un dossier important, techniquement complexe, mais bien ficelé, et qu'à Bonn et à Paris, il y a une forte volonté politique au service d'objectifs européens identifiables, alors l'Europe avance et, au fond, nos partenaires ne nous en tiennent pas rigueur ».

J.D. : Permettez que j'ajoute une chose. Mon expérience de dix ans à la présidence de la Commission européenne m'amène à dire que tous les pays sont utiles. Il ne suffit pas d'un accord franco-allemand.

Se.Ma. : Les Britanniques également ? On vient d'avoir des élections en Grande-Bretagne, et on voit un nouveau gouvernement qui commence à se profiler. Vous avez eu une forte opposition britannique.

J.D. : Oui, et un combat. Un combat où je respectais beaucoup Madame Thatcher mais elle était en désaccord sur tout. Quand j'ai présenté en 1989 la charte pour les droits européens des travailleurs, elle m'a dit « Moi je ne connais pas ça, je ne connais que les individus, je ne connais pas la société, le social ». Donc c'était quand même assez difficile et avec ses successeurs aussi. Mais malgré tout, dans la synergie d'un Conseil européen ou d'un Conseil des ministres, les Anglais étaient utiles. Par exemple, sir Geoffrey Howe, qui a été le ministre des Affaires étrangères de Madame Thatcher, a dit, lors de la réunion d'un Conseil des Affaires générales où les ministres des Affaires étrangères en partenariat avec la Commission faisaient l'état de l'Union et au cours duquel je présentais un programme : « J'ai des instructions de Madame Thatcher pour dire non au projet de Monsieur Delors mais, chers collègues, je sais qu'au bout de deux ou trois séances, nous serons obligés de trouver un compromis ». La Grande-Bretagne a donc joué le jeu. C'est ça l'Europe. C'est le fait d'être conscient que la survie de l'Europe, sa marche en avant exigent des compromis.

Sy.Sc. : Pour que la messe de 11 heures soit une concélébration, quelles initiatives préconisez-vous aujourd'hui pour relancer la machine franco-allemande ?

J.D. : J'ai déjà dit que l'air du temps n'était pas bon. Il faut revenir à la méthode communautaire. Parce que Robert Schuman, Jean Monnet, à travers la CECA, nous ont donné une méthode. Une méthode qui aujourd'hui n'est plus comprise, ni par nos chefs de gouvernement, ni par les journalistes. Par exemple, certains d'entre eux disent : « L'euro ne peut pas fonctionner s'il n'y a pas un gouvernement européen ». Or, les Européens ne partagent qu'une partie de leur souveraineté. Ce ne sont plus des nations totalement souveraines dans certains secteurs. Ce ne sont pas non plus les États-Unis d'Amérique. Il y a une possibilité de converger sur certains aspects qui sont de souveraineté commune. Pour que l'euro soit une réussite, il faut être fidèle à la méthode communautaire. C'est-à-dire deux exécutifs (le Conseil des ministres et la Commission), deux législatifs (le Conseil des ministres et le Parlement européen qui a d'ailleurs davantage de pouvoirs), un judiciaire (la Cour de justice), et au-dessus un Conseil européen qui doit se limiter aux grandes orientations. Donc si ce système fonctionnait, les politiques auraient devant eux des options beaucoup plus claires et l'opinion publique serait plus exigeante. Malheureusement, cette méthode a décliné depuis 15 ans, de plus en plus. Le Conseil des Affaires générales se réunit rarement et la Commission n'est plus écoutée. Elle est marginalisée alors qu'elle a le droit d'initiative. Au Conseil européen, on va comme on allait à la réunion au moment du traité de Westphalie, c'est-à-dire le concert des nations, comme si nous n'avions rien appris. Or, le concert des nations est aveugle, myope, et ne peut pas nous permettre de dépasser nos petites vues à court terme pour le projet qui nous unit et qui embrasse chaque pays.

Se.Ma. : Vous parliez très justement de la méthode communautaire. On a un Traité de Lisbonne en vigueur depuis quelques mois. Ce traité met-il à mal cette méthode communautaire ou est-elle encore compatible avec ce traité ?

J.D. : Elle serait compatible avec ce traité, mais on a ajouté des personnages : un président stable du Conseil européen. Une personnalité a été nommée qui est surtout un « chairman », Monsieur Van Rompuy, et qui essaie de trouver sa place. Comme on avait fait une concession « aux petits pays », les Anglais ont demandé une compensation sous la forme du poste de haut représentant de l'Union pour les affaires étrangères et la politique de sécurité. De plus, la présidence semestrielle tournante a été maintenue. Ce nouveau ballet ne fonctionne pas – tout au moins jusqu'à présent – et le résultat c'est que les chefs des pays les plus importants veulent jouer les « vedettes » en oubliant peu à peu les mécanismes qui permettent de se mettre d'accord. Prenons un autre exemple : quand on discute de politique commerciale, qui est une matière commune, c'est le représentant de la Commission qui négocie à Genève, au sein de l'OMC, dans le cadre du mandat que lui a fixé le Conseil des ministres. Mais à Copenhague en décembre dernier, on a vu trois grands chefs d'État essayer de résoudre les problèmes. Quand les chefs d'État européens ont voulu monter dans la pièce où avaient lieu les pourparlers entre Chinois et Américains ; il n'y avait plus de clef sur la porte ! C'est d'autant plus dommage que le paquet énergie-climat de l'Europe est le meilleur. Techniquement, il est très bon, il est réaliste. Et on n'a pas pu le défendre à cause de notre absence de méthode.

Se.Ma. : Faut-il dans ce cas revoir le Traité de Lisbonne ?

J.D. : Il n'est plus possible de rebâtir le traité. Il faut faire vivre la méthode communautaire. C'est-à-dire que le Conseil européen ne se réunisse pas tous les mois comme le propose Monsieur Van Rompuy, mais au maximum quatre fois par an, sur la base d'un ordre du jour soigneusement préparé par le Conseil des ministres, et par la Commission après avoir consulté le Parlement européen. Pour ma part, je veillais pour les Conseils européens à ce que l'ordre du jour soit limité. Et sur chaque point de l'ordre du jour, je présentais une note de quatre pages, pas davantage. Ce n'est plus le cas. Aujourd'hui, 27 pays de l'Union se sont réunis autour de la question de l'Union économique et monétaire. Là aussi c'est une question de méthode. Car dix-sept (depuis le 1er janvier 2011) pays se sont engagés, avec les sacrifices et les avantages que cela représente pour une monnaie unique, c'est à eux de créer le fonds de soutien financier européen.

Sy.Sc. : La méthode communautaire dans le cadre de la crise de l'euro et de la crise grecque c'est quoi ? Quels sont les éléments à mettre en place ?

J.D. : La méthode communautaire ça aurait été que chacun fasse bien son travail et sonne l'alerte au moment opportun. Je ne parle pas de la crise financière initiale. J'avais avec Helmut Schmidt fait un papier, un « warning », au début de l'année 2000. Parce que nous étions dans un climat d'euphorie, l'idéologie dominante c'était la création de valeurs financières. Ce n'était pas l'augmentation des emplois ou la vie à long terme des entreprises, mais le cours en bourse et le courtermisme. L'histoire nous enseigne à ce propos que tout pouvoir qui n'a aucune limite en abuse. Or le pouvoir financier n'avait aucune limite. Mais on a vécu dans cette euphorie et cette euphorie avait des conséquences sur les comptes économiques des pays membres de l'euro et c'est là qu'il fallait être vigilant. Or cela n'a pas été le cas. Et, quand je lis dans les journaux allemands « On ne va pas payer pour la Grèce », Certes, la Grèce a commis des erreurs, elle a même triché, mais n'oublions pas que les dix-sept gouvernements de la zone euro n'ont rien vu venir et donc ils sont responsables et par conséquent ils doivent eux aussi contribuer à trouver une solution et son financement.

Se.Ma. : Ils sont donc coresponsables. Puisqu'on parle de l'euro et de la déclaration Schuman, il faut rappeler le passage peut-être le plus célèbre de cette déclaration « faire l'Europe par des réalisations concrètes créant d'abord une solidarité de fait ». On a une réalisation concrète qui est l'euro. Où est la solidarité de fait ?

J.D. : La solidarité est dans les faits. On va tous devoir payer. La solidarité est là. Elle est plus forte à l'intérieur de la zone euro qu'à l'extérieur. Ce n'est pas une solidarité consciente mais le fait que ce qui s'est produit en Grèce et qui pourrait avoir lieu dans d'autres pays a des retombées sur nous tous. Nous paierons la crise par moins de croissance et d'emploi, la baisse du niveau de vie et l'accroissement des inégalités.

Se.Ma. : Pour vous l'euro demeure la plus belle réalisation concrète de l'Europe ?

J.D. : La plus belle réalisation concrète de l'Europe, c'est la CECA dans laquelle des pays qui se sont combattus pendant un siècle se sont dit « mettons ensemble – ce qui était alors le nerf de la guerre – l'acier et le charbon et inventons une Haute Autorité avec un Comité consultatif pour les aspects sociaux ». C'était donc un système équilibré. La vision de l'avenir, les nécessités du moment, l'économie, le financement, le social, tout cela était intégré. Il y avait même un fonds de financement qui a été très bien utilisé par Étienne Davignon quand il était vice-président de la Commission européenne pour résoudre les problèmes de la sidérurgie. C'est le meilleur traité qu'on ait eu. Il y avait la mise en commun, l'état d'esprit, et il y avait la méthode et la solidarité.

Se.Ma. : Paul Collowald, vous qui avez aussi un regard sur toute cette période. L'euro c'est la plus belle réalisation de l'Europe ?

P.C. : C'est-à-dire que j'ai fait sa connaissance il y a bien longtemps. En 1969, j'étais le porte-parole de Raymond Barre à la Commission. Or, pour le sommet de La Haye, en décembre 1969, le vice-président Barre avait rédigé un mémorandum où étaient déjà présents les deux éléments de la coopération économique et de la monnaie.

J.D. : Et la commande d'un rapport à Monsieur Werner, le Premier ministre luxembourgeois.

P.C. : Cela me rappelle que j'ai rencontré Jacques Delors à Strasbourg lorsqu'il était en train de « ficeler » son rapport d'avril 1989. 700 étudiants avaient été invités dans la grande salle des Fêtes à Strasbourg et c'était Pierre Pflimlin qui présidait cette réunion organisée par le FEC. Un étudiant a lancé les participants sur la question du destin de l'Allemagne. Et alors ce qui m'a fait comprendre, après coup, la réaction de Jacques Delors au moment de la chute du Mur, c'est sa réponse à la question de l'étudiant qui l'interrogeait sur l'attitude à adopter vis-à-vis de l'Allemagne : « Les Allemands, il faut les aimer ! »

J.D. : Je l'ai dit. Cela n'a pas plu à tout le monde puisqu'un célèbre homme politique français a dit : « la chute du Mur de Berlin a fait un mort, Jacques Delors » !

Se.Ma. : Est-ce que vous pensez que l'on peut voir l'Europe sortir grandie de cette crise qui d'ailleurs est peut-être en train de se dénouer au moment où l'on parle ?

J.D. : Oui, la crise peut faire réfléchir sur le vice de construction de l'Europe économique, sociale et monétaire que j'ai dénoncé tout à l'heure. Rétablir l'équilibre entre l'économique et le monétaire, redonner à la Commission son rôle de vigilance et d'application des traités et des lois européens, sa force de proposition, et ainsi obliger les ministres des Finances à parler entre eux de leurs propres problèmes. Évidemment, cela est très difficile, c'est pour cela que quand les ministres des Finances se réunissent, ils parlent des autres mais pas de leurs propres affaires. Ils se ménagent entre eux. D'abord parce que les ministres des Finances et les gouverneurs de banques centrales ont un caractère en commun : ils considèrent que le monde entier est un monde de « pêcheurs ». Et si on les écoutait, le monde irait beaucoup mieux. Ça reste à vérifier !

Sy.Sc. : Dans des entretiens récents, vous parliez de l'énergie pour relancer le processus européen. Pourriez-vous nous en dire un peu plus sur cette communauté de l'énergie que vous envisagez ?

J.D. : Nous avons des problèmes assez graves en matière énergétique. Nous dépendons toujours du pétrole et du gaz. Pour l'instant, nous dépendons du gaz à 65 % en Europe, car il y a encore du gaz dans le Nord européen. Mais demain, dans quinze ans, nous serons dépendants à 90 % dont 50 % en provenance de Russie. C'est un grand problème géopolitique. Et regardez d'ailleurs, tous nos chefs de gouvernement se précipiter auprès de Poutine pour lui faire des grâces. Comme Européen, j'ai honte. Les Européens se disputent sur trois projets de gazoducs à propos desquels les intérêts et les enjeux sont immenses. Les Italiens sont favorables à celui-ci tandis que Gaz de France-Suez est favorable à celui-là. Bref, nous sommes comme dans la tragédie de Corneille, des Curiaces face aux Horaces. Donc nous sommes ridicules et faibles. C'est pourquoi il faut que nous retrouvions une sécurité d'approvisionnement, une capacité de négociation, c'est-à-dire des groupements d'achat, des réseaux européens pour transférer les énergies d'un point à un autre, un fonds de financement sur les énergies nouvelles. Si nous faisons cela, on pourra dire que l'Europe a également une politique étrangère en matière énergétique, ce qui n'est pas le cas actuellement.

Voilà la proposition que j'ai faite avec le président du Parlement européen pour une communauté européenne de l'énergie. Si nous faisions cela, c'est comme lorsque nous avons mis en commun le charbon et l'acier, nous nous connaîtrions mieux, nous verrions mieux nos intérêts communs et nous serions plus forts.

Se.Ma. : S'il y a une réalisation concrète à faire, c'est une nouvelle déclaration Schuman du 9 mai 2010 ?

J.D. : Non. Par rapport à ce qu'on peut proposer aujourd'hui, rien n'est comparable sur le plan moral et spirituel à l'appel de Robert Schuman. Il faut bien le comprendre. Je ne savais pas comment définir ce choc spirituel et j'ai lu un livre d'Hannah Arendt qui portait ces mots fabuleux : le pardon et la promesse. Le pardon, qui n'est pas l'oubli, et la promesse qui est que les générations qui viennent pourront être réintroduites dans la communauté humaine. Nous n'oublierons rien mais personne ne sera rejeté. Trouver un homme qui porte un projet aussi fort, cela ne pourra être qu'après une tragédie humaine, un bouleversement tel qu'il faille un nouveau Robert Schuman ou un nouveau Jean Monnet.

Se.Ma. : La promesse de l'Europe pour beaucoup d'Européens, c'est la paix mais aussi une vie meilleure. Dans la déclaration Schuman, il est d'ailleurs question « d'égaliser le progrès des conditions de vie des travailleurs ». Cela nous amène un autre point de la construction européenne qui peut être abordé avec le terme générique d'« Europe sociale ». Est-ce que pour vous cela reste le parent pauvre de la construction européenne ou est-ce un moyen de là relancer ?

J.D. : D'abord, il faut regarder qui fait quoi, le partage de la souveraineté. Les problèmes sociaux sont pour une grande part d'entre eux de compétence nationale. Pensez-vous que les Français soient prêts à accepter le système de sécurité sociale allemand ou anglais ? Est-ce que vous pensez aussi que les Italiens et les Portugais puissent faire aussi bien que l'agence allemande de l'emploi ? C'est ce que j'ai dit au moment du référendum de 2005. Ce que la France doit faire pour elle-même, l'Europe ne le fera pas pour elle. L'Europe n'est pas un remède miracle ; c'est une ambition pour faire mieux ensemble et répondre aux défis de l'Histoire mais nous avons du travail à faire du côté français. J'ai essayé de le faire à la Commission avec l'instauration du dialogue social. Les organisations syndicales ont eu le courage de soutenir le projet européen du marché unique. Il y a eu la Charte européenne des droits des travailleurs, il y a eu dans l'Acte unique des minima pour fixer les conditions de santé et d'hygiène sur les lieux de travail, des minima qui tirent vers le haut les pays moins avancés socialement, et ensuite il y a le fonds de cohésion économique et sociale. Quand je suis arrivé à la Commission, 5 % du budget était pour le développement régional et l'aide aux régions les plus pauvres. À présent, c'est 40 %. Tout cela, c'est du social ! Peut-on aller plus loin ? Peut-on avoir une politique européenne de l'emploi alors que beaucoup de nos problèmes d'emploi sont des problèmes de terrain, des problèmes de régions, ou locaux ? Qui accepterait aujourd'hui un traité social ? Il faudrait prendre la moyenne arithmétique entre les niveaux de vie du Luxembourg et la Bulgarie !

Sy.Sc. : Une politique de revenus qui pourtant peut avoir un rôle monétaire aussi ?

J.D. : Je pense que la consolidation de l'Union économique et monétaire n'est pas envisageable sans un rapprochement des législations fiscales. C'est-à-dire que l'impôt sur les entreprises et l'impôt sur le revenu des capitaux mobiliers doivent s'harmoniser et que l'on décide d'un salaire minimum européen car le dumping social et fiscal sont incompatibles avec la morale et les règles du jeu d'une Union économique et monétaire. Il y a encore beaucoup à faire.

Se.Ma. : Ce n'est pas facile à faire accepter aux Allemands car il n'y a pas de salaire minimum en Allemagne.

J.D. : C'est le cas. D'ailleurs, le salaire minimum ne doit pas obligatoirement être identique dans tous les pays. Si on dit que le salaire minimum, c'est X % du revenu moyen de chaque pays, ce serait déjà un grand progrès. Mais je crois qu'il faut rester ferme et qu'il n'est pas normal qu'un pays qui a voté non au Traité de Lisbonne, et qui est un champion du dumping fiscal, n'ait pas été rappelé à l'ordre par les autres pays membres. Le vouloir-vivre ensemble implique un minimum de devoirs communs.

Se.Ma. : Vous parliez des fonds régionaux qui ont beaucoup soutenu le développement de l'Espagne, du Portugal ou de la Grèce. Tous ces pays n'ont pas fait forcément bon usage de ces fonds ?

J.D. : En tous les cas, c'est très populaire : quand j'allais en Grèce, dans le Péloponnèse, ils parlaient du « Paketo Delors » à propos des fonds régionaux !

Se.Ma. : C'est une politique qui a de l'avenir ?

J.D. : La politique de cohésion économique et sociale est menacée parce que la conception de certains pays est la suivante : on donne un chèque chaque année aux nations les plus pauvres et c'est terminé. Ce n'est pas cela la cohésion sociale ! C'est l'appel à chaque région pour qu'elle prenne son destin en main, et c'est la diffusion des informations économiques sur l'activité des autres régions pour les amener à coopérer entre elles, pour faire mieux ensemble que séparément. La cohésion économique et sociale, c'est un travail d'ensemble, c'est un compagnonnage. C'est comme cela qu'on l'avait conçu. On s'éloigne maintenant de cette orientation parce que les gouvernements sont soucieux de limiter les dépenses européennes et ne s'inscrivent plus dans des conceptions communautaires.

Sy.Sc. : À propos de solidarité, dans la déclaration Schuman, il est question aussi d'Afrique. Est-ce que l'un des objectifs de l'Europe, c'est le développement de l'Afrique ? Peut-être cette première question à Paul Collowald, pourquoi cet intérêt pour l'Afrique chez Robert Schuman ?

P.C. : En fait, la phrase qui figure dans la déclaration Schuman ne figurait pas dans la « dernière version ». Dans les Mémoires de Monnet, il est rappelé que c'est René Mayer qui a demandé d'ajouter cette phrase que Robert Schuman a trouvé absolument formidable parce que lui-même, dans ses propos liminaires, avait parlé des pays de l'Est, pas seulement de l'Ouest, et, aussi, de l'Afrique. Cela permet de faire comprendre aujourd'hui aux jeunes que l'Europe, voulue par Robert Schuman, n'est pas exclusivement mercantile et que ce n'est pas non plus une Europe frileuse, repliée sur elle-même. Elle avait un regard déjà, vers l'est et le sud. Et c'est dans la déclaration Schuman !

J.D. : La Convention de Lomé, puis celle de Cotonou, qui unit depuis longtemps la Communauté européenne puis l'Union aux pays africains a donné de bons résultats dans la mesure de ses moyens. Elle n'a pas été inutile mais si l'on veut parler des pays africains, il faut remonter plus loin. Par exemple la zone franc a joué un grand rôle parce que les pays de l'ouest et du centre de l'Afrique ont été obligés de travailler ensemble puisque ils disposaient d'une banque centrale commune. Cela a été un peu perdu de vue. Les pays africains doivent travailler ensemble. Tous les pays africains ne peuvent avoir trois usines à portée internationale pour la pâte à papier, à partir de leurs forêts. Tout cela il faut leur expliquer. Ils ne savent pas gérer leurs ressources en eau. Mais, pour l'instant, la nouvelle donne c'est la Chine. La Chine est en train d'opérer de grands chantiers en Afrique.

J'ai eu à cet égard de grandes discussions avec le chancelier Kohl qui est un très grand Européen et quand on a commencé à préparer l'intégration des pays de l'Est, il avait compris qu'il ne fallait pas oublier le Sud. Et les budgets européens étaient préparés en conséquence.

Est-ce qu'aujourd'hui, on en est encore là ? Il y a toujours des politiques anglaises, françaises et italiennes vis-à-vis de l'Afrique. C'est inévitable, car il y a incontestablement des traditions qui perdurent. Mais l'Afrique est malade et le Fonds monétaire international pendant longtemps ne l'a pas vraiment aidé parce que leurs experts apprenaient aux Africains comment « mourir guéri ». Ce qui effectivement n'avait pas beaucoup de sens. Notre principale responsabilité, vis-à-vis de l'Afrique du Nord et de l'Afrique centrale, c'est de leur faire comprendre qu'ils doivent produire ce dont ils ont besoin pour vivre et notamment l'alimentation via l'agriculture. Un pays africain qui a une grande monoculture de cacao ou de café est soumis en permanence aux cours mondiaux. C'est pourquoi l'agriculture vivrière doit être développée dans toute l'Afrique, d'abord pour le besoin de ses populations, et dans un intérêt national.

Sy.Sc. : Est-ce que l'Union européenne a encore un poids en Afrique ? Et plus généralement sur la scène internationale ?

J.D. : Elle a un poids commercial. Nous sommes le premier donateur d'aides au monde, y compris pour l'aide aux réfugiés. Donc, il ne faut pas nous sous-estimer. Mais nous avions auparavant quelque chose en plus que nos difficultés et nos divisions intérieures ont fait oublier. C'est que beaucoup de décideurs dans le monde pensaient que ce que les gouvernants européens ont imaginé pour l'Europe, ce système d'ensemble de pays souverains qui délèguent seulement une partie de leur souveraineté, c'est peut-être demain ce qu'il faudra faire au niveau mondial. Donc il y a un prestige du modèle européen. Ce prestige, on ne peut le garder que si nous sommes à la fois cohérents et puissants. C'est un atout considérable pour nous. D'ailleurs, Jean Monnet, qui était secrétaire général de la Société des Nations avant-guerre, quand il pensait à l'Europe, il pensait aussi à l'organisation mondiale.

Se.Ma. : L'Union africaine a été une tentative en ce sens ?

J.D. : Oui. Il faut bien voir que l'Europe a joué un rôle de modèle d'organisation. D'ailleurs, dans le contexte actuel, les Indiens, les Chinois et les Russes positionnent leurs monnaies comme de futures monnaies internationales et s'intéressent à la structure du système monétaire européen comme modèle théorique. Donc le modèle européen a de l'avenir, à condition de croire en nos propres méthodes et de donner au monde l'image non pas d'une uniformité mais d'une certaine cohérence et d'une grande coopération entre nous.

Se.Ma. : Pensez-vous justement que l'Europe aujourd'hui sous-estime la valeur de son modèle ?

J.D. : Oui. Et nous revenons peu à peu à l'esprit du XIXe siècle, à l'esprit du « concert des nations » selon Metternich. Seuls, nous ne sommes plus des grands dans le monde, qui est différent et il faut le voir d'une manière pragmatique. Une grande modestie peut parfois déboucher sur une grande ambition.

Quand je suis arrivé à la Commission, je savais que l'Europe politique ne pouvait avancer davantage. On a donc continué à construire l'Europe économique mais l'Europe économique c'est loin des citoyens. Il s'est créé un écart – dont je suis un peu responsable aussi – entre les réalisations économiques européennes et la perception des citoyens. Si vous ajoutez à cela que quand nos chefs de gouvernement reviennent d'un Conseil européen, ils disent : « Nous avons gagné ». Et plus tard, ces mêmes chefs de gouvernement font un discours sur le thème « Nous sommes pour l'Europe ; nous formons une grande famille ». Les citoyens raisonnent et disent avec bon sens : « Tiens il a gagné contre ses frères. C'est étrange ! Si on est ensemble, on gagne tous ensemble ». C'est de la pédagogie. On dit souvent que les gens sont éloignés de l'Europe. Voilà un changement qui pourrait être réalisé : que les gouvernants européens reviennent d'un Conseil européen en disant : « Nous avons gagné tous ensemble et j'ai apporté ma part ». De cette manière l'Europe pourra être mieux comprise.

Sy.Sc. : Une dernière question, Robert Schuman, quand il a pris la présidence du Mouvement européen insistait beaucoup sur les jeunes. Il insistait sur le fait qu'ils ont dépassé les nationalismes et qu'ils comprennent instinctivement ces processus de coopération. Qu'en est-il de votre point de vue ? Paul Collowald ?

P.C. : Si j'ai le plaisir d'être aujourd'hui aux côtés de Jacques Delors comme témoin, je suis aussi président de l'Association Robert Schuman et j'ai eu cette idée de « l'Épopée des jeunes ». Je leur ai parlé, bien entendu, des origines de notre aventure européenne, mais j'ai aussi rappelé le triptyque bien connu de Jacques Delors : compétition, coopération, solidarité. J'ai alors ajouté que j'allais tester Jacques Delors sur le triptyque que nous pourrions lier à ce soixantième anniversaire : la confiance qui met en marche, la persévérance qui renforce, l'espérance qui nous maintient debout. Voilà mon message pour la jeunesse.

Se.Ma. : Une dernière question à Jacques Delors. Nous sommes le 9 mai, soixante ans après la déclaration, nous sommes à la Maison de Robert Schuman, haut lieu symbolique de l'Europe. Autre symbole qui a été adopté sous votre présidence à la Commission européenne, c'est l'hymne européen, « l'hymne à la joie ». Qu'est-ce qui fait aujourd'hui votre joie en Europe ?

J.D. : C'est de voir les jeunes se rassembler pour un projet européen. J'ai d'ailleurs eu beaucoup de mal à faire adopter le rapport relatif au programme Erasmus. C'est là où les institutions ont rempli leurs fonctions. Je faisais travailler les ministres européens de l'Éducation sur ce programme et il y avait les oppositions de deux pays. Nous étions alors dix pays membres et nous allions être douze. Et donc ce projet traînait. C'était la présidence britannique qui préparait le Conseil européen. Je vais donc rendre visite au Premier ministre britannique, Madame Thatcher, en décembre 1986. Le sujet majeur qui l'intéressait était la question du budget européen, les conflits entre le Parlement et le Conseil. Elle m'a demandé de faire le point devant les chefs d'État. Et ensuite je lui ai parlé de ce projet de programme d'échange d'étudiants pour lequel elle souhaitait avoir un temps de réflexion. Et au cours d'une deuxième réunion, elle m'a dit qu'elle avait consulté son ministre et que cela n'était pas simple. Je lui ai répondu que ce projet avait été affiné mais que puisque les États membres n'en voulaient pas, je dirais, lors de la conférence de presse qui suivrait le prochain Conseil européen, que la Commission européenne, selon son droit d'initiative, retire son projet et j'expliquerai pourquoi.

Au Conseil européen qui a suivi, les chefs d'État ont exprimé le vœu et ont demandé à leurs ministres de l'Éducation de mettre en place le programme Erasmus.

Ce n'est pas la Commission européenne qui a gagné, ce sont les institutions européennes, c'est-à-dire la méthode communautaire !

De gauche à droite : Sébastien Maillard, Jacques Delors, Paul Collowald, Sylvain Schirmann. © J.C. Kanny.

Introduction

Sylvain Schirmann

Le projet d'Europe unie tel qu'il s'est forgé progressivement porte avec lui l'ambition de sécuriser, et de pacifier un continent sujet jusqu'à une époque récente de conflits répétitifs et meurtriers. Au-delà de ce premier objectif, ne s'agissait-il pas non plus de favoriser, à travers un processus d'unification, la croissance économique et la protection sociale ? Ou encore de lutter contre un déclin, un recul des États européens sur la scène internationale, et cela depuis plus d'un siècle face à l'affirmation des États-Unis, du Japon, puis plus récemment face aux indépendances coloniales, voire face aux pays émergents ? On peut, pour simplifier, retrouver quelques termes derrière le projet européen : paix, croissance, protection sociale, état de droit, affirmation et solidarités internationales. Une question demeure cependant : quelle voie suivre pour y parvenir ? Quels schémas mettre en place pour s'en approcher ?

À regarder sur la longue durée, quelques voies se dégagent, parfois pertinentes, parfois impasses. Il y a d'abord une voie politique. Pour certains concepteurs de l'Europe unie, il faut imaginer des contours d'institutions européennes : tantôt une Europe confédérale, tantôt fédérale, voire d'autres formes institutionnelles plus complexes. Les inspirateurs d'une voie économique nous vantent au gré de leurs positions soit une union douanière, soit une zone de libre-échange, ou encore un marché unique. Certains intellectuels insistent quant à eux sur une approche culturelle, passant par la construction d'une identité européenne pour faire admettre le bien-fondé d'une aventure que l'on souhaite commune. On peut continuer l'inventaire des voies en s'intéressant au social et à d'autres pans qui serviraient à fédérer des États nations.

Construire l'Europe, c'est envisager ce rapport avec l'État nation. Doit-il conserver sa souveraineté ? Doit-il en céder des pans ? Lesquels ? Envisage-t-on ou non sa disparition ? Construire l'Europe, c'est également tenir un discours sur la méthode. Le schéma doit-il obéir à une logique fonctionnaliste ? C'est-à-dire commencer par intégrer un secteur, le doter d'institutions communautaires, créer des solidarités de fait qui permettent d'envisager par la suite d'autres coopérations et de fil en aiguille un approfondissement de la construction européenne. Ou faut-il obéir à une logique plus nationale ? C'est-à-dire penser que l'État nation ne peut plus seul subvenir à l'intégralité de ses missions et donc favoriser des synergies au nom même de l'intérêt national ? Dès lors il s'agit de définir les secteurs à « communautariser » : économie, monnaie, sécurité, etc. Mais à côté de ces schémas bien classiques, d'autres réflexions se sont exprimées. Faut-il une construction d'ensemble (et dans ce cas la question des frontières se pose) ou partir de noyaux premiers : un couple franco-allemand ? Un ensemble occidental ? (Certains ont bien parlé d'une « Lotharingie industrielle ».) Ou encore pourquoi ne pas imaginer une Fédération d'ensembles régionaux, comme d'aucuns y avaient songé dans les années 1920 et 1930 ?

Qui porte les projets ? Et en fonction du porteur n'a-t-on pas des « Europes » différentes ? À y regarder de près, ils sont tantôt l'œuvre de publicistes, d'intellectuels ; tantôt des hommes politiques en charge de responsabilités gouvernementales (donc des États). Mais on peut y voir aussi la main d'associations, d'organisations (Églises, syndicats, organisations patronales, pacifistes, partis politiques) et d'organisations internationales (SDN, BIT, etc.). La place des élites semble ainsi centrale dans ces projets. Peut-on cependant espérer construire une Europe unie sans les peuples ? Quand doivent-ils être consultés ? Intégrés au processus, et sous quelle forme ? Si les projets européens répondent assurément aux objectifs de leurs concepteurs, il ne faut pas oublier non plus de s'interroger sur le contexte dont ils portent également la marque. Crise économique (pensons à celle de 1929, à celle des années 1970), besoins de reconstruction (les après-guerres), tensions diplomatiques (guerre froide) marquent de leur sceau le processus. Ils obligent à des solutions originales.

Se dégage ainsi un ensemble de questions qui forment la trame de ce colloque. Plusieurs choix ont été opérés par le comité scientifique de la Maison de Robert Schuman. Nous avons pour cette manifestation scientifique mis l'accent sur les projets et architectures élaborés par l'acteur politique. Celui-ci renvoie aussi bien à l'homme politique, le responsable gouvernemental, voire l'homme d'État, mais aussi aux élites parlementaires, aux dirigeants des formations politiques et à ces formations, aux conseillers, aux mouvements d'opinion. Au cœur de ces pages, les acteurs mêmes de la construction d'une Europe politique. Nous avons ensuite délimité le cadre chronologique allant des premiers pas communautaires, au tournant de la dernière guerre, jusqu'au traité de Maastricht et à la naissance de l'Union européenne. Cela nous permet de voir cette Europe en construction à six, neuf puis douze ; de la voir face à la crise des années 1970-1980, face aussi au défi de la fin du bloc soviétique. Les acteurs de cette longue période ne partent cependant pas sans acquis et sans constats à méditer.

À la faveur de deux guerres mondiales et en l'espace d'une génération, l'Europe disparaît comme puissance. Chaque grand État européen a dû enterrer son rêve hégémonique : l'Allemagne et l'Italie à la faveur d'une guerre qu'elles avaient en grande partie provoquée et qui a conduit au champ de ruines de 1945 ; la France, marquée par la défaite de 1940 et auparavant par l'affaire de la Ruhr qui ne lui a pas permis de constituer l'Europe qu'elle espérait au lendemain de la Première Guerre mondiale ; le Royaume-Uni, exsangue à la fin de la Seconde Guerre mondiale. Le continent européen est confronté à la présence sur son sol des troupes américaines et soviétiques et doit compter avec Moscou et Washington pour sa réorganisation. Il faut donc en tirer la conclusion que l'État nation, base de l'organisation politique de l'Europe, n'a pas été en mesure de garantir la sécurité, la prospérité économique et le progrès social à ses ressortissants. L'expérience est traumatisante. Mais dans le même temps les facteurs de renouveau ne manquèrent pas. Parmi ces facteurs : le projet européen. Il a exploré de nombreuses pistes depuis la fin du XIXe siècle, s'est approfondi au cours des années 1920. Quel est le legs à la fin du second conflit mondial ?

D'abord que sans prise de conscience d'une identité commune, il n'y a pas d'union politique possible[1]. Du début des années 1920 à la fin de la Seconde Guerre mondiale, on a constamment insisté sur un certain nombre de valeurs : l'humanisme européen, les convergences culturelles, le pacifisme, et l'éducation. Certains y ajoutent encore le libéralisme économique. Ces valeurs portent en elles l'héritage de l'antiquité gréco-romaine et du christianisme. Revenir à ces racines libère l'avenir. C'est en leur nom que la résistance combat le projet nazi d'une autre Europe, d'une « anti-Europe ». À la fin de la guerre, l'identité européenne s'assimile à certaines normes : liberté individuelle, respect des droits de l'homme, refus du totalitarisme, attention portée aux petits États et à leur droit à disposer d'eux-mêmes, quête de la vérité et nécessaire protection sociale, et, enfin, attention portée aux faibles. Cette définition, si elle recueille les héritages des années 1920, porte indéniablement aussi la griffe de la résistance. Elle est l'aboutissement d'une quête qui a commencé dès le XIXe siècle, et qui a connu un début de réalisation à travers les congrès mondiaux de la paix, à travers la constitution du tribunal international de la Haye, et à travers le mouvement en

---

[1] Certains ouvrages permettent de faire le tour de la question : Chabot Jean-Luc, *Aux origines intellectuelles de l'Union européenne. L'idée d'Europe unie de 1919 à 1939*, Grenoble, Presses universitaires de Grenoble, 2005 ; Schirmann Sylvain, *Quel ordre européen ? De Versailles à la chute du IIIe Reich*, Paris, A. Colin, 2006 ; Muet Yannick, *Le débat européen dans l'entre-deux-guerres*, Paris, Economica, 1997 ; Saint-Gille Anne-Marie, *La « Paneurope ». Un débat d'idées dans l'entre-deux-guerres*, Paris, Presses de la Sorbonne, 2003.

faveur d'une Société des Nations. Peuvent s'y reconnaître les tenants du libéralisme, du christianisme et du socialisme. Certains communistes ne sont pas insensibles à l'idée d'une unité européenne, comme prémisse de la révolution mondiale[2].

Mais ensuite la période antérieure à 1945 insiste également sur la nécessité de donner un contenu politique, économique, et social à une Europe unie, de définir ses limites, et d'indiquer une méthode adéquate de construction. Concernant les limites d'une Europe unie, les premiers projets, au début des années 1920, excluent l'Angleterre et la Russie. L'Europe se limite au continent, de l'Atlantique à la frontière russe, car l'empire britannique, tout comme l'énorme entité russe la déséquilibrerait par trop. Elle s'organiserait alors autour du couple franco-allemand, dont la réconciliation est une nécessité[3]. On retrouve de telles perspectives dans certaines visions issues de la résistance. Vers la fin des années 1920, puis surtout au moment de la crise économique, d'autres projets incluent le Royaume-Uni. Significatif reste le débat de janvier 1931 à la Commission d'études pour l'Union européenne de la SDN où les différents membres discutent de l'adhésion de la Turquie et de l'URSS[4]. En décidant de les y admettre, les pays européens estiment qu'il n'y a pas de stabilité européenne sans eux. Mais il faut dire que cette admission comporte également des arrière-pensées politiques, les États révisionnistes ayant à l'époque tout à fait intérêt à encourager l'arrivée de puissances pour lesquelles l'ordre européen n'était pas satisfaisant. Il va de soi pour les contemporains des années 1930 que l'Afrique serait associée à l'Europe. Les faits empêchèrent l'avènement de ce dessein[5]. Dès le début des années 1920 également, certains intellectuels estimèrent que ce n'est pas le continent européen qu'il faut unir, mais les pays de civilisation européenne. Aux « États-Unis d'Europe » fait face le concept d'« États-Unis de nations européennes ». Il s'agit de regrouper

---

[2] Coudenhove-Kalergi Richard, *Pan-Europa*, Wien, Paneuropa Verlag, 1923 ; du même, *Lettre ouverte aux parlementaires français*, Wien, Paneuropa Verlag, 1924 ; Romier Lucien, *Nation et Civilisation*, Paris, Les Documentaires, 1926 ; Keyserling Hermann von, *Analyse spectrale de l'Europe*, Paris, Stock, 1931 ; Sur le communisme et l'Europe, lire Trotski Léon, *Europe et Amérique*, Paris, Librairie de l'Humanité, 1926. Sur la résistance, voir l'ensemble très riche de Lipgens Walter, *Europa Föderrationspläne der Widerstandsbewegungen 1940-1945*, München, Oldenbourg, 1968.

[3] Cf. l'œuvre de Coudenhove-Kalergi ; ou encore Mann Heinrich, *Der Europäer*, in *Essays*, Frankfurt am Main, 1989. On se reportera également à la politique de Briand et de Stresemann. De nombreux travaux existent, permettant d'approcher les enjeux de ces politiques.

[4] Se reporter à Schirmann Sylvain, *Quel ordre européen ?..., op. cit.*

[5] Bitsch Marie-Thérèse, Bossuat Gérard (dir.), *L'Europe unie et l'Afrique. De l'idée d'Eurafrique à la convention de Lomé I*, Bruxelles, Bruylant, 2005.

non seulement les États européens, mais aussi les États-Unis et certains pays de peuplement européen. On retrouve cette idée de dépassement de l'Europe par une civilisation occidentale dans les projets de technocrates qui rêvent de réconcilier le génie européen et la technologie américaine. Dans cette veine se situe l'ambition d'un Monick ou d'un Michel Debré, songeant à mettre en place les contours d'un « atlantisme » plus européen qu'américain. Europe européenne aux frontières encore floues à l'Est, avec ou sans la participation du Royaume-Uni, ou, Europe atlantique, c'est-à-dire une Europe prenant place dans un ensemble plus vaste avec les États-Unis, la question reste ouverte en 1945. Les contours de l'entité européenne dépendent souvent du projet européen que l'on poursuit[6].

Les tenants de l'Europe européenne espèrent une Europe puissance, capable de peser dans le débat international. Le temps, estime-t-on, est aux grands ensembles géopolitiques, car progrès techniques et nécessités économiques poussent à l'unité. Seules de telles entités compteront dans le monde de demain. Cette pensée traverse la période de Coudenhove à la Résistance. On la retrouve derrière le propos de Riou, « s'unir ou mourir »[7]. Un tel ensemble suppose frontières et institutions. Il repose sur des valeurs communes, car comme l'expliquent certains auteurs, la civilisation américaine est différente de l'européenne. Les États-Unis constituent en effet le pays de la prouesse technologique, des performances économiques, et des méthodes de production sans âme. L'Europe au contraire est étrangère au « fordisme », ayant placé l'éducation et l'esprit au cœur de ses valeurs[8]. La « Paneurope », dont la vocation est de contribuer également au développement de l'Afrique, qui lui est liée (« Eurafrique »), est ainsi le seul avenir possible pour les nations européennes, faute de quoi elles ne pèseront plus face aux empires achevés ou en cours de constitution : l'empire américain, soviétique, britannique ou encore asiatique. En 1945, et dans les milieux de l'exil et de la résistance, se forge sur les mêmes réflexions le concept du troisième Grand. D'autres estiment en revanche qu'Europe et États-Unis doivent être les moteurs d'une civilisation occidentale, mue par un développement économique et technologique sans précédent, attachée au pluralisme politique et au libéralisme économique. Cette civilisation a vocation non seulement à s'opposer au communisme, mais encore à

---

6   Heerfordt Hans Christian, *L'Europe nouvelle I*, Copenhague, 1924 ; voir Monnick Emmanuel, *Pour mémoire*, Paris, 1970 ; Schirmann Sylvain, *Quel ordre…, op. cit.* ; Dumoulin Michel, (dir.), *Plans de temps de guerre pour l'Europe d'après-guerre 1940-1947*, Bruxelles, Bruylant, 1995.

7   Riou Gaston, *S'unir ou mourir*, Paris, Valois, 1929.

8   Voir Siegfried André, *Les États-Unis d'aujourd'hui*, Paris, A. Colin, 1927 ou Keyserling Hermann von, *Analyse spectrale…, op. cit.*

dominer le monde, en propageant son modèle. À la suite d'Heerfordt, on retrouve cette vision derrière les tentatives américano-franco-britannique des années 1930 d'instituer une solidarité monétaire entre les États démocratiques[9]. Le problème consiste à savoir quel pourrait être le pôle dominant dans un tel ensemble. Pour certains, le contact avec l'Amérique revivifiera une Europe en proie au doute après le premier conflit mondial. La civilisation atlantique est une chance pour le continent qui pourrait progressivement devenir le centre de l'ensemble. Mais peut-on encore se raccrocher à cette perspective en 1945 ? Les rapports de force sont tels qu'un espace atlantique s'organisera nécessairement autour du pôle américain.

La forme, tout comme la méthode de construction d'une Europe européenne a été l'objet de nombreuses controverses. Confédération ou fédération ? L'entre-deux-guerres a surtout porté des projets confédéraux. De Coudenhove au projet de fédération danubienne en passant par Briand, rares sont ceux qui préconisent des abandons de souveraineté. Le tragique destin de l'Europe à partir de la prise de pouvoir par Hitler a favorisé les projets fédéraux. Les mouvements de la résistance ne voient d'autres perspectives dans la plupart des cas, que dans des transferts de souveraineté des États nations à une entité supranationale. Du manifeste de Ventotene à la déclaration de Genève, s'esquisse ainsi un projet reposant sur l'idée d'un Super-État, qui aurait compétence en matière de politique extérieure, de sécurité commune, de développement économique. Le reste relèverait des États[10]. D'autres encore voient l'Europe s'organiser autour de fédérations régionales regroupées dans une union. Les architectures sont multiformes. À Coudenhove, qui souhaite que l'Europe se dote d'institutions communes et entre d'un seul coup dans son processus d'unification, répondent ceux qui pensent que l'unité s'acquiert lorsqu'on laisse chacun aller à son rythme. Hymans, par exemple songe à s'appuyer sur des ensembles régionaux qui iraient, en fonction de leur intégration propre, vers l'unité économique européenne. Ces approches se retrouvent derrière le régionalisme européen. Quant aux institutions, le débat est là également ouvert. Faut-il s'appuyer sur l'existant, c'est-à-dire la Société des Nations ? Faut-il doter l'Europe d'institutions propres ? La très grande majorité songe à des institutions propres. S'il y a unité de vue sur la nécessité d'un exécutif, le débat reste

---

[9] Voir Schirmann Sylvain, *Crise, coopération économique et financière entre États européens 1929-1933*, Paris, CHEFF, 2000 ; Girault René, « Léon Blum, la dévaluation de 1936 et la conduite de la politique extérieure de la France », in *Relations internationales*, 1978, n° 13, pp. 91 à 109.

[10] Spinelli Altiero, *Il Manifesto di Ventotene*, Bologna, Il Mulino, 1991 ; voir Schirmann Sylvain (dir.), *Organisations internationales et architectures européennes 1929-1939*, Metz, Publications du Centre de recherche en Histoire, 2003.

ouvert sur une instance représentative. Faut-il une représentation des États ? Des populations ? Le congrès des États qui recueille les faveurs dans les propositions de l'entre-deux-guerres devra-t-il consacrer l'existence et la représentativité des petits États ou accorder un rôle accru aux grands États ?

Le projet dominant durant cette période reste cependant le projet libéral, fondé sur l'idée de la réalisation d'une Europe économique, sans entraves, condition de l'émergence d'une Europe politique. Dès la fin du premier conflit mondial, économistes (Keynes, par exemple) et milieux d'affaires estiment que le morcellement politique de l'Europe est un non-sens économique. Les quelque 20 000 kilomètres de frontières nouvelles sont autant d'obstacles au développement dont l'Europe a besoin pour son relèvement, au lendemain du premier conflit mondial[11]. Cette vision est également partagée par les experts de la SDN. Cette Europe repose sur quelques piliers. Il s'agit d'abord de créer un marché européen. Cela passe par la trêve douanière, la disparition progressive du protectionnisme et la généralisation des accords commerciaux sur la base de la clause de la nation la plus favorisée. Ce sont ces principes qui sont affirmés à Bruxelles en 1920, à Genève en 1927, et qui sont portés par des groupements comme l'Union douanière européenne, ou d'autres mouvements européistes. Face aux États qui conservent la mainmise sur leurs tarifs, les industriels européens établissent le marché sur la base de cartels qui se multiplient à partir de 1925. Les grandes productions sont quasiment cartellisées au début des années 1930. Au moment de la crise de 1929, comme solution aux difficultés économiques, les mêmes milieux continuent à réclamer l'ouverture des espaces nationaux. Une solution de repli pourrait consister à favoriser la création de marchés communs régionaux, de fédérations régionales qui s'engageraient dans la voie de l'union douanière, constituant ainsi une avant-garde du grand espace économique. La convention d'Ouchy entre la Belgique, le Luxembourg et les Pays-Bas en 1932 obéit à cette logique libérale, et préfigure le Benelux. Le plan Tardieu et les nombreux projets de marché commun danubien s'inscrivent également dans cette perspective. Mais le marché n'est pas tout. Il faut aussi progressivement élaborer des politiques économiques convergentes. Les conférences d'action économique concertée de la SDN en discutent. Comité économique et financier, conférences économiques internationales, et experts sollicités

---

[11] Cf. Keynes John Mayard, *Les conséquences économiques de la paix*, Paris, NRF, 1920. Sur toutes les questions économiques les travaux sont nombreux. On peut se reporter à ceux de Laurence Badel, Éric Bussière, Michel Dumoulin, Olivier Feiertag, Geneviève Duchenne, Vincent Dujardin, Sylvain Schirmann. Les lignes de cette introduction sur les questions économiques sont alimentées par les réflexions de ces auteurs.

tracent les contours de la bonne gestion économique. Les États devraient veiller à une rigueur budgétaire qui passe par la diminution des dépenses publiques, l'arrêt du recrutement des fonctionnaires et les dénationalisations. Ces politiques stabiliseraient les prix et permettraient aux États de faire face à leur endettement. Les politiques monétaires n'ont de sens que si elles conduisent à un espace de parités fixes. C'est possible, si, à côté de la politique de déflation, les États abandonnent progressivement leur pouvoir sur la monnaie nationale en confiant leurs réserves à la Banque des règlements internationaux (BRI), qui évoluerait vers « une banque centrale des banques centrales ». S'il n'est pas question de monnaie unique, sauf dans quelques projets bien particuliers, la stabilité monétaire passe en revanche par la création d'un fonds que l'on imagine tantôt dans une configuration européenne, tantôt plus internationale, avec les États-Unis. Ces mêmes considérations alimentent, au cours de la conférence de Bretton Woods, les projets de reconstruction d'un ordre monétaire et économique international.

Ce souci du libre-échange traverse également certains plans d'unification européenne élaborés au cours de la Seconde Guerre mondiale. Basch fait de la disparition des frontières économiques et de la relance des échanges commerciaux, la condition du développement de l'Europe centrale et de la prospérité en Europe. À l'ouest, les déclarations fédéralistes n'omettent pratiquement jamais d'insister sur l'unité économique du continent et sur la nécessaire disparition des systèmes autarciques. Derrière les complémentarités que l'on relève, et derrière la mise en commun des matières premières que l'on espère, se profile l'idée qu'un marché sans entraves permettrait de relever le défi de la reconstruction. Force est de constater la faiblesse d'une perspective d'Europe sociale au cours des années 1920 et 1930. Le Bureau international du travail réfléchit bien évidemment à l'amélioration des conditions de travail par la fixation de normes internationales. Mais les conventions adoptées dans le cadre de l'OIT sont souvent partielles, ne concernant que des catégories précises de salariés. Albert Thomas espère un marché du travail, organisé à l'échelle européenne, et le lancement de grands travaux d'infrastructures, pour, par ce biais, résorber le chômage. Mais les comités financier et économique de la SDN ne le suivent pas sur ce chemin[12].

À l'est du continent, la dépression économique donne vie à des plans d'organisation régionale. Les pays agraires essayent de constituer une organisation capable de défendre leurs intérêts. Ils envisagent une

---

[12] Aglan Alya, Feiertag Olivier, Kévonian Dzovinar, *Albert Thomas, société mondiale et internationalisme. Réseaux et institutions des années 1890 aux années 1930*, Paris, Les Cahiers IRICE, n° 2, 2008 ; voir Schirmann Sylvain (dir.), *Organisations internationales…*, *op. cit.*

politique agricole commune vis-à-vis des États occidentaux. Il s'agit pour eux d'assurer un niveau de revenu minimum à leurs agriculteurs, en exigeant des prix garantis pour leurs productions. Ils réclament un système d'échanges préférentiels, et veulent que l'Ouest absorbe leurs excédents céréaliers. Mais ils songent également à des réformes de structures, à la création d'un office commun des ventes, à la construction des équipements de stockage, et à la modernisation des exploitations agricoles. D'une façon générale, les agrariens d'Europe centrale (l'exemple d'Hodza est intéressant à cet égard) espèrent établir les bases d'une fédération, sur une agriculture dirigée et organisée de façon telle à ce qu'elle puisse peser sur les cours mondiaux. Mais il fallait des capitaux pour introduire ces réformes de structure. Or les sommes nécessaires ne peuvent venir que des pays industrialisés d'Europe occidentale. La même approche consistant à créer sous l'autorité d'une fédération régionale les infrastructures qui pourraient sortir les États de leur retard de développement se retrouve derrière certains projets de l'union balkanique. Travaux d'irrigation, construction de barrages, développement des moyens de transport et aménagements touristiques sont évoqués lors des rencontres des représentants des États du Sud-Est européen. Mais pour eux également les capitaux font défaut[13]. Les projets d'économie dirigée refont surface à la faveur de la Seconde Guerre mondiale. D'aucuns préconisent une organisation du marché du charbon, de l'industrie lourde et les responsables français ne sont pas en reste pour proposer une autorité européenne du charbon, envisager une structure internationale qui répartirait les richesses de la Ruhr ou souhaiter une organisation de l'économie par branches, reprenant certains éléments de l'organisation corporatiste qui prévalait dans certains États pendant la guerre. L'économie planifiée a le vent en poupe, et l'idée d'un plan européen pour faire face à l'énorme défi de la reconstruction séduit différents mouvements de résistants, et certains technocrates des gouvernements en exil. Le dessein d'un État providence, esquissé ici et là (cf. le rapport Beveridge) laisse présager une intervention accrue de l'État dans la vie économique. Le poids des forces de gauche dans les résistances européennes tire également vers cette direction[14].

Malgré les enjeux importants, la cause de l'unité européenne est surtout portée par les élites. Intellectuels, publicistes, hommes d'affaires et hommes politiques en font essentiellement la promotion. L'Europe, dans ces conditions, ne peut se construire que par le sommet. N'est-ce pas une approche erronée, quand on voit l'importance des opinions publiques et des masses dans le débat politique de l'entre-deux-guerres ?

---

[13] Schirmann Sylvain, *Crise, coopération…*, *op. cit.*
[14] Cf. les travaux de Bossuat Gérard.

Pourquoi n'a-t-on pas mobilisé les moyens importants de la propagande, comme d'autres courants politiques ont su le faire au cours de la même période ? L'Europe a-t-elle une chance de voir le jour sans miser sur les peuples ?

Le débat européen reste ouvert en 1945. Europe confédérale ou fédérale ? Europe des marchés dirigés ou du libre-échange ? Le débat Petite ou Grande Europe est quant à lui déjà partiellement tranché. La restauration des États nations et la présence des Soviétiques à l'est de l'Europe risquent de circonscrire la discussion à l'ouest de l'Europe. Celle-ci se déroule en présence des Américains, et à un moment où il faut envisager – les événements de Sétif du 8 mai 1945 y invitent également – de renoncer aux Empires coloniaux. D'un après-guerre à l'autre, il est toujours question de lutter contre le déclin européen, de répondre aux défis de la reconstruction, de régler le problème allemand, et de garantir paix et prospérité. Mais l'environnement des deux débats n'est plus le même. L'Europe ne peut plus entretenir l'illusion de sa puissance !

Qu'il me soit permis de remercier le Conseil général de la Moselle et son président, le sénateur Philippe Leroy, pour le soutien constant qu'il accorde à l'animation de la recherche autour de la Maison de Robert Schuman. Sans son aide et celle de M. Denis Schaming, directeur adjoint des services du département, chargé de la Culture, le colloque n'aurait pu avoir l'ampleur qu'il a eue. L'équipe de la Maison de Robert Schuman, notamment ses responsables, M. Jean-François Thull et Mme Anne-Marie Fluckinger, a grandement facilité l'excellent déroulement de la manifestation.

Mes remerciements vont également aux membres du Comité scientifique, qui ont contribué pleinement à l'élaboration du programme scientifique de cette manifestation. Ils s'adressent aussi aux intervenants qui, par les communications et les débats, ont permis d'ouvrir des pistes et des réflexions nouvelles sur ce processus original qu'est la construction européenne.

PREMIÈRE PARTIE

AU TEMPS DES PREMIÈRES INITIATIVES COMMUNAUTAIRES

La vision européenne de Pál Auer

Gergely FEJÉRDY

L'Europe, qui n'était qu'une notion géographique jusqu'à un présent proche, se dirige aujourd'hui vers la réalisation d'un projet politique. Cela signifie élargir les cadres qui paraissaient étroits, unir les peuples d'un continent dans une communauté de droit public et économique, harmoniser la politique nationale de chacun des pays avec la politique continentale, mettre fin aux conflits centenaires et aux possibilités de guerre, permettre la circulation libre des hommes et des biens là où les frontières douanières et les interdictions d'export et d'import, les contraintes de contingents et de passeports et autres restrictions ont rendu difficile le développement économique et culturel et la vie libre et digne de l'homme. [...] Il n'y a pas à douter que cette expérience répondra aux attentes, la petite Europe exercera une attraction sur les autres pays européens[1].

C'est ainsi que Pál Auer commence l'une de ses études sur la question européenne, publiée en 1953 dans les pages de *Látóhatár*, l'une des revues les plus renommées de l'émigration hongroise.

Cet homme politique hongrois, avocat et diplomate, appartient à la génération de Robert Schuman et d'Alcide De Gasperi. Il les connaissait d'ailleurs bien. Il a rencontré pour la première fois Schuman à Budapest, dans les années 1930, lors d'un des passages en Hongrie du Père de l'Europe, alors simple député[2]. Après 1947, lorsqu'Auer s'est installé à Paris, tous deux se voyaient régulièrement. Schuman s'intéressait aux réflexions sur les événements internationaux de son confrère juriste hongrois acquis à la cause de l'unification européenne[3]. Auer connaissait également personnellement son compatriote de naissance Alcide De Gasperi. Ils ont voyagé et participé ensemble au *Council on the World Affaires* à Cleveland en 1947[4].

---

[1]   Auer, Pál, « Európa és Magyarország » [L'Europe et la Hongrie], in *Látóhatár*, [Horizon], 1953, n° 4, p. 204-205.

[2]   Cf. Fejérdy, Gergely « Les visites de Robert Schuman dans le Bassin du Danube », in *Robert Schuman et les Pères de l'Europe, cultures politiques et années de formation*, Bruxelles, PIE Peter Lang, 2007, p. 83.

[3]   Auer, Pál, *Fél évszázad. Események, emberek* [Demi-siècle, événements, hommes], Washington, Occidental Press, 1971, p. 361-363.

[4]   *Ibid.*, p. 319-321 ; 364-365.

Comme ces deux Pères de l'Europe, Auer a été très marqué par la Première Guerre mondiale qu'il a vécue en tant qu'adulte. Il est en effet né à Budapest en 1885 dans une famille d'origine juive. Il a obtenu son doctorat en droit en 1908 dans sa ville natale, puis a poursuivi des études à Vienne, à Berlin, à Paris, et à Londres. En 1911 il a été admis au barreau de Budapest. À la fin de la guerre, dans laquelle il s'est battu sur le front en tant que lieutenant, il a publié un livre intitulé *L'Alliance des peuples*. Par cette étude il tente de trouver une solution de paix durable. Il y prévoit notamment une organisation régionale européenne soumise à la future Société des Nations[5]. C'est grâce à ce livre et à ses connaissances qu'en 1918, à la demande du gouvernement hongrois, c'est Auer qui représente la Hongrie à la conférence de Bâle, l'une des réunions de préparation de la création de la SDN[6]. Par la suite, il a été envoyé à plusieurs reprises en Suisse, où était installée cette nouvelle institution, en tant que juriste expert du droit international. Il a d'ailleurs été pendant longtemps le correspondant en Hongrie du *Journal de Genève*, organe officiel de la SDN.

Auer condamnait les résolutions des Traités de Versailles, mais cherchait une solution alternative qui pouvait garantir la paix à long terme dans le monde, et en particulier sur le Vieux Continent. Il soutenait notamment l'idée d'une fédération européenne à l'exemple de la Suisse. Pour mettre en œuvre ce projet, il proposait une coopération régionale étroite dans le bassin du Danube. Il n'est donc pas surprenant qu'il ait rejoint en 1926 avec enthousiasme la section hongroise du Mouvement paneuropéen. À partir de 1928, il en a été le directeur administratif, puis à partir de 1930 le président de la section hongroise[7]. Dès lors, une grande amitié l'a lié au comte Richard Coudenhove-Kalergi.

En 1930, Auer a soutenu avec enthousiasme le plan Briand qu'il trouvait révolutionnaire. Il le considérait comme le premier pas vers la confédération européenne qu'il souhaitait. Pour Auer, il était indispensable de se lancer dans cette aventure proposée par le ministre des Affaires étrangères français. Selon son raisonnement, sans la rationalisation de l'économie et du système douanier européens, les pays dépenseraient de plus en plus pour leur défense et risqueraient ainsi une nouvelle guerre, un appauvrissement et donc une dépendance des États-Unis, ou encore l'invasion bolchevik du Vieux Continent. Il considérait par ailleurs que si le plan Briand pouvait être réalisé, les frontières

---

[5] Auer, Pál, *A népek szövetsége* [L'alliance des peuples], Budapest, Franklin Társulat, 1918. p. 55-109.

[6] Auer, *Fél évszázad...*, *op. cit.*, p. 39-42.

[7] Kiss, Henrietta, « Páneurópa-szekció Magyarországon, (1926-1932), I. » [La section du *Mouvement Paneurope* en Hongrie, 1926-1932], in *Valóság* [Réalité], 2003/4, p. 51-60.

auraient une signification plus administrative que politique, ce qui aurait permis leur révision raisonnable ainsi qu'une protection plus efficace pour les minorités ethniques[8].

Suite à l'échec de ce projet, Auer a pris l'initiative dans le cadre de l'Union paneuropéenne. Il était en effet convaincu que la crise économique mondiale et le tracé des frontières étatiques établi après la Première Guerre mondiale rendaient l'Europe centrale et orientale particulièrement vulnérable et fragilisaient la paix du Continent. En février 1932, il a donc organisé une conférence internationale sur la coopération économique dans le bassin du Danube à Budapest. Cette conférence a créé le Comité pour le rapprochement économique des pays danubiens, dont il est devenu le président.

L'objectif en était d'organiser de manière institutionnelle une communauté économique fédérale, qui aurait également permis de trouver une solution à la question des minorités et à la sauvegarde de l'indépendance des pays concernés vis-à-vis d'une Allemagne de plus en plus puissante. Il pensait que cette initiative devait être soutenue par la France car elle allait dans la direction de ses intérêts[9]. Il faut noter d'ailleurs que par l'intermédiaire du ministre plénipotentiaire français de Budapest, les idées formulées par le Comité danubien ont été retenues par Paris et ont conduit au plan Tardieu[10].

Les efforts d'Auer n'ont toutefois pas été couronnés de succès durant les années 1930. Le manque de soutien des gouvernements concernés et les changements intervenus sur la scène internationale n'ont pas favorisé

---

[8] Auer, Pál, *Briand Páneurópai memoranduma és Magyarország érdekei* [Le mémorandum paneuropéen de Briand et les intérêts de la Hongrie], Komárom, Páneurópai-Unió Magyarországi szervezete, 1930, p. 3-11. Sur cette question voir également : Bóka, Éva, « Auer Pál európai föderalizmusa » [Le fédéralisme européen de Pál Auer], in Egry, Gábor et Feitl, István (ed.), *A Kárpát-medence népeinek együttélése a 19-20. században* [La cohabitation des peuples du bassin des Carpates aux 19ᵉ et 20ᵉ siècles], Budapest, Napvilág, 2005, p. 395-400.

[9] Auer, Pál, « Problème Danubiens », extrait de la *Revue Mondiale* du 1ᵉʳ juin 1932, Paris, *Revue Mondiale*, 1932. Sur ce sujet voir également ses écrits dans les pages de *Külügyi Szemle* [Revue des Affaires étrangères], ainsi que *Vallée du Danube* : Auer, Pál, « A nemzetközi szerződések reviziója » [La révision des accords internationaux], in *Külügyi Szemle*, avril, 1932, n° 9/2, p. 177-184. Auer, Pál « La Vallée du Danube aux peuples danubiens, la doctrine Monroe dans le Bassin du Danube », in *Vallée du Danube*, juillet, 1932, p. 3.

[10] Voir notamment l'étude de Horel, Catherine, « La Hongrie et le plan Tardieu », in *Revue d'Europe centrale* V/2, Strasbourg, 1997, p. 73-85. Horel, Catherine, *Cette Europe qu'on dit centrale. Des Habsbourg à l'intégration européenne 1815-2004*, Paris, Beauchesne, 2009, p. 98-104. Ou encore Bóka, « Auer Pál európai föderalizmusa », *op. cit.*, p. 404.

ses idées fédéralistes. Il a d'ailleurs été invité par Budapest à cesser toute activité au sein de l'Union paneuropéenne[11].

Auer n'a toutefois pas abandonné ses convictions s'agissant de la construction européenne. Immédiatement après les années sombres de la Seconde Guerre mondiale – pendant lesquelles il a été contraint d'entrer dans la clandestinité – en tant que député et président de la commission des affaires étrangères de l'Assemblée nationale hongroise, il s'est engagé avec grand enthousiasme à promouvoir l'idée d'une Europe unie et une coopération étroite en particulier dans la vallée du Danube.

Le 11 novembre 1945, dans les pages de *Kis Újság*, au nom du Parti des petits propriétaires indépendants, formation politique ayant obtenu la majorité – 57 % des voix – aux élections législatives hongroises du 4 novembre de la même année, il expose le projet de politique étrangère de Budapest en soulignant l'importance de la coopération étroite, en particulier dans le domaine économique, entre les pays de la vallée du Danube[12]. Auer souhaitait que les traités de paix en préparation modifient les erreurs de ceux de Versailles et qu'ils rendent possible une future fédération régionale européenne[13]. Ses idées et son aptitude ont été appréciées par le gouvernement hongrois et en 1945 son nom a été évoqué comme chef de la diplomatie hongroise. La Commission de contrôle interalliée, sous influence soviétique, s'est toutefois opposée à ce projet. D'ailleurs, Auer, mesurant la situation de la Hongrie, a décliné cette offre. Il a finalement été nommé ministre plénipotentiaire à la tête de la légation hongroise à Paris le 28 mars 1946[14]. Il a remis ses lettres de créance à Paris au Premier ministre Félix Gouin le 7 mai 1946[15].

En tant que chef de la représentation diplomatique en France, Auer s'est efforcé notamment de chercher des contacts avec des personnalités influentes qui seraient prêtes à soutenir son objectif d'un « traité de paix constructif ». Ses activités étaient critiquées à Budapest, en particulier par les communistes dont l'influence était omnipotente en Hongrie. On lui reprochait notamment l'écho dans les milieux antisoviétiques français de ses déclarations[16]. Sa vision internationale ne correspondait

---

[11] Kis, Henrietta, « Páneurópa-szekció Magyarországon, (1926-1932), II » [La section du *Mouvement Paneurope* en Hongrie, 1926-1932], in *Valóság*, 2003/5, p. 79.

[12] Auer, Pál, « A Kisgazda párt külpolitikája » [La politique étrangère du Parti des petits propriétaires], in *Kis Újság* [Petit Journal], le 11 novembre 1945, p. 1.

[13] Auer, Pál, « Konstruktiv békét » [Pour une paix constructive], in *Kis Újság*, le 29 mars 1946, p. 1.

[14] Archives du ministère des Affaires étrangères (AMAE) de Paris, Europe 1944-1960, Hongrie, vol. 3, télégramme n° 71, Budapest, le 28 mars 1946, f° 83.

[15] Auer, *Fél évszázad...*, *op. cit.*, p. 285.

[16] Magyar Országos Levéltár [Archives Nationales de Hongrie], (MOL), XIX-J-1-u, Gyöngyösi, carton n° 22, 7/res MK., 1946, Budapest, le 6 août 1946.

nullement aux exigences de Moscou, il a donc décidé le 2 juin 1947 de quitter son poste, alors que le Premier ministre hongrois Ferenc Nagy venait d'être contraint de démissionner. Il s'est installé à Paris où il est resté actif dans le milieu des réfugiés hongrois et a participé à de nombreux mouvements politiques, en particulier des mouvements européens.

C'est ainsi qu'Auer, sur l'invitation de Coudenhove-Kalergi, était présent à la session de l'Union parlementaire européenne, tenue en Suisse à Gstaad du 8 au 10 septembre 1947. Sur la demande de Duncan Sandys, il avait prévu sa présence au congrès de la Haye, mais en mai 1948, ne pouvant finalement pas se rendre personnellement dans la capitale hollandaise, il a envoyé son « bras droit » Dénes Nemestóthy[17]. En automne 1948, un Conseil provisoire hongrois du Mouvement européen – qui se nommait également groupement fédéraliste hongrois – s'est mis en place sous la présidence d'Auer[18]. Suite à la décision du gouvernement français d'organiser une conférence préparatoire à un futur parlement européen[19], l'ex-diplomate hongrois, bien informé par ses amis influents français, a adressé le 4 septembre 1948 un télégramme à Robert Schuman, au nom des fédéralistes hongrois, demandant la possibilité pour les députés hongrois en émigration de se joindre à cette initiative[20]. À la fin du mois de février 1949, au congrès du Mouvement européen à Bruxelles, Auer a répété ce souhait que les représentants des pays derrière le rideau de fer soient admis à participer, sur un pied d'égalité avec les envoyés des États libres, au travail de cet organisme[21]. Sa proposition a été retenue pour étude et il a d'ailleurs été élu membre du comité exécutif international du Mouvement européen[22]. C'est ainsi qu'un débat s'est ouvert sur cette question en avril 1949 à Westminster. À la réunion du Comité du 6 au 8 mai 1949, la décision est prise d'établir une structure informelle : la Section d'Europe centrale et orientale

---

17   Fejérdy, Gergely, « Les participants hongrois au Congrès de la Haye », in Guieu, Jean-Michel et Le Dréau, Christophe, *Le « Congrès de l'Europe » à la Haye (1948-2008)*, Bruxelles, PIE Peter Lang, 2009, p. 237-238.

18   Cf. Archives historiques de l'Union européenne, Florence, (AHUE), Villa Il Poggiolo. Dépôts, DEP, Mouvement européen, ME 851, lettre d'Auer à Duncan Sandys, Paris, le 11 octobre 1948.

19   Bitsch, Marie-Thérèse, *La construction européenne, Enjeux politiques et choix institutionnels*, Bruxelles, PIE Peter Lang, 2007, p. 25.

20   *Nyugati Hirnök* [Courrier de l'Occident], n° 2/36, le 4 septembre 1948, p. 11.

21   *Ibid.*, n° 3/11, le 14 mars 1949, p. 9-12.

22   Avec Salvador de Madariaga, il représentait au Comité exécutif international du Mouvement européen les peuples privés de leur liberté. Cf. Auer, *Fél évszázad...*, *op. cit.*, p. 358-359.

du Mouvement européen (SECOME) qui prend en 1951 le nom de Commission de l'Europe centrale et orientale (CECO)[23].

En août 1949, lors de la première réunion à Strasbourg, Auer fait part de sa déception que les réfugiés politiques ne puissent pas participer de plein droit au travail de cette assemblée, dont il critique d'ailleurs le fonctionnement et le rôle consultatif. Il le reconnaît toutefois comme un forum européen important. En tant que membre actif puis à partir de mai 1950 vice-président de la SECOME, Auer ne cesse de répéter qu'il est indispensable que les propositions de cette commission soient étudiées par les délégués occidentaux au Conseil de l'Europe[24]. Il a par ailleurs fait part de son souhait que le Conseil de l'Europe soit le forum où les questions épineuses entre pays d'Europe centrale et orientale trouvent une solution, en permettant ainsi leur coopération étroite.

Auer était en effet convaincu de la nécessité que les représentants des pays derrière le rideau de fer, mettant leurs désaccords de côté, soient unis pour que leur voix soit entendue. Il a donc proposé la formation d'un groupement au sein du Mouvement européen, pouvant préfigurer la confédération danubienne[25]. Ayant accueilli avec un grand enthousiasme le plan Schuman, Auer a également proposé la préparation d'un plan Schuman pour l'Europe centrale et orientale dans le domaine de l'agriculture[26]. Il ne cesse de répéter que pour les petits pays de l'Europe centrale et orientale, il était encore plus indispensable de se regrouper et de former une union que pour les pays occidentaux[27]. Dans son discours lors de la Conférence organisée par le Mouvement européen autour de la question des pays derrière le rideau de fer, en janvier 1952 à Londres, Auer souligne :

> Notre désorganisation, le manque de stabilité et d'équilibre en Europe centrale et orientale sont les éléments principaux qui ont permis à deux régimes totalitaires de replier nos pays. Ceci ne peut pas se répéter. Nous devons confier l'arbitrage de nos disputes sur les frontières, les minorités ou autres questions à une organisation neutre créée par les puissances atlantiques. Avec l'aide des experts de cette organisation, en mettant en avant les prin-

---

23 Macher, Anikó, « Une institution pour promouvoir l'idée de l'unité européenne, La Commission de l'Europe centrale et orientale du Mouvement européen (1948-1953) », in Guieu, Jean-Michel et Le Dréau, Christophe, *Le « Congrès de l'Europe » à la Haye (1948-2008)*, Bruxelles, PIE Peter Lang, 2009, p. 349-351.

24 *DP Express Hungaria*, n° 3/21, 121, le 19 mars 1950, p. 2.

25 *Nyugati Hirnök*, n° 3/39-40, Paris, le 21 septembre 1949. Voir version française n° 1/10, le 15 octobre 1949.

26 *DP Express Hungaria* n° 3/24, 125, le 16 juin 1950, p. 2. Voir également : *Nyugati Hirnök*, n° 4/22-23, le 10 juin 1950, p. 5-6.

27 Auer, « *Európa és Magyarország* »..., *op. cit.*, p. 206.

cipes de justice et d'équité, nous chercherons une solution qui satisferait tout le monde.

Nous devons nous unir dans la communauté européenne. Nous espérons que l'organisation de l'Europe sera une unité beaucoup plus étroite au moment de notre libération que maintenant. Si ce n'est pas le cas il faudrait dans le cadre du Conseil de l'Europe former entre nous un groupe d'États, et créer une organisation fédérative régionale. C'est seulement ainsi que nous pourrons espérer que nos voix auraient une force et un poids à côté des grandes puissances[28].

Auer pensait que pendant longtemps la construction européenne resterait dans une phase qu'il appelait « intermédiaire entre une confédération et une fédération ». Il était persuadé que durant cette période les grands pays européens auraient un poids plus important que les petits États, ce qui rendait indispensable un regroupement instiualisé entre les nations d'Europe centrale et orientale[29]. Il était convaincu par ailleurs qu'une telle entité interétatique pourrait plus facilement se joindre à l'Europe occidentale et servirait plus efficacement l'objectif ultime : l'unification du Vieux Continent. Pour Auer c'était la seule création d'une fédération danubienne qui pourrait garantir la coopération économique, l'autonomie des nations et la défense contre l'expansion allemande et russe dans une région où vivaient beaucoup d'ethnies différentes.

Durant les 20 années qu'il passe au comité exécutif de Mouvement européen international, il n'a cessé de répéter que les pays libres ne pouvaient pas être indifférents au sort des peuples contraints de vivre sous obédience soviétique. Les gouvernements de l'Europe occidentale devaient voir leur intérêt à repousser la dictature communiste loin de leurs frontières et à se faire rejoindre dans la construction européenne par les pays de l'Est. Auer était persuadé que dans cet objectif, l'appui des États-Unis était indispensable. C'est dans cette idée, et pour ses avantages matériels qu'il a rejoint le projet du Comité Free Europe, à l'Assemblée des Nations captives d'Europe (ACEN) en 1954 où il présidera divers sous-comités[30].

Auer souhaitait que les dirigeants politiques des pays libres trouvent des mesures non violentes pour promouvoir la suppression de la frontière artificielle en Europe. Lui-même a lancé par exemple l'idée d'un

---

[28] *DP Express Hungaria* n° 5/4, 209, le 25 janvier 1952, p. 5.

[29] Auer, « *Európa és Magyarország* »..., *op. cit.*, p. 206.

[30] Voir la correspondance d'Auer avec György Bakach-Bessenyey chef des questions de relations internationales du Comité National Hongrois (Magyar Nemzeti Bizottság) une sorte de cabinet fantôme créé à l'initiative américaine en juin 1948. Mol, P., 2066, Bakach-Bessenyey, carton n° 2, fond n° 31.

passeport européen en 1950[31], ou a créé, en 1963, la Ligue du droit des peuples à l'autodétermination, dont l'un des objectifs était de préparer les nations du bloc de l'est à une future adhésion à la communauté européenne[32].

Auer pensait en effet qu'il fallait se préparer au moment où la liberté serait rendue aux peuples opprimés. Il proposait notamment que les institutions mises en place dans l'Europe Unie prévoient l'adhésion future des pays derrière le rideau de fer et que l'émigration de son côté organise la formation des jeunes ressortissants de leurs pays d'origine, en les préparant à un travail de coopération étroite avec d'autres nationalités du continent. Lui-même lance un projet en ce sens pour les Hongrois en 1951[33].

Tout au long des années 1950 et 1960 Auer a suivi de très près les étapes concrètes de la construction européenne et régulièrement fait part de ses réflexions à des personnalités telles que Robert Schuman, Maurice Schumann, Paul-Henri Spaak, Étienne de La Vallée-Poussin, Harold Macmillan, Duncan Sandys, Joseph Rettinger, Hubert Ripka, Girgore Gafencu, etc.[34]

Si l'échec de la CED en 1954 l'a déçu[35], il a salué avec grand enthousiasme le traité de Rome en 1957. Il a particulièrement apprécié l'instauration de la Commission, qui d'après lui avec sa vocation supranationale serait la seule garantie pour les peuples européens de vivre en paix dans une même communauté. Il considérait qu'il faudrait former dans l'esprit du traité de Rome un parlement européen où les députés se grouperaient non selon leur appartenance nationale mais suivant leurs convictions politiques. Il était convaincu qu'une communauté européenne fédéraliste fonctionnant sur le modèle suisse serait capable de s'imposer sur la scène internationale et pourrait freiner les tendances hégémoniques des deux superpuissances.

Dans son dernier livre intitulé *Peut-on éviter la Troisième Guerre mondiale ?*, Auer explique qu'il croit en effet dans une « Europe mondiale ». Une communauté qui serait une unité organique d'une organisa-

---

31 Auer a notamment signalé au président du Mouvement européen Paul-Henri Spaak son idée de passeport européen. Le Père de l'Europe belge n'a pas rejeté cette initiative, mais la considérait très difficilement réalisable à court terme. Voir : *Nyugati Hirnök*, n° 4/31, le 25 août 1950, p. 2. et *ibid.*, n° 4/36, le 20 novembre 1950, p. 1.

32 Auer, Pál, « Le droit des peuples à l'autodétermination », in *Revue Militaire Générale*, Paris, octobre 1963.

33 *DP Express Hungaria*, n° 4/51, 204, le 21 décembre 1951, p. 2.

34 À plusieurs reprises, les réunions entre les hommes politiques émigrés et occidentaux en fonction se sont déroulées dans l'appartement même d'Auer. Voir notamment : Mol, P., 2066, Bakach-Bessenyey, carton n° 2, fond n° 31, f° 70-72.

35 Auer, *Fél évszazád..., op. cit.*, p. 371.

tion supranationale planétaire de type fédéraliste. Il pensait que des regroupements de pays de régime démocratique de différents niveaux pourraient garantir l'équilibre et la paix dans le monde, mieux que l'ONU, peu attractive à cause de son fonctionnement. Dans sa logique, l'architecture de l'ordre planétaire devrait se composer d'entités locales – comme une fédération danubienne[36] – qui seraient membres à part entière des unités continentales – comme la communauté européenne – et par qui elles pourraient exercer une influence sur les événements mondiaux. Auer est toutefois conscient que son rêve ne pourrait se réaliser sans commencer par une réalisation moins ambitieuse et sans perfectionner les institutions déjà existantes, ni sans avancer dans l'harmonisation totale du droit de chaque nation[37]. Pour engager cette intégration fédéraliste qu'il appelait de ses souhaits, Auer était également persuadé qu'il fallait s'engager sur le terrain et expliquer aux Européens ses convictions selon lesquelles :

> Seule une fédération pourrait garantir la paix entre les nations, la concentration stable des forces, l'efficacité de la défense commune, l'intensification de la production et l'élévation du niveau de vie. [...]

> La création des États-Unis d'Europe est une question de vie pour les peuples de ce continent. Si ces peuples veulent toujours jouer un rôle sur la scène du monde, s'ils ne souhaitent pas être des peuples appauvris contraints à l'obéissance et au servage entre les deux unités géantes bien organisées, il faut qu'ils s'unifient. L'instinct de vie sera certainement plus fort que la vanité nationale et la jalousie, la haine nourrie contre les voisins[38].

Pál Auer est un illustre exemple de ces hommes politiques pacifistes convaincus, avec une expérience de citoyen de la Monarchie austro-hongroise, avant de devenir promoteurs de l'idée d'une Europe unie fédéraliste. D'ailleurs dès les années 1920, très influencé par la pensée fondatrice de la SDN et les écrits de Coudenhove-Kalergi, il ne voit dans l'unification du Vieux Continent qu'un instrument, certes indispensable, pour obtenir l'objectif ultime : la paix mondiale. Marqué également ment par les études et les réflexions de ses contemporains et amis tels qu'Elemér Hantos, Auer pense sincèrement qu'au sein de la construction européenne les pays de l'Europe centrale et orientale, en particulier les petits États danubiens, devraient coopérer étroitement pour tourner la

---

[36] Voir par exemple : Auer, Pál, « Initiatives towards cooperation in the Danubian Basin in the 19th and 20th centuries », in *Towards a New Central Europe, A Symposium on the Problems of the Danubian Nations*, Astor Park, Florida, Danubian Press, 1970.

[37] Auer, Pál, *Elkerülhető-e a harmadik világháború ?* [Peut-on éviter la Troisième Guerre mondiale ?], München, Griff, 1977, p. 52-68.

[38] Auer, « *Európa és Magyarország* »..., *op. cit.*, p. 205.

page des traités de Versailles et pour faire entendre leur voix tout en devenant l'un des moteurs de l'unification. Il pense notamment que le domaine économique pourrait servir de base à cette collaboration régionale, les intérêts de ces pays allant dans la même direction.

Pour Auer, les frontières orientales de l'Europe politique sont toujours au-delà des Carpates. Le rideau de fer imposé après la Seconde Guerre mondiale est donc pour lui non seulement artificiel, mais également obstacle incontournable de toute initiative ayant pour objectif une véritable unification du Vieux Continent. En émigration comme beaucoup de ses consorts, il reste influencé par les approches de l'entre-deux-guerres. Après 1947, n'ayant pas de responsabilité politique proprement dite, il peut se permettre des réflexions quelquefois rêveuses, prenant leurs sources dans les conceptions « fédéralistes » des années 1920 et 1930. Auer tente toutefois d'apporter également des réponses concrètes aux défis que rencontre la construction européenne dans le contexte de la guerre froide à l'égard des pays derrière le rideau de fer. Parallèlement, il suit avec beaucoup d'intérêt et d'attention l'évolution de l'unification occidentale après 1945. Il reste convaincu – et il le souligne en particulier à la fin de sa vie – que l'objectif le plus important de la construction européenne est la paix sur le Vieux Continent ainsi que dans le monde.

The European vision of Pál Auer

Pál Auer (1885-1978), generally referred in official texts and in historiography as Paul Auer, was an essential figure for those countries that were forced to stand aside from European reconstruction from 1945 to 1990.

His personal acquaintance of and friendly relations with a large number of personalities (Harold Macmillan, Robert Schuman, Duncan Sandys, Maurice Schumann, Paul Reynaud, Ernest Pezet, etc.), as well as his reputation as an expert on international questions, enabled him to have an influence that was certainly modest, but also undeniable, in building the framework of a unified Europe.

Auer's idea of Europe was a mainly federalist one. His ideas were influenced by his youth, which he spent in the Austro-Hungarian Monarchy, as well as by the international consequences of the two world wars and his pacifist convictions. Auer sought the creation of a Danubian federation, which would have permitted the re-establishment of the international and economic influence of Central and Eastern Europe. He also felt that it was essential to fight against the artificial tearing apart of Europe, and to prepare for the future integration into the European construction process of the countries that lay behind the Iron Curtain.

Die europäische Vision von Pál Auer

Pál Auer (1885-1978), in offiziellen Texten und in der Geschichtsschreibung häufig als Paul Auer referenziert, war für die Länder, die nach 1945 gezwungen waren, sich beim Einigungsprozess Europas bis 1990 abseits zu halten, eine unumgängliche Größe.

Seine persönliche Bekanntschaft und seine freundschaftlichen Beziehungen zu vielen maßgebenden Persönlichkeiten (Harold Macmillan, Robert Schuman, Ducan Sandys, Maurice Schumann, Paul Reynaud, Ernest Pezet usw.), aber auch sein Ruf als Experte für internationale Fragen verliehen ihm zwar geringen, aber unbestrittenen Einfluss auf die Entwicklung der Architektur des künftigen geeinten Europas.

Auer befürwortete im Wesentlichen eine föderalistische Konzeption der europäischen Integration. Seine Ideen wurden von seinen Jugenderfahrungen unter der österreichisch-ungarischen Monarchie, von den internationalen Folgen der beiden Weltkriege und seiner pazifistischen Grundüberzeugung beeinflusst. Auer wünschte sich die Gründung einer Donauföderation, die eine Wiederherstellung des internationalen und wirtschaftlichen Einflusses der mittel- und osteuropäischen Staaten ermöglicht hätte. Darüber hinaus schien es ihm unumgänglich, gegen eine künstliche Spaltung Europas anzukämpfen und die zukünftige Beteiligung der Länder hinter dem Eisernen Vorhang an der Konstruktion Europas vorzubereiten.

Les « Europes politiques »
des dirigeants français au sortir de la
Deuxième Guerre mondiale (1941-1949)

Martial LIBERA

Au lendemain de la Deuxième Guerre mondiale, les dirigeants français jouent un rôle de première importance dans ce qu'il est aujourd'hui convenu d'appeler les débuts de la construction européenne[1]. C'est dans le domaine économique que leurs initiatives sont les plus nombreuses[2]. Certaines sont couronnées de succès : la conférence des Seize, réunie en juillet-août 1947 à Paris grâce à une invitation franco-britannique, prépare la naissance, en avril 1948, de l'Organisation européenne de coopération économique (OECE), chargée de répartir les crédits Marshall[3] ; le plan Schuman, annoncé le 9 mai 1950 par le ministre français des Affaires étrangères, donne naissance à la Communauté européenne du charbon et de l'acier (CECA)[4]. Dans le domaine économique toujours, d'autres projets portés par les Français échouent, qu'il s'agisse du Conseil tripartite[5] ou du projet d'union économique entre la France,

[1] Poidevin, Raymond (dir.), *Histoire des débuts de la construction européenne (mars 1948-mai 1950). Origins of the European Integration (March 1948-May 1950)*, Bruxelles/Bruylant, Milano/Giuffrè, Paris/LGDJ, Baden-Baden/Nomos Verlag, 1986, 480 p.

[2] Bossuat, Gérard, *L'Europe des Français. La IVe République aux sources de l'Europe communautaire*, Paris, Publications de la Sorbonne, 1996, 471 p.

[3] Bossuat, Gérard, *La France, l'aide américaine et la construction européenne (1944-1954)*, 2e édition, Paris, Imprimerie nationale, 2 volumes, XX-1042 p.

[4] Gerbet, Pierre, *La genèse du plan Schuman. Des origines à la déclaration du 9 mai 1950*, Lausanne, Centre de recherches européennes, École des H. E. C., Université de Lausanne, 1962, 40 p. ; Poidevin, Raymond, *Robert Schuman, homme d'État 1886-1963*, Paris, Imprimerie nationale, 1986, 520 p. ; Schwabe, Klaus (dir.), *Die Anfänge des Schuman-Plans 1950-1951. The Beginnings of the Schuman-Plan*, Baden-Baden/Nomos Verlag, Milano/Giuffré, Paris/LGDJ, Bruxelles/Bruylant, 475 p. ; Wilkens, Andreas (dir.), *Le Plan Schuman dans l'histoire. Intérêts nationaux et projet européen*, Bruxelles, Bruylant, 2004, 466 p.

[5] Griffiths, Richard T., Lynch, Frances M. B., « L'échec de la "petite Europe" : le Conseil tripartite 1944-1948 », *Guerres mondiales et conflits contemporains*, 1988, n° 152, p. 39-62.

l'Italie et le Benelux[6]. La France est également à l'origine de diverses formes de coopération européenne sur le plan militaire : après avoir envisagé sa défense dans le cadre d'accords bilatéraux – traité franco-soviétique, signé à Moscou en décembre 1944, puis traité franco-britannique, paraphé à Dunkerque en mars 1947 –, elle s'engage dans une défense davantage européenne : signataire en 1948 du traité de Bruxelles, par lequel est instituée l'Union occidentale[7], elle est l'initiatrice en 1950 de la Communauté européenne de défense[8]. Dans le champ politique par contre, le bilan des initiatives françaises est plus ténu et se résume à la seule création du Conseil de l'Europe en 1949[9]. Qu'au lendemain du conflit les questions économiques et militaires aient été prioritaires aux yeux des dirigeants français et européens se comprend aisément. Confrontés à un continent dévasté par la guerre, ils donnent la priorité à la reconstruction économique et matérielle. La guerre froide naissante, qui se traduit par des tensions de plus en plus vives, contraint également les Européens de l'Ouest à unir leurs forces pour faire face à la menace soviétique, qui se substitue progressivement au danger allemand. Dans ce double contexte d'impuissance économique et de recomposition des relations internationales, promouvoir une Europe politique paraît difficile, voire chimérique. Est-ce à dire que les décideurs français n'ont pas été porteurs de projets d'Europe politique ? Il n'en est évidemment rien. Cette réflexion est même antérieure à 1945. Elle débute pendant la guerre. Différents mouvements de résistance ébauchent dès 1940 des schémas d'organisation d'Europe politique pour l'après-guerre. Il en va de même dans les cercles dirigeants de la France libre, d'abord au Comité français de libération nationale (CFLN), puis au sein du Gouvernement provisoire de la République française (GPRF). Après 1945, ces projets passent au second plan. Il faut attendre les années 1947-1948 pour que les dirigeants politiques de la IVe République se penchent à nouveau sur la question. Dans ces différentes moutures d'Europe poli-

---

[6]   Guillen, Pierre, « Le projet d'union économique entre la France, l'Italie et le Benelux », dans Poidevin, Raymond (dir.), *Histoire des débuts de la construction européenne, op. cit.*, p. 143-164.

[7]   Dumoulin, André et Remacle, Éric, *L'Union de l'Europe occidentale. Phénix de la défense européenne*, Bruxelles, Bruylant, 1998, XXII-604 p.

[8]   Aron, Raymond et Lerner, Daniel (dir.), *La querelle de la C.E.D. : essais d'analyse sociologique*, Paris, Armand Colin, 1956, XV-215 p. ; Dumoulin, Michel (ed.), *La Communauté européenne de défense, leçons pour demain ? The European Community, lessons for the future ?*, Bruxelles, PIE Peter Lang, 2000, 430 p.

[9]   Bitsch, Marie-Thérèse, « Le rôle de la France dans la naissance du Conseil de l'Europe », dans Poidevin, Raymond (dir.), *Histoire des débuts de la construction européenne, op. cit.*, p. 165-198, et Bitsch, Marie-Thérèse (dir.), *Jalons pour une histoire du Conseil de l'Europe. Actes du Colloque de Strasbourg (8-10 juin 1995)*, Bruxelles, PIE Peter Lang, 1997, XVI-376 p.

tique, trois enjeux pointent de façon récurrente. Le premier tient aux frontières de l'Europe à construire. Autrement dit, il s'agit de déterminer les pays ayant vocation à faire partie de l'organisation européenne. Ici se pose aussi la question du sort à réserver aux vaincus, en particulier l'Allemagne. Faut-il les admettre dans cette Europe et, dans l'affirmative, à quelles conditions ? Les institutions dont l'Europe devrait se doter constituent un deuxième enjeu, plus épineux encore : convient-il de favoriser une coopération entre gouvernements ou d'opter pour le fédéralisme ? Quant au dernier enjeu, il est directement lié aux finalités que prêtent les dirigeants français à cette Europe politique : doit-elle être le levier d'une puissance française recouvrée ? Permettra-t-elle à l'Europe de s'imposer comme une troisième force entre les deux Grands ? Ou sera-t-elle plus modestement le gage d'une réconciliation des pays et des peuples européens ? Sur ces questions bien connues des historiens, il ne s'agira nullement ici d'apporter des révélations mais plutôt de faire apparaître les différentes architectures européennes proposées par les dirigeants français. Après avoir présenté les projets élaborés pendant la guerre, on envisagera les initiatives des dirigeants français sous la IVe République.

I. Les réflexions françaises pendant la guerre (1941-1945)

Penser à l'architecture politique de l'Europe en pleine guerre semble une gageure. C'est que l'idée européenne est alors largement dépréciée. Les projets d'unité européenne portés dans l'entre-deux-guerres par différentes personnalités, comme Aristide Briand, ont en effet échoué et l'« Europe nouvelle » des nazis porte un lourd discrédit à l'idéal européen : elle agit comme un véritable repoussoir. Avec la guerre, le nationalisme s'est ensuite affirmé. Pour les Français, qui sont globalement convaincus que leur pays redeviendra une grande puissance au sortir de la guerre, les priorités sont donc avant tout nationales. Au sein de la résistance comme de la France libre, on est enfin accaparé par les tâches quotidiennes, par la lutte contre l'Allemagne et contre le régime de Vichy : en d'autres termes, les moyens et le temps manquent cruellement pour réfléchir à l'après-guerre[10]. Pour autant, la Résistance puis, plus tardivement, la France libre sont porteuses de projets d'organisation de l'Europe pour l'après-guerre.

---

[10]   Ulrich-Pier, Raphaëlle, « Europe (la France libre et les projets pour l'après-guerre) », dans Broche, François, Caïtucoli, Georges et Muracciole, Jean-François (dir.), *Dictionnaire de la France libre*, Paris, Robert Laffont, 2010, p. 556-558, ici p. 556.

A. Les projets européens de la Résistance intérieure et extérieure

Les projets des résistants sont, de loin, les plus aboutis. Dès 1941, Léon Blum, alors en captivité, livre dans *À l'échelle humaine* sa conception de l'Europe politique pour l'après-guerre[11]. « L'ordre européen » auquel il se réfère sera le gage de la paix future. Quant à « l'organisation européenne » qu'il appelle de ses vœux, elle correspondra à une « fédération égale des nations libres »[12]. L'Allemagne devrait être incorporée à cet ensemble et y avoir sa place. À ses yeux, les tentatives pour la désarmer par « un système de morcellements, de démembrements, d'annexions, d'interdictions, de tributs » ne pourront conduire qu'à l'échec[13]. La seule solution consiste en l'incorporation de « la nation allemande dans une communauté internationale assez puissante pour la rééduquer, pour la discipliner et, s'il le fallait, pour la maîtriser »[14]. Ici réside l'originalité de la pensée de Léon Blum. L'Europe, à laquelle il aspire, qui passerait par la limitation des souverainetés nationales et par l'instauration d'un pouvoir fédéral fort[15], s'insérerait de surcroît dans un ordre international plus vaste, lui-même commandé par un « corps international », sorte de réplique de la SDN qui, doté de véritables pouvoirs, serait capable d'organiser le monde[16].

À peu près au même moment, l'Europe d'après-guerre fait l'objet de toute une série de réflexions dans les cercles de la France libre et dans différents mouvements de résistance intérieure. À Londres, les socialistes Pierre Comert, Georges Combault et Louis Lévy, qui participent au journal *France*, s'intéressent dès 1940 à l'unification de l'Europe et se prononcent pour une fédération[17]. Les démocrates de gauche, autour d'André Labarthe et de Raymond Aron, optent davantage pour « l'organisation de l'Europe en groupes d'États, avec une "superstructure politique monétaire, économique" »[18]. Quant aux démocrates-chrétiens, emmenés par Maurice Schumann et François-Louis Closon, chevilles

---

[11] Blum, Léon, *À l'échelle humaine*, Paris, Gallimard, 1945, 184 p.

[12] *Ibid.*, p. 144-145.

[13] *Ibid.*, p. 149.

[14] *Ibid.*

[15] Bitsch, Marie-Thérèse, *Histoire de la construction européenne de 1945 à nos jours*, nouvelle édition mise à jour, Bruxelles, Complexe, 2008, p. 24-25.

[16] Blum, Léon, *À l'échelle humaine, op. cit.*, p. 146.

[17] Guillen, Pierre, « Idéologie et relations internationales : les Français libres et l'idée européenne », dans Friedländer, Saul, Kapur, Harish et Reszler, André (ed.), *L'historien et les relations internationales. Recueil d'études en hommage à Jacques Freymond*, Genève, Institut universitaire des hautes études internationales, 1981, p. 295-308, ici p. 298.

[18] *Ibid.*

ouvrières du journal *Volontaire pour la Cité chrétienne*, ils plaident pour une Europe fédérée qui comprendrait l'ensemble du continent et ne devrait en aucun cas se limiter à sa partie occidentale[19]. En France même, cette idée d'une fédération européenne est soutenue par Henri Frenay et le Mouvement Combat. Un projet de manifeste, rédigé en novembre 1941, pose le principe d'États-Unis d'Europe, idée par la suite sans cesse reprise dans les articles du journal *Combat*. Là encore, les États-Unis d'Europe devraient être une étape vers une sorte d'unité mondiale[20]. Bien des points sont donc communs aux visions des différents mouvements de résistance : au projet de faire de l'Europe un élément de l'organisation du monde s'ajoute très souvent la volonté de construire une « grande » Europe fédérale.

À partir de 1944, la question de l'organisation future du continent européen revêt une tout autre dimension. Après l'unification de ses différents mouvements, la Résistance fait en effet de l'avenir de l'Europe une question politique. Dans le même temps, des rencontres internationales sont organisées. La *Déclaration des résistances européennes*, publiée à Genève en juillet 1944, à la rédaction de laquelle participent notamment, pour la France, Henri Frenay et Jean-Marie Soutou, se prononce très clairement pour une Union européenne de type fédéral[21]. Seule une fédération sera à même, selon les auteurs de la déclaration, de relever les défis de l'après-guerre, qu'il s'agisse de la préservation de la paix, de la liberté et de la civilisation en Europe, de la reconstruction économique ou de l'intégration pacifique de l'Allemagne à cet ensemble. Pour être en mesure d'assumer ses lourdes tâches, l'union fédérale devra être solidement charpentée : un gouvernement européen responsable devrait être constitué au-dessus des gouvernements nationaux ; il serait flanqué d'une armée européenne commune et d'une cour de justice européenne[22].

B. La politique européenne des dirigeants de la France libre

Une architecture aussi élaborée ne se retrouve pas dans les projets européens des dirigeants de la France libre. Ces derniers se penchent assez tardivement – à partir de 1943 – sur la question. Il est vrai aussi que leurs réflexions envisagent surtout l'organisation économique de

---

[19] *Ibid.*, p. 298-299.

[20] Belot, Robert, « Europe et idée européenne », dans Marcot, François (dir.), *Dictionnaire historique de la Résistance. Résistance intérieure et France libre*, Paris, Robert Laffont, 2006, p. 643.

[21] *Ibid.*

[22] Gerbet, Pierre, *La construction de l'Europe*, nouvelle édition révisée et mise à jour, Paris, Imprimerie nationale, 1994, p. 45.

l'Europe. Pour autant, les structures politiques du continent qu'ils préconisent apparaissent en filigrane dans leurs projets.

En août 1943, Jean Monnet, commissaire du CFLN à l'Armement, au Ravitaillement et à la Reconstruction depuis le mois de juin, rédige une note dans laquelle il livre sa vision de la politique européenne de la France[23]. Si ses développements sont davantage économiques que politiques, sa vision de l'Europe, largement inspirée de sa conception des relations internationales, permet de dégager certains aspects de l'architecture politique européenne qu'il préconise. Trois principes peuvent être relevés. À ses yeux, les États européens doivent d'abord dépasser le cadre étroit du nationalisme d'avant-guerre et envisager le futur en se regroupant dans des structures à caractère fédéral. L'« entité européenne » ou « fédération européenne » ainsi créée sur les plans politique et économique, dotée d'institutions supranationales qu'il ne détaille malheureusement pas, lui semble être le seul moyen d'assurer la paix et la sécurité du continent. Elle priverait en effet les États d'une partie de leur souveraineté économique, ce qui les empêcherait de renouer avec des politiques nationalistes fortement belligènes. Monnet est d'autre part favorable au principe d'égalité entre les États. À ses yeux, les pays membres de la fédération, qui devront au préalable se doter de régimes démocratiques, seront tous traités sur un pied d'égalité, y compris les pays vaincus. Ce principe conduit Monnet à ne pas s'opposer au morcellement politique de l'Allemagne, que la sécurité de la France commanderait, à condition toutefois que tous les États allemands, qui naîtraient de cette dislocation politique, puissent faire partie de la fédération européenne[24]. Monnet considère enfin que c'est à la France, seul pays véritablement européen parmi les Alliés, qu'il incombera de donner une impulsion nouvelle à l'Europe, pour éviter que celle-ci soit modelée de façon arbitraire par les trois Grands. Mais Monnet reste flou quant aux limites de l'Europe à laquelle il songe. Si l'on se réfère à son projet d'État de la grosse métallurgie, il semble que son Europe serait avant tout rhénane. Outre la France et l'Allemagne, elle comprendrait la Belgique, le Luxembourg et les Pays-Bas[25]. La Grande-Bretagne, tout en y étant associée, n'en ferait pas vraiment partie[26]. Mais cet État de la

---

[23] « Note de réflexion de Jean Monnet », 5 août 1943, dans Rieben, Henri, *Des guerres européennes à l'union de l'Europe*, Lausanne, Fondation Jean Monnet pour l'Europe, Centre de recherches européennes, 1987, p. 272-285.

[24] « Compte-rendu de la conversation du dimanche 17 octobre 1943, à Alger, chez le général de Gaulle », Rieben, Henri, *Des guerres européennes à l'union de l'Europe*, *op. cit.*, p. 286-291.

[25] Hirsch, Étienne, *Ainsi va la vie*, Lausanne, Fondation Jean Monnet pour l'Europe, Centre de recherches européennes, 1988, p. 78-79.

[26] Bossuat, Gérard, *L'Europe des Français, op. cit.*, p. 27-29.

grosse métallurgie pourrait n'être qu'une partie d'un ensemble européen plus vaste. En définitive, le projet de Monnet est à bien des égards novateur : il prône la création d'institutions supranationales et l'abandon par les États d'une partie de leur souveraineté ; il propose par ailleurs que l'Allemagne soit traitée sur un pied d'égalité avec les autres pays membres et qu'elle participe d'emblée au projet européen.

Un autre commissaire du CFLN, René Mayer, rédige, fin septembre 1943, une note intitulée *Un ensemble fédéral européen*[27]. Son titre est trompeur. Mayer se garde en effet bien de trancher le débat institutionnel concernant la « fédération de l'Europe de l'Ouest » qu'il propose. Il se contente d'évoquer les choix possibles : un « Super-État fédéral » ou une « organisation analogue au Zollverein »[28]. L'Europe de Mayer aurait des dimensions un peu différentes de celles de Monnet. Elle comprendrait certes la France, la Belgique, les Pays-Bas, le Luxembourg et un État rhénan incluant le bassin de la Ruhr, mais le reste de l'Allemagne en serait exclu[29]. Mayer prévoit en outre son extension à l'Italie et l'Espagne pour éviter en son sein toute influence excessive des éléments germaniques. La philosophie du projet n'est pas non plus comparable à celle de Monnet. L'Europe de Mayer est avant tout dirigée contre l'Allemagne. C'est en effet par une mesure discriminatoire à l'encontre de la seule Allemagne – la création d'un État rhénan comprenant le bassin de la Ruhr – que la sécurité future du continent devrait être fondée. Il n'est ici pas question de soustraire les bassins charbonniers et sidérurgiques à la souveraineté des États membres, mais d'obtenir le morcellement de l'Allemagne. En prônant l'abaissement du vaincu, le projet de Mayer se réclame d'une conception plus classique des relations internationales et de la sécurité. L'Europe qu'il propose semble moins sous-tendue par une véritable dynamique européenne que par la volonté de contrôler l'Allemagne et de renforcer la position de la France en Europe occidentale[30].

---

[27] C'est sous ce titre que la note de René Mayer est publiée dans Bossuat, Gérard, *D'Alger à Rome (1943-1957). Choix de documents*, Louvain-la-Neuve, ULC/CIAO, 1989, p. 47-54.

[28] « Note de René Mayer », 30 septembre 1943, Bossuat, Gérard, *op. cit.*, p. 51.

[29] *Ibid.*

[30] Sur la politique européenne de René Mayer, voir aussi Poidevin, Raymond, « René Mayer et la politique extérieure de la France (1943-1953) », *Revue d'histoire de la Deuxième Guerre mondiale et des conflits contemporains*, 1984, n° 134, p. 73-97.

C. La politique européenne du général de Gaulle et son échec

Ces deux projets sont discutés par le CFLN à l'automne 1943[31]. Des études complémentaires sont rédigées pendant l'hiver[32]. À partir du printemps 1944, de Gaulle, véritable arbitre des débats, présente la politique européenne du CFLN. Celle-ci s'inspire pour l'essentiel du projet Mayer. L'Europe à construire le sera sur le plan économique et stratégique. Elle sera aussi occidentale. « Pour ce qui concerne la France, déclare le Général devant l'Assemblée consultative provisoire le 18 mars, nous pensons qu'une sorte de groupement occidental, réalisé avec nous, principalement sur la base économique, et aussi large que possible, pourrait offrir de grands avantages »[33]. De Gaulle reste prudent, son propos est volontairement vague. S'il précise sans ambiguïté que les institutions du groupement ne devront en rien entamer la souveraineté des États, ce qui écarte toute formule supranationale, il est moins clair sur ses limites, dont il dit juste que le Rhin, la Manche et la Méditerranée pourraient former les artères[34]. En privé, de Gaulle est plus précis. Quelques jours avant son discours devant l'Assemblée nationale constituante, il écrit à René Massigli, alors commissaire aux Affaires étrangères. Il lui demande de faire étudier la possibilité d'un « rattachement de la Rhénanie à un bloc occidental, aux points de vue stratégique et économique, [qui] serait lié à la réalisation d'une fédération stratégique et économique entre la France, la Belgique, le Luxembourg et les Pays-Bas, fédération à laquelle pourrait se rattacher la Grande-Bretagne »[35]. Dans l'Europe du Général, l'Allemagne, mis à part les territoires détachés du Reich, n'aurait pas sa place. Dix-huit mois plus tard, en septembre 1945, la position de De Gaulle n'a guère changé : il mise toujours sur la constitution d'un ensemble de l'Europe occidentale[36]. Comprenant invariablement les Pays-Bas, la Belgique, l'Italie, l'Allemagne occidentale – en fait, la Rhénanie et la Ruhr – et la péninsule ibérique, il devrait

---

[31] « Compte-rendu de la conversation du dimanche 17 octobre 1943, à Alger, chez le général de Gaulle », Rieben, Henri, *Des guerres européennes à l'union de l'Europe*, *op. cit.*, p. 286-291.

[32] Voir notamment le « premier mémoire sur l'organisation économique de l'Europe d'après-guerre », Comité d'études économiques (Londres), Laurent Blum-Picard, 1er décembre 1943, 36 p., Fondation Jean Monnet pour l'Europe, AME 56/2/10.

[33] « Discours prononcé devant l'Assemblée consultative provisoire à Alger », 18 mars 1944, dans Gaulle, Charles de, *Discours et messages 1940-1946*, Paris, Berger-Levrault, 1946, p. 412-423 (ici, p. 421).

[34] *Ibid.*

[35] « Lettre du général de Gaulle à René Massigli », 24 février 1944, citée dans Gaulle, Charles de, *Mémoires de guerre*, tome II : *L'unité 1942-1944*, Paris, Plon, 1956, p. 618.

[36] « Déclarations au correspondant parisien du Times », 10 septembre 1945, dans Gaulle, Charles de, *Discours et messages 1940-1946*, *op. cit.*, p. 663-669.

par contre, selon de Gaulle, être désormais dirigé par la France et la Grande-Bretagne. Le Général insiste alors sur la communauté des destins français et britannique et sur l'impérieuse nécessité pour ces deux pays de sceller une coopération étroite sans laquelle leurs intérêts et leur place dans le monde seront menacés. Bref, l'Europe du général de Gaulle est une Europe à direction française ou franco-britannique, limitée à sa partie occidentale, fondée sur une coopération entre États, qui exclut tout abandon de souveraineté nationale ; elle doit avant tout être sinon un levier de la puissance française, du moins un moyen de la préserver.

Quoi qu'il en soit, l'Europe du Général est l'objet de vives critiques. Dès 1944, les Soviétiques réagissent avec fermeté. Moscou se plaint de ne pas avoir été mis au courant du projet français de « bloc occidental », considéré comme la reprise d'une politique visant à isoler l'URSS. Aussi les Russes se veulent-ils menaçants : toute organisation de l'Europe faite sans leur accord sera considérée comme une construction antisoviétique. Les Néerlandais refusent de s'engager sans l'aval des Britanniques qui, en 1944, n'entendent pas cautionner l'initiative du CFLN. Avec les Américains, ces derniers refusent encore de le reconnaître officiellement. Dès lors, le projet français est condamné[37].

Reste que les réflexions engagées pendant la guerre par les résistants et les dirigeants de la France libre posent en définitive les termes du débat européen pour l'après-guerre. Deux conceptions géographiques de l'Europe s'affrontent : l'une, étendue, ambitionne une union de l'ensemble du continent ; l'autre, plus réduite, renvoie à l'idée de groupement régional et de partage du continent en différentes zones d'influence. Sur le plan institutionnel, l'alternative est également posée : aux tenants du fédéralisme, qui suppose une certaine dose de supranationalité, s'opposent les unionistes, partisans du maintien des souverainetés nationales et promoteurs de coopérations strictement intergouvernementales. L'Allemagne, qui fait enfin débat, voit son sort envisagé très différemment : traitée sur un pied d'égalité par les uns, elle devrait au contraire être démembrée et exclue du concert des nations pour les autres.

---

[37] Guillen, Pierre, « La France libre et le projet de fédération ouest-européenne 1943-1944 », dans Dumoulin, Michel (dir.), *Plans des temps de guerre pour l'Europe d'après-guerre 1940-1947. Wartime Plans for Postwar Europe 1940-1947*, Bruxelles/Bruylant, Milano/Giffrè, Paris/LGDJ, Baden-baden/Nomos Verlag, 1995, p. 153-173 (ici, p. 168-169).

II. L'architecture politique européenne dans les projets français d'après-guerre (1945-1949)

A. La mise entre parenthèses des projets européens (1945-1947)

Dans l'immédiat après-guerre, la question européenne est mise entre parenthèses par les dirigeants français[38]. Paris, qui veut recouvrer son rang de grande puissance, opte pour une politique extérieure indépendante d'équilibre entre l'Est et l'Ouest et entend régler définitivement le problème allemand en exigeant la séparation de la rive gauche du Rhin et l'internationalisation de la Ruhr. Le GPRF renoue par ailleurs en Europe avec une politique traditionnelle d'alliances bilatérales, signées avec la Russie, puis avec la Grande-Bretagne[39].

L'abandon des objectifs européens, tels qu'ils avaient été développés pendant la guerre, tient aussi à la prépondérance des enjeux de politique intérieure. La France, détruite, exsangue, est à reconstruire. Assurer la reprise de la production et organiser le ravitaillement de la population mobilisent toutes les énergies. Dans l'immédiat après-guerre, l'épuration est en outre à son point d'orgue. On juge les collaborateurs et les sympathisants de Vichy. Les décideurs français s'attachent enfin à la définition d'une nouvelle république : débats sur les institutions et consultations des populations se succèdent[40].

Qui plus est, entre 1945 et 1947, les partis politiques ne sont pas majoritairement favorables à la construction européenne. Le Parti communiste français (PCF), principale force politique du pays à la Libération, est anti-européen. Nationaliste, il exclut toute possibilité d'entente avec l'Allemagne. Il en espère le démembrement et fait de l'anti-germanisme, tout comme les gaullistes, un axe de sa politique étrangère. Avec le délitement de la Grande Alliance, le PCF prend fait et cause pour l'URSS : il s'oppose à une Europe dont la Russie serait absente ; il critique l'idéologie capitaliste et bourgeoise, sous-jacente à la construction européenne, dont le seul but est d'étouffer le développement du socialisme sur le continent ; il condamne enfin les tentatives de rapprochement de la France avec les États-Unis et la Grande-Bretagne, incarnations de

---

[38] Young, John W., « France's European Policy in the Aftermath of War, 1945-1947 », dans Dumoulin, Michel (dir.), *Plans des temps de guerre pour l'Europe d'après-guerre 1940-1947, op. cit.*, p. 437-458.

[39] Gerbet, Pierre *et al.*, *Le relèvement 1944-1949*, Paris, Imprimerie nationale, 1991, 481 p.

[40] Elgey, Georgette, *Histoire de la IVe République*, première partie : *La République des Illusions (1945-1951)*, édition refondue et augmentée, Paris, Fayard, 1993, 704 p.

l'impérialisme[41]. La SFIO ne partage pas l'opposition frontale des communistes à l'Europe, mais elle n'est pas encore prioritaire dans sa politique étrangère. Jusqu'en 1947-1948, les socialistes hésitent en effet entre deux engagements, l'un européiste, l'autre, on l'a vu avec Léon Blum pendant la guerre, internationaliste, auquel va leur préférence. Ils entendent en outre donner la priorité à l'instauration du socialisme sur la construction de l'Europe. Comme le rappelle Robert Frank, à la SFIO, c'est seulement « après le déchirement Est-Ouest et l'échec de l'ONU [que] le rêve de changer le monde se mue [...] en rêve de construire l'Europe »[42]. Les radicaux sont eux divisés quant aux formes que devrait prendre l'Europe. Les plus âgés, Édouard Herriot et Édouard Daladier, sont unionistes tandis que les plus jeunes, comme Maurice Faure, sont davantage fédéralistes[43]. À droite, l'engagement européen n'est pas plus fort. Le Mouvement républicain populaire (MRP), seul parti politique issu de la résistance, connu pour son engagement pro-européen à partir de la fin des années 1940, n'y est guère favorable avant. Sur l'Allemagne, le MRP partage les objectifs du général de Gaulle : il faudra obtenir son contrôle par son démembrement et l'internationalisation de certains de ses territoires. Une politique classique d'alliance avec l'URSS permettra d'y parvenir[44]. C'est d'ailleurs l'un des principaux représentants du parti, Georges Bidault, ministre des Affaires étrangères de 1944 à 1948, qui est chargé de mettre en œuvre cette politique[45].

B. Les initiatives françaises en faveur d'une Union politique européenne

Par conséquent, il faut attendre 1947-1948 pour que les dirigeants français fassent à nouveau de l'Europe un axe fort de leur politique étrangère. L'aggravation de la guerre froide les contraint à d'amers constats. Leur politique d'équilibre entre l'Est et l'Ouest est un échec. Quant à leurs exigences vis-à-vis de l'Allemagne – notamment son

---

[41] Robin-Hivert, Emilia, « Anti-européens et euroconstructifs : les communistes français et l'Europe (1945-1979) », Guieu, Jean-Michel et Le Dréau, Christophe (dir.), *Anti-européens, eurosceptiques et souverainistes. Une histoire des résistances à l'Europe (1919-1992)*, Les Cahiers Irice, 2009, n° 4, p. 49-67 (ici, p. 49-53).

[42] Frank, Robert, « La gauche et l'Europe », Becker, Jean-Jacques et Candar, Gilles (dir.), *Histoire des gauches en France*, volume 2 : *XXe siècle : à l'épreuve de l'histoire*, Paris, La Découverte, 2004, p. 452-471 (ici, p. 458-459).

[43] *Ibid.*

[44] Dreyfus, François-Georges, « Les réticences du MRP face à l'Europe (1944-1948) », Berstein, Serge, Mayeur, Jean-Marie et Milza, Pierre (dir.), *Le MRP et la construction européenne*, Bruxelles, Complexe, 1993, p. 115-130 (ici, p. 118-123).

[45] Soutou, Georges-Henri, « Georges Bidault et la construction européenne (1944-1954) », Berstein, Serge, Mayeur, Jean-Marie et Milza, Pierre (dir.), *Le MRP et la construction européenne*, *op. cit.*, p. 197-230 (ici, p. 198-206).

démembrement –, elles buttent sur l'opposition des Anglo-Américains, résolus à reconstruire et à intégrer dans leur camp les zones d'occupation occidentales : l'heure est au regroupement des forces face à une menace soviétique grandissante[46]. La guerre froide et la politique américaine agissent par conséquent comme des aiguillons en faveur de la construction européenne. Au début de l'année 1948, une double étape est effectivement franchie. En mars, la signature du traité de Bruxelles, qui crée l'Union occidentale, marque les débuts de la coopération européenne sur le plan militaire. En avril, le traité de Paris donne naissance à l'OECE, instrument de la répartition des crédits Marshall, et amorce de la coopération économique européenne. Dès lors, de l'avis de nombreux décideurs français, la construction économique et militaire de l'Europe implique de l'organiser parallèlement sur le plan politique pour en encadrer l'évolution et en définir les objectifs[47].

L'impulsion décisive vient des associations européennes. Réunies en mai 1948 au congrès de La Haye, véritable « congrès de l'Europe », plus de 700 personnalités émanant de presque tous les pays européens et représentant aussi bien le monde politique, les milieux économiques que la société civile adoptent de nombreuses résolutions en faveur de l'unité européenne[48]. Les Français y jouent un rôle non négligeable. L'une des trois commissions constituées à La Haye, la commission politique, est en effet présidée par le socialiste Paul Ramadier, ancien président du Conseil. S'il n'est pas un adepte du fédéralisme, Ramadier est acquis depuis l'entre-deux-guerres au principe de la coopération internationale. La résolution qu'il propose, prudente, fait la synthèse des différents courants de pensée présents à La Haye[49]. Pour des raisons d'ordre à la fois international et économique, Ramadier rappelle la nécessité d'unir sans délai les Européens : ainsi propose-t-il de créer une union politique de l'Europe[50]. Mais la résolution se garde bien de trancher le débat institutionnel, l'Europe étant alternativement dénommée « Union ou Fédération »[51]. Sans doute les fédéralistes trouvent-ils quelque satisfac-

---

[46]   Grosser, Alfred, *La IVe République et sa politique extérieure*, 3e édition revue, Paris, Armand Colin, 1972, 439 p.

[47]   C'est notamment l'avis de Guy Mollet et de Paul Reynaud. Voir *infra*.

[48]   Sur le « Congrès de l'Europe », voir les récentes mises au point dans Guieu, Jean-Michel, Le Dréau, Christophe (dir.), *Le « Congrès de l'Europe » à La Haye (1948-2008)*, Bruxelles, PIE Peter Lang, 427 p.

[49]   Guillen, Pierre, « Paul Ramadier et l'Europe », Berstein, Serge (dir.), *Paul Ramadier. La République et le Socialisme*, Bruxelles, Complexe, 1988, p. 389-404 (ici p. 391).

[50]   « Résolution de la Commission politique prise par le Congrès de l'Europe (La Haye, mai 1948) », *Notes et études documentaires*, n° 1081, février 1949 : « Documents et textes relatifs au projet de convocation d'une Assemblée européenne », 35 p. (ici, p. 9).

[51]   *Ibid.*, voir les points 4, 8, 9 et 10 de la résolution.

tion dans les propositions avancées : la résolution considère en effet le moment venu « pour les nations d'Europe de transférer certains de leurs droits souverains pour les exercer [...] en commun [...] »[52]. Elle demande aussi la convocation d'une Assemblée européenne. Mais, contrairement à leurs attentes, cette assemblée, composée de parlementaires nationaux, ne sera pas constituante mais délibérative. Sa tâche consistera, par des propositions faites aux gouvernements, par des études sur les conséquences qu'aura la construction européenne dans différents domaines et par la diffusion des idées européennes auprès des peuples, à promouvoir l'unité de l'Europe[53]. Une Cour de justice, chargée de faire respecter une charte européenne des droits de l'homme, devra aussi être créée[54]. En ce qui concerne les pays appelés à devenir membres de cette Europe, Ramadier fait aussi la synthèse des possibles. Alors que la division du continent est déjà bien amorcée, il veut empêcher la constitution d'« une barrière permanente avec l'Est européen qui doit pouvoir être intégré plus tard dans une union générale de l'Europe »[55]. La résolution politique souligne effectivement que l'Union ou la Fédération créée devra demeurer ouverte à toutes les nations d'Europe démocratiques[56]. Mais par cette condition même, elle est réduite, tout au moins dans l'immédiat, à l'Ouest européen. Fidèle à la vision des socialistes français, Ramadier propose enfin une avancée notable dans trois domaines. Il considère d'abord que les problèmes allemands ne pourront trouver de solution satisfaisante que dans le cadre d'une Europe unie[57]. Il fait ensuite admettre le principe selon lequel cette Europe unie devra jouer, « comme élément d'équilibre »[58], un rôle entre les deux Grands. Il estime enfin que l'organisation de l'Europe sera la condition même d'un monde uni[59]. À la suite du congrès, le Comité international des mouvements pour l'unité européenne[60], charge sa commission internationale, présidée par Paul Ramadier, de préciser les décisions arrêtées à La

---

[52] *Ibid.*, point 3.

[53] *Ibid.*, point 4.

[54] *Ibid.*, point 6.

[55] Guillen, Pierre, « Paul Ramadier et l'Europe », Berstein (Serge) (dir.), *Paul Ramadier. La République et le Socialisme, op. cit.*, p. 391.

[56] « Résolution de la Commission politique prise par le Congrès de l'Europe (La Haye, mai 1948) », *Notes et études documentaires*, n° 1081, *op. cit.*, p. 9, point 5.

[57] *Ibid.*, point 7.

[58] Guillen, Pierre, « Paul Ramadier et l'Europe », Berstein, Serge (dir.), *Paul Ramadier. La République et le Socialisme, op. cit.*, p. 391.

[59] « Résolution de la Commission politique prise par le Congrès de l'Europe (La Haye, mai 1948) », *Notes et études documentaires*, n° 1081, *op. cit.*, p. 9, point 11.

[60] Créé en 1947, le Comité international des mouvements pour l'unité européenne a pour mission de coordonner l'action des différentes associations agissant en faveur de l'unité de l'Europe.

Haye, en particulier celles concernant la création d'une assemblée européenne. Le mémorandum préparé par la commission internationale reprend pour l'essentiel les dispositions de La Haye. Il est adressé le 18 août 1948 aux gouvernements européens[61].

Le gouvernement français s'en saisit immédiatement. Il faut dire que ce mémorandum correspond à ses nouvelles orientations en matière européenne. En juillet déjà, Georges Bidault, alors ministre des Affaires étrangères, reprend à son compte, lors d'une réunion du Conseil consultatif du pacte de Bruxelles, la décision arrêtée à La Haye de créer une assemblée européenne[62]. Dans un vibrant plaidoyer, il souligne que l'Europe, qui s'organise lentement sur les plans militaire et économique, doit se doter d'une structure à caractère politique[63]. Ce renforcement de l'unité européenne est, selon lui, d'autant plus nécessaire qu'il correspond désormais à la volonté des peuples. Sans unité, prévient Bidault, l'Europe ne sera ni prospère, ni indépendante. Le cadre européen est en outre indispensable – et c'est là un changement notable dans la politique de Bidault, aux Affaires étrangères depuis 1944 – à la résolution pacifique du problème allemand[64]. Pour promouvoir l'unité politique, le ministre prône lui aussi la création d'une Assemblée parlementaire, composée de députés des différents pays. Elle aurait globalement les mêmes fonctions que l'Assemblée proposée au Congrès de La Haye et serait par conséquent chargée de faire des propositions aux gouvernements. Les pouvoirs de cette assemblée, qui n'aurait pas de fonction constituante, seraient cependant restreints[65]. S'il ne précise pas la structure politique à retenir pour l'union politique de l'Europe, Bidault donne clairement la priorité à l'action concertée des gouvernements. D'abord limitée aux cinq puissances signataires du pacte de Bruxelles, l'Europe de Bidault pourrait ensuite s'ouvrir aux autres pays occidentaux[66].

---

[61]   « Memorandum présenté aux gouvernements européens par le Comité international des mouvements pour l'unité européenne (18 août 1948) », *Notes et études documentaires*, n° 1081, p. 11-12.

[62]   « Déclaration faite par M. Georges Bidault le 19 juillet 1948, à La Haye », *Notes et études documentaires*, n° 1081, *op. cit.*, p. 30-31. Voir aussi Bézias, Jean-Rémy, « Prélude au Conseil de l'Europe : la déclaration de Georges Bidault à La Haye (19 juillet 1948) », *Guerres mondiales et conflits contemporains*, n° 220, 2005, p. 115-128.

[63]   Cette unité politique est également préconisée par Guy Mollet et Paul Reynaud. Voir, sur ce point, Bitsch, Marie-Thérèse, « Le rôle de la France dans la naissance du Conseil de l'Europe », dans Poidevin, Raymond (dir.), *Histoire des débuts de la construction européenne, op. cit.*, p. 184.

[64]   Gerbet, Pierre *et al.*, *Le relèvement 1944-1949, op. cit.*, p. 376.

[65]   « Déclaration faite par M. Georges Bidault le 19 juillet 1948, à La Haye », *Notes et études documentaires*, n° 1081, *op. cit.*, p. 30-31.

[66]   *Ibid.*

Fort de ces propositions, le gouvernement André Marie, au sein duquel on retrouve de nombreux ministres favorables à la construction européenne – Léon Blum, vice-président du Conseil ; Paul Ramadier, ministre d'État ; Paul Reynaud, ministre des Finances et des Affaires économiques ; Robert Schuman, successeur de Georges Bidault aux Affaires étrangères – décide très rapidement de prendre une initiative dans le domaine européen et d'en saisir les pays membres du pacte de Bruxelles[67]. Trois groupes de décideurs interviennent dans le dossier. Aux ministres Georges Bidault, puis Robert Schuman revient l'impulsion initiale. Lors des négociations, ils sont secondés par des hauts fonctionnaires, comme René Massigli, et des hommes politiques – Guy Mollet notamment – nommés dans le Comité d'étude pour l'unité européenne[68]. Pour ces décideurs, promouvoir sans attendre l'unification du continent s'impose pour trois séries de raisons. Premièrement, les peuples sont favorables à l'idée européenne et en attente d'une initiative forte. Deuxièmement, l'unification de l'Europe est souhaitée par les Américains : unie, elle pourra mieux faire face aux Soviétiques. La France, qui a besoin des États-Unis, sur le plan économique et militaire, a donc tout intérêt à se faire le champion de la cause européenne. Paris est troisièmement convaincu que sa politique allemande doit être modifiée et que le problème allemand ne peut se régler qu'en intégrant l'Allemagne à une Europe unie[69]. S'il reprend à son compte la proposition faite par le congrès de La Haye et par Georges Bidault, c'est-à-dire la création d'une assemblée européenne, le gouvernement français veut aller plus loin. À ses yeux, il s'agit à terme de parvenir à la constitution d'une véritable entité européenne qui, en dépassant le cadre étroit de la coopération intergouvernementale, serait l'unique moyen d'intégrer véritablement l'Allemagne et d'éviter ainsi une renaissance du nationalisme[70]. Paris propose par conséquent la convocation d'une assemblée européenne, consultative dans un premier temps, qui serait indépendante des États et dont les membres seraient élus par les Parlements. Elle devrait être force de propositions pour les gouvernements : il lui reviendrait notamment d'imaginer un système d'« Union européenne » et de définir les formes d'une future « autorité européenne »[71]. Pour les Fran-

---

[67] Bitsch, Marie-Thérèse, « Le rôle de la France dans la naissance du Conseil de l'Europe », dans Poidevin, Raymond (dir.), *Histoire des débuts de la construction européenne, op. cit.*, p. 166-167.

[68] Ulrich-Pier, Raphaëlle, *René Massigli (1888-1988). Une vie de diplomate*, Bruxelles, PIE Peter Lang, 2004, 2 volumes, 1539 p. (ici, tome I, p. 1072-1073).

[69] Bitsch, Marie-Thérèse, « Le rôle de la France dans la naissance du Conseil de l'Europe », dans Poidevin, Raymond (dir.), *Histoire des débuts de la construction européenne, op. cit.*, p. 168-173.

[70] *Ibid.*, p. 171.

[71] *Ibid.*, p. 176-177.

çais, seule la création d'une pareille assemblée serait « propre à créer un choc psychologique »[72] au sein des opinions européennes et serait à même de les convaincre qu'« un pas décisif a été accompli sur le chemin de la fédération européenne »[73]. Selon eux, il faut créer une Union européenne – tel est le nom défendu par Robert Schuman pour la nouvelle organisation – qui puisse encadrer sur le plan politique les avancées faites au niveau économique[74]. Engagées avec les autres membres du pacte de Bruxelles dès le mois d'août 1948, les négociations, longues et laborieuses, n'aboutissent que le 5 mai 1949, au terme d'un véritable marathon diplomatique[75].

C. Un succès amer

La nouvelle organisation est bien différente des propositions initiales : les espoirs français sont largement déçus. Le nom adopté pour l'institution traduit bien les reculs consentis : d'« Union européenne » on est passé à « Conseil de l'Europe »[76]. Quant à l'« Assemblée consultative », telle est sa dénomination, elle n'a rien à voir non plus avec la grande Assemblée dont rêvait Paris, une assemblée « animée d'une mystique européenne, capable de cristalliser les espoirs et de galvaniser les énergies au bénéfice d'un grand idéal unitaire »[77]. Coiffée par un Conseil des ministres, qui n'était pas prévu initialement, et qui monopolise l'essentiel des pouvoirs, au demeurant restreints, elle est tributaire des États[78]. Cette dépendance va jusque dans la désignation de ses membres : le principe de leur élection par tous les pays membres a dû être abandonné pour parvenir à un accord : les délégués britanniques seront nommés par leur gouvernement[79]. Et puis l'Allemagne, qui était l'une des principales raisons de l'initiative française, n'est pas membre de l'organisation[80]. En d'autres termes, dès sa création, le Conseil de

---

[72] Selon l'expression de Paul Reynaud, membre du Comité d'études pour l'union européenne, créé par les Cinq puissances de l'Union occidentale pour étudier les propositions françaises. Voir Bitsch, Marie-Thérèse, « Le rôle de la France dans la naissance du Conseil de l'Europe », dans Poidevin, Raymond (dir.), *Histoire des débuts de la construction européenne, op. cit.*, p. 185.

[73] *Ibid.*, p. 171.

[74] *Ibid.*, p. 184 et 193.

[75] L'article de Marie-Thérèse Bitsch, cité ci-dessus, permet de les suivre.

[76] Bitsch, Marie-Thérèse, « Le rôle de la France dans la naissance du Conseil de l'Europe », dans Poidevin, Raymond (dir.), *Histoire des débuts de la construction européenne, op. cit.*, p. 193.

[77] *Ibid.*, p. 197.

[78] *Ibid.*, p. 192.

[79] *Ibid.*, p. 191-192.

[80] *Ibid.*, p. 194-195.

l'Europe ne semble pas à même d'être la cheville ouvrière d'un fédéralisme politique européen.

Cet échec tient avant tout à l'opposition des dirigeants britanniques. Dès le début des négociations, ceux-ci se montrent réticents. L'initiative française leur paraît prématurée. En réalité, Londres prône une coopération de type intergouvernemental, qui ne nécessiterait aucune institutionnalisation, et est par conséquent opposé à toute proposition d'union politique européenne de type fédéral[81]. Aussi les Britanniques s'efforcent-ils durant les négociations de réduire les compétences de l'Assemblée européenne : ses membres devraient être désignés par les gouvernements plutôt qu'élus par les parlements ; leur vote ne devrait en aucun cas être individuel et devrait se faire en bloc. Londres s'emploie aussi à coiffer l'assemblée d'un organisme représentant les gouvernements, qui statuera à l'unanimité, ce qui réduit ainsi d'emblée la portée des propositions qui pourraient être faites[82]. Côté anglais, on tient en outre à éviter que toute publicité soit faite aux négociations. En obtenant que ces dernières soient menées au sein d'un Comité d'études, composé de 18 membres désignés par les gouvernements, Londres réussit à écarter la proposition française, infiniment plus prestigieuse, qui prévoyait la convocation d'une conférence préparatoire composée de 75 membres élus par les Parlements[83]. De la même façon, les Britanniques peuvent se féliciter que les Français aient accepté Strasbourg comme siège de la future institution : en l'exilant dans une ville de province, ils espèrent en obtenir la marginalisation[84]. Les négociateurs français – notamment Robert Schuman – acceptent ces reculs pour tenter de préserver l'essentiel, à savoir la création de l'Assemblée. Côté français, on espère que les prérogatives de cette dernière pourront ensuite évoluer.

Les reculades françaises s'expliquent sans doute aussi pour des raisons de politique intérieure. Au sein des formations politiques et de l'opinion, l'option fédérale, poursuivie à terme, ne fait pas l'unanimité. Certes, en 1948, les partis sont davantage favorables à la construction européenne qu'au sortir de la guerre, mais un clivage net continue de séparer les unionistes des fédéralistes[85]. Une majorité de Français soutient également la construction européenne. En décembre 1947, 61 % d'entre eux estiment que la création d'États-Unis d'Europe serait souhaitable. Ils ne sont que 10 % à s'y opposer. Mais parmi ceux qui sont favorables à la construction européenne, des divisions existent à propos

---

[81] *Ibid.*, p. 174-176.
[82] *Ibid.*, p. 189.
[83] *Ibid.*, p. 179.
[84] *Ibid.*, p. 195-196.
[85] Gerbet, Pierre *et al.*, *Le relèvement 1944-1949, op. cit.*, p. 367-370.

des institutions : un tiers souhaite la constitution d'une confédération d'États ; un tiers préconise « une unification politique complète » ; un tiers se contenterait d'une simple union douanière[86].

La naissance du Conseil de l'Europe constitue donc un demi-succès pour les dirigeants français, même si la création de l'assemblée représente une avancée considérable. Pour autant, par rapport aux projets d'Europe unie, élaborés pendant la guerre, les retraits sont tangibles. Le Conseil de l'Europe ne réunit que les pays de l'ouest du continent. À cause de la guerre froide, il a fallu renoncer aux espoirs de constituer une « grande Europe ». Ce qui est plus grave, c'est que l'Allemagne en soit pour l'heure exclue alors que les initiatives françaises visent justement son intégration à l'ensemble européen. En termes d'institutions, les hésitations perdurent. Paris semble s'engager dans une voie qui conduit à une véritable union européenne mais se garde, pour l'heure, d'en préciser le fonctionnement. Les convictions des acteurs, les pressions extérieures – notamment britanniques – et les divisions françaises jouent à plein pour repousser tout engagement fédéral. Enfin, la construction européenne n'est pas vraiment un levier de la puissance française ; elle ne permet pas non plus aux Européens de s'affirmer entre l'Est et l'Ouest. Reste qu'avec la création du Conseil de l'Europe, les liens entre Européens tendent à s'affirmer même si les visions de l'Europe future des uns et des autres restent foncièrement différentes.

French leaders and the "Political Europes" after the end of the Second World War (1941-1949)

France's European policy in the immediate post-war era is now well known. And yet, a closer look shows that certain points are still waiting to be made, especially in the political arena. Political Europe is not contemplated in the same way, whether by first-rank decision makers (e.g. General de Gaulle, Pierre Mendès-France, Jean Monnet, and René Mayer) or by certain influential high-ranking public officials (e.g. Hervé Alphand, Maurice Dejean, Maurice Couve de Murville, and Robert Marjolin). At the Liberation, three large-scale French projects are in competition – their genesis began in the midst of war, first in London, then in Algiers.

The aim of this communication is, of course, to recall the fracture lines between the various projects, whether items of forms of co-operation envisaged (e.g. between the countries concerned), types of cooperation,

---

[86]   Berstein, Serge, « L'opinion de gauche française et les débuts de l'Europe », dans Poidevin, Raymond (dir.), *Histoire des débuts de la construction européenne, op. cit.*, p. 241-259 (ici, p. 243).

or institutions (whether national or supra-national) that were destined to build this political Europe.

However, beyond their content, these various projects also enable us to better understand the representations, the values, and the models of their designers.

Die europapolitischen Vorstellungen der maßgebenden französischen Politiker in der Kriegs- und Nachkriegszeit (1941-1949)

Die Europapolitik Frankreichs in der ersten Nachkriegszeit ist heute wohlbekannt. Bei näherer Betrachtung lässt sich jedoch feststellen, dass bestimmte Punkte, insbesondere im politischen Bereich, durchaus weiterer Präzisierung bedürfen. Die Vorstellungen über das politische Europa gehen weit auseinander, sowohl bei den Entscheidungsträgern auf höchster Ebene – General de Gaulle, Pierre Mendès-France, Jean Monnet, René Mayer – als auch bei bestimmten einflussreichen hohen Beamten – Hervé Alphand, Maurice Dejean, Maurice Couve de Murville und Robert Marjolin. Bei der Befreiung ringen drei große französische Projekte um ihre Durchsetzung, deren Ausarbeitung bereits während des Kriegs begonnen hatte, zunächst in London, später in Algier.

Ziel dieses Beitrags ist es natürlich zum einen, die Kernpunkte der Spaltung zwischen den einzelnen Projekten aufzuzeigen, ob es sich dabei nun um die geplante Form der Zusammenarbeit handelt – einbezogene Länder, Art der Kooperation – oder um – nationale oder internationale – Institutionen, die diesem politischen Europa seine Struktur geben sollen. Über ihren Inhalt hinaus vermitteln uns diese unterschiedlichen Projekte jedoch auch ein besseres Verständnis der Vorstellungen, Werte und Modelle ihrer politischen Väter.

Robert Schuman,
un apôtre oublié de l'Eurafrique ?

Étienne DESCHAMPS

S'il est bien une personnalité politique dont l'action européenne a été abondement étudiée, c'est assurément celle de Robert Schuman. Les publications auxquelles les idées et la trajectoire du Lorrain ont donné lieu sont innombrables. Commentant la fameuse déclaration du 9 mai 1950, tous les travaux mettent en avant les enjeux politiques et économiques qui figurent au cœur de ses efforts de rapprochement entre la France et l'Allemagne. Les historiens insistent aussi sur l'originalité de la dynamique sectorielle et, d'un point de vue institutionnel, sur le pari de la méthode supranationale. Il n'y a ainsi pas de doutes que la place de Schuman au Panthéon des « Pères de l'Europe » est solidement assurée[1]. Dans ce contexte on peut penser que tout a été dit, en France et ailleurs, au sujet du rôle que Schuman a joué dans l'histoire de la construction européenne. Dans cette contribution, on s'efforcera toutefois de revisiter la vision géopolitique de Schuman en concentrant l'attention sur la place singulière de l'Afrique par rapport à l'Europe en construction, à l'occasion notamment des débats suscités par le plan Schuman puis par la relance européenne.

Pour tout dire, le silence relatif des historiens sur la dimension eurafricaine de la pensée européenne de Schuman demeure étonnant pour qui veut bien se rappeler que dans son fameux discours au salon de l'Horloge du Quai d'Orsay, le ministre français des Affaires étrangères ne manque pas de souligner que la création du pool charbon-acier « permettra à l'Europe de poursuivre, avec des moyens accrus, la réalisation de l'une de ses tâches essentielles : le développement du continent africain ». Assurément cette phrase n'est pas anodine bien qu'aucun des projets successifs de la déclaration, que Schuman a secrètement préparés avec Jean Monnet et ses très proches collaborateurs, ne comporte la moindre allusion aux territoires d'outre-mer[2]. À en croire la

---

[1]   M.-T. Bitsch, « Robert Schuman et la déclaration du 9 mai 1950 », in *Les Pères de l'Europe : cinquante ans après. Perspectives sur l'engagement européen*, Bruxelles, Bruylant, 2001, pp. 55-68.

[2]   Les neuf versions préparatoires de la déclaration Schuman, s'étalant du 16 avril au 6 mai 1950, sont intégralement reproduites in H. Rieben, M. Nathusius, F. Nicod et

célèbre journaliste Georgette Elgey, c'est Monnet qui aurait personnel-lement insisté auprès de Schuman pour réparer *in extremis* cet oubli[3]. Mais dans ses Mémoires, Monnet lui-même assure que c'est à la de-mande expresse du Garde des Sceaux René Mayer, député et président du Conseil général de Constantine (Algérie), que la phrase relative au développement coordonné de l'Afrique a été ajoutée trois jours seule-ment avant la déclaration Schuman[4]. Cette version des faits sera ensuite étayée par Pierre Uri, très proche collaborateur de Monnet, qui précisera même qu'en procédant de la sorte Mayer entendait « séduire les Alle-mands »[5]. Dans la volumineuse biographie qu'il a consacrée à Schuman, Raymond Poidevin confirme lui aussi la version de Monnet et d'Uri et clôt de manière sans doute définitive ce procès de paternité[6].

À l'époque, l'allusion au développement en commun de l'Afrique passe relativement inaperçue en France. Aujourd'hui encore, il n'est pas rare que des recueils de textes reproduisent la déclaration Schuman en l'amputant de son passage relatif à l'Afrique. En 1950 pourtant, bien des industriels allemands et italiens insistent sur ce passage précis et fondent de grands espoirs sur la coopération eurafricaine. Les diplomates alle-mands et italiens ne manqueront d'ailleurs pas de le rappeler souvent à leurs homologues français lors de la négociation du traité instituant la Communauté européenne du charbon et de l'acier (CECA). On aurait tort en tout cas de minimiser cette mention à l'Afrique tant l'avenir de l'Union française s'avère être un élément récurrent, bien que marginal, dans la pensée européenne de Schuman. Régulièrement il revient sur ce point dans ses discours, dans ses conférences et dans des articles publiés entre 1948 et 1960[7]. C'est que très tôt Schuman prend conscience de la nécessité mais aussi de la difficulté géopolitique de dégager une articu-

---

C. Camperio-Tixier, *Un changement d'espérance. La déclaration du 9 mai 1850. Jean Monnet-Robert Schuman*, Lausanne, Fondation Jean Monnet pour l'Europe/ Centre de recherches européennes, 2000, pp. 114-152.

[3] G. Elgey, *Histoire de la IVᵉ République. La République des illusions (1945-1951)*, Paris, Fayard, 1969, p. 553.

[4] J. Monnet, *Mémoires*, Paris, Fayard, 1976, p. 355-356. Monnet ajoute que René Pleven, mis dans la confidence, apporte lui aussi son soutien immédiat au projet de Schuman. Mais il commet une erreur en faisant de Pleven le ministre de la France d'outre-mer. En réalité, en mai 1950, René Pleven est ministre de la Défense natio-nale dans le gouvernement Bidault.

[5] P. Uri, *Penser pour l'action. Un fondateur de l'Europe*, Paris, Odile Jacob, 1991, p. 80.

[6] R. Poidevin, *Robert Schuman, homme d'État (1886-1963)*, Paris, Imprimerie natio-nale, 1986, p. 259.

[7] On sait gré à Marie-Thérèse Bitsch d'avoir récemment rassemblé et richement commenté un choix de textes écrits et prononcés par Schuman entre 1953 et 1963 : M.-T. Bitsch, *Robert Schuman, apôtre de l'Europe (1953-1963)*, Bruxelles, PIE Peter Lang, 2010, 365 p.

lation entre l'héritage colonial de la France et son engagement vers toujours plus d'unité européenne.

Sans doute n'y a-t-il là rien de très surprenant quand on sait que le Mouvement républicain populaire (MRP), dont Schuman est une des figures les plus marquantes, s'est voulu en 1946 le « parti de l'Union française » et qu'il détient en quasi monopole après-guerre le ministère ou le secrétariat d'État à la France d'outre-mer[8]. Par ailleurs, en tant qu'ancien président du Conseil puis ministre des Affaires étrangères entre juillet 1948 et décembre 1952, Schuman est directement confronté à la décolonisation en Indochine et dans les protectorats de Tunisie et du Maroc. En collaboration étroite avec les ministres successifs de la France d'outre-mer, il doit partout défendre les intérêts de l'Union française créée en octobre 1946 par la Constitution de la IVe République. C'est notamment le cas lorsqu'on soupçonne à Paris l'administration et les industriels américains de vouloir faire main basse, via le plan Marshall, sur les matières premières stratégiques des territoires d'outre-mer[9]. C'est à nouveau le cas en 1949 quand, répondant aux inquiétudes qui se manifestent au Parlement sur la place de l'Afrique dans les préoccupations de l'Assemblée consultative du Conseil de l'Europe qui vient d'être créé, Schuman explique qu'en principe « ne se poseront et ne seront traités au Conseil de l'Europe que des problèmes européens même si, ajoute-t-il aussitôt, il pourra se faire qu'à l'occasion de ces problèmes et indirectement se posent aussi des questions intéressant l'Union française ». Auquel cas, précise Schuman, « les représentants du gouvernement français au sein de l'Assemblée européenne se souviendront qu'ils ne sont pas uniquement des représentants de la métropole et que leurs responsabilités s'étendent à l'ensemble de l'Union française, laquelle est solidaire dans toutes ses parties »[10]. Mais en janvier 1949, Schuman est aussi confronté à la difficulté d'obtenir des Américains l'inclusion des territoires français d'Afrique du Nord, et en particulier de l'Algérie, dans la zone de couverture de l'Organisation du traité de

---

[8] M. Thomas, « The colonial Policies of the Mouvement Républicain Populaire (1944-1954). From Reform to Reaction », in *English Historical Review*, 2003, vol. 118, n° 476, pp. 380-411 ; B. Droz, « L'impossible réforme de l'Union française », in P. Cauchy, Y. Combeau et J.-F. Sirinelli (dir.), *La Quatrième République et l'outre-mer français*, Paris, Publications de la Société française d'histoire d'outre-mer, 2009, p. 33.

[9] Sur les enjeux liés à la place des territoires d'outre-mer français dans le plan Marshall, on verra G. Bossuat, *La France, l'aide américaine et la construction européenne (1944-1954)*, t. 2, Paris, Comité pour l'histoire économique et financière de la France, 1997, pp. 522-611.

[10] Cité dans D. Avit, « La question de l'Eurafrique dans la construction de l'Europe de 1950 à 1957 », in *Matériaux pour l'histoire de notre temps. Europe et Afrique au tournant des indépendances*, n° 77, janvier-mars 2005, p. 18.

l'Atlantique Nord (OTAN)[11]. Un an plus tard, il est à nouveau confronté aux enjeux des relations Europe-Afrique suite à l'insistance des Italiens qui, à l'occasion des pourparlers relatifs à la mise en œuvre du traité d'union douanière franco-italienne signé à Paris le 26 mars 1949, demandent officiellement et sous couvert d'idéal eurafricain l'ouverture des colonies françaises aux immigrants italiens[12]. Toutes ces discussions se déroulent alors que l'idée d'Eurafrique, développée dès les années 1930 par les milieux pacifistes et européistes, rencontre après la Seconde Guerre mondiale un regain d'intérêt au sein de certains mouvements, surtout d'inspiration fédéraliste, qui militent activement pour l'unité européenne[13].

I. Les négociations du plan Schuman et l'Afrique

Si le thème des relations Europe-Afrique est certes en vogue et agite bien des esprits à la charnière des années 1940 et 1950, c'est pourtant la déclaration Schuman qui relance le débat de façon spectaculaire. Mais cette fois, ce sont les parlementaires africains qui réagissent les premiers. Le 16 mai 1950, le député sénégalais Léopold Sédar Senghor adresse à Jean Letourneau, ministre de la France d'outre-mer, le texte de la motion votée la veille à l'unanimité par le Groupe interparlementaire des indépendants d'outre-mer (IOM) qu'il préside et qui réunit depuis 1948 la majorité des élus africains à l'Assemblée nationale, au Conseil de la République et à l'Assemblée de l'Union française. S'ils se montrent en principe favorables à une association économique plus intime entre l'Europe et l'Afrique, les parlementaires français d'outre-mer repoussent en revanche toute forme d'accord européen qui ferait de l'Afrique une sorte de colonie internationale. Faisant explicitement référence à la déclaration Schuman, ils tiennent à préciser que

l'Eurafrique, que nous croyons nécessaire et possible, ne saurait être conçue que sous la forme d'une association de caractère économique, librement conçue sur un pied d'égalité, où les intérêts présents et futurs de l'Afrique seront sauvegardés dans les mêmes conditions que ceux de l'Europe. L'en-

---

[11] Sur ce point, on verra les explications convaincantes (pp. 148-151) de Jenny Raflik dans sa thèse inédite *Les décideurs français et l'Alliance atlantique (1947-1954)* défendue en 2006 à l'Université de Paris 1.

[12] P. Guillen, « Le vicissitudini dei rapporti franco-italiani dall'incontro di Cannes (dicembre 1948) a quello di Santa Margherita (febbraio 1951) », in A. Varsori (dir.), *La politica estera italiana nel secondo dopoguerra (1943-1957)*, Milan, Edizioni Universitarie di Lettere Economia Diritto, 1993, pp. 247-269.

[13] J.-M. Palayret, « Les mouvements proeuropéens et la question de l'Eurafrique, du congrès de La Haye à la convention de Yaoundé (1948-1963) », in M.-T. Bitsch et G. Bossuat (dir.), *L'Europe unie et l'Afrique. De l'idée d'Eurafrique à la convention de Lomé I*, Bruxelles, Bruylant, 2005, pp. 185-229.

visager, comme semble le faire le projet de pool franco-allemand du charbon et de l'acier, sous l'aspect d'une domination de l'Europe sur l'Afrique, même habilement dissimulée, conduirait inévitablement à l'échec car on peut tenir pour certain que, maintenant ou plus tard, l'Afrique n'acceptera pas de devenir un appendice de l'Europe, son réservoir de matières premières et un débouché pour les excédents de sa production[14].

Forts de cette prise de position, les indépendants d'outre-mer demandent au gouvernement français d'ouvrir sans tarder un débat sur les incidences en Afrique du plan Schuman.

Jean Letourneau, qui communique la résolution des élus africains au président du Conseil Georges Bidault ainsi qu'à Robert Schuman, insiste auprès de ses collègues sur la nécessité de tenir le plus grand compte des réactions des parlementaires d'outre-mer dans les négociations internationales et dans les communiqués publiés à l'issue de celles-ci[15]. Dans le même temps, Letourneau s'empresse de rassurer Senghor. Compte tenu de la structure institutionnelle de la République et de la répartition des compétences coloniales, il lui promet que « rien ne pourra être fait contre les Africains pour la raison que rien ne pourra être fait sans eux ». Mais il précise également à son interlocuteur que s'il est vrai que l'Europe trouvera un marché en Afrique et que l'Afrique trouvera un marché en Europe, la nature des échanges évoluera au fur et à mesure de l'évolution interne des territoires africains, ceux-ci devant être progressivement amenés à transformer leurs produits de base pour construire une économie de plus en plus complexe. Pour les experts de la rue Oudinot, siège du ministère de la France d'outre-mer, il est en effet extrêmement important de ne pas figer *ne varietur* l'économie africaine à un stade déterminé par certaines productions. Mais il convient au contraire de favoriser l'expansion des territoires africains dans la double voie du développement quantitatif et qualitatif des activités existantes et de la création continue d'activités économiques nouvelles[16]. De son côté, Schuman ne tarde pas à marteler lui aussi la ferme volonté de la France « de ne pas laisser saper [son] autorité en Afrique sans pour autant écarter une coopération étrangère à la mise en valeur de nos territoires »[17].

---

14   Centre des archives de la France d'outre-mer, Aix-en-Provence (désormais CAOM), Fonds 1 Affaires politiques, dossier 2224/2, « Résolution du Groupe interparlementaire des indépendants d'outre-mer », Paris, 15 mai 1950, pp. 1-2.

15   CAOM, Fonds 1 Affaires économiques, dossier 752, Lettres de J. Letourneau à G. Bidault et à R. Schuman, Paris, 9 juin 1950, 1 p.

16   CAOM, Fonds 1 Affaires politiques, dossier 2224/2, Lettre de J. Letourneau à L. S. Senghor, Paris, 9 juin 1950, pp. 1-2.

17   CAOM, Fonds 1 Affaires économiques, dossier 752, Lettre de R. Schuman à J. Letourneau, Paris, 16 juin 1950, p. 2.

Entre-temps, après l'acceptation publique de la proposition Schuman par les gouvernements allemand, belge, italien, luxembourgeois et néerlandais, les experts de la rue de Martignac, siège du Commissariat général au plan que dirige Monnet, se mettent au travail. Dans la perspective des négociations qui s'ouvrent le 20 juin à Paris sur la base de l'appel du 9 mai, Monnet indique qu'en ce qui concerne le développement du continent africain « des propositions seront soumises d'ici quelques jours au comité interministériel sur la procédure à suivre dans l'examen de ce problème et sur les positions essentielles susceptibles d'être prises par les négociateurs français »[18]. Pour certains observateurs, la solution à apporter dans le plan charbon-acier à l'éventuelle participation des territoires d'outre-mer (TOM) pourrait même constituer un modèle des relations nouvelles entre l'Europe en construction et l'Afrique en retard de développement. On évoque alors la création d'un Fonds européen pour le développement économique et social de l'Afrique afin de financer le développement de la recherche scientifique et la réalisation d'ensembles industriels et agricoles. On s'interroge aussi sur l'opportunité d'étendre aux TOM le régime préférentiel appliqué aux produits houillers et sidérurgiques européens. Mais le problème de l'éventuelle inclusion des territoires extra-européens dans la CECA est surtout envisagé en fonction de la diversité des statuts juridiques de l'Algérie, du Maroc et de la Tunisie et de la nécessité d'assurer le développement économique et l'élévation du niveau de vie des populations locales. On ne néglige pas non plus la différence des conditions de production et notamment les conditions sociales très différentes dans les TOM de celles qui existent en Europe. À coup sûr, pour les autorités françaises l'affaire est compliquée. Il faut dire que comme c'est souvent le cas quand il s'agit de la nature des relations Europe-Afrique, le Quai d'Orsay et le ministère de la France d'outre-mer éprouvent bien des difficultés à accorder leurs violons. C'est si vrai que dans le discours qu'il prononce en ouverture de la conférence des Six à Paris, Schuman se garde bien de faire la moindre allusion à la question africaine[19]. Laquelle n'apparaît pas non plus dans le document de travail que la délégation française remet dès le 24 juin aux cinq autres délégations présentes à Paris. Établi sur la base de travaux préparatoires poussés, ce mémorandum rédigé sous la forme d'un projet d'accord de quarante articles essaie de définir les modalités d'application du plan Schuman et

---

[18] Archives de la Fondation Jean Monnet pour l'Europe, Lausanne (désormais FJME), Fonds plan Schuman, AMG 2/4/9, « Confidentiel. Note pour le comité interministériel », Paris, 12 juin 1950, p. 6.

[19] FJME, Fonds plan Schuman, AMG 3/1/2, « Discours de Monsieur Schuman à l'inauguration de la conférence », Paris, 20 juin 1950, 5 p.

prévoit simplement que l'expression « territoires des États adhérents » sera définie ultérieurement[20].

Pourtant, l'idée corollaire d'une coopération européenne pour favoriser le développement de l'Afrique rencontre un réel succès en Allemagne[21]. Constatant que l'industrie française peut difficilement assurer dans tous les domaines et à brève échéance l'équipement de ses propres TOM, certains commentateurs estiment que celui-ci serait grandement facilité si l'Allemagne pouvait librement leur fournir des marchandises et du matériel. En réalité, s'il ne peut plus être question pour l'Allemagne d'agiter des revendications territoriales en matière coloniale, la possibilité d'écouler des produits allemands sur les marchés africains est parfois présentée outre-Rhin comme une compensation pratique pour la perte après-guerre des marchés en Europe orientale. En d'autres termes, l'ouverture de l'Afrique aux Européens apparaît comme un moyen de rendre plus stable l'économie de la République fédérale. L'argument régulièrement avancé par une partie de l'industrie est que si l'on poursuit l'intégration européenne et le renversement des barrières qui existent sur le continent européen, il faut aussi logiquement s'efforcer d'amener la disparition des mêmes barrières dans les territoires d'outre-mer. C'est en tout cas dans cet esprit que des contacts se nouent, dès l'été 1950, entre des représentants des milieux économiques allemands et des industriels français pour étudier ensemble la mise en valeur de certains gisements de matières premières situés en Afrique du Nord[22].

L'argument de l'immigration outre-mer d'une main-d'œuvre excédentaire en Europe est lui aussi souvent avancé. Mais au ministère de la France d'outre-mer, on craint que la Haute Autorité de la CECA, dont l'objectif est notamment de contribuer au développement de l'emploi dans les pays participants, cherche à favoriser l'envoi sans contrôle par la France de main-d'œuvre allemande et italienne. La formation professionnelle de la main-d'œuvre africaine se verrait ainsi retardée dans le secteur de l'industrie minière et de la métallurgie légère. Ce point est au cœur des négociations qui s'établissent entre la France et l'Italie. Les négociations franco-italiennes achoppent d'ailleurs sur l'intransigeance du ministère de la France d'outre-mer qui met en avant l'hostilité des Assemblées locales effrayées par une immigration massive d'Européens

---

[20] Archives du ministère des Affaires étrangères de Belgique, Bruxelles (désormais : AMAEB), Fonds CECA, dossier général 5216, Projet d'accord, juin 1950.

[21] AMAEF-DE/CE, Papiers Jacques Bruneau, dossier n° 866, « L'Allemagne et la mise en valeur de l'Afrique française », 7 juillet 1952, 8 p.

[22] « Télégramme du Haut-Commissaire français A. François-Poncet à R. Schuman (6 avril 1951) », in H. Möller et K. Hildebrand, *Die Bundesrepublik Deutschland und Frankreich : Dokumente (1949-1963)*, vol. 2, *Wirtschaft*, Munich, K. G. Saur, 1997, pp. 165-166.

susceptible, expliquent-elles, de maintenir pour longtemps les autochtones dans des tâches subalternes. Les experts coloniaux rappellent en outre que des jeunes Français très qualifiés éprouvent déjà des difficultés à émigrer dans les TOM et qu'il convient de leur réserver une priorité. Enfin, tandis que la France est de plus en plus confrontée en métropole à un afflux de main-d'œuvre algérienne, qui dispose de la citoyenneté française, il est exclu, pour des raisons avant tout politiques, d'envisager un renforcement de la présence italienne en Afrique du Nord et en Afrique noire. Pour Paris, le problème de la main-d'œuvre en Europe ne saurait être en tout cas résolu par la liberté de circulation outre-mer sous peine de provoquer en Afrique un désordre social et politique préjudiciable à tous.

Il y a enfin un troisième élément qui monopolise les débats, celui des mines d'Algérie. Pendant les neuf mois que dure la difficile négociation du traité de Paris, les délégués italiens se concentrent en effet sur l'approvisionnement des industries sidérurgiques italiennes en charbon et en minerai de fer du nord de l'Afrique, voire de l'Afrique-occidentale française (AOF)[23]. Ils insistent beaucoup pour que les mines de l'Afrique du Nord soient désormais gérées en commun dans le cadre du pool européen[24]. La demande pressante des Italiens s'explique par le fait que depuis la fin des années 1930, l'Algérie constitue le premier fournisseur en minerai de fer des usines sidérurgiques de Lombardie et de Ligurie. Il faut dire que les faibles coûts de transport maritime des importations via le port de Gênes rendent le minerai de fer algérien particulièrement attractif pour les producteurs régionaux par rapport aux produits similaires acheminés par voie ferroviaire depuis les bassins de la Lorraine ou de la Ruhr. Aussi est-ce la raison pour laquelle les lobbys industriels et les diplomates italiens réclament l'élargissement qui leur paraît logique de la CECA aux territoires français du Maghreb[25]. En réalité, pour le gouvernement De Gasperi, l'approvisionnement régulier en minerai nord-africain est indispensable au programme de réorganisation de la sidérurgie italienne afin de permettre à celle-ci de faire face à la concurrence accrue que ne va pas manquer de provoquer le marché commun. Aussi l'industrie italienne doit-elle être assurée d'obtenir les tonnages

---

[23] R. Ranieri, « The Italian Steel Industry and the Schuman Plan Negociations », in K. Schwabe (dir.), *The Beginnings of the Schuman-Plan (1950-51)*, Baden-Baden, Nomos Verlag, 1988, pp. 345-356.

[24] Lettre du 29 mai 1950 de P. Quaroni à C. Sforza reproduite in P. L. Ballini et A. Varsori, *L'Italia e l'Europa (1947-1979)*, t. 1, Rome, Istituto Luigi Sturzo-Rubbettino, 2004, pp. 91-95.

[25] E. Serra, « Dall'Unione doganale italo-francese alla CECA », in K. Schwabe (dir.), *The Beginnings of the Schuman-Plan (1950-51)*, Baden-Baden, Nomos Verlag, 1988, p. 180.

nécessaires à des prix équitables. À Rome, on estime également nécessaire que les investissements qui pourraient conduire à l'implantation ou au développement d'une industrie sidérurgique sur les bords de la Méditerranée fassent l'objet d'une certaine coordination pour ne pas ruiner la fragile industrie italienne par l'introduction d'acier nord-africain sur le marché national[26].

Au Quai d'Orsay, où l'on se sent forcé de réagir tandis que le projet d'union douanière franco-italienne s'enlise chaque jour un peu plus, l'embarras est palpable. Et l'affaire provoque des remous au sein même du gouvernement. De leur côté, les producteurs miniers français habitués au confort qu'assure le régime protectionniste qui, on le sait, caractérise l'économie de l'Union française ne manifestent aucune volonté de satisfaire les industriels italiens qui, répètent-ils, jouissent déjà d'une aide importante de leurs pouvoirs publics via le plan Sinigaglia pour la restructuration de la sidérurgie nationale[27]. Les sidérurgistes français, qui dans l'ensemble rechignent à ce que la France apporte son Empire colonial en dot à l'Europe alors que celle-ci n'a pas encore fait ses preuves, protestent contre l'ouverture sans droits de douane du marché de ses territoires d'outre-mer aux produits sidérurgiques des Six. Opposés à ce que la France généralise à cinq autres pays un avantage préférentiel, ils s'insurgent devant la perspective de perdre un marché qui leur a été jusque-là réservé. Il n'empêche que pour le Quai d'Orsay, un échec des négociations est impensable. Aussi Schuman s'efforce-t-il de satisfaire les demandes italiennes, mais en dehors de la voie communautaire. C'est que pour Paris, le fait de placer la production des TOM sous l'autorité des institutions de la CECA soulève des questions de caractère général qui touchent au statut de l'Union française. Or tout porte à croire qu'aucune de ces questions ne saurait être résolue sans poser de grandes difficultés juridiques et politiques, sans compter l'intervention probable du Parlement en la matière. Mais les Italiens répètent que la France renie sa parole en maintenant artificiellement l'Algérie en dehors du pool charbon-acier. Pour appuyer les revendications italiennes, le comte Carlo Sforza, ministre des Affaires étrangères, fait même entendre à Schuman que l'Italie pourrait ne pas signer le traité instituant la CECA si elle n'obtenait pas satisfaction. En réalité, ce n'est qu'en février 1951 que Schuman et Sforza tomberont enfin d'accord sur les conditions

---

[26] FJME, Fonds plan Schuman, AMG 18/6/4, « Projet de directives. Étude des modalités d'inclusion des territoires d'outre-mer dans le plan Schuman », Paris, 30 octobre 1950, 2 p.

[27] P. Tedeschi, « Aux origines de l'intégration européenne. Les Afl Falck, les industriels italiens de l'acier et la création de la CECA », in M. Dumoulin (dir.), *Réseaux économiques et construction européenne. Economic Networks and European Integration*, Bruxelles, PIE Peter Lang, 2004, pp. 189-214.

d'approvisionnement de minerai algérien. Des lettres non annexées au traité sont ainsi échangées entre la France et l'Italie pour garantir des prix compétitifs et pour assurer que le traité CECA, qui n'est applicable qu'aux territoires européens, ne portera nulle atteinte aux statuts actuels ou futurs des territoires extra-européens soumis à la juridiction des hautes parties contractantes[28]. Concrètement, pour une période de cinq ans renouvelable à partir du moment où les restrictions quantitatives sur les importations d'acier seront abolies, c'est-à-dire en principe en 1952, le gouvernement français s'engage par écrit à délivrer des licences d'exportation pour le minerai de fer d'Afrique du Nord et des mines de Conakry à destination de l'Italie[29].

II. Schuman, un pèlerin de l'Eurafrique

D'une façon générale, au-delà des slogans et des discours généreux, Schuman l'Européen n'est pas prêt, au début des années 1950, à voir la France offrir ses territoires d'outre-mer en cadeau de noce à ses partenaires. Incontestablement, et l'exemple de la CECA le montre assez, l'idée est à ses yeux trop en avance sur les faits. Car même s'il admet que le statut de l'Union française par rapport à l'Europe en construction pose à la France un problème « délicat » et même « vital », l'ébauche d'Eurafrique que Schuman appellera bientôt de ses vœux doit au contraire permettre à la métropole de développer son Empire pour mieux le conserver[30]. C'est ainsi qu'en 1953 il insiste à plusieurs reprises sur la nécessité politique et stratégique pour la France de maintenir, en marge de la Communauté européenne de défense (CED), des forces armées nationales pour la protection de ses territoires africains. De même, il s'oppose à l'idée que les institutions de la Communauté politique européenne (CPE) puissent conduire la France à abandonner ou à brader l'Union française[31]. Pour autant, Schuman n'ignore pas que les moyens dont dispose la métropole ne sont plus à l'échelle de ses besoins et de

---

[28] CAOM, Fonds 1 Affaires économiques, dossier 752, « Interprétation de l'article 79 du traité instituant une Communauté européenne du charbon et de l'acier », Paris, 13 juillet 1951, p. 3.

[29] FJME, Fonds plan Schuman, AMG 12/3/5, Lettre de R. Schuman à C. Sforza, Santa Margherita Ligure, 14 février 1951, 2 p.

Voir aussi le « Communiqué final de la conférence de Santa Margherita (12-14 février 1951) », in *Bulletin quotidien de presse étrangère. La Documentation française*, 15 février 1951, n° 1805, pp. 1-2.

[30] Archives départementales de la Moselle, Metz (dorénavant ADM), Fonds Robert Schuman, dossier 34 J 31, Conférence de R. Schuman à l'Institut d'études politiques de Paris, 16 décembre 1953, p. 16.

[31] Y. Montarsolo, *L'Eurafrique, contrepoint de l'idée d'Europe. Le cas français, de la fin de la Deuxième Guerre mondiale aux négociations des traités de Rome*, Aix-en-Provence, Presses universitaires de Provence, 2010, pp. 135 et suiv.

ses responsabilités au-delà des mers. C'est bien ce qui l'incite à expliquer que l'Union française devra quand même être associée à l'effort d'expansion de l'Europe, notamment en matière d'investissements et d'assistance technique. Mais à condition, précise-t-il aussitôt, de ne pas donner naissance à un régime de « colonialisme européen »[32].

S'exprimant en mars 1954 à Paris devant des représentants du patronat chrétien sur les rapports entre une Europe fédérale et l'Union française, Schuman met une nouvelle fois en garde contre le danger de voir la France se laisser dessaisir en Afrique par ses partenaires européens. Aussi insiste-t-il sur la nécessité de limiter la libre circulation des capitaux étrangers dans les TOM. Et Schuman de pointer derechef les risques d'une trop grande immigration en Afrique de la main-d'œuvre italienne ou allemande. Répétant que la France isolée n'est pas en mesure de mettre suffisamment en valeur ses TOM, il admet la nécessité de solliciter des capitaux et des concours extérieurs. Mais il s'oppose en revanche à tout ce qui pourrait prendre la forme d'un *trusteeship* européen qui aboutirait inévitablement à une emprise politique et économique de la part de l'étranger sur les territoires d'outre-mer. Il repousse d'ailleurs l'idée que les TOM puissent être livrés à une nouvelle colonisation européenne ou que s'instaure un pacte colonial élargi qui renierait les mesures d'émancipation progressive des populations autochtones[33]. S'efforçant de trouver une solution intermédiaire, Schuman creuse ce point précis dans les interventions publiques qu'il multiplie bientôt en tant que député de la Moselle après avoir quitté le Quai d'Orsay. Il devient alors, comme l'écrit Raymond Poidevin, un « pèlerin de l'Europe » et cela d'autant plus qu'il succède en 1956 au ministre belge des Affaires étrangères Paul-Henri Spaak comme président du Mouvement européen. Désormais, les prises de parole de Schuman lui donnent régulièrement l'occasion de développer sa réflexion sur la nature des relations Europe-Afrique. Et le moins qu'on puisse dire est que sa position sur ce point ne reste pas figée même si c'est sous la pression des événements et au fur et à mesure que la France s'enlise dans les difficultés coloniales que Schuman se convertit à l'idée d'Eurafrique.

Après la perte de l'Indochine (juillet 1954), le début de ce qu'on appelle encore pudiquement les « événements » d'Algérie (fin 1954), la conférence de Bandoeng (avril 1955), l'indépendance des protectorats du Maroc et de la Tunisie (mars 1956) et alors que l'affaire de Suez (juillet 1956) se profile déjà à l'horizon, Schuman prend pleinement conscience de la rapidité de l'émancipation des peuples colonisés et de

---

[32] « Robert Schuman prend position », in *L'Express*, 27 juin 1953, p. 7.
[33] ADM, Fonds Robert Schuman, dossier 34 J 31, Exposé de R. Schuman devant le patronat chrétien, Paris, 1er mars 1954, pp. 11-17.

l'affaiblissement d'une Europe désunie dans les relations internationales. À l'instar de nombreux mouvements pro-européens, il en vient lui aussi à considérer que seul un approfondissement de la construction européenne pourra apporter une solution aux difficultés africaines et aux problèmes que pose le maintien, *mutatis mutandis*, des relations privilégiées entre les anciennes puissances coloniales et l'Afrique. Pour Schuman, la montée en puissance inexorable du nationalisme afro-asiatique et les revendications du Tiers-Monde obligent l'Europe à une action commune pour se présenter groupée et chercher une solution viable parce qu'elle serait dénuée de tout caractère impérialiste. Expliquant que l'Eurafrique ne pourra se faire qu'avec l'accord et la coopération des populations des territoires africains intéressés, il exprime aussi sa conviction que si elle comporte des risques, ils seront limités et en tout cas moins graves qu'une conflagration générale dont l'Europe ferait directement les frais.

À vrai dire, sur les questions de la décolonisation, Schuman adopte une position prudente. Certes favorable à une politique libérale et réformiste devant conduire l'Afrique à une large autonomie, il insiste beaucoup sur la nécessité d'éviter toute précipitation. Imprégné de l'idée que l'indépendance nationale ne s'improvise pas mais que la démocratie doit au contraire faire l'objet d'une longue préparation, il s'inquiète du mauvais usage qui pourrait être fait dans les anciennes colonies d'une liberté dont elles n'auraient pas appris à se servir. Fustigeant l'extrémisme des prétentions, l'intransigeance des refus et la violence des procédés auxquels recourent les leaders de l'anticolonialisme, Schuman exprime régulièrement sa crainte de voir les peuples émancipés rapidement débordés par les problèmes politiques, économiques et sociaux qui ne manqueront pas de se poser à eux, au risque de voir s'imposer en Afrique l'anarchie, la misère et la guerre civile. Au passage, Schuman n'hésite pas à dresser un réquisitoire féroce contre certaines organisations internationales dont il dénonce tout à la fois la candeur, les jugements sommaires et péremptoires et les ingérences intempestives. Il estime en effet qu'en donnant l'impression d'ignorer les menaces de chaos, ces institutions rendent un bien mauvais service aux populations concernées. Décidé à chercher les moyens d'éviter un antagonisme des continents, Schuman ne cesse plus alors de mettre les Européens en garde contre des coalitions qui, avides de s'affranchir d'une sujétion politique, économique mais aussi spirituelle, rêvent au contraire de prendre sur le Vieux Continent une revanche que nourrit un anticolonialisme aveugle. Pointant surtout du doigt les responsabilités de la Ligue arabe qui à ses yeux s'est transformée « en entreprise anti-européenne basée sur des instincts racistes et sur le fanatisme religieux », Schuman affirme que la défense des intérêts matériels et moraux des Européens établis outre-mer depuis des générations doit aller de pair avec une action civilisatrice et collective dans l'intérêt des populations autochtones : « notre départ complet et immédiat équivaudrait à une désertion » martèle-t-il[34]. En d'autres mots, il n'y aura pour Schuman pas de solution africaine sans l'Europe tout comme il n'y aura pas d'Europe acceptable par la France sans la participation des territoires africains dont elle a la charge.

Alors qu'il prêche depuis des années pour une plus grande intégration de l'Europe, Schuman appuie sans restriction les efforts de relance européenne que préparent les négociations qui se déroulent à Val Duchesse au lendemain de la conférence de Messine. Fort bien informé du déroulement des discussions intergouvernementales sous la conduite énergique de Spaak, il ne tarde pas à exposer ses vues personnelles. Dès l'automne 1956, invité à s'exprimer à Bruxelles en compagnie du chancelier allemand Konrad Adenauer et du ministre luxembourgeois des Affaires étrangères Joseph Bech, Schuman revient sur l'absolue nécessité d'une Europe unie sur la base des valeurs occidentales et chrétiennes. Évoquant à nouveau les enjeux du mouvement de décolonisation, il insiste entre autres sur l'urgence qu'il y a, tant d'un point de vue politique que moral, d'envisager les relations Europe-Afrique non plus dans un rapport de domination ou de subordination mais bien, précise-t-il, dans « une libre association au sein de laquelle les intérêts de part et d'autre sont réciproquement respectés et garantis ». Plaidant ensuite pour la constitution de l'Eurafrique, il présente celle-ci comme une étape nouvelle dans l'histoire des relations entre les deux continents. Persuadé que l'Europe doit poursuivre une « mission providentielle » vis-à-vis des populations qu'elle a colonisées, Schuman estime en effet le moment venu de mettre en commun les capitaux et les connaissances techniques du Vieux Continent. Il y voit certes des raisons de prestige mais aussi un moyen de les faire fructifier « non seulement au service des nations européennes mais de toutes autres qui acceptent notre concours dans une coopération confiante »[35].

Ce point de vue, Schuman aura bientôt l'occasion de l'étayer. Car en décembre 1956, c'est lui qui est chargé de rédiger et de présenter le rapport de politique étrangère lors du congrès du MRP. Sans surprise, il plaide vigoureusement pour une relance de l'Europe fédérale que l'échec retentissant du projet d'armée européenne, deux ans plus tôt, a très sérieusement mis à mal. Mais la question de l'association des pays et territoires d'outre-mer, dont la France fait désormais une condition

---

[34] ADM, Fonds Robert Schuman, dossier 34 J 33, Conférence de R. Schuman sur l'actualité du problème européen à l'Alliance française de Copenhague, octobre 1956, pp. 1-2.

[35] ADM, Fonds Robert Schuman, dossier 34 J 33, Exposé de R. Schuman aux « Grandes Conférences catholiques » de Bruxelles, septembre 1956, pp. 10-14.

préalable à sa participation au Marché commun, fait aussi l'objet d'une particulière attention. Présentant à nouveau l'Eurafrique comme l'association libre des deux continents, Schuman voit-là un parfait exemple de ce que pourrait être une politique ambitieuse d'aide aux pays en voie de développement. Désormais convaincu que l'Europe et l'Afrique doivent favoriser la réciprocité de leurs intérêts respectifs, il insiste en effet sur la complémentarité des deux continents qui, en mettant en commun leurs énergies et leurs ressources, multiplieront leur expansion généralisée. À ce propos, Schuman ne fait guère preuve d'une grande originalité dans la mesure où il reprend à son compte la plupart des arguments qu'avancent traditionnellement les avocats des thèses eurafricaines. Ainsi répète-t-il qu'à travers l'Eurafrique, les pays africains verront définitivement écartée toute idée d'exploitation colonialiste au bénéfice de la consolidation de leur économie. Ce qui est de la sorte proposé, ce n'est pas seulement l'extraction des richesses du sous-sol et le plein-emploi d'une main-d'œuvre bon marché mais le développement d'une économie équilibrée. C'est que Schuman ne doute pas que le Marché commun apportera aux pays africains une baisse du coût des importations et une augmentation du pouvoir d'achat. En même temps sera rendue possible l'industrialisation de ces territoires puisque les industries naissantes seront protégées par des subventions et par une protection douanière[36]. Oubliant sans doute un peu vite ses propres réticences lors de la négociation du pool charbon-acier, Schuman présente dorénavant l'Eurafrique comme un acte révolutionnaire à base économique et comme « le cheminement rapide mais logique d'une idée qui, en partant de la Communauté de 1950, s'épanouit dans une fraternité qui s'étend au-delà des frontières et des océans »[37]. Ce sera, augure-t-il, l'amorce et la garantie d'un assainissement politique, d'une expansion commerciale, de la lutte efficace contre la misère et une base solide pour la réconciliation et la paix[38].

Il faut dire que pour Schuman, les pays occidentaux et de tradition chrétienne ont une responsabilité particulière envers les populations en retard de développement. Convaincu que l'Europe a le devoir de remplir à leur égard une mission éducatrice, il décline aussi l'Eurafrique comme une réponse à la peur qu'elle éprouve à l'égard des populations qui s'unissent contre les anciennes puissances coloniales. Sans attendre la

---

[36] M.-T. Bitsch, *Robert Schuman, apôtre de l'Europe (1953-1963)*, Bruxelles, PIE Peter Lang, 2010, pp. 208-210.

[37] ADM, Fonds Robert Schuman, dossier 34 J 31, Conférence de R. Schuman sur « L'Europe dans la politique extérieure française » à l'Institut d'études juridiques de Nice, 29 juillet 1958, p. 15.

[38] R. Schuman, « Unité européenne et Eurafrique : politique révolutionnaire. Aperçu d'ensemble », in *Union française et Parlement*, n° 79, janvier 1957, pp. 1-3.

signature des traités de Rome, Schuman met donc un accent particulier sur la nécessité de renforcer les liens entre l'Europe et les pays sous-développés. S'exprimant en janvier 1957 à Paris devant le Centre catholique des intellectuels français, il voit même dans l'association des pays et territoires d'outre-mer à la Communauté économique européenne (CEE)

> une œuvre de solidarité sous une forme renouvelée et dans un secteur spécial du mandat général que le Christ nous a laissé d'enseigner tous les peuples, de leur apporter les lumières dont ils ont besoin pour leur développement spirituel afin qu'ils puissent devenir des membres intégralement valables de la fraternité humaine.

Pour Schuman, l'Europe ne peut pas en effet se contenter de limiter son action à la construction d'usines, d'écoles ou de dispensaires en Afrique. S'il est parfaitement conscient des hésitations qu'éprouvent les partenaires européens de la France et de la Belgique à s'engager davantage en Afrique, Schuman insiste sur le fait qu'il ne s'agit pas de se décharger d'un fardeau ni de les embarquer dans une aventure néocolonialiste. Il cherche au contraire à les persuader que les moyens humains et matériels nécessaires pour répondre aux aspirations des populations en voie d'émancipation sont tellement importants que seule la coopération entre les Européens pourra satisfaire de tels besoins. Et il parvient à la conclusion que les partenaires de la France n'hésiteront plus à s'engager quand ils auront compris qu'il y a pour eux un intérêt mais aussi un devoir à se prêter à cette expérience nouvelle[39].

Totalement absorbé après la Seconde Guerre mondiale par ses responsabilités nationales et internationales, et notamment par les difficultés de la réconciliation franco-allemande, Robert Schuman ne limite pas pour autant son horizon européen aux frontières continentales. Même si elle doit peu de choses au ministre des Affaires étrangères, l'allusion faite au développement en commun de l'Afrique dans la déclaration Schuman du 9 mai 1950 en est la première manifestation publique. Mais à l'époque, ce point relève plus d'un vœu pieux que d'une volonté réelle des autorités françaises de bâtir l'Eurafrique et de partager les responsabilités ultramarines de la métropole à l'intérieur de la CECA. Il n'empêche, gagné à l'idée que l'ère des empires coloniaux, des prés carrés et des droits acquis touche inexorablement à sa fin et que le maintien d'une domination sur des pays qui n'y consentent plus est une illusion, Schuman est de plus en plus disposé à s'orienter vers des voies nouvelles et à chercher les moyens de mettre en place une politique coloniale libérale

---

[39] FJME, Fonds Schuman, 1/2/13, Conférence de R. Schuman au Centre catholique des intellectuels français sur « Est-il trop tard pour faire l'Europe ? », 29 janvier 1957, pp. 21-24.

et évolutive, y compris dans un cadre européen. Mais il s'agit de ne pas brûler les étapes. Aussi s'efforce-t-il d'esquisser les conditions dans lesquelles les réformes politiques indispensables pourront s'opérer. Ces précautions sont pour Schuman autant de garanties contre l'injustice, le chaos et l'aventure. Conscient que la France n'est plus en mesure d'assurer seule le développement économique et industriel de tous les pays et territoires africains dont elle a la charge au sein de l'Union française, il se convertit peu à peu à l'idée d'Eurafrique qu'il peut librement développer et promouvoir à partir de 1953 en tant que député puis président du Mouvement européen. Dans ce domaine, Schuman offre assurément un bel exemple de cheminement intellectuel tant l'évolution de sa pensée est rapide et profonde. Apôtre tardif de l'Eurafrique qu'il décrit à la fois comme un projet révolutionnaire et comme le résultat de la géographie et de l'histoire, il s'emploie dans ses interventions à en délimiter les contours. Et il n'hésite bientôt plus à faire entendre que l'Europe pourra d'autant mieux se faire que l'Afrique sera un de ses champs d'action, de même que l'Afrique pourra s'épanouir d'autant mieux qu'elle liera son sort au Marché commun né de la relance européenne. De leur côté, ajoute-t-il, les pays africains verront définitivement écarté le spectre du pacte colonial puisque leur émancipation politique se réalisera parallèlement au développement de leur économie. Par son existence, l'Eurafrique imposera donc la modification fondamentale des relations internationales que Schuman appelle de ses vœux. En ce sens, son ralliement à l'idée d'Eurafrique doit sans doute plus aux nécessités du moment qu'à une conviction ancienne.

Certes, la vision eurafricaine de Schuman n'échappe pas à certaines ambiguïtés, particulièrement en ce qui concerne le rôle de la France. Car même s'il préfère voir dans l'Eurafrique un signe d'ouverture et de solidarité européenne plutôt qu'un acte de renoncement, il n'est pas encore prêt à accepter que les partenaires européens de la France imposent leurs vues dans son Empire déclinant. Aussi tient-il à affirmer que la France continuera à exercer ses responsabilités particulières en Afrique et que c'est bien elle qui déterminera l'orientation générale de la communauté eurafricaine, spécialement dans le domaine politique et administratif. En fait, Schuman qui est un pragmatique voit surtout dans la formule de l'Eurafrique un mariage de raison et le moyen d'articuler de façon graduée les intérêts bien compris de la France, de l'Afrique et de l'Europe tout en offrant à cette dernière la perspective d'un nouveau rôle mondial dans le contexte de la guerre froide. S'il ne développe pas une vision très originale de l'Eurafrique, Schuman se distingue néanmoins des propagandistes classiques de l'idéal eurafricain en insistant beaucoup sur les impératifs moraux de solidarité qui, il en est personnellement convaincu, lient les deux continents à travers des relations nouvelles. Mû par ses propres convictions religieuses, il ajoute même une dimension spirituelle au débat. Il ne craint d'ailleurs pas d'évoquer une « charge d'âmes » ni à rappeler les Européens à leur devoir chrétien en précisant qu'ils ont pour mission d'éduquer les peuples d'Afrique et de les préparer à une démocratie naissante. Et c'est bien dans ce contexte qu'il présente l'association des PTOM à la CEE comme un modèle concret de coopération et d'aide publique aux pays en voie de développement. Deux mois avant qu'il ne soit élu président de l'Assemblée parlementaire européenne (APE), Schuman dira encore que « ce que nous voulons, ce n'est pas seulement faire prospérer et fructifier des territoires et les économies de ces territoires. Cela aussi, nous le voulons mais ce que nous voulons surtout, c'est le bien-être et le bonheur des populations à propos desquelles nous avons des responsabilités et des engagements »[40].

Robert Schuman: a forgotten apostle of Euro-Africa?

For the last fifty years, Robert Schuman's European work has given rise to an impressive number of publications. However, few historians analyse Schuman's work from the perspective of France's African interests.

This silence is astonishing for anyone who wishes to recall that in this famous Declaration, Schuman emphasised that with the creation of the Coal and Steel Community, "... Europe will be able to pursue the achievement of one of its essential tasks, namely, the development of the African continent. ..." At the time, the allusion passed relatively unnoticed. Even today, it is not uncommon for anthologies of historical texts to pass over it in silence. In 1950, however, several German industrialists emphasised this very passage, and founded great hopes on Euro-African co-operation. In any case, it would be wrong to minimise this reference to Africa, given that the future of the French Union proved to be a recurring – if marginal – theme in Schuman European thought process. The man from Lorraine was very early on conscious of the need and of the geo-political difficulty of freeing up a connection between France's colonial dimension and its commitment to greater European unity.

Robert Schuman, ein vergessener Prediger eines Eurafrika?

Seit fünfzig Jahren spiegelt sich das europäische Wirken Robert Schumans in einer beindruckenden Anzahl von Veröffentlichungen wider. Nur wenige Historiker hingegen analysieren das Wirken Schumans aus dem Blickwinkel der afrikanischen Interessen Frankreichs.

---

[40] « L'Eurafrique… mariage d'amour ou de raison ? », in *France Outremer*, n° 339, février 1958, p. 25.

Dieses Schweigen erstaunt alle, die sich noch an die berühmte Rede Schumans im Salon de l'Horloge erinnern, in der er bewusst unterstrich, dass die Gründung des Kohle-und-Stahl-Pools Europa in die Lage versetzen würde, „mit vermehrten Mitteln die Verwirklichung einer seiner wesentlichsten Aufgaben zu verfolgen: die Entwicklung des afrikanischen Erdteils." Zur damaligen Zeit fand diese Anspielung kaum Beachtung. Auch heute noch kommt es nicht selten vor, dass dieser Teil seiner Rede in historischen Textsammlungen rundweg ausgelassen wird. Im Jahr 1950 jedoch bestanden zahlreiche deutsche Industrievertreter auf dem präzisen Wortlaut dieser Passage und setzten große Hoffnungen auf die europäisch-afrikanische Zusammenarbeit. Eine Bagatellisierung dieser Anmerkung in Bezug auf Afrika wäre auf jeden Fall insofern unangemessen, als die Zukunft der französischen Union in Schumans Überlegungen zu Europa – wenn auch nur am Rande – regelmäßig wiederkehrt. Sehr früh wurden dem Lothringer die Notwendigkeit und gleichzeitig die geopolitische Schwierigkeit bewusst, die Interessen und Verpflichtungen Frankreichs als ehemalige Kolonialmacht von dem Engagement Frankreichs für eine stärkere europäische Einheit abzugrenzen.

L'Europe des communes et des régions à travers l'action de deux de ses acteurs principaux

Jacques Chaban-Delmas et Umberto Serafini

Fabio Zucca

Les collectivités locales comptent aujourd'hui parmi les protagonistes de l'histoire de la construction de l'Union européenne. Les considérations tant politiques qu'historiques occupent une place de plus en plus grande, même si les unes et les autres envisagent selon des points de vue différents l'activité des collectivités locales et leur transformation en instrument politique permettant de guider les changements profonds survenus en Europe depuis la moitié du siècle dernier mais aujourd'hui aussi et ce pour donner leur contribution à un gouvernement sur plusieurs niveaux, comme beaucoup l'ont souhaité.

C'est dans ce cadre que des hommes politiques ont été les protagonistes de l'histoire, qu'ils ont déterminé des choix et marqué de leur empreinte le parcours qui a porté au rôle actuel des collectivités locales au sein de l'Union européenne. Parmi les figures les plus importantes, nous signalerons en particulier celles de Jacques Chaban-Delmas et d'Umberto Serafini. Leurs rapports sont étroitement liés et le fil rouge qui mène de l'un à l'autre se retrouve dans l'action pour la construction d'une Europe dans laquelle les communes, les départements, les provinces, les régions, les *Länder* et les comtés doivent être partie prenante. Une Europe qui, tout en ayant des objectifs finaux différents (confédérale et étatique pour Chaban-Delmas, fédérale pour Serafini) devait toutefois avoir pour base les collectivités territoriales envisagées comme les points de connexion entre les grandes structures internationales et/ou supranationales d'une part et les citoyens d'autre part.

L'on peut voir dans les échanges, dans l'action commune (parfois également les conflits) de ces deux interlocuteurs à la personnalité, à la formation et aux parcours de vie totalement différents, une extraordinaire continuité séquentielle.

Notre compte-rendu s'attardera, pour des raisons évidentes de clarté dans l'exposition, uniquement sur deux aspects, à savoir : la fondation du mouvement des autonomies locales européennes et l'institution de la Conférence des pouvoirs locaux, à l'origine du Comité des Régions[1]. Je renvoie à des approfondissements futurs pour des aspects tout aussi importants tels que : les échanges sur la Communauté européenne de défense, la bataille pour la constitution de la Communauté économique européenne, le nouveau dynamisme insufflé à l'action européiste au cours des diverses phases de son histoire, de même que celle pour la démocratisation des institutions communautaires d'abord, de l'Union ensuite, ainsi que l'implication qui en découle des collectivités territoriales en tant qu'acteurs institutionnels.

Qu'il me soit permis ici de rappeler l'un des principaux acteurs de l'histoire du mouvement pour les autonomies locales, qui collabora dans ce domaine avec Chaban-Delmas : il s'agit du maire de Metz, Raymond Mondon, qui fut l'un des cinquante-neuf fondateurs (il n'avait alors que 37 ans) du Conseil des communes d'Europe – la plus importante des associations de collectivités locales européennes. Mais il fut également le promoteur du deuxième (du point de vue chronologique) jumelage entre villes européennes : Metz et Luxembourg-ville[2]. En parlant de lui, Chaban-Delmas le définit comme « l'homme de la concertation qui avait pleinement saisi l'extrême importance de maintien de ce contact privilégié entre les dirigeants politiques et les citoyens, tel qu'il s'exerce au niveau de la commune »[3]. Metz, Luxembourg, les deux cœurs de l'Europe ; deux villes qui ont su exprimer, à travers leurs maires, une ligne politique constante en faveur de l'union européenne. Il y aurait ici matière à réflexion ultérieure quant à leur action et à leur rôle.

I. Deux vies parallèles

Nos deux protagonistes ont été tous deux formés par l'expérience de la Seconde Guerre mondiale et par leur participation directe aux événements belliqueux.

Umberto Serafini (1916-2005) avait abordé le conflit avec la certitude qu'il fallait donner à l'Europe un nouvel ordre fédéral, et que ce

---

[1]   Sur le thème de la constitution du Comité des Régions, cf. Fabio Zucca, « La politica internazionale delle autonomie locali. Un contributo per una 'diversa' storia dell'integrazione europea », in *Pace e diritti umani. Peace human rights*, 2009, n° 3, p. 129-146 ; *id.*, « Autonomie locali e comunità europee. L'avvio delle politiche regionali », in *La cittadinanza europea. Rivista di studi e documentazione sull'integrazione europea*, anno IV, f. 1-2, p. 65-76.

[2]   Sur la politique des jumelages cf. Fabio Zucca, « L'organisation du consensus parmi les administrateurs locaux », in *International Conference, The Evolution of the Consensus to European Integration 1950-2005*, en cours de publication.

[3]   Raymond Mondon, maire de Metz, ministre des Transports et vice-président de l'AFCCE, in *Communes d'Europe*, n° 73, 1971, p. 28.

serait uniquement dans ce contexte que l'Italie pouvait encore avoir un rôle à jouer. C'est pour cette raison qu'il s'est engagé comme volontaire et qu'il a combattu « sa » guerre, sorte de préparation au renouveau européen d'abord, national ensuite. Il fut envoyé sur le front libyco-égyptien et emprisonné en Inde : ces deux événements lui permirent d'avoir des contacts personnels et intellectuels qui renforcèrent en lui les convictions fédéralistes qui étaient déjà les siennes depuis l'âge du lycée[4]. Une fois rentré en Italie, après son emprisonnement en Inde, en avril 1946, il participa à différents mouvements civils et sociaux de l'immédiat après-guerre, pour collaborer ensuite, de la seconde moitié de 1947 au début 1949, à la revue socialiste « Italia socialista ». Ceci lui permit ensuite d'adopter de manière de plus en plus cohérente la perspective européenne comme critère de discrimination politique parmi les divers mouvements politiques italiens. Serafini entra par la suite en contact avec le fondateur du Movimento Comunità, Adriano Olivetti et il devint un de ses principaux collaborateurs. Il partageait profondément ses convictions sur une réforme communautaire et fédérale de la société italienne. Dans une tentative d'associer la révolution communautaire et l'Europe des semblables (à savoir la fédération européenne), qui était alors encore à la recherche d'un instrument pouvant incarner son idée de fédéralisme supranational, Serafini rencontra Altiero Spinelli et le Mouvement fédéraliste européen (MFE) ce mouvement devint son foyer et il ne le quittera plus. À partir de la fin des années 1940, Serafini œuvra pour créer un front actif fondé sur des militants engagés dans la lutte tant pour la fédération européenne que pour une réforme profonde de la structure de la société et de l'État italiens[5].

Chaban-Delmas (1915-2000) faisait son service militaire en 1938, lorsqu'il fut envoyé au front, dans le bataillon alpin de Forteresse, où il reçut une croix de guerre. En décembre 1940, il entra dans les rangs de la Résistance, d'abord sous le nom de code de Lakanal – son lycée – ensuite sous celui de Chaban – un village du Périgord. La première mission dont il fut chargé était celle d'informateur. Arrêté, il parvint à s'évader. Durant ces années de clandestinité, il connut François Mitterrand pour lequel il conserva toujours amitié et admiration. En 1943, on lui demanda d'organiser un Comité de financement interne de la Résistance ; il fut ensuite nommé délégué national au début 1944, chargé de la coordination militaire sur la totalité du territoire français. Il obtint

---

[4]   Umberto Serafini, *I libri e il prossimo*, Firenze, Passigli, 1991 ; *id.*, *La mia guerra contro la guerra*, Roma, Europea editrice, 2002.

[5]   Fabio Zucca, « L'azione di Luciano Bolis per la costituzione dell'Associazione italiana per il Consiglio dei comuni d'Europa », in Daniela Preda et Cinzia Rognoni Vercelli (eds.), *Dalla Resistenza all'Europa. Il mondo di Luciano Bolis*, Pavia, TCP, p. 249-270.

alors le grade de général de brigade et en août de la même année, ce fut l'entrée triomphale dans Paris libéré, aux côtés du général de Gaulle. Il n'avait que 29 ans : il était le général le plus jeune à défiler en vainqueur sur les Champs-Élysées. Suivant le conseil de De Gaulle, il se présenta aux élections nationales dans les rangs du parti radical parce que, selon le Général, il s'agissait du seul groupement politique dans lequel Delmas aurait trouvé « les derniers vestiges de sens de l'État »[6]. Cette opération fut en quelque sorte facilitée par le grand monsieur du parti radical avec lequel Delmas eut une entrevue déterminante : Édouard Herriot, maire légendaire de Lyon et, comme nous le verrons, futur compagnon de route de Delmas et de Serafini au cours des premières batailles pour la constitution d'un mouvement international des collectivités locales européennes.

Après son élection au parlement, Chaban-Delmas devint, en 1947, maire de Bordeaux : à partir de là, son action se fit sur plusieurs fronts : au niveau communal, au niveau national et très vite également au niveau européen[7], après avoir pris conscience que l'Europe détruite par la guerre pouvait se reconstruire en partant du niveau le plus proche des citoyens : la commune. Pour cette raison, Chaban-Delmas fit sien le slogan de Herriot « tout divise les États et tout unit les communes »[8].

II. La fondation du mouvement des autonomies locales européennes

Entre le 28 et le 30 janvier 1951, fut fondé, à Genève, le Conseil des communes d'Europe (CCE), mouvement qui en 1984 prit le nom de Conseil des communes et des régions d'Europe (CCRE)[9]. À l'Assem-

---

[6] Jacques Chaban-Delmas, *Mémoires pour demain*, Paris, Flammarion, 1997, p. 125 mais aussi *id.*, *La Libération*, Édition n° 1, 1984.

[7] Parmi les très nombreuses interventions de Chaban-Delmas sur le rôle des communes et sur le thème de la délocalisation administrative cf. cette intervention synthétique mais complète il sintetico : Jacques Chaban-Delmas, « Les maires doivent être les artisans de l'aménagement du territoire », in *Communes d'Europe*, février 1960, p. 5.

[8] Valéry Giscard d'Estaing, « Préface », in Fabio Zucca, *Autonomie locali e federazione sovranazionale. La battaglia del Consiglio dei Comuni e Régions d'Europe per l'unità europea*, Bologna, Il Mulino, 2001, p. 11.

[9] Sur le CCRE cf. le témoignage de Umberto Serafini in AICCRE [Umberto Serafini], *Breve storia del Consiglio dei Comuni e delle Regioni d'Europa nel quadro di due secoli di lotta federalista*, Roma, Salemi, 1995 ainsi que Edmondo Paolini, « Il Consiglio dei comuni d'Europa », in Sergio Pistone (ed.), *I movimenti per l'unità europea dal 1945 al 1954*, Milano, Jaca Book, 1992, p. 205-25 ; *id.*, « Il Consiglio dei comuni d'Europa (CCE) », in Sergio Pistone (ed.), *I movimenti per l'unità europea 1954-1969*, Pavia, Pime, 1996, pp. 261-87 ; Fabio Zucca, « Il Consiglio dei comuni e delle regioni d'Europa », in Ariane Landuyt e Daniela Preda (eds.), *I movimenti per*

blée constitutive, participèrent cinquante-neuf personnes (pour la plupart des maires et des administrateurs locaux venant de neuf pays d'Europe occidentale) liées aux mouvements fédéralistes, communalistes ainsi qu'à l'internationalisme socialiste et catholique. Si l'on analyse la composition des diverses délégations qui ont participé à la réunion de la fondation, il en ressort de manière éclatante que la France est en net avantage numérique et politique. L'importance des personnalités politiques françaises présentes est immédiatement constatable et indéniable. Parmi les participants, on notera en effet la présence de Pierre Trémentin, président de l'Association des maires de France, Joseph Lassalarié, président de l'Association des présidents des conseils généraux, André Voisin, secrétaire de la Fédération. Centre d'études institutionnelles pour l'organisation de la société française fondée en 1944 par des personnalités liées au monde catholique et qui avait pour objectif de fournir les moyens d'une réorganisation tant de la société que de l'État français, mais encore le maire de Bordeaux, Jacques Chaban-Delmas[10].

Les autres délégations, bien qu'elles comptaient des personnalités politiques de premier plan, n'étaient toutefois pas en mesure de garantir, à travers le soutien possible d'organisations de collectivités locales déjà largement structurées au niveau national, une adhésion massive et immédiate de la part de collectivités locales au nouveau projet, comme ce fut par contre le cas en France : en effet, le lendemain de la constitution de l'association, on y enregistra environ onze mille adhésions sur un total de vingt-deux mille adhésions au niveau européen[11].

La présence remarquable de la France ne peut se comprendre qu'à travers la reconstruction des événements qui ont porté à la réunion de Genève. L'on ne pourrait comprendre autrement les raisons pour lesquelles dans d'autres contextes, comme le contexte italien, l'on n'a pas enregistré la présence de délégations avec le même pouvoir de mobilisation vis-à-vis des collectivités locales de leurs propres pays.

---

l'unità europea (1970-1986), vol. II, Bologna, II Mulino, 2000, pp. 857-94 et, pour finir, F. Zucca, *Autonomie locali, op. cit.*

[10] Pour pouvoir reconstruire les événements liés à la séance constitutive, nous disposons des Procès-verbaux des six Séances de la Conférence constitutive du Conseil des communes d'Europe. Genève 28-30 janvier 1951 déposés aux Archives d'État de la République et Canton de Genève, Fonds Edgard Milhaud (ci-après AERCG-Milhaud). Dans les fonds déposés à l'Archivio storico dell'Università di Pavia, fondo Umberto Rossi (ci-après ASUP-Rossi), sont également conservés quelques documents approuvés lors de la Conférence constitutive, ainsi qu'un Précis de la première réunion du Bureau du CCE, duquel il n'est pas fait mention dans les archives de Milhaud.

[11] F. Zucca, *Autonomie locali, op. cit.*, p. 107-178.

Le point de départ de cette réflexion sera la crise larvée qui, déjà au lendemain de la fondation de la IVe République, marqua la société française. Dans ce cadre, c'est pour défendre les autonomies locales, fondement de la liberté, que le mouvement la Fédération se fixa comme objectif de réformer la structure étatique française dans un sens fédéraliste[12]. L'organisation créa un Comité national d'études pour la réforme de la constitution auquel adhérèrent des sénateurs, des députés, des membres des organisations économiques et sociales. Le programme de la Fédération bénéficia d'un certain écho parmi les administrateurs locaux. Par ailleurs, le projet leur fut présenté uniquement sous l'angle d'une plus grande décentralisation du pouvoir de l'état, dans le but d'éliminer les difficultés des maires dans leurs rapports avec la bureaucratie parisienne ; et, dans un second temps, il leur fut présenté comme un programme efficace permettant de contrer le centralisme de l'idéologie communiste. L'organisation fédéraliste a su, ainsi, s'insérer dans le débat politique en cours sur la forme de l'État, en attirant l'attention du monde politique communal sur ses propres objectifs.

Le mouvement organisa, le 16 juin 199, une rencontre entre des administrateurs locaux, des hommes politiques au niveau national et des responsables des organisations des maires et des conseils généraux. Parmi eux, étaient présents, entre autres, Jacques Chaban-Delmas, Pierre Mendès-France, François Mitterrand, Eugène Claudius-Petit, Maurice Schumann. Au cours de cette réunion, un document de revendications fut élaboré et la décision fut prise de créer un Comité national pour la défense des libertés communales et départementales. Dans ce document, ratifié par tous les participants, on affirmait comme nécessaire le passage à une décentralisation au niveau administratif, le tout accompagné d'une concession d'autonomie financière aux collectivités locales, d'annuler la tutelle administrative des préfets sur les actes des maires. Au cours de cette rencontre, le lien entre une réforme nécessaire de l'État et une possible construction étatique européenne fut également l'objet d'un débat[13].

---

[12] Archives CCRE Paris garde-meuble ACCRE-Roissy-Clichy et ex Clichy (ci-après ACCRE-Roissy). Le fonds ayant été consulté avant le passage à l'Archivio dell'Unione europea a Firenze, et étant donné que les références anciennes et nouvelles correspondent, nous indiquerons ici les vieilles références. Les documents cités sont, en outre, déposés en photocopies à l'Archivio storico dell'Università di Pavia, fonds CCRE (ASUP-CCRE), c. 16, f. *Appel CCE*. Dans le fascicule indiqué, sont conservées de nombreuses lettres, datées entre 1947 et 1950, d'administrateurs locaux, en général de petites ou très petites communes, lettres dans lesquelles sont dénoncées les contraintes lourdes imposées par la bureaucratie centrale françaises pour l'activité des administrations citadines.

[13] Archives, Association française pour le conseil des communes et des régions d'Europe Orléans (ci-après AAFCCRE-Orléans), c. Divers a trier VIII, f. réforme

Pour donner une certaine diffusion au document-programme, le mouvement organisa, de 1949 à 1950, des Journées des maires de France auxquelles participèrent des milliers de maires de petites communes rurales et quelques personnages d'envergure nationale. Parmi ces diverses réunions, on remarquera surtout la « journée » organisée à Bordeaux par le président de l'Association des maires de la Gironde : Jacques Chaban-Delmas. Le maire de Bordeaux, en étroite collaboration avec André Voisin, parvint à impliquer dans cette initiative, outre les maires de la Gironde, également de nombreux parlementaires du Sud-Ouest de la France. Dans la lettre d'invitation, Chaban-Delmas déclarait que les collectivités locales avaient subi de fortes limitations à leur liberté, et que de cette manière, elles avaient été tellement « amenuisées qu'elles correspondent davantage à une clause de style qu'à une réalité tangible ». À cette occasion, on put constater une certaine harmonie entre Jacques Chaban-Delmas et André Voisin sur les objectifs et sur l'action ; entente qui se renforcera et se développera encore au cours des décennies suivantes[14].

Un certain nombre de délégations du Comité national furent reçues par la Commission pour les affaires nationales du Conseil de la République, le 30 mars 1950, et par le ministre de l'Intérieur, le 13 juin 1950. Elles obtinrent également l'adhésion du président de l'Assemblée nationale Édouard Herriot, en sa qualité de maire de Lyon. L'objectif de ce militantisme était de dépasser la phase d'étude liée au Comité d'étude et de passer à une campagne directe contre « l'étatisme centralisateur, contre la tyrannie bureaucratique, pour la défense des libertés locales et régionales ». Les initiatives de la Fédération, auxquelles le maire de Bordeaux participait toujours de manière active, culminèrent avec l'organisation des États généraux des communes de France. Ceux-ci se tinrent à Versailles les 24 et 25 juin 1950 et des milliers d'administrateurs locaux y participèrent.

Il apparaît donc de manière évidente à quel point le milieu politique français était prêt à discuter, voire même à accueillir totalement, la proposition de constituer au niveau européen une association des pouvoirs locaux qui agirait pour la décentralisation interne, pour une forme

---

constitutionnelle. Dans le fascicule, sont conservés des documents relatifs à la campagne pour la réforme de la constitution de la fin des années 1940 jusqu'en 1953. Il en résulte de manière évidente que ce fut bien La Fédération qui mit sur pied et dirigea l'action du Comité. Elle organisa également un sondage afin de connaître l'opinion des administrateurs locaux sur les thèmes proposés. En 1953, elle lança une nouvelle campagne en faveur de la réforme constitutionnelle, en impliquant l'Association française pour le conseil des communes d'Europe.

[14] AAFCRE-Orléans, c. Courrier nat. 1972, f. documents historiques CCRE. Document de 1950 intitulé Campagne.

d'union européenne et que Chaban-Delmas était un des hommes à la pointe du mouvement. D'après les témoignages d'Alain Poher, il ressort clairement que, pour les hommes politiques impliqués dans les États généraux des communes et départements de France, il était évident que l'un des objectifs de la manifestation était la constitution d'une association de communautés locales au niveau européen.

L'initiative de fonder un tel mouvement ne fut toutefois pas française, même s'il y avait en France tout le soutien politique et organisationnel nécessaire. Le mérite en revient, en effet, à Alida de Jager, socialiste allemande domiciliée en Suisse, influencée par la pensée de l'historien et européiste suisse Adolf Gasser. Celui-ci avait souhaité, dans nombre d'essais, la création d'États-Unis d'Europe basés sur l'autonomie communale. De Jager se rendit à Paris pour entamer des contacts directs avec la Fédération, dans le but précis de créer une organisation internationale qui luttait en faveur d'une collaboration des collectivités locales au niveau international et pour la construction d'une Europe unie. Cette idée fut accueillie de manière positive de la part des membres de la Fédération.

La responsabilité organisationnelle et politique de cette opération fut entièrement laissée à De Jager, la Fédération s'étant réservé un rôle d'orientation générale. De Jager organisa une première réunion, en Suisse, à Seelisberg, durant l'automne 1950. La réunion, précédée d'une phase d'examen préliminaire, aboutit au choix du nom de l'association Conseil des communes d'Europe et à la décision d'une éviction des institutions locales des Pays de l'Europe de l'Est. Au terme de la décision, il fut décidé de constituer un Comité d'initiative européen qui, profitant de la collaboration de comités nationaux identiques, devait organiser la conférence constitutive du mouvement. En France, vu la superposition entre les objectifs internes et internationaux de la Fédération, il avait suffi de mettre en route les mécanismes déjà rôdés qui avaient abouti au succès des États généraux des communes et des départements de France pour obtenir l'adhésion de personnalités politiques de grande envergure ainsi que des organisations nationales des élus locaux[15]. En décembre 1950, le Comité s'élargit avec l'entrée officielle de Jacques Chaban-Delmas, Raymond Berrurier, Émile Hamilius, maire de la ville de Luxembourg, Joseph Lassalarié, Pierre Trémentin et d'autres personnalités françaises et européennes.

D'après un document « *confidentiel* » élaboré avant l'Assemblée qui aboutira à la constitution du CCE, nous apprenons qu'Édouard Herriot

---

[15] Alexandre Marc, « Avant le congrès de La Haye », in *Fédération*, n° 36, janvier 1948. Dans cet article, Marc propose pour la première fois l'organisation des États généraux des communes et des départements de France.

avait été lui aussi inclus dans la délégation française. Dans l'état actuel des recherches, il n'est pas certain que son implication directe dans la fondation du CCE soit l'œuvre de la Fédération ou de l'intervention de Chaban-Delmas. Il est toutefois important de remarquer qu'en France, la deuxième plus haute charge de l'État se rangeait en faveur des projets de la Fédération. Herriot, même s'il ne participa pas à la réunion de la fondation, favorisa de manière concrète le développement successif du CCE, en devenant président de l'Association française pour le Conseil des communes d'Europe (AFCCE)[16].

Le climat politique culturel particulier favorable à des initiatives européistes, qui s'est développé entre la fin des années 1940 et le début des années 1950 dans les pays d'Europe occidentale, permit donc l'élaboration du projet prévoyant la constitution d'une grande association de communes européennes agissant en faveur de la construction d'une Europe démocratique. Les promoteurs du CCE décidèrent donc de recueillir des adhésions lors de l'Assemblée constitutive prévue pour janvier 1951.

En Italie, la situation fut, au début, particulièrement complexe. Grâce à un accord entre Adriano Olivetti et Altiero Spinelli, le fédéraliste Umberto Serafini (à l'époque secrétaire de l'Institut italien pour les Centres communautaires de Rome) fut chargé d'organiser la participation italienne à l'Assemblée constitutive du CCE[17]. C'est donc sur Umberto Serafini que retomba tout le poids de l'initiative. Il eut à cœur d'élargir le consensus, en cherchant l'appui « des catholiques engagés politiquement »[18]. Serafini demanda une entrevue à Luigi Sturzo. Cette entrevue eut lieu dans le couvent romain de la rue Mondovi. D'après les témoignages de Serafini, il est évident que la rencontre a abouti à l'implication de deux administrateurs locaux catholiques seulement : le maire de San Donà del Piave et sénateur démocrate-chrétien Celeste Bastianetto, fédéraliste convaincu, et le conseiller régional sicilien Giuseppe D'Angelo. Un signal d'une ouverture possible de la part du monde catholique vint toutefois à travers une lettre que Sturzo écrivit à Celeste Bastianetto à l'occasion de l'Assemblée constitutive du CCE,

[16] Archives d'État de la République et Canton de Genève – Archives Edgard Milhaud (ci-après AERCG-Milhaud), c. XV 1948-1961. Liste de la délégation française à la conférence constitutive.

[17] « Cronaca del Movimento », in *Rivista del movimento comunità*, n° 13, janvier 1952, p. 2.

[18] Umberto Serafini, « Quarant'anni di storia, X Congresso nazionale AICCRE, Roma 7-9 marzo 1991 », in *Comuni d'Europa*, n° 3, mars 1991, p. 2.

traduite en français et amplement divulguée au niveau international[19]. La délégation italienne comprenait donc, outre la composante démocrate-chrétienne assez réduite, le juriste Massimo Severo Giannini représentant, officieusement, l'Association nationale des communes d'Italie (ANCI)[20].

En Italie, l'initiative se limita principalement aux milieux liés au Movimento Comunità de Adriano Olivetti. Ce même mouvement ne considéra toutefois pas opportun d'envoyer à l'Assemblée constitutive une personne qui aurait pu recouvrir à ce moment-là une charge officielle significative en son sein. Même Serafini ne participa pas à la réunion. De ce fait, c'est une position d'extrême prudence à l'égard du nouveau mouvement qui a prévalu, mouvement dont on ne percevait pas encore pleinement les contours et dont on ne saisissait pas les opportunités qu'il offrait[21].

La mise au point à l'intérieur du mouvement fédéraliste italien fut entamée au lendemain de la constitution du CCE. Dans un article publié dans l'*Europa Federata*, journal du MFE, en février 1951, l'éditorialiste anonyme affirmait qu'il fallait réfléchir à une fédération européenne devant toutefois promouvoir en son sein les autonomies locales aussi. L'accent était ainsi mis sur la question du rôle des collectivités locales dans le processus d'unification européenne. Le CCE considérait qu'il était en mesure de dépasser la dichotomie entre tendances autonomistes infranationales et fédéralisme supranational, et, partant de là, que l'occasion devait être saisie[22].

Grâce à l'action de Umberto Serafini, avant le mois d'avril 1952, deux cent vingt-huit Conseils communaux adhérèrent à la section italienne du CCE, mais aussi des juntes, des maires ; rappelons-nous ici des onze mille adhésions françaises citées plus haut. Il est clair que l'objectif final des deux associations nationales de collectivités locales était différent : l'association italienne avait des visées fédéralistes,

---

[19] Archives Association villes et communes luxembourgeoises, Luxembourg (ci-après AVCL-Luxembourg) c. Conseil des Communes d'Europe 1951. Copie de la lettre de Luigi Sturzo à Celeste Bastianetto.

[20] AERCG-Milhaud, c. DOC. EM. Procès-verbaux des six séances de la conférence constitutive du Conseil des communes d'Europe. Genève 28-30 janvier 1951. Deuxième séance plénière, dimanche 28 janvier, p. 4. Massimo Severo Giannini, membre lui aussi de la délégation, affirma lors de son allocution que, bien qu'étant le représentant de l'ANCI, il participait à l'Assemblée constitutive du CCE sans avoir pu consulter, au préalable, les dirigeants de l'Association des communes italiennes.

[21] D'après le témoignage de Serafini « un bref manifeste fut diffusé » à environ quatre cents collectivités locales qui avaient par le passé adhéré à des initiatives fédéralistes. Parmi celles-ci, seules cinquante-sept répondirent qu'elles étaient intéressées (Edmondo Paolini, *Il Consiglio dei Comuni d'Europa*, op. cit., p. 210).

[22] « Il Consiglio dei Comuni d'Europa », in *Europa Federata*, n° 40, février 1951, p. 4.

l'association française était davantage liée à la décentralisation administrative et à une action globalement en faveur de l'unité européenne.

Ces tendances diverses avaient déjà pointé lors de l'Assemblée constitutive à laquelle participa comme principal acteur Jacques Chaban-
Delmas, alors que Serafini s'était limité à se faire représenter par le
sénateur Celeste Bastianetto et par Massimo Severo Giannini.

Au cours du débat qui s'est tenu lors de l'Assemblée constitutive au
sujet des objectifs du CCE, diverses positions émergèrent au sein des
délégations nationales ; il faut toutefois mettre en relief le rôle prépondérant joué, dans l'orientation tant du débat que des propositions concrètes, par Jacques Chaban-Delmas.

Après une série importante d'interventions de la part de toutes les
délégations présentes, Chaban-Delmas, tenant pour acquise la constitution du CCE, se sentit légitimé à exposer les objectifs du mouvement.
Pour le maire de Bordeaux, le contexte international exceptionnel justifiait à lui seul cette réunion constitutive. Les communes et les peuples
de l'Europe démocratique devaient se réunir pour se défendre non seulement du centralisme étatique, mais surtout du totalitarisme communiste.

L'Europe, son rôle, ses structures, tout cela devait encore recevoir
une définition. Le CCE devait donc se fixer deux objectifs. Le premier
consistait à permettre aux communes de se confronter sur les problèmes
concrets et les aider à les résoudre. Le second était la construction
européenne. Au-delà de l'aspect rhétorique de ses déclarations, Chaban-
Delmas ne fournissait aucune indication précise quant au type d'institution européenne que le CCE devait favoriser. Il s'attarda uniquement
sur le caractère nécessaire d'une représentation des collectivités locales
dans les « différents Conseils qui dès à présent travaillent » et sur la
constitution, dans un second temps, d'une assemblée représentative des
Communes : « une sorte de Sénat européen ».

La thèse du maire de Bordeaux fut globalement acceptée. Jacques
Chaban-Delmas fut donc nommé président et rapporteur de la commission spéciale chargée d'en rédiger le statut.

La discussion sur la « Charte constitutionnelle » du CCE se fit au
sein de la commission spéciale. Le problème de la représentation des
collectivités locales au niveau européen occupa le devant de la scène.
Dans le texte proposé par Chaban-Delmas, le CCE avait pour objectif
d'intégrer une future Assemblée consultative des pouvoirs locaux au
Conseil de l'Europe. Aussi bien André Voisin et le sénateur italien
Celeste Bastianetto s'opposèrent à cette hypothèse. Voisin fit remarquer
l'empêchement juridique d'intégrer le CCE dans le Conseil de l'Europe.
Pour le secrétaire de la Fédération, le problème de représentation des
collectivités locales ne se poserait qu'après la constitution d'une fédéra-

tion européenne. Le sénateur italien, quant à lui, soulignait (et en cela il soutenait la position d'Umberto Serafini et des fédéralistes italiens) le caractère inutile de l'Assemblée du Conseil de l'Europe parce qu'elle n'avait aucune influence réelle. Il fallait donc éviter d'ajouter une autre assemblée consultative à une institution superflue telle que le Conseil de l'Europe, mais il fallait agir pour construire les États-Unis d'Europe. Après une longue discussion, on adopta deux textes qui tenaient compte des observations et des commentaires exprimés par Voisin et Bastianetto. Le CCE se donnait comme objectif, au paragraphe IV de son Statut, d'« assurer la participation et la représentation des communes et collectivités locales dans les organismes européens et internationaux » et, au paragraphe V, d'« intégrer aux futures institutions européennes l'Assemblée représentative des communes et collectivités locales ». L'organisation s'engageait, de cette manière, à participer au débat ouvert par les propositions de Schuman et de Pleven, mais aussi à poser, dans cette perspective, le problème de la représentation des collectivités locales.

Parmi les actes finaux de l'assemblée, on remarquera la constitution d'un Comité d'action, à la tête duquel l'on nomma comme président Jacques Chaban-Delmas. Il reçut la mission de veiller sur l'organisation des commissions de travail et d'étude, et, en quelque sorte, de rendre le CCE opérationnel[23].

La nouvelle association laissait une vaste marge de manœuvre aux différentes composantes culturelles et politiques qui avaient accepté de participer à l'initiative. Chaque membre était en effet autorisé à mettre en valeur les parties du statut qui lui semblaient les plus adéquates. Si ce pluralisme deviendra la richesse du mouvement, il constituera aussi, par moments, sa faiblesse, surtout lorsque le CCE ne trouvera pas en son sein un *leadership* en mesure d'interpréter les diverses exigences pour les guider vers un objectif politique prioritaire.

III. Aux origines du Comité des régions : la Conférence européenne des pouvoirs locaux

Une autre clé de lecture du rôle international joué par les autonomies locales dans le cadre de l'histoire de l'intégration européenne se situe dans l'analyse de l'apport du CCE, en particulier à travers l'action

---

[23] Afin de reconstruire les événements liés à la séance constitutive, j'ai utilisé les Procès-verbaux des six Séances de la Conférence constitutive du Conseil des communes d'Europe. Genève 28-30 janvier 1951 retrouvés dans les AERCG-Milhaud. Dans les archives ASUP-Rossi, sont également conservés quelques documents fondamentaux approuvés lors de la conférence constitutive, ainsi qu'un Précis de la première réunion du Bureau du CCE, duquel il n'est pas fait mention dans les archives de Milhaud.

d'Umberto Serafini, pour l'élection au suffrage universel direct d'un Parlement européen, de même que la nécessité – rappelée dans le statut du mouvement – d'obtenir une représentation à l'intérieur des organismes européens. Les deux positions supposaient, comme nous l'avons déjà souligné, une certaine sensibilisation autour de la question de l'intégration et des mécanismes indispensables pour garantir les bases démocratiques. L'emphase mise sur l'une ou l'autre requête représentait la garantie d'une dialectique interne.

Le premier objectif atteint fut celui de la représentation des collectivités locales au Conseil de l'Europe. Entre le 12 et le 14 janvier 1957, fut en effet convoquée à Strasbourg, auprès du Conseil de l'Europe, la première Conférence européenne des pouvoirs locaux (CEPL)[24]. Officiellement, la réunion devait permettre aux représentants des collectivités locales de participer aux travaux de l'Assemblée consultative lorsque celle-ci aborderait les thèmes relatifs aux compétences communales et régionales[25]. Pour la première fois, le principe était donc accepté selon lequel les institutions internationales n'étaient pas légitimées à prendre des mesures concernant les administrations décentralisées sans que les communes ou leurs représentants ne soient préalablement consultés. En ce sens, le CEPL constituait une nette affirmation du CCE qui, comme nous l'avons rappelé, avait parmi ses objectifs celui de garantir la participation et la représentation des collectivités locales au sein des institutions européennes.

Cette convocation d'une Conférence auprès de l'Assemblée consultative pouvait également se lire comme la condition utile pour la création d'une institution semblable au sein de la Communauté européenne du charbon et de l'acier, les futures institutions européennes. La CEPL était cependant un organisme consultatif, créé pour émettre des avis à une Assemblée consultative n'ayant aucun pouvoir réel. Elle n'était donc que le pâle reflet de l'Assemblée représentative des communes et collectivités locales que les promoteurs du CCE voulaient ajouter à un Parlement européen librement élu, en s'inspirant en partie du modèle de la République fédérale allemande.

---

[24] Archives Conseil de l'Europe-Strasburgo (ci-après ACE-Strasbuergo), dossier 0901, vol. 4, 1954-1956-1957. Assemblée consultative. Conférence européenne des pouvoirs locaux. Annuaire janvier 1957. Sur la CEPL cf. Conseil de l'Europe, *La Conférence des pouvoirs locaux et régionaux de l'Europe, Strasbourg*, Strasbourg, Conseil d'Europe, 1980 ; Maria-Angels Clotet y Mirò, *La cooperación internacional de los municipios en el marco del Consejo de Europa*, Madrid, Civitas, 1992, p. 97-185. L'étude de Clotet y Mirò se limite aux aspects organisationnels de la CEPL.

[25] ACE-Strasburgo, Assemblée consultative, dossier 406, projet de résolution, 10 octobre 1955, p. 2.

L'idée d'une représentation des pouvoirs locaux auprès de l'Assemblée de Strasbourg avait été défendue, comme nous l'avons précisé plus haut, par Jacques Chaban-Delmas. Le maire de Bordeaux, peu de mois après la fondation du mouvement des autonomies locales européennes, avait demandé – novembre 1951 – à l'Assemblée consultative d'inscrire à l'ordre du jour une proposition visant à soutenir la création d'une commission spéciale pour les Affaires communales et régionales. Dans les motivations accompagnant l'instance, on faisait référence explicite à la fondation du mouvement des communes européennes et aux résolutions adoptées lors de l'Assemblée constitutive. D'après lui, le fait que les communes s'étaient dotées d'une organisation au niveau européen démontrait la volonté des pouvoirs locaux de participer activement au processus d'intégration et mettait en évidence la possibilité d'impliquer de nouvelles forces dans la lutte pour l'unité du continent. Sa requête reçut l'appui du président de l'Assemblée et aboutit à l'approbation, le 20 septembre 1952, de la résolution n° 20, présentée toujours par Chaban-Delmas, résolution par laquelle était constituée la commission spéciale pour les Affaires communales et régionales. Cette commission avait officiellement mission d'étudier l'impact des décisions prises au niveau européen sur les réalités locales et, pour cette raison, elle fut autorisée à prendre contact avec les organismes gouvernementaux et communaux[26].

Cette première victoire du maire de Bordeaux, élu entre-temps comme président de la commission, fut accueillie avec un certain désappointement par une partie du CCE, en particulier par les fédéralistes italiens guidés par Umberto Serafini. En effet, durant l'Assemblée constitutive, il avait été décidé d'opérer afin que les pouvoirs locaux européens puissent obtenir la représentation auprès de toutes les institutions européennes. Jacques Chaban-Delmas, en qualité de président du Comité d'action européen du mouvement, avait au contraire agi uniquement vis-à-vis du Conseil de l'Europe. Les divergences émergèrent de manière très claire (Chaban-Delmas était par ailleurs absent) lors de la seconde session du comité exécutif du mouvement, qui se déroula à Palerme, du 30 janvier au 1er février 1953. À cette occasion, on présenta quatre résolutions sur les rapports entre CCE, Commission spéciale pour les affaires communales et régionales, et l'Assemblée de Strasbourg.

La première, émanant de la délégation française, approuvait somme toute l'action du maire de Bordeaux ; les autres, élaborées par la délégation italienne guidée par Umberto Serafini, secrétaire de la section italienne du CCE, la désapprouvaient. Les diverses positions fusionnè-

---

[26] ACE-Strasburgo, Assemblée consultative. Texte adopté pendant la 4e session ordinaire (Deuxième partie). Résolution 20 tendant à la création d'une commission spéciale des Affaires communales et régionales.

rent dans un document unitaire qui accueillait certaines des observations des fédéralistes italiens[27]. Chaban-Delmas fut donc invité à agir également auprès de l'Assemblée *ad hoc* qui, à ce moment-là, était chargée de rédiger le projet de statut de l'autorité politique européenne. Il choisit d'agir encore une fois dans le cadre du Conseil de l'Europe, allongeant par là la durée de l'intervention. Ce ne fut, en effet, qu'après avoir obtenu formellement un mandat de la part de la commission spéciale pour les Affaires communales et régionales que la maire de Bordeaux écrivit, le 22 juin 1953, une lettre au président de la commission constitutionnelle de l'Assemblée *ad hoc*, en l'invitant à prendre en considération la possibilité d'étudier les procédures permettant de garantir la représentation « des collectivités locales dans les futures institutions européennes et notamment dans celles de la Communauté européenne »[28]. Si les modalités de l'intervention étaient irréprochables, l'on notera néanmoins que cette action arrive avec un grand retard par rapport à ce qui lui avait été demandé à Palerme et aux événements de l'Assemblée *ad hoc*. Il est bien connu que le Statut de la Communauté politique européenne (CPE) avait été approuvé par celle-ci le 10 mars 1953, et le texte qui en était ressorti avait fait l'objet de débats durant les conférences intergouvernementales suivantes.

Continuant sa propre action, vivant à lier le CCE au Conseil de l'Europe, le maire de Bordeaux organisa également la participation d'un groupe de travail de la commission spéciale aux États généraux de Versailles (c'est ainsi que le mouvement des autonomies locales avait choisi d'appeler ses propres assises générales en octobre 1953) et successivement, il convoqua une séance de la même commission pendant que se tenaient les deuxièmes États généraux des communes d'Europe – octobre 1954. Grâce à ces initiatives, les comptes-rendus et les résolutions des États généraux furent envoyés officiellement au Conseil de l'Europe[29]. Parmi ces dernières, on remarquera le poids politique particulier de la résolution par laquelle les États généraux de Venise demandaient au comité des ministres du Conseil de l'Europe la transformation

---

[27] Archives Conseil des communes d'Europe – Paris (ci-après ACCRE-Parigi), armoire D, c. Réunions statutaires, procès verbaux, 1951 à 1971. IIe session du comité exécutif, Palerme 30 janvier-1 février 1953. Procès-verbal, p. 2.

[28] ACE-Strasburgo, Conseil de l'Europe, Assemblée consultative, dossier 0902-364. Commission spéciale des affaires communales et régionales, Strasbourg, le 27 juin 1953. Une copie de la lettre a été envoyée par Jacques Chaban-Delmas à Heinrich von Brentano, le 22 juin 1953.

[29] ACE-Strasburgo, Assemblée consultative, dossier 0902-366, Commission spéciale des affaires communales et régionales. Compte-rendu des États généraux des communes d'Europe réunis à Versailles les 16, 17 et 18 octobre 1953, auxquels participait un Groupe de travail délégué par la Commission spéciale des Affaires communales et régionales. Strasbourg, le 15 mars 1953 – la date exacte est le 15 mars 1954.

de la commission spéciale en « commission de plein exercice » et la constitution d'un « groupe de travail permanent où les délégués des organisations communales et internationales pourraient collaborer étroitement »[30].

C'est encore une fois, au départ d'une proposition de Chaban-Delmas[31], que l'Assemblée consultative prit l'initiative. Usant de son droit de consulter des experts, elle délibéra, le 14 octobre 1955, la convocation d'une « conférence des représentants de toutes les associations nationales qualifiées de pouvoirs locaux des pays membres ».

En février 1956, le CCE, en étroite collaboration avec Chaban-Delmas (qui recouvrait à nouveau une charge ministérielle), le CCE mobilisa toutes ses forces au niveau international et ses sections nationales pour soutenir la constitution d'une assemblée des pouvoirs locaux européens, préfigurant de la sorte la création d'un potentiel sénat des collectivités locales européennes[32]. Entre janvier et mars 1956, des pressions furent exercées sur Spaak, Bech, Martino, sur les gouvernements allemands et français[33]. À la suite de ces initiatives, Jacques Chaban-Delmas, en sa qualité de président du comité d'action européen du CCE, fut reçu le premier mars par le comité des ministres à Strasbourg. À cette occasion, le ministre français obtint les résultats suivants : un changement radical du comité qui abandonna son attitude jusque-là essentiellement négative, comité qui remit toutefois encore à plus tard sa décision quant à l'allocation de fonds nécessaires pour la convocation de la Conférence. Indubitablement, le climat politique international, à nouveau favorable aux accords entre États au niveau européen (les Traités de Rome avaient été signés le 25 mars 1957), facilita en quelque sorte l'action de lobby mise en œuvre par le CCE à l'égard des gouvernements. Les représentants de ces gouvernements approuvèrent le principe

---

[30] ACE-Strasburgo, Assemblée consultative, dossier n° 0901, années 1956-1957-1958. Commissions des pouvoirs locaux. Conférence européenne des pouvoirs locaux, Strasbourg, le 17 octobre 1957, p. 1 et suivantes pour les citations qui suivent.

[31] ACE-Strasburgo, Comité des ministres, dossier 0902-368, Assemblée consultative, dossier 0902-368. Le maire de Bordeaux, dans la droite ligne des délibérations et recommandations précédentes, fit adopter par la commission spéciale, à l'unanimité un projet de résolution prévoyant la convocation annuelle d'une Conférence des représentants des associations nationales des pouvoirs locaux.

[32] Cette décision fut prise lors de la réunion du bureau international qui s'était tenu à Metz du 21 au 22 janvier 1956 (L'action du C.C.E. en faveur de la Conférence européenne des pouvoirs locaux, in « Communes d'Europe », n° 3, mars 1956, p. 12).

[33] ACCRE-Roissy, c. Bureau international, f. bureau international 1956. Une copie de la lettre a été envoyée par Émile Hamilius à Gaetano Martino, le 9 avril 1956. Le président du CCE demandait un rendez-vous officiel au ministre des Affaires étrangères italien pour discuter des rapports entre le CCE, la commission spéciale des Affaires communales et régionales, et le Conseil d'Europe.

même de la convocation d'une « conférence de représentants des associations nationales de pouvoirs locaux des pays membres, proposée par la Résolution 76 (1955) de l'Assemblée consultative »[34].

Encore une fois, il y eut des divergences mais elles furent surmontées grâce à l'appui de Fernand Dehousse, à l'époque président de l'Assemblée de Strasbourg. La première session de la Conférence se déroula du 12 au 14 janvier 1957[35]. Sur une proposition du CCE, Jacques Chaban-Delmas en fut élu président, en vertu du rôle indiscuté qu'il avait joué dans ce parcours.

D'après Chaban-Delmas, l'Assemblée de Strasbourg aurait dû donner des réponses concrètes aux requêtes avancées par la CEPL, chose difficile à faire, si l'on considère l'impuissance de l'Assemblée consultative. Selon les témoignages d'Alois Larcher, secrétaire de la Conférence et collaborateur de Chaban-Delmas, il semble que le président de la CEPL s'était bien rendu compte de l'impossibilité de transformer rapidement la Conférence en un sénat européen doté de pouvoirs, mais qu'il voulait poursuivre dans son élan afin de créer un précédent institutionnel[36]. Pour le maire de Bordeaux, la décision de constituer un Sénat composé aussi par des représentants des administrations décentralisées devait de toute façon être prise au niveau gouvernemental et faire l'objet d'accords internationaux. Après avoir convoqué la première session, l'action du président fut donc moins marquée, en raison de ses multiples tâches au sein du gouvernement. C'est le fédéraliste italien Natale Santero, membre de la commission des pouvoirs locaux de l'Assemblée consultative, qui fut chargé de proposer et d'obtenir, en accord avec Umberto Serafini, l'institutionnalisation de la CEPL qui, dotée de son propre statut le 13 septembre 1961, poursuit encore ses activités jusqu'à nos jours[37].

Il est indéniable que, malgré l'impossibilité d'agir directement sur la réalité, la constitution et la transformation de la CEPL en organe perma-

---

[34] ACE-Strasburgo, doc. 527, Assemblée consultative, huitième session ordinaire, 18 juillet 1956, pp. 1-3.

[35] Dehousse fit une intervention, avec le secrétaire du CCE Jean Bareth, pour surmonter les derniers obstacles. C'est ainsi que débuta une étroite collaboration entre le président de l'Assemblée et Chaban-Delmas. Celui-ci le remercia officiellement à l'occasion de la première session de la CEPL (ACE-Strasburgo, dossier 0901, année 1956-1957-1958, CEPL, Strasbourg, le 17 janvier 1957, compte-rendu des débats de la CEPL, 1re séance, p. 12).

[36] Alois Larcher, dirigeant de la CEPL auprès du Conseil d'Europe, compta parmi les collaborateurs de Jacques Chaban-Delmas (ce témoignage me fut livré à Strasbourg, le 17 mars 1995. Le compte-rendu en est conservé auprès des ASUP, cassette. Larcher).

[37] ACE-Strasburgo, doc. 637, Assemblée consultative, rapport sur la représentation des pouvoirs locaux au sein des institutions européennes, 11 avril 1957.

nent de consultation, sans oublier les rapports que la CEPL a facilités entre le CCE et les autres institutions européennes – CECA, CEE, Euratom – sont autant d'éléments qui ont, au fil du temps, favorisé la perception nette qu'il était nécessaire de ne pas exclure les administrations locales des structures européennes. L'on peut donc affirmer que c'est grâce à l'existence de la CEPL, à l'activité du CCE, au rôle joué par ses leaders, tels que Serafini et Delmas, que le Traité sur l'Union européenne, signé à Maastricht le 7 février 1992, a prévu que le Conseil et la Commission seraient assistés d'un Comité des régions aux tâches consultatives ; comité qui, aujourd'hui, est l'un des acteurs institutionnels de l'Union européenne à 27.

Comme nous l'avions annoncé dans notre introduction, la plus grande partie de cette histoire est encore à reconstruire, mais les recherches déjà entamées ont pu mettre en évidence un cadre historique extraordinairement riche et intéressant, prouvant la vitalité de la politique internationale menée par les communes et par certaines personnalités brillantes liées au mouvement des collectivités locales européennes, toutes choses que sans doute peu de personnes pouvaient supposer.

The Europe of communes and regions through the work of two of its leading actors: Jacques Chaban-Delmas and Umberto Serafini

One can say that at certain periods and in various ways, the movement to build the current European Union was able to benefit from the contribution made by various elements.

Amongst those elements can be included the role of European local authorities that, in the inter-war period, had resurrected the International Union of Local Authorities, which was designed as a European organisation with the aim of providing answers to common problems.

This process was blocked by the rise of fascism in Europe and by the outbreak of the Second World War. It would only resume its course after the end of the civil war in Europe, thanks to a few personalities from the world of politics and from the history of European integration. Two personalities in particular, Jacques Chaban-Delmas (1915-2000) and Umberto Serafini (1916-2005), worked to the very end to set up political inter-connections from a Europeanist perspective between communes, provinces, counties, départements, regions, Länder, and European institutions.

Das Europa der Gemeinden und Regionen im Spiegel seiner beiden wichtigsten Akteure: Jacques Chaban-Delmas und Umberto Serafini

Man kann sagen, dass die Bewegung für den Aufbau der Europäischen Union in ihrer heutigen Form zu verschiedenen Zeiten und unter verschiedenen Umständen durch den Beitrag mannigfaltiger Elemente unterstützt und gefördert wurde.

Dazu zählt sicherlich die Aktion der europäischen Gebietskörperschaften, die bereits zwischen den beiden Weltkriegen den Internationalen Städteverband wieder haben aufleben lassen, eine Union, die wie eine europäische Organisation aufgebaut war und das Ziel verfolgte, Antworten auf gemeinsame Fragen zu liefern.

Der Aufstieg des Faschismus in Europa und der zweite Weltkrieg setzten dem Prozess vorläufig ein Ende, eine Fortführung war erst nach Kriegsende in Europa wieder möglich. Die Wiederaufnahme des Prozesses ist einigen wenigen Persönlichkeiten aus der Welt der Politik und der Geschichte der europäischen Integration und insbesondere zwei von ihnen zu verdanken, Chaban-Delmas (1915-2000) und Umberto Serafini (1916-2005), die sich bis zum Ende in einer pro-europäischen Perspektive für den politischen Zusammenschluss zwischen Gemeinden, Provinzen, Grafschaften, Departements, Regionen, Ländern und europäischen Institutionen eingesetzt haben.

Deuxième partie

Au temps de l'Europe des Six

Amintore Fanfani et la perspective européiste 1954-1968

Alfredo CANAVERO

I. L'« épine » de la CED

Amintore Fanfani a joué pendant plusieurs années un rôle fondamental, directement ou indirectement, dans l'élaboration et la réalisation de la politique étrangère italienne après la Deuxième Guerre mondiale. Dans ces premières hypothèses de recherche à propos de la perspective européiste, on va considérer seulement la période qui part de 1954, l'année pendant laquelle il tâcha en vain de créer son premier gouvernement et devint secrétaire politique de la Démocratie chrétienne (DC), et qui arrive à la moitié de 1968, après les élections du 19 mai, quand le troisième gouvernement Moro fit défaut, lorsque Fanfani était ministre des Affaires étrangères. Je ne vais donc pas parler des deux années pendant lesquelles l'homme politique d'Arezzo fut encore une fois secrétaire de la DC (1973-1975) et les deux dernières présidences du conseil (décembre 1982-juin 1983 et avril-juillet 1987).

Ce fut en fait entre 1954 et 1968 que Fanfani eut une position déterminante dans la vie politique italienne, en guidant la DC vers l'ouverture à gauche et en conduisant le Parti socialiste dans le gouvernement après 15 ans d'absence, mais aussi en cherchant à donner à l'Italie une position significative parmi les puissances mondiales, grâce à une politique étrangère de longue haleine (parfois même velléitaire) et à une action propulsive dans de différents secteurs de la société et de l'économie.

Quand Fanfani fut chargé de composer son premier gouvernement, en janvier 1954, le problème principal de la politique étrangère italienne était la ratification du traité constitutif de la Communauté européenne de la défense (CED). Ce fut Alcide De Gasperi qui poussa Fanfani pour qu'il souligne, dans l'exposé du programme, son intention de présenter encore une fois le traité au Parlement avant la ratification française. De

Gasperi pensait que de cette façon les soupçons américains envers Fanfani, considéré trop de gauche, se seraient atténués[1].

Battu à la Chambre, Fanfani devint Secrétaire politique de la DC et aussi en cette qualité il dut s'occuper du problème de la CED. Répondant aux sollicitations de De Gasperi, qui était malade et mourant, Fanfani fit approuver, contre les positions de Mendès-France, un communiqué dans lequel la Démocratie chrétienne confirmait qu'il était nécessaire de garder dans le traité CED les caractéristiques fondamentales du fédéralisme, qui lui aurait permit de « préparer la formation d'une communauté politique » européenne[2].

On a de toute façon l'impression que, sans l'intervention de De Gasperi, Fanfani ne se serait pas donné de peine parce que dans la DC les adversaires ou les tièdes défenseurs de la CED étaient nombreux. Très peu de démo-chrétiens donnaient l'impression d'avoir compris les implications européistes du traité. L'Europe restait, encore une fois, en arrière-plan.

II. Secrétaire de la Démocratie chrétienne

Contrairement à De Gasperi, qui aspirait à la réalisation d'une commune patrie européenne pour des motivations culturelles et idéales au fond, Fanfani semblait désirer l'introduction de l'Italie en Europe surtout comme instrument pour augmenter la puissance économique du pays. Il voyait donc avec intérêt la méthode « fonctionnaliste » de l'intégration des économies et surtout des sources d'énergie, dont l'Italie était traditionnellement pauvre. Ce n'est pas étonnant qu'après l'échec de la CED et les nouvelles possibilités ouvertes grâce à la conférence de Messine (1er-2 juin 1955), Fanfani pense à une intégration dans le secteur des transports et regarde avec grande attention l'agence pour l'énergie nucléaire, qui allait se constituer.

C'était l'intégration économique, en particulier dans les secteurs de l'énergie atomique et des transports, qui devait précéder et préparer l'intégration politique. Pour atteindre ce résultat il fallait une préparation longue et soignée, afin de divulguer l'idée européiste et de la défendre « de l'accusation d'être dépassée »[3].

---

[1] A. De Gasperi a A. Fanfani, Rome 18 janvier 1954, in *De Gasperi scrive. Corrispondenza con capi di Stato, cardinali, uomini politici, giornalisti, diplomatici*, Maria Romana De Gasperi (ed.), Brescia, Morcelliana, 1974, p. 331. Comme Egidio Ortona a rappelé (*Anni d'America. La diplomazia : 1953-1961*, Bologna, Il Mulino, 1986, p. 56) un journal de Washington annonça la nouvelle de la présidence du Conseil à Fanfani avec le titre « Left winger takes over in Italy ».

[2] *Ibid.*, p. 702.

[3] *Ibid.*, p. 10.

Dans la tentative de s'accréditer comme héritier de De Gasperi dans ce domaine aussi, Fanfani développa une série d'initiatives pour la diffusion de l'idée européenne, poussant toutes les sections de la DC à fixer des assemblées spéciales pour illustrer ce que le parti avait fait dans ce domaine[4]. L'engagement en faveur de l'Europe était utile au secrétaire démo-chrétien dans un autre but aussi, qu'il poursuivait dès qu'il avait commencé à se consacrer à la réorganisation de la DC. Il voulait créer des contacts et des connexions organisés entre tous les partis d'inspiration démo-chrétienne en Europe, et le thème européen s'y prêtait très bien[5].

Il adhéra tout de suite au Comité d'Action pour les États-Unis d'Europe de Jean Monnet, qui visait d'une manière très explicite et prioritaire à favoriser la mise en commun de l'énergie atomique. Sur cette base, il fit adhérer aussi la DC.

Pendant ces mois-ci Fanfani semblait avoir embrassé avec enthousiasme la cause de l'Europe unie. L'affaire de Suez et la suivante crise pétrolière firent augmenter l'intérêt de Fanfani pour l'Euratom (CEEA). Au Congrès national de la DC (Trente, 14-18 octobre 1956) il aborda les thèmes de politique étrangère, après avoir rappelé le rôle fondamental de la solidarité atlantique, et ensuite il insista sur la nécessité que le gouvernement italien promeuve « une rapide constitution de l'organisme européen proposé pour l'utilisation pacifique de l'énergie nucléaire »[6]. Fanfani affirma aussi que l'Euratom (CEEA) était la « façon la plus concrète [...] pour procéder vers le marché commun et la fédération européenne »[7].

Il est intéressant de souligner que cette fois-ci fut la première qu'en un discours officiel Fanfani parlait de la fédération européenne comme un résultat à atteindre. Mais il est également intéressant de remarquer que juste après le secrétaire de la DC ajouta – une vraie *excusatio non petita* – que « la politique européenne n'implique aucun renoncement au niveau international ; elle donne au contraire signification et vigueur à la politique nationale »[8]. Il faut se demander si cet ajout a été fait pour rassurer certains éléments « nationalistes » de la DC ou si Fanfani

---

[4]   Direzione Centrale della DC, 15 octobre 1955, dans *Atti e Documenti della Democrazia Cristiana, op. cit.*, p. 785.

[5]   Cf. Jean-Dominique Durand, *Les rapports entre le MRP et la démocratie chrétienne italienne 1945-1955*, dans *Le MRP et la construction européenne*, Serge Bernstein, Jean-Marie Mayeur, Pierre Milza (dir.), Bruxelles, Éditions Complexe, 1993, pp. 266-267.

[6]   *Relazione del Segretario del Partito Amintore Fanfani*, dans *I Congressi Nazionali della Democrazia Cristiana*, Roma, DC-Spes 1959, p. 603.

[7]   *Ibid.*, p. 608.

[8]   *Ibid.*

considérait la politique européenne comme un simple expédient tactique pour garantir des sources d'énergie à bon marché à l'Italie.

L'intérêt principal de Fanfani était que l'Euratom (CEEA) et le Marché commun favorisent le dépassement des distances économiques parmi les Six. Un élargissement anticipé aurait pu mettre en danger ce résultat, si des mesures appropriées n'avaient pas été prises. Pour éliminer ou au moins atténuer les différences économiques parmi les Six, il fallait éliminer avec plus d'audace les limites à la libre circulation des capitaux et de la main-d'œuvre. Celle-ci était l'une des demandes avancées à pleine voix par le syndicat le plus proche de la DC, la CISL de Giulio Pastore[9], et que Fanfani sentait comme une des siennes.

À la veille de la signature des Traités de Rome, Fanfani révélait donc une inédite veine fédéraliste qui le poussait à poser l'accent sur la supranationalité des institutions européennes, sur le vote à majorité et sur l'élection directe du parlement européen et à laisser en arrière-plan l'élargissement à la Grande-Bretagne. Mais peu après, quand il aura eu de concrètes responsabilités de gouvernement, le fédéralisme de Fanfani se sera beaucoup atténué.

III. Président du Conseil

Avec la présentation de son deuxième gouvernement le 9 juillet 1958, dans lequel il se serait réservé le rôle de ministre des Affaires étrangères[10], Fanfani fit comprendre qu'il voulait réaliser le plus tôt possible ce que les Traités de Rome prévoyaient, contre toutes tentatives de ralentissement. En réalité c'était la politique méditerranéenne qui passionnait vraiment Fanfani[11]. Il espérait de trouver pour l'Italie un rôle important dans les questions médio-orientales, peut-être en lui donnant le rôle de puissance médiatrice dans les nombreux contentieux des pays arabes avec l'Occident, en cherchant un axe privilégié avec Washington[12]. Exactement pendant les jours dans lesquels Fanfani était en train

---

[9] Cf. Guido Formigoni, *I sindacati italiani e il processo di integrazione europea (1947-1960)*, dans *L'altra via per l'Europa, op. cit.*, pp. 29-36.

[10] A. Fanfani, *Dichiarazioni programmatiche di governo. Luglio 1958*, Roma, Cinque Lune, 1958, p. 23.

[11] Cf. Evelina Martelli, *L'altro atlantismo. Fanfani e la politica estera italiana (1958-1963)*, Milano, Guerini, 2008, pp. 28-30.

[12] Cf. la lettre de Fanfani à Eisenhower du 18 juillet 1958 dans laquelle il offrait sa collaboration pour résoudre la crise dans le Proche Orient et en autres partis du monde. « Having been called now to the direct responsibility of Government, I want you to know that you can count on my collaboration, to the extent that is within my power, to the purpose of turning the present crisis toward the objectives of peace for all and security for the Western World and to pave the way as soon as possible for a solution of the underlying problems which have created the present grave situation in

d'obtenir la confiance, la situation en Moyen-Orient était devenue diffi-cile, avec le coup d'État en Irak, le débarquement des marines améri-cains au Liban et des parachutistes anglais en Jordanie. Les bonnes intentions pour une « grande politique européenne » restèrent donc en arrière-plan pendant le deuxième ministère de Fanfani et les liens euro-péens furent recherchés surtout pour augmenter le prestige du gouver-nement ou pour résoudre quelques problèmes concrets qui auraient été utiles à l'intérieur au niveau électoral.

C'est ainsi que le 9 août, en rapportant au Conseil des ministres de la « bonne issue des conversations eues à Paris » avec de Gaulle (7-8 août 1958), Fanfani souligna avant tout que « le soutien de la France avait été assuré pour que l'Italie obtienne l'un des sièges du Marché commun et de l'Euratom »[13], alors qu'il se tut à propos de ce que le général avait dit sur l'« Europe des patries »[14].

Fanfani poursuivait le but de mettre l'Italie au même niveau des autres partenaires européens, sous-estimant entre autres des éléments structuraux d'une certaine importance. D'ici naissait une activité fréné-tique dans le domaine de la politique étrangère, qui est par conséquent caractérisée, à part un velléitaire désir de s'imposer comme puissance médiatrice dans les grandes questions mondiales, par l'intérêt pour le développement de la politique méditerranéenne et des rapports avec les pays arabes, plutôt que par l'attention aux problèmes européens. La politique méditerranéenne, aussi par rapport aux intérêts pétroliers de l'ENI d'Enrico Mattei, restait toujours au centre de l'attention.

La brusque fin de son deuxième ministère le 26 janvier 1959, quelques jours après avoir participé à Paris à deux réunions pour le MEC et l'OECE (Organisation pour la coopération économique euro-péenne), poussa Fanfani à démissionner aussi du rôle de secrétaire de la DC. Il revint à la tête du gouvernement à la fin du mois d'août 1960, après la dramatique affaire Tambroni. Dans les déclarations programma-tiques il confirma la confiance à la politique d'intégration européenne et son approbation à l'élargissement du Marché commun à la Grande-Bretagne[15].

---

the Middle East and in Africa, from Algeria to Israel ». *Letter from Prime Minister Fanfani to president Eisenhower*, Rome, July 18, 1958, *ibid.*, p. 463.

[13] Archivio Centrale dello Stato, Roma (ACS), Verbali del Consiglio dei Ministri, 34, Dal 10 gennaio 1958 al 7 ottobre 1958, *Verbale della riunione del Consiglio dei Ministri del 9 agosto 1958*.

[14] Giuseppe Mammarella, Paolo Cacace, *Storia e politica dell'Unione Europea*, Laterza, Bari, 1998, pp. 104-105. Voir aussi E. Martelli, *L'altro atlantismo, op. cit.*, pp. 54-58.

[15] Amintore Fanfani, *Dichiarazioni programmatiche di governo. Agosto 1960*, Roma, Cinque Lune, 1960, p. 18.

IV. Le problème de la Grande-Bretagne

L'avènement au pouvoir de De Gaulle en France avait beaucoup modifié le cadre politique international et aussi éveillé de profondes appréhensions en Europe. On comprenait de jour en jour plus clairement que le général avait accepté les Traités de Rome, mais avec l'intention de les vider de toutes caractéristiques fédérales, et de les remplacer par une Europe des patries ou des États. Pour réaliser cela, il lui fallait un appui de l'Allemagne fédérale, en créant ainsi un axe privilégié Paris-Bonn. La rencontre de Rambouillet du 29 et 30 juillet 1960 entre le général de Gaulle et le chancelier Adenauer, très méfiant par rapport à Fanfani[16], avait relancé l'entente franco-allemande[17], en risquant de reléguer l'Italie dans une position marginale dans l'Europe des Six. Fanfani espérait donc que la Grande-Bretagne rentre dans la CEE pour opposer à l'axe Paris-Bonn un axe Rome-Londres, très lié à Washington.

Avec l'activisme qui le caractérisait, Fanfani se consacra à rencontrer les représentants des Six et de la Grande-Bretagne, aussi avec l'espérance de se proposer comme médiateur entre la « petite Europe » et les sept pays qui avaient adhéré à l'EFTA. Au cours de l'été il rencontra les représentants hollandais, belges, anglais (Edward Heath, lord du Sceau Privé[18]), le chancelier Adenauer et aussi le général de Gaulle à Rambouillet le 3 septembre[19].

Fanfani ne voulait pas rester prisonnier des propositions françaises qui visaient à l'institution d'un conseil des chefs de gouvernement des Six, accentuant l'aspect intergouvernemental des Communautés au détriment de celui supranational. Il chercha donc une plus grande entente avec la Grande-Bretagne.

Fanfani se battit pour l'institution de l'Université européenne à Florence, en s'opposant aux réserves de De Gaulle et d'Adenauer à propos de la délivrance des titres d'étude[20]. Fanfani qui, comme Heath l'avait – non sans malice – remarqué, n'avait jamais été « a protagonist

---

[16] Cf. Entretiens franco-allemands de Rambouillet (29-30 juillet 1960), in *Documents Diplomatiques Français* (=DDF), *1960*, tome II (1er juillet-31 décembre), Paris, Imprimerie nationale 1996, p. 167. Seule la présence de Piccioni et Scelba dans le ministère était appréciée par Adenauer.

[17] Cf. G.-H. Soutou, *L'alliance incertaine. Les rapports politico-strategiques franco-allemands, 1954-1996*, Paris, Fayard, 1996, pp. 158-166.

[18] Cf. la relation officielle de la visite de Heath (22-23 août 1960) dans *L'Italia e l'Europa (1947-1979)*, P. L. Ballini e A. Varsori (eds.), Rubbettino, Soveria Mannelli, 2004, tomo II, pp. 389-390.

[19] Sur ces rencontres cf. E. Martelli, *L'altro atlantismo, op. cit.*, pp. 218-223.

[20] Cf. compte-rendu de la réunion des chefs d'État ou de gouvernement des Six, Bonn, 18 juillet 1961, in DDF, *1961*, tome II (*1er juillet-31 décembre*), Paris, Imprimerie nationale, 1998, pp. 116-120.

of the supernational idea »[21], se préoccupait surtout d'obtenir un succès de prestige pour l'Italie, qu'il aurait aimé poser au centre de l'attention mondiale, étant médiateur soit entre les deux blocs que dans le bloc occidental, juste comme il essayera de faire pendant son voyage à Moscou entre le 2 et le 5 août 1961, quand l'Italie, même pour un petit instant, deviendra protagoniste des rapports entre le monde occidental et le monde communiste[22].

Aussi pendant sa visite à Washington (11-16 juin 1961), Fanfani souligna le rôle médiateur de l'Italie. Il affirma que Rome désirait à tel point l'entrée de la Grande-Bretagne dans la CEE qu'elle serait disposée à modifier certains choix économiques en achetant, par exemple, du beurre de la Nouvelle Zélande plutôt que de la Yougoslavie ou de la Hongrie[23]. Selon Fanfani, le problème de fond n'était pas économique, mais plutôt politique. Comme il dit au président Kennedy, la Grande-Bretagne avait une *instinctive reluctance* à adhérer à une organisation supranationale, et il fallait la convaincre. On a de toute façon l'impression que Fanfani sous-estimait les résistances françaises à l'entrée de la Grande-Bretagne et surestimait celles anglaises, et qu'il s'engageait pour éliminer les dernières, sans comprendre les risques que la position de De Gaulle faisait courir à l'édifice européen.

Quand la Grande-Bretagne présenta encore une fois la demande d'adhésion au Marché commun européen, Fanfani se réjouit de la décision anglaise, qui se posait bien dans la perspective qu'il souhaitait[24]. Il accentua son activité en faveur de l'entrée dans la CEE de la Grande-Bretagne, pays qui avait partagé l'attitude italienne de vouloir poursuivre les négociations avec l'URSS pour ce qui concernait Berlin. Pendant sa visite à Londres le 16 et 17 janvier 1962, Fanfani mit tout en œuvre pour faire grandir la confiance des Anglais vers lui. Juste après l'atterrissage, Fanfani arriva à rester seul avec Macmillan pendant le trajet en voiture de l'aéroport à l'ambassade italienne pour rassurer le premier anglais que l'Italie avait été et aurait continué à être favorable à l'entrée de la Grande-Bretagne dans le Marché commun et qu'il comprenait bien le problème des liens particuliers de Londres avec le Com-

---

[21] *L'Italia e l'Europa, op. cit.*, p. 390.

[22] Cf. Gianluca Azzoni, *La missione di Fanfani e Segni a Mosca (2-5 agosto 1961)*, dans « Storia delle Relazioni Internazionali », n° 2, 1993, pp. 169-226, avec les procès verbaux des colloques entre Chruščëv et Fanfani (pp. 176-226). Cf. aussi B. Bagnato, *Prove di Ostpolitik. Politica ed economia nella strategia italiana verso l'Unione Sovietica. 1958-1963*, Olschki, Firenze, 2003.

[23] FRUS, *1961-1963*, vol. XIII, *West Europe and Canada*, Washington, United States Government Printing Office 1994, p. 26, Memorandum of Conversation, Washington, 12 giugno 1961.

[24] Cf. E. Martelli, *L'altro atlantismo, op. cit.*, p. 275.

monwealth. Il ajouta ensuite des phrases qui remarquaient les divergences d'opinion avec le ministre des Affaires étrangères Segni et qui furent ainsi verbalisées :

> Signor Fanfani added that it was possible that some of Italy's representatives or officials would not act consistently with this policy, which was Italy's official policy. If any instances of behaviour of this kind by Italian representatives or officials were to come to the attention of the Prime Minister, he (Signor Fanfani) would like to be informed[25].

Fanfani répéta son approbation concernant l'entrée de la Grande-Bretagne dans les Communautés européennes dans de différentes occasions publiques, pendant le 8ᵉ congrès de la DC à Naples[26] (27-31 janvier 1962) et au moment de la présentation à la Chambre de son quatrième gouvernement (2 mars 1962)[27]. Il ne parla pas expressément de la France, mais il répéta qu'il ne fallait pas perdre de vue les buts fixés dans les traités de Rome. « Tout ce qui est utile pour approcher ces buts doit être examiné avec attention et accueilli, tout ce qui peut nous en détacher doit être refusé »[28].

Le président du Conseil italien ne cachait certainement pas que la quête pour obtenir l'entrée de la Grande-Bretagne impliquait pas mal de difficultés, surtout si on voulait garder les liens privilégiés de Londres avec les pays du Commonwealth. Fanfani conservait toujours l'illusion de pouvoir concilier l'inconciliable : la France gaulliste et la Grande-Bretagne, fédération et confédération. Il faut en somme se demander si l'homme politique d'Arezzo se rendait vraiment compte que la participation de la Grande-Bretagne aurait pu signifier la fin de l'expérience communautaire et le passage non pas au système confédéral préféré par la France de De Gaulle, mais même à une pure et simple « collaboration entre États ». En réalité Fanfani ne se préoccupait pas beaucoup de l'architecture constitutionnelle de l'Europe unie, mais plutôt du rôle international que l'Italie aurait pu jouer, et il recherchait un succès dans la politique étrangère pour augmenter son prestige dans la politique intérieure.

---

[25] Visit of the Prime minister and Foreign Minister of Italy. Record of a Conversation in Car between London Airport and Italian Embassy, January 16, 1962, p. 3, PRO, PREM II/3847, 61864.

[26] *Atti dell'VIII Congresso Nazionale della Democrazia Cristiana*, Roma, DC-SPES 1963, pp. 620-623. « La Comunità Europea – Fanfani dit avec une claire référence à la Grande-Bretagne – non si allontana dai suoi lontani obbiettivi se si associa fermamente con altri Paesi ; e non fa perdere nulla all'Europa se li accoglie forti e non deboli, integri e non mutilati ». Les mots cités sont à la p. 621.

[27] A. Fanfani, *Dichiarazioni programmatiche di governo. Marzo 1962*, Roma, Cinque Lune, 1962, pp. 40-41.

[28] *Ibid.*, p. 41.

Pendant la rencontre que Fanfani et Segni eurent à Turin avec de Gaulle et Couve de Murville le 4 avril 1962[29], alors que les fédéralistes protestaient contre « l'Europe des patries »[30], le président du Conseil italien plaida auprès des Français la cause de l'adhésion anglaise avec tous les pays du Commonwealth. « Il vaut mieux – dit Fanfani – avoir l'Angleterre avec toute sa richesse »[31]. La position française était de toute façon rigide et arrivait même à mettre en discussion l'existence même de la Communauté européenne[32]. De Gaulle déclara en fait que la France avait déjà donné toutes les concessions possibles, et il ajouta : « On pourrait vivre sans la Communauté de Bruxelles. C'est utile, c'est bien, mais ce n'est pas indispensable »[33].

Lors d'une rencontre suivante avec Pompidou et Couve de Murville (Turin, 15 septembre 1962), à l'occasion de l'inauguration du tunnel du Mont Blanc, Fanfani insista sur la nécessité d'accélérer les négociations avec la Grande-Bretagne, assurant une période de 10 ans pour harmoniser son économie à celle des Six. Couve de Murville répliqua que l'entrée de la Grande-Bretagne aurait impliqué celles du Danemark et de la Norvège, ce qui aurait fait rater le projet français d'Union européenne. La rencontre n'aboutit donc à rien[34].

Quelques jours après, de Gaulle envoya à Adenauer un *mémorandum* qui proposait une coopération franco-allemande serrée dans les domaines politique, économique, militaire et culturel. L'événement provoqua une « vive impression »[35] à Rome, où on pensait que l'accord mettait en danger la collaboration politique de l'Europe des Six[36]. Fanfani manifesta son opposition à Couve de Murville le 12 octobre, quand le ministre des Affaires étrangères français vint à Rome, à l'occasion de l'ouverture du Concile Vatican. Le ton de Fanfani était assez vif :

Vous avez lancé une torpille dans les eaux d'Europe, et cette torpille a atteint son but. [...] Pour nous la surprise a été plus grande. Bérard nous avait

---

[29] *Entretiens entre le Général de Gaulle et M. Fanfani, à Turin, le 4 avril 1962*, in DDF, *1962*, tome I *(1er janvier-30 juin)*, Imprimerie nationale, Paris, 1998, pp. 381-398.

[30] Cf. *Manifestazione federalista contro Fanfani e De Gaulle*, dans « Popolo Europeo », n° 4, avril 1962, p. 6.

[31] *Entretiens entre le Général de Gaulle et M. Fanfani, op. cit.*, p. 395.

[32] Cf. Michel Vaïsse, *De Gaulle et la première « candidature » britannique au Marché commun*, in « Revue d'histoire diplomatique », n° 2, 1994, p. 130.

[33] *Entretiens entre le Général de Gaulle et M. Fanfani, op. cit.*, p. 386.

[34] Le procès verbal français de la rencontre dans *L'Italia e l'Europa, op. cit.*, pp. 532-540.

[35] L'ambassadeur de France en Italie, Bérard, au ministère des Affaires exterieures, Rome, 28 septembre 1962, dans *L'Italia e l'Europa, op. cit.*, p. 540.

[36] Cf. E. Martelli, *L'altro atlantismo, op. cit.*, p. 384.

en fait dit qu'on ne serait pas exclu, mais il faut dire qu'on n'a aucun désir de nous associer à vous dans des circonstances pareilles. [...] Nous voulons bâtir l'Europe avec les autres cinq, mais une Europe très différente de celle que vous nous proposez. À cette Europe s'unira la Grande-Bretagne si elle rentre dans le Marché commun[37].

La situation était en train de se détériorer. Pendant la conférence de presse du 14 janvier 1963, de Gaulle annonça le veto à l'entrée de la Grande-Bretagne dans le MEC, veto que le ministre des Affaires étrangères Couve de Murville aurait mis formellement quinze jours après. En parlant avec le secrétaire d'État américain Rusk, Fanfani répéta encore une fois que sans la Grande-Bretagne le Marché commun serait devenu un élément de faiblesse ou de division, et il assura qu'il aurait donné des instructions à la délégation italienne qui participait à Bruxelles aux négociations pour l'entrée de la Grande-Bretagne pour qu'ils facilitent en toute manière le résultat positif.

Quand les négociations échouèrent à cause du veto français, Rusk chargea l'ambassadeur américain en Italie de remercier Fanfani pour la « steadfast Italian position in Brussels yesterday and the show of solidarity on the question of UK entry and implicitly Atlantic Partnership »[38].

On ne peut pas s'empêcher de penser que la position philo-britannique de Fanfani dérive aussi (ou surtout) du désir de se mettre en bonne lumière avec les États-Unis, dont la faveur à l'entrée de la Grande-Bretagne dans une Europe très liée au partenaire atlantique était très connue. Le président du conseil italien espérait encore réussir à servir de médiateur entre Grande-Bretagne et France, gagnant de cette façon plus de prestige aux yeux de Washington. Le penchant américain pouvait être exploité à l'intérieur, aussi tenant compte des élections politiques italiennes qui approchaient.

Le quatrième gouvernement Fanfani était à la fin de son expérience. Les élections approchaient – elles auraient eu lieu le 28 et 29 avril – et pendant les deux années suivantes Fanfani n'aura plus de responsabilité directe dans la politique étrangère.

V. Au ministère des Affaires étrangères

Quand Fanfani eut de nouveau une charge institutionnelle, quand il fut ministre des Affaires étrangères pendant le deuxième gouvernement Moro au mois de mars 1965, le cadre international était sombre et celui européen pas particulièrement prometteur. L'escalade militaire améri-

---

[37] Cité par E. Martelli, *L'altro atlantismo, op. cit.*, p. 388.

[38] Télégramme de D. Rusk à l'ambassade en Italie, Washington, January 30, 1963, 8.41 p.m., Frus 1961-1963, XIII, p. 155.

caine au Vietnam causait des perplexités et des contrecoups politiques parmi les alliés européens. Le conflit sino-soviétique et le remplacement de Khrouchtchev à la tête de l'URSS troublaient le monde communiste. Face à la tentative d'attribuer plus de pouvoirs à la Commission et au Parlement européen, la France mettait en œuvre la politique de la « chaise vide », suspendant toutes participations au Conseil des ministres de la Communauté européenne ou au Comité des représentants permanents[39].

Fanfani agit en cherchant à ne pas rendre la situation plus critique et en évitant d'exaspérer d'une manière polémique les termes du contraste avec la France. De toute façon il chercha à garder la cohésion parmi les Cinq « même dans les limites que l'absence française permettait et en faisant attention de ne pas prendre de décisions qui auraient rendu plus difficile la perspective d'une rapide reprise du travail commun des Six »[40]. Il fallait de toute façon que les limites soient très claires, c'est-à-dire les limites « entre les marges de négociation qui paraissaient admissibles et la ferme défense des conceptions qui constituent les piliers de voûte des Traités de Rome »[41]. La difficile crise se termina, comme on le sait très bien, avec le Compromis de Luxembourg (19 janvier 1966), qui prenait acte du désaccord politique de fond entre les Cinq et la France, mais répétait l'intérêt de tous les pays membres à poursuivre le processus d'intégration économique.

La décision française de se retirer avant la fin de 1966 du Commandement intégré de l'OTAN, rendue publique par de Gaulle pendant une conférence de presse le 21 février, semblait ouvrir de nouvelles et intéressantes perspectives à l'Italie. Pendant la rencontre qu'il eut avec le premier anglais Wilson le 6 mai 1966 à Londres, Fanfani insista pour que la Grande-Bretagne propose de nouveau sa candidature à la CEE, dans l'habituelle espérance d'opposer l'axe Rome-Londres à l'axe Paris-Bonn[42]. Mais les priorités du gouvernement anglais étaient, à ce moment-là, différentes : le futur préoccupant de l'OTAN, la faiblesse de la livre sterling, le problème de l'EFTA[43]. Les insistances italiennes ne furent donc pas écoutées, même si la persistance des problèmes économiques

---

[39] Cf. N. Piers Ludlow, *Challenging French Leadership in Europe : Germany, Italy and the Netherlands and the Outbreak of the Empty Chair Crisis of 1965-1966*, dans « Contemporary European History », 1999, n° 2, pp. 231-248.

[40] A. Fanfani, *Relazione sulla Comunità Economica Europea, op. cit.*, p. 573.

[41] *Ibid.*, p. 574.

[42] Sur la rencontre entre Wilson et Fanfani cf. L. Valent, *L'Europa non è Europa senza Londra. Il Regno Unito tra Cee e mondo (1964-1967)*, Unicopli, Milano, 2008, pp. 118-123.

[43] *Ibid.*, p. 123.

et le mécontentement des pays de l'EFTA poussèrent la Grande-Bretagne à changer d'avis.

Après un tour des capitales européennes, Wilson présenta encore une fois, au mois de mai 1967, la demande anglaise d'adhésion à la CEE[44]. Fanfani soutint, comme il avait déjà fait dans le passé, la demande de Londres. Pour améliorer le climat dans la Communauté, il proposa qu'on célèbre le dixième anniversaire de la signature des Traités de Rome dans la capitale italienne, en organisant en même temps une conférence des chefs d'État et de gouvernement des Six. Bien que Fanfani juge l'adhésion à l'invitation italienne « un succès pour la cohérente et tenace action européiste que l'Italie avait faite et se proposait d'exécuter »[45], la Conférence se déroula dans une « atmosphère glaciale »[46] et vit de Gaulle proposer encore une fois, même si non explicitement, le refus de la France à la demande d'adhésion anglaise.

Fanfani restait convaincu que le développement de la Communauté devait se dérouler en plein accord avec les États-Unis, puisque l'intégration européenne et la solidarité atlantique restaient, en ce moment-là comme dans le passé, deux fondements de la politique étrangère italienne.

VI. Conclusions

À la fin de cette courte analyse de la politique européenne d'Amintore Fanfani on peut essayer d'en donner une première évaluation. Il serait difficile d'affirmer que Fanfani était un fédéraliste, même si, dans certains moments de son activité politique, surtout quand il n'eut plus de responsabilité de gouvernement, ce n'est pas rare de trouver des signes favorables à la perspective d'une Europe fédérale. Dans ses prises de position on peut plutôt entrevoir une approche traditionnelle de la politique européenne, qui ne fait pas abstraction de poser au centre l'intérêt politique et économique du pays et son prestige national.

On peut de toute façon affirmer que Fanfani fut un européiste convaincu, même si *sui generis*. Il approcha l'européisme parce que l'intégration européenne aurait pu permettre un rôle international à l'Italie. Surtout dans la première phase de son activité, et de toute façon au début des années 1960, ce fut l'aspect économique de l'intégration européenne qui attira le plus Fanfani. L'Europe pouvait être une réponse aux graves

---

[44] Sur le procès décisionnel de la Grande-Bretagne et sur les rencontres de Wilson cf. *ibid.*, pp. 153-192.

[45] *Direttivo del Gruppo DC della Camera*, 24 maggio 1967, relation du ministre des Affaires exterieures Fanfani, dans *Atti e Documenti della Democrazia Cristiana*, vol. II, *op. cit.*, p. 2149.

[46] B. Olivi, *L'Europa difficile, op. cit.*, p. 107.

problèmes économiques de l'Italie et elle aurait pu offrir un débouché à l'émigration et à l'exportation de biens durables.

Mais il y avait aussi une autre raison, plus liée au prestige de l'Italie et à la possibilité qu'elle assume une partie importante dans la politique internationale et en particulier dans la politique méditerranéenne. À partir de la proposition qu'il fit à Eisenhower en qualité de médiateur dans les questions du Moyen Orient jusqu'à chercher à faciliter, avec différentes initiatives, la fin du conflit au Vietnam, Fanfani fut poussé par l'ambition de se tailler pour lui-même et pour l'Italie un rôle de premier plan, de loin supérieur aux potentialités politiques, militaires et économiques du pays, gagnant un prestige de plus en plus grand dans le cadre traditionnel de l'Alliance Atlantique et cherchant, mais pas toujours avec succès, d'obtenir un rapport privilégié avec les États-Unis.

Aussi dans le soutien convaincu et décidé à l'entrée de la Grande-Bretagne dans l'Europe des Six, il se manifeste ces deux raisons. La présence de la Grande-Bretagne « avec toute sa richesse », c'est-à-dire avec l'appendice des pays du Commonwealth, à l'intérieur du Marché commun pouvait représenter pour l'Italie une ultérieure opportunité de croissance économique. Les États-Unis désiraient l'entrée de la Grande-Bretagne dans le MEC, aussi pour renforcer l'Alliance atlantique, et le soutien de cela de la part de l'Italie pouvait la mettre en bonne lumière à Washington. Si Fanfani avait réussi à servir de médiateur entre la France et la Grande-Bretagne, obtenant l'adhésion de cette dernière dans la CEE, sa position interne et internationale se serait beaucoup renforcée. Le succès de cette opération aurait aussi affaibli l'axe Paris-Bonn, qui semblait particulièrement inquiétant pour Fanfani, en faveur de l'axe Rome-Londres. Ce qui restait en arrière-plan de cette opération était une question très délicate : quelle Europe aurait été celle fondée sur le rapport privilégié entre Grande-Bretagne et Italie ? Le système communautaire aurait-il survécu ?

Mais les questions qui troublaient Fanfani n'étaient pas celles-ci. L'important était de sauvegarder l'Alliance Atlantique, garantir le soutien des États-Unis et élargir les frontières de l'Europe, sans trop se préoccuper des formes institutionnelles. Il voulait atteindre d'importants résultats dans la politique étrangère et il lui semblait qu'il aurait pu les obtenir plus facilement grâce à une Europe dont la Grande-Bretagne faisait partie.

Pendant la dernière phase qu'on a considérée, il se montre une nouvelle raison pour souhaiter un élargissement de l'Europe à la Grande-Bretagne. L'Europe aurait pu jouer un rôle de pont entre l'Ouest et l'Est dans le dialogue pour la détente international et pour le désarmement, dans une phase pendant laquelle aussi bien l'Allemagne Fédérale que le Saint-Siège avaient commencé une politique d'ouverture vers les pays du système soviétique. Et l'ambition de Fanfani était que l'Italie soit au premier plan dans cette nouvelle situation internationale.

Amintore Fanfani and the Europeanist perspective: 1954-1968

It is only now that studies are being done into the personality of Amintore Fanfani, who was Chairman of the Council, Minister of Foreign Affairs, and Secretary of the Christian Democratic Party in Italy.

Where Europe is concerned, from 1954 to 1958, Fanfani's idea was of a Europe that was needed to resolve problems relating to energy and transport, as well as to increase the importance and the power of Italy in relation to the other countries of the continent. As a result, he mobilised the spread of Christian Democracy to spread the idea of Europe amongst the population of Italy.

From 1960 to 1968, during a period that was not very favourable to Europe, he sought to introduce Great Britain into the Community to replace the Berlin-Paris axis with the Rome-London axis, but maintaining strong links to Washington. Fanfani's idea was that the development of the European Community should take place in full agreement with the USA. He was convinced that European integration and Atlantic solidarity were the two main points of Italian foreign policy.

Die europapolitische Konzeption von Amintore Fanfani: 1954-1968

Amintore Fanfani, ehemaliger Präsident der UN-Vollversammlung, Außenminister und Sekretär der italienischen christdemokratischen Partei Democrazia Cristiana, findet erst heute in den Studien nähere Beachtung.

In europapolitischer Hinsicht vertrat Fanfani von 1954 bis 1958 die Auffassung, dass ein geeinigtes Europa notwendig sei, um die anstehenden Energie- und Transportprobleme zu lösen, aber auch um die Bedeutung und Vormachtstellung Italiens gegenüber anderen Ländern auf dem Kontinent zu stärken. Infolgedessen nutzte er den Einfluss der Christdemokraten für die Verbreitung und Förderung der europäischen Idee bei der italienischen Bevölkerung.

Zwischen 1960 und 1968, einer der europäischen Einheit eher abgeneigten Periode, war er bemüht, Großbritannien für die Gemeinschaft zu gewinnen, um die Achse Berlin-Paris durch die Achse Rom-London zu ersetzten und dabei gleichzeitig die enge Beziehung zu Washington zu wahren. Nach Ansicht Fanfanis sollte sich der Aufbau der Europäischen Gemeinschaft mit vollem Einverständnis der USA vollziehen. Die europäische Integration und die transatlantische Solidarität bildeten seiner Überzeugung nach die beiden Kernpunkte der italienischen Außenpolitik.

Duncan Sandys

Pläne und Aktivitäten
für die Politische Union Europas

Gabriele CLEMENS

I. Der Schwiegersohn

Wird der Name Duncan Sandys in der Literatur erwähnt, so fehlt in der Regel nicht der Zusatz „der Schwiegersohn Churchills" oder auch „der Mitstreiter Churchills". Duncan Sandys stand Zeit seines Lebens im Schatten seines berühmten Schwiegervaters; dies trifft insbesondere auf die europapolitischen Aktivitäten und Visionen des konservativen Abgeordneten, Gründers der „Europäischen Bewegung" und mehrfachen Ministers in den konservativen Regierungen der 1950er und 60er Jahren zu.[1] Duncan Sandys war aber keineswegs lediglich der Vollstrecker der Churchill'schen Europaideen; vielmehr entwickelte er eigene Vorstellungen über das geeinte Europa, die sich zudem in zentralen Punkten von denen Churchills unterschieden. Man kann sogar sagen, dass Sandys seinerseits recht großen Einfluss auf die europapolitischen Aktivitäten seines Schwiegervaters ausübte; selbst die berühmte „Züricher Rede" vom September 1946, die den Ruf Churchills als „großen Europäer" begründete, kam auf Anregung von Duncan Sandys zustande.[2] Ebenso lässt sich nachweisen, dass eine Reihe von Europareden Churchills aus der Feder von Duncan Sandys stammte, die Churchill dann allerdings entsprechend seinen eigenen Vorstellungen an manchen Stellen veränderte oder abschwächte.[3] Churchill schätzte den Rat und

---

[1] 1944/45 Minister of Works; 1951-54 Minister of Supply; 1954-57 Minister of Housing and Local Government; 1957-59 Minister of Defence; 1959-60 Minister of Aviation; 1960-64 Secretary of State for Commonwealth Relations.

[2] Edward Heath: *The Course of my Life. My Autobiography*, London 1998, S. 146.

[3] Siehe dazu die Duncan Sandys Papers (DSND) im Churchill Archives Centre, Churchill College, Cambridge, ebenso den Churchill Nachlaß (ebd.). Die folgenden Ausführungen basieren im Wesentlichen auf der Auswertung des Nachlasses von Duncan Sandys.

die Initiativen seines agilen Schwiegersohnes sehr, unterstützte dessen Aktivitäten, wie beispielsweise die Gründung der Europabewegung, mit seinem berühmten Namen und wurde so eher zum Mitstreiter von Sandys.

II. Der Netzwerker

Die Beschäftigung mit Duncan Sandys ist aus zwei Gründen besonders interessant: Erstens war Duncan Sandys als führendes Mitglied der Europäischen Bewegung, als Mitglied der Konservativen Partei und der sog. „Tory-Straßburger" im Europarat sowie als Minister in verschiedenen konservativen Regierungen in zahlreiche Politiknetzwerke eingebunden, deren Einfluss auf die Gestaltung der Europapolitik ein interessantes Untersuchungsobjekt ist; zweitens ist Duncan Sandys Angehöriger und Vertreter jenes Staates, der sich in Bezug auf die europäische Einigung den Ruf eines „Verhinderers" bzw. „widerspenstigen Partners" eingehandelt hat und dessen Anteil und Interesse am europäischen Einigungsprozess oftmals unterschätzt wird.

Zu erstens: Die Rolle von Netzwerken[4] wird in jüngeren Forschungsarbeiten als ein lange vernachlässigtes, aber wesentliches Element beim Zustandekommen und Funktionieren des europäischen Integrationsprozesses betrachtet. Ungeachtet der in der Politikwissenschaft geführten Debatte, ob eher die Träger oder die Strukturen solcher Netzwerke einen entscheidenden Einfluss auf die Politikentwicklung haben, kommt den einzelnen Akteuren oder Schlüsselfiguren eine zentrale Rolle bei der Konstituierung und dem Funktionieren solcher Netzwerke zu. Duncan Sandys hat die Bedeutung solcher Netzwerke schon früh als ein zentrales Element der Politikgestaltung erkannt und sich seit dem Ende der 1920er Jahre um den Aufbau verschiedener nationaler und transnationaler Netzwerke bemüht. Beispielsweise rief er schon 1927 als Student in Oxford einen „British German Club" für die Verständigung beider

---

[4] Unter Netzwerken werden hier, in Anlehnung an Matthias Schulz, informelle oder formelle, verdichtete Kommunikationsstrukturen zwischen Akteuren verstanden, die durch gemeinsame Werte oder Interessen miteinander verbunden sind (siehe Matthias Schulz: Netzwerke und Normen in der Internationalen Geschichte. Überlegungen zur Einführung, in: Historische Mitteilungen 17 (2004), S. 1-14, S. 7); zur Bedeutung von Netzwerken im Rahmen der europäischen Integrationsgeschichte siehe auch Brigitte Leucht: Netzwerke als Träger grenzüberschreitenden Kulturtransfers. Transatlantische Politiknetzwerke bei der Schuman-Plan-Konferenz 1950/51, in: Comparativ 16 (2006), Heft 4, S. 200-218; Wolfram Kaiser: „Transnational Western Europe since 1945. Integration as political society formation", in: Wolfram Kaiser/ Peter Starie (Hg.): *Transnational European Union. Towards a common political space*, London/New York 2005, S. 17-35.

Völker in europäischer Gesinnung ins Leben;[5] 1933 gründete er die „British Movement" als eine überparteiliche, aber vor allem von Konservativen getragene Bewegung, die sich die Einheit der Nation und des Empire zum Ziele setzte; und 1938 gründete er zusammen mit Randolph Churchill und unterstützt von Winston Churchill die überparteiliche Bewegung „The Hundred Thousand Movement", die die Verteidigungsanstrengungen der Nation angesichts der Kriegsgefahr forcieren sollte.[6]

Das bedeutendste und wohl einflussreichste Netzwerk, das er aufbaute, war die „United Europe Movement" (UEM) bzw. das darauf aufbauende „Comité de Liaison", aus dem die internationale „Europäische Bewegung" hervorging, der eine Reihe bedeutender Politiker sowie Personen des wirtschaftlichen und kulturellen Lebens in den europäischen Staaten angehörte und die zudem enge Kontakte zu Persönlichkeiten und Politikern in den USA pflegte.[7] Die durch dieses Netzwerk geknüpften Beziehungen nutzte Sandys, um konkrete Schritte in der britischen Europapolitik umzusetzen. So trugen beispielsweise die guten Beziehungen zwischen Jean Monnet und Sandys dazu bei, das Assoziationsabkommen zwischen der Europäischen Gemeinschaft für Kohle und Stahl (EGKS) und Großbritannien 1954 zu einem erfolgreichen Abschluss zu bringen. Auch innerhalb der Konservativen Partei baute Sandys ein Netzwerk proeuropäisch gesinnter Politiker auf bzw. wirkte an solchen mit, um eine breite Zustimmung zu dem EG-Beitrittsgesuch Großbritanniens innerhalb der Partei zu erreichen. Darüber hinaus bemühte er sich, durch transnationale Verbindungen christlichkonservativer Parteien in Europa den Beitritt Großbritanniens in die Europäischen Gemeinschaften zu forcieren. Der Einfluss von Netzwerken auf die Entscheidungen von Regierungen, konkret auch der Einfluss der Europabewegung auf gouvernementale Entscheidungsprozesse, lässt

---

5   Walter Lipgens: *Die Anfänge der europäischen Einigungspolitik 1945-1950*, 1. Teil: 1945-1947, Stuttgart 1977, S. 319.

6   Duncan Sandys: „Youth speaks out", in: *National Review* 103 (1934), S. 215-219; DSND 1/8: Sandys vs. Norris libel case 1936-1945; DSND 1/13: The Hundred Thousand Movement: duplicated copies of papers 1938-1939; Mary Soames (Hg.): *Speaking for themselves: the personal letters of Winston and Clementine Churchill*, London 1998, S. 443.

7   Duncan Sandys bekleidete bis 1951 den Posten eines „Honorary Secretary" der UEM; 1947 errichtete er das „Comité de Lisaison" und übernahm den Vorsitz des „Executive Committee" dieser Verbindungsorganisation, die sich am 13./14. Dezember offiziell unter dem Namen „Joint International Committee of the Movements for European Unity/Comité International de Co-ordination des Mouvements pour l'unité Européenne" konstituierte. Ein Jahr später baute er dieses Verbindungskomitee zur „Europäischen Bewegung/European Movement" aus und übernahm den Vorsitz im Exekutiv-Komitee dieser Organisation (Chairman of the International Executive Committee of the European Movement). Nach den Unterhauswahlen im Oktober 1951 und der Übernahme eines Ministerpostens gab Duncan Sandys dieses Amt auf.

sich am Beispiel Duncan Sandys', der sowohl führendes Mitglied der Europabewegung als auch verantwortliches Regierungsmitglied unter Churchill, Eden und Macmillan war, sehr gut aufzeigen.

Zu zweitens: Die vor allem vom Standpunkt der Sechs aus betriebene Integrationsgeschichtsschreibung hat Großbritannien häufig als den „Verhinderer" oder „Bremser" des europäischen Einigungsprozesses dargestellt, was in Bezeichnungen wie „awkward partner"[8] oder „reluctant Europeans"[9] zum Ausdruck kommt. Die Verhandlungen um OEEC und Europarat, aber auch die britische Haltung zur EGKS wie zu Messina schienen diese Haltung hinreichend zu belegen. Auch den Arbeiten zur Europäischen Bewegung wohnt die Tendenz inne, der fortschrittlichen, auf die Föderation Europas zielenden Organisation UEF (Union Européenne Fédéraliste) die eher zögerliche oder gar rückschrittliche Politik der United Europe Movement und ähnlicher Organisationen gegenüberzustellen. So heißt es beispielsweise in dem 2001 erschienenen Buch von Frank Niess:

> Was der Europäischen Union offenkundig fehlt, sind politische Visionen. Die überzeugten Europäer der ersten Stunde haben sie gehabt. Aber von der Macht des Faktischen im Zeichen des kalten Kriegs wurden sie ihnen ausgetrieben. Und nicht ganz unbeteiligt war daran auch die noch immer in imperialer Nostalgie befangene britische, vor allem Churchillsche Politik. Deren Devise lautete, die Ansätze zur europäischen Einheit ‚destruktiv zu umarmen'. Gründe genug, sich des Aufbruchs und des Scheiterns der ursprünglichen Europäischen Bewegung zu erinnern.[10]

Duncan Sandys wird dabei in der Regel zu jenen gerechnet, die für diese als negativ eingeschätzte Entwicklung verantwortlich zeichnen. Eine genaue Betrachtung der Europavorstellungen und – ziele Duncan Sandys' zeigt aber, dass diese weitaus differenzierter waren als gemeinhin angenommen und letztlich nicht sehr weit von den Ansichten der kontinentalen Föderalisten entfernt waren. Auch müssen insgesamt die britische Haltung zu Europa und der Anteil Großbritanniens an der Entstehung des europäischen Integrationsprozesses nach dem Zweiten Weltkrieg einer differenzierteren Betrachtung unterzogen werden als

---

[8] Siehe z.B. Stephen George: *An Awkward Partner. Britain in the European Community*, 3. Aufl., Oxford 1998.

[9] David Gowland/Arthur Turner: *Reluctant Europeans. Britain and European Integration, 1945-1998*, Harlow 2000.

[10] Frank Niess: *Die europäische Idee. Aus dem Geist des Widerstands*, Frankfurt am Main 2001, S. 10; an anderer Stelle (S. 70) wirft Niess Churchill und Großbritannien vor, den Fortschritt der europäischen Einigung „sabotiert" zu haben.

dies mitunter – in teleologischer Verengung des Blickes auf den mit der EGKS beschrittenen Weg der europäischen Einigung – der Fall ist.[11]

III. Visionen von Europa

Ab Mitte der 1940er Jahre kristallisierten sich Duncan Sandys' Vorstellungen eines zukünftigen geeinten Europas heraus, die auf folgenden Motiven beruhten: Erstens der Einsicht in die Notwendigkeit einer politischen Neuordnung Europas und der Welt nach dem Krieg; zweitens dem Wunsch nach Machterhaltung Großbritanniens als zentraler weltpolitischer Akteur; drittens einer antikommunistischen Haltung und nicht zuletzt spielten viertens parteipolitisch-taktische Erwägungen eine Rolle. Basierend auf einer grundsätzlich positiven Einschätzung des Völkerbundes als eines Mittels zur langfristigen Friedenssicherung favorisierte Duncan Sandys noch Mitte 1945 die Bildung einer weltumfassenden Friedensorganisation, die auf einer engeren Kooperation zwischen dem British Commonwealth, Russland und Amerika beruhen müsse.[12] Wenig später warnt er in seinen Reden vor dem aggressiven, expansionistischen Russland und propagiert die Einigung Europas als ein wirksames Mittel zur Abwehr des kommunistischen Expansionismus und als Garant für die Sicherheit der westlichen Welt. Zugleich sieht er in der Einigung (West)Europas das einzige Mittel zur dauerhaften Einbindung Deutschlands in den Westen.[13] In beiden Konzepten kommt Großbritannien eine zentrale Rolle zu, sei es als eine der drei kooperierenden Weltmächte oder als führendes Mitglied in einem geeinten (West)Europa. Dass sich die Vorstellungen Sandys' ab Mitte der 1940er Jahre auf die Schaffung eines geeinten Europas konzentrierten, hing aber nicht nur mit der veränderten weltpolitischen Lage im Zuge des Kalten Krieges zusammen, sondern entsprang wohl auch taktischen Erwägungen nach der Wahlniederlage der Konservativen im Sommer

---

[11] Siehe dazu Gabriele Clemens: „A History of Failures and Miscalculations? Britain's Relationship to the European Communities in the Postwar Era (1945-1973)", in: *Contemporary European History* 13,2 (2004), S. 223-232.

[12] Siehe u.a. DSND 1/14: Newspapers articles: typescript copies pre 1939; DSND 1/15: Press cutting books, Bericht der „Free Press", 1.3.1935; DSND 16/1/19: Copies of some speeches made in Norwood, July 1945, The South London Advertiser. Replies to questions from the Rt. Hon. Duncan Sandys.

[13] Siehe u.a. DSND 16/2: Speeches at Streatham, July 1947-November 1948, Speech made by the Rt. Hon. Duncan Sandys at the Annual General Meeting of the Streatham Conservative Association at the Streatham Baths, on Monday, March 22nd, 1948; ebd., Rede bei einem Public Meeting at the St. Leonards Parish Hall, Streatham, 12.10.1948; DSND 16/10/14: Conservative Party Conference October 1949, Entwurf einer Rede auf der Conservative Party Conference am 13. Oktober 1949; DSND 16/10/11: International Council of the European Movement, February 1949, Speech made by Mr. Duncan Sandys at Brussels, 8.10.1949.

1945. Mit dem Engagement für die Einigung Europas konnten die Konservativen ein Feld besetzen, das von der Labour-Regierung bislang nicht bearbeitet worden war; die Konservativen vereinnahmten die Idee Europa für sich. Die medial inszenierte Rede Churchills an der Universität Zürich[14] zeigte die gewünschte oder erwartete Wirkung, und Duncan Sandys nutzte dies zugleich, um sich mit der Gründung der UEM auf dieser Bahn weiter fortzubewegen.[15] Es war Sandys und nicht Churchill, der die Wirkmächtigkeit dieser Idee für die britische konservative Politik entdeckte und die Gründung entsprechender Organisationen anregte.[16]

Duncan Sandys europapolitische Vorstellungen zielten auf die Bildung einer umfassenden wirtschaftlichen und politischen Union Europas, in die längerfristig auch die Staaten Mittel- und Osteuropas einbezogen werden sollten. In dieser Hinsicht unterschieden sich seine Europavorstellungen nicht von denen der sog. „Föderalisten", die sich nach der Hertensteiner Konferenz unter dem Dach der UEF sammelten. Im Unterschied zu jenen aber lehnte Sandys die Idee einer „Dritten Kraft" im Sinne eines neutralen Europas zwischen den antagonistischen Weltmächten ab; das geeinte Europa sollte sich eng mit den USA verbinden. Er plädierte für ein atlantisches Europa, das auf einer *gleichberechtigten* Partnerschaft zwischen den USA und Europa beruhen sollte. Die Forderung nach einer gleichberechtigten Partnerschaft resultierte aus seinem Verständnis der Rolle Großbritanniens. Völker der westlichen Welt, „who for centuries have led the world"[17] (gemeint ist damit Großbritannien), konnten nach Sandys keine zweitrangige Rolle hinter den USA in der Welt akzeptieren.

Widersprochen werden muss der vielfach geäußerten Ansicht, dass Sandys lediglich eine intergouvernementale Einigung Europas unter

---

[14] Churchill Archives Centre, Churchill College, Cambridge, NL Churchill, Chur 2/247, Telegramm Sandys an Churchill, 14.9.1946.

[15] Siehe ebd. Chur 2/18, 2/19, 2/23. Auch Leo Amery forderte Sandys und Churchill nachdrücklich auf, das Thema „Europa" auf die Agenda konservativer Politik zu setzen und damit den Konservativen die Rückkehr zur Macht zu sichern (siehe u.a. Chur 2/18, Amery an Sandys und Churchill, 20.9.1946).

[16] Siehe dazu die Korrespondenz zwischen Sandys und Churchill im NL Churchill, insbesondere Chur 2/19, 2/20, 2/22, 2/26. Seit Herbst 1946 bemühten sich Sandys und Churchill gemeinsam um den Aufbau einer mächtigen europäischen Organisation. Sandys organisierte den Aufbau der Organisation (UEM), und Churchill warb mit seinem Namen für das Unternehmen, hielt Reden, pflegte die persönlichen Kontakte zu ehemaligen und aktiven Staatsmännern und verfasste Empfehlungsschreiben für seinen Schwiegersohn.

[17] DSND 9/9: Conservative Party on Europe: papers, corres 1965-1972, Artikel von Duncan Sandys für den *Observer* zum Thema: Britain and Europe, 2.9.1971. Weiter heißt es dort: „As the ruler of a world empire, Britain until recently controlled the destinies of one fifth of the human race, and ranked second to none among the Great Powers."

Beibehaltung der nationalstaatlichen Souveränität angestrebt habe.[18]
Mehrfach machte er deutlich, dass er die nationalstaatliche Souveränität
nicht für unveräußerlich halte und letztlich eine föderale politische
Union Europas mit einer gemeinsamen Außen- und Sicherheitspolitik
als Endziel der Einigungsbemühungen vor Augen hatte: „If these [beteiligte Staaten, G.C.] should agree to merge some portion of their sovereignty and to exercise it in common (through a European Authority) the
adoption of some form of federal constitution will follow naturally."[19]
An anderer Stelle äußerte er:

> I entirely agree that the European nations which have not the ties of blood,
> language and affection which bind together the peoples of our Empire, cannot be effectively or lastingly united without some pooling, to a greater or
> lesser degree, of their separate national sovereignties. My own view is that
> the more the rights of sovereignty can be merged and shared the greater will
> be the prospect of peace and prosperity.[20]

Allerdings hielt er die *unmittelbare* Schaffung einer „federal constitution" angesichts des Widerstandes der Nationalstaaten, hier vor allem
Großbritanniens, für verfrüht und setzte auf ein allmähliches Zusammenwachsen der Staaten Europas. „The first precondition of any union
of nations is mutual confidence and a common outlook".[21] Erst wenn
eine solche Vertrauensbasis und Erfahrungen in der Zusammenarbeit
vorhanden seien, wäre es sinnvoll „to ask the nations of Europe to abate
at any rate some part of their separate sovereignties"[22], oder, wie er an
anderer Stelle sagte: „D'abord la consultation, puis la coordination,
enfin l'intégration".[23] Eine wichtige Rolle schrieb er dabei der Europäischen Bewegung zu, die durch ihre Kampagnen den Boden für eine
solche Entwicklung bereiten und Schritte zur Zusammenarbeit der
Staaten auf einzelnen, zunächst begrenzten Feldern forcieren sollte. Sein
eigenes Engagement als Gründer und führendes Mitglied der Europäischen Bewegung basierte auf diesem Verständnis der Aufgabe der

---

[18] Siehe z.B. Roger Morgan: Weltreich und Europa: Winston Churchill, Duncan
Sandys, Harold Macmillan, in: Persönlichkeiten der Europäischen Integration. Vierzehn biographische Essays, hg. von Thomas Jansen und Dieter Mahncke, Bonn 1981,
S. 127-146; Franz Knipping: Rom, 25. März 1957: Die Einigung Europas, München
2004, S. 44 f.

[19] DSND 9/1/1: Minute book 1947-1964, Memorandum von Duncan Sandys: „The
Creation of a European Political Authority" (1949); siehe auch DSND 9/2/12: Creation of a European Political Authority: corres, papers, October 1949-January 1950.

[20] DSND 16/2: Speeches at Streatham July 1947-November 1948, Interview by the Rt.
Hon. Duncan Sandys with Streatham News, 13.1.1948.

[21] Ebd.

[22] Ebd.

[23] Duncan Sandys: „L'union politique de l'Europe", in: *La revue des deux mondes*,
juillet 1971, S. 10-15, S. 14.

Europäischen Bewegung. Insbesondere im Europarat, an dessen Zustandekommen Duncan Sandys maßgeblichen Anteil hatte, erblickt er den geeigneten Ausgangspunkt für eine Annäherung bzw. ein Zusammenwachsen der europäischen Staaten. 1949 entwarf er ein Memorandum über die Schaffung einer Europäischen Politischen Autorität, in dem er seine Vorstellungen einer allmählichen Entwicklung des Europarates hin zu einer „European Supra-National Political Authority" präzisierte. Er unterbreitete verschiedene Vorschläge, wie der Europarat weiter entwickelt und gestärkt werden könnte; so begrüßte er beispielsweise die Errichtung eines Ständigen Ausschusses der Versammlung, dem die Staaten einen Teil ihrer Souveränität übertragen könnten und aus dem längerfristig eine europäische Regierung hervorgehen könne oder forderte eine engere Zusammenarbeit zwischen Ministerrat und Versammlung sowie Mehrheitsentscheidungen im Ministerrat. „By this process the Council of Europe, whilst still on paper possessing no powers, may, within a comparatively short time, transform itself imperceptibly into something which for all practical purposes, will be a European Supra-national Political Authority. It will then be time for the States concerned to consider whether it is desirable to give formal constitutional expression to that which in practice has already come to exist."[24] Fraglich bleibt allerdings, ob Sandys diese skizzierte Weiterentwicklung des Europarates zu einer „federal constitution" in absehbarer Zukunft für eine realistische Option hielt. Er hielt allerdings, nicht zuletzt um keine Zersplitterung der Europäischen Bewegung zu riskieren, stets an diesem Endziel fest.[25]

Im Unterschied zu Churchill, der in seiner Züricher Rede Großbritannien lediglich als Freund und Förderer des geeinten Europas bezeichnet und somit eine gleichberechtigte Teilnahme seines Landes am vereinigten Europa ausgeschlossen hatte, strebte Sandys danach, Großbritannien vollständig in die Europäischen Gemeinschaften zu integrieren. Nach Sandys' Auffassung gehörte Großbritannien geographisch, historisch und kulturell zu Europa und müsse daher „integral part" des geeinten Europas sein.[26] Die vollständige Teilnahme der Briten am

---

[24] DSND 9/4/3: Personal reflections upon the future political structure of the European Union: paper by Duncan Sandys, June 1950, darin Entwurf „Creation of a European Supra-National Political Authority. Some personal thoughts upon the possible future evolution of the Council of Europe by Duncan Sandys" (Press Conference, 7.9.1949).

[25] DSND 9/2/12: Creation of a European Political Authority: corres, papers, October 1949-January 1950, Schreiben von Sandys an Leo Amery, 9.11.1949, und an Violet Bonham Carter, 8.11.1949.

[26] Siehe u.a. DSND 16/10/24: Speeches given by Sandys relating to Europe on various occasions: EEC, Entwurf einer Rede für das House of Commons, 3.8.1961; DSND 9/1/2: General Purposes Committee, minutes, January 1947-December 1950, Entwurf

geeinigten Europa hinge allerdings davon ab, ob es Großbritannien gelinge, „to reconcile her European with her imperial responsibilities".[27] Denn – so Sandys – Großbritannien sei nicht nur integraler Bestandteil Europas, sondern zugleich Zentrum eines weltweiten Empire und Commonwealth, und diese engen Beziehungen dürften nicht gelockert werden. Die Einbeziehung Großbritanniens in die Europäischen Gemeinschaften ohne Beeinträchtigung der Beziehungen zum Empire/ Commonwealth hielt Sandys selber für kein unlösbares Problem; viel problematischer war es für ihn, die eigenen Parteimitglieder davon zu überzeugen und nicht als Verräter am Commonwealth gebrandmarkt zu werden. „I am half a New Zealander"[28] lautete die von ihm mit Hinweis auf seine Herkunft mütterlicherseits wiederholt vorgebrachte Formel, mit der er jeglichen Verdächtigungen, durch seine Europapolitik zum Auseinanderbrechen des Commonwealth beizutragen, entgegentreten wollte. Um die Gemüter seiner konservativen Parteifreunde zu beruhigen, ging er Anfang der 1960er Jahre noch weiter und betonte, dass wenn er die Wahl zwischen Europa und dem Commonwealth treffen müsse, er sich für das Commonwealth entscheiden würde. Aber eine solche Wahl gab es seiner Ansicht nach nicht zu treffen, da der Beitritt Großbritanniens zu den EG unter Einbeziehung der Commonwealth-Staaten im wirtschaftlichen und politischen Interesse aller beteiligten Staaten, d.h. auch der Commonwealth-Mitglieder, läge. Diese, so argumentierte er, würden von einem politisch und wirtschaftlich starken Großbritannien als Teil der Europäischen Gemeinschaft nur profitieren; umgekehrt würden sie Nachteile erleiden, wenn Großbritannien aufgrund seines Abseitsstehens von Europa in der politischen Bedeutungslosigkeit versinke. Die europäischen Staaten wiederum bräuchten Großbritannien, um zu einer machtvollen wirtschaftlichen und politischen Einheit, gleichrangig mit den USA, zu werden; u.a. würden sie davon profitieren, wenn die „Imperial Preferences" auf ganz Europa ausgedehnt würden. Bereits 1947 hatte er dazu klar geäußert: „Yes without the full participation of Britain, there can be no United Europe."[29] Ganz eindeutig lagen für ihn die Vorteile eines EG-Beitritts für Großbritannien selbst auf der Hand: Allein die Zugehörigkeit Großbritanniens zum vereinten Europa garantiere, dass „[we] once again [could] play our part

---

eines Schreibens vom März 1947; DSND 9/2/15: Public meetings in Britain: corres, speeches, November 1949-July 1950.

[27] DSND 9/1/2: General Purposes Committee, minutes, January 1947-December 1950, Entwurf eines Schreibens vom März 1947.

[28] Siehe u.a. DSND 16/10/24: Speeches given by Sandys relating to Europe on various occasions: EEC, Entwurf einer Rede für das House of Commons, 3.8.1961; DSND 16/10/25: Conservative Party Conference, Speech, Thursday, October 12th, 1961.

[29] DSND 10/1: Speeches United Europe, Chatham House, June 1947, Duncan Sandys: „United Europe – Why and How?".

in shaping the course of history. It is along that road – and none other – that Britain will find prosperity and greatnesss."[30]

IV. Politische Aktivitäten

Aus diesen Vorstellungen eines geeinten Europas unter Einschluss Großbritanniens resultierten seine vielfältigen politischen Aktivitäten. Wie bereits oben erwähnt, hatte Duncan Sandys als Gründer der UEM bzw. des „Joint International Committee of the Movements for European Unity" maßgeblichen Anteil an der Bildung des Europarates, den er zum Ausgangspunkt des geeinigten Europas machen wollte. Er war nicht nur der Initiator des Haager Kongresses, auf dem die Einberufung einer europäischen Versammlung gefordert wurde, sondern er trug auch entscheidend dazu bei, die Politiker der europäischen Staaten von der Notwendigkeit einer solchen Organisation zu überzeugen.[31] Er arbeitete das Memorandum für Paul Ramadier aus, mit dem dieser das französische Kabinett überzeugte, einen entsprechenden Vorstoß im Brüsseler Pakt zu wagen, was dann schließlich 1949 zur Errichtung des Europarates führte.[32]

Vor allem aber konzentrierten sich seine politischen Aktivitäten darauf – und zwar unter Zuhilfenahme der aufgebauten Netzwerke – Großbritannien eng mit den Europäischen Gemeinschaften zu verbinden bzw. den Beitritt Großbritanniens in die Gemeinschaften zu forcieren. Als sich infolge des Schuman-Planes sowie des Pleven-Planes ein eigenständiges Vorgehen der Sechs ohne Beteiligung Großbritanniens abzeichnete, entwarf Sandys jeweils eigene Konzepte, die eine enge Verbindung der neuen Gemeinschaften mit Großbritannien vorsahen bzw. es Großbritannien ermöglichen sollten, an diesen Gemeinschaften teilzunehmen. So schlug er 1950 den europäischen Politikern, mit denen er über die Europabewegung in engem Kontakt stand, vor, die angestrebte Zusammenarbeit auf dem Kohle- und Stahlsektor in den Europarat zu integrieren. Unter dem gemeinsamen Dach des Europarates sollten sich „funktionelle Autoritäten" bilden, die auf bestimmten begrenzten Gebieten, wie beispielsweise Kohle und Stahl, enger zusammenarbeiten und über die Ergebnisse ihrer Kooperation die anderen Mitglieder des Europarates ständig informieren würden. Die einzelnen

---

[30] DSND 9/9: Conservative Party on Europe: papers, corres 1965-1972, Artikel von Duncan Sandys für den *Observer* zum Thema: Britain and Europe, 2.9.1971.

[31] Zur Rolle von Duncan Sandys bei der Gründung des Europarates siehe auch Nigel Forman: The European Movement in Great Britain 1945-1954, University of Sussex 1973; Alan Hick: The European Movement and the Campaign for a European Assembly 1947-1950, Florenz 1981; Joseph Retinger: Memoirs of an Eminence Grise, ed. by John Pomian, Sussex 1972.

[32] Retinger S. 222 f.

Staaten des Europarates könnten dann entscheiden, ob und wann sie sich diesen „funktionellen Autoritäten" anschließen würden.[33] Die infolge des Pleven-Plans vom Oktober 1950 eingeleiteten Bemühungen um die Bildung einer Europäischen Verteidigungsgemeinschaft versuchte er dahingehend zu beeinflussen, dass Großbritannien ohne Souveränitäts-verzicht eine Teilnahme an dieser Verteidigungsgemeinschaft ermög-licht würde. Im Februar 1951 verschickte er einen von ihm ausgearbeite-ten Stufenplan zur Bildung der Verteidigungsgemeinschaft[34] an alle an der Pleven-Plan-Konferenz in Paris beteiligten Regierungen sowie an verschiedene europäische Politiker, mit denen er in Kontakt stand.[35] Dieser Plan sah die Errichtung einer europäischen Verteidigungsge-meinschaft in zwei Stufen vor: In der ersten Stufe würde sich die Zu-sammenarbeit auf die praktische militärische Kooperation beschränken ohne irgendwelche politischen oder konstitutionellen Implikationen. „This should enable all West European countries including Britain to participate."[36] In der zweiten Stufe sollten die Staaten „which wished to conclude a closer and more permanent defensive union would together set up the necessary European political institutions, on the lines of the Pleven Plan or any other agreed basis." Auf diese Weise erhoffte sich Sandys, eine Trennung Großbritanniens von den Staaten des Kontinents zu vermeiden und die Tür für eine spätere enge Zusammenarbeit offen zu halten. Er hoffe, so schrieb er an Verteidigungsminister Emanuel Shinwell, dass es Großbritannien so möglich sein werde, in der einen oder anderen Form an der Europäischen Armee teilzunehmen. „It might, I feel, have serious consequences if such a force were created and we remained outside it."[37] Trotz mancher Zustimmung zu diesem Plan[38] besaß er angesichts des französischen Strebens nach einer engen Ein-bindung Westdeutschlands in eine supranationale Verteidigungsgemein-

---

[33] DSND 9/4/3: Paper by Duncan Sandys giving personal reflections upon the future political structure of the European Union, 19.6.1950.

[34] Siehe DSND 9/3/16: Consultative Assembly, European defence July 1950-1951. In dieser Zeit war Sandys „rapporteur" des Security Sub-Committee der Versammlung des Europarates, wo die Vorschläge zur Bildung einer europäischen Armee diskutiert wurden. Der von ihm vorgelegte Stufenplan aber war, wie Sandys betonte, sein eige-ner, persönlicher Entwurf.

[35] Unter anderem wandte er sich mit seinem Vorschlag an Robert Schuman, Georges Bidault, Jules Moch, Guy Mollet, André Philip, Maurice Schumann, Paul-Henri Spaak, Joseph Bech, Paul van Zeeland, Emanuel Shinwell, Konrad Adenauer und Heinrich von Brentano.

[36] DSND 9/3/16: Consultative Assembly, European defence July 1950-1951, Schreiben an Shinwell vom 9.2.1951. Ähnlich lautende Schreiben gingen an zahlreiche andere europäische Politiker (siehe ebd.).

[37] Ebd.

[38] Siehe dazu DSND 9/3/16 (16 A): Consultative Assembly, European defence July 1950-1951.

schaft keine Aussicht auf Erfolg. Der Vertrag zur Bildung einer supranationalen Europäischen Verteidigungsgemeinschaft (EVG) wurde 1952
unterzeichnet, scheiterte aber schließlich an der Nicht-Ratifizierung
durch die französische Nationalversammlung. Die Kohle- und Stahlgemeinschaft hingegen kam nach Unterzeichnung und Ratifizierung des
EGKS-Vertrages durch sechs Staaten zustande, und zwar ohne die
Beteiligung Großbritanniens.

Nach der Errichtung der Kohle- und Stahlgemeinschaft 1952 unterstützte und forcierte Sandys die enge Assoziation Großbritanniens mit
der EGKS. Sandys wurde von der britischen Regierung mit der Ausarbeitung des Assoziationsvertrages betraut (Delegationsleiter),[39] und zwar
vor allem aufgrund seines bekannten europapolitischen Engagements
und seiner guten Beziehungen zu Monnet. „He knows Monnet well",
schrieb Lord Swinton an Norman Brook am 21. Mai 1954, „and he is
regarded by Monnet as having the right ideological approach. [...] He
believes wholeheartedly in the plan we are putting forward. All these are
important qualifications, particularly as we can only go part of the way
to meeting Monnet, and we cannot even do that in the way Monnet
would like. I am myself satisfied that in our recommendations we have
gone as far as we possibly can politically and commercially."[40] Nicht
zuletzt aufgrund dieser guten Beziehungen gelang es ihm, einen Vertrag
auszuhandeln, der die britische Regierung zufrieden stellte und – was
vor allem Sandys wichtig war – der die Verbindung zwischen Großbritannien und den Sechs als Ausgangspunkt künftiger weiterer Annäherung aufrecht erhielt.[41]

1960 zum Minister für die Commonwealth-Beziehungen ernannt,
setzte Sandys in enger Zusammenarbeit mit Harold Macmillan und
Edward Heath alles daran, die Commonwealth-Staaten für den britischen EG-Beitrittsantrag zu gewinnen und zugleich die Skeptiker inner-

---

[39] Sandys war in dieser Zeit Minister of Supply und daher auch für den Bereich Stahl
zuständig. Allerdings wurde er vor allem aufgrund seiner guten Beziehungen zu
Monnet für diesen Posten ausgewählt. Auch nachdem Sandys im Rahmen einer Ka-
binettsumbildung zum Minister of Housing and Local Government ernannt worden
war, führte er die Verhandlungen weiter, worüber Monnet sehr erfreut war.

[40] DSND 9/5/3: Coal and Steel: General Correspondence 1954-1955.

[41] „It creates a framework within which we sincerely hope a closer association between
Britain and the Community will progressively develop. I have spoken mainly of the
economic aspects of the Agreement, but it also has considerable importance from the
political standpoint, for it will rightly be interpreted as further evidence of Britain's
determination at all times to play her part in promoting the unity and stability of Europe, and by so doing, to contribute to the strength and the peace of the free world."
DSND 9/5/2: UK and Northern Ireland agreement with European Coal and steel
Community: cabinet minutes/papers 1954-1955, Auszug aus Parlamentsdebatte am
21.2.1955.

halb der eigenen Partei von der Notwendigkeit eines Beitrittsgesuchs zu überzeugen. So gewann er Heath dafür, durch die Formulierung einer „conditional application" das Beitrittsgesuch innerhalb der eigenen Partei durchzusetzen.[42] In seiner Funktion als Minister für die Commonwealth-Beziehungen unternahm Sandys zahlreiche Reisen in die Commonwealth-Staaten, um diesen die Vorteile eines britischen EG-Beitrittes sowohl für die Commonwealth-Mitglieder als auch Großbritannien nahe zu bringen. Ohne einen Beitritt zu der wirtschaftlich und politisch mächtigen Europäischen Gemeinschaft, so argumentierte er gegenüber den Vertretern der Commonwealth-Staaten, würde Großbritannien – und mit ihm das Commonwealth – in der Bedeutungslosigkeit versinken und jeglichen Einfluß in der Welt verlieren. Ein solcher Machtverlust Großbritanniens aber würde zugleich die Bedeutung Großbritanniens für das Commonwealth reduzieren und letztlich den Zusammenhalt innerhalb des Commonwealth schwächen. Zugleich sicherte er seinen Gesprächspartner zu, die Interessen der Commonwealth-Staaten in den EG-Verhandlungen zu vertreten und dass Großbritannien nur dann den EG beitreten würde, wenn auch die Interessen aller Commonwealth-Staaten gesichert seien.[43]

Auch nach dem gescheiterten Beitrittsgesuch und seinem Ausscheiden aus dem Regierungsamt infolge des Machtverlustes der Konservativen bei den Unterhauswahlen des Jahres 1964 unterstützte Sandys weiterhin vehement das Ziel eines britischen EG-Beitritts: durch informelle Kontakte im Rahmen diverser nationaler und transnationaler Netzwerke[44], durch publizistische Beiträge und Vorträge. Insbesondere bemühte er sich um die Reaktivierung der Europabewegung, um mit ihrer Hilfe die Briten für den britischen EG-Beitritt zu mobilisieren.[45] Innerhalb der Konservativen Partei sammelte Sandys Befürworter eines

---

[42] DSND 8/18: Secretary of State's running files: conversations, 26 August 1960-31 October 1961, Note of Meeting in the Commonwealth Secretary's Room, 4.30 p.m., June 7th, 1961.

[43] Siehe u.a. DSND 8/10: Secretary of States's running files: letters 28 June 1961-27 December 1961; DSND 8/18: Secretary of State's running files: conversations, 26 August 1960-31 October 1961; DSND 8/19: Secretary of State's running files: conversations, 1 November 1961-30 September 1962; DSND 16/10/23 und 16/7/7: Speeches given by Duncan Sandys relating to Europe on various occasions.

[44] Sandys gehörte u.a. dem „European Forum", einer Vereinigung von Konservativen zur Unterstützung des britischen Beitritts, an, ebenso dem innerparteilichen „Europe Committee"; beteiligt war er auch an verschiedenen Treffen mit Vertretern christlich-konservativer Parteien aus den EG-Staaten. Siehe DSND 9/9: Conservative Party on Europe: papers, corres 1965-1972.

[45] Siehe u.a. DSND 8/22/7: Letters on taking up and on leaving Commonwealth Relations Office, August 1960-October 1964, Brief von Dunstan Curtis an Sandys, 29.10.1964; Antwortschreiben von Sandys am 30.10.1964; DSND 9/6/2: British Council of the European Movement: papers, corres 1964-1968.

britischen EG-Beitritts, darunter Heath, Maudling, Rippon, Soames und Douglas-Home, in einem „Committee on European Affairs", das sich für ein erneutes britisches Beitrittsgesuch einsetzte und schließlich Premierminister Edward Heath bei seinen erfolgreichen Beitrittsverhandlungen mit den Europäischen Gemeinschaften Anfang der 1970er Jahre vorbehaltlos unterstützte.[46]

V. Schlussbemerkung

Kurz zusammengefasst sollte dieser Beitrag dreierlei deutlich gemacht haben: Erstens, dass die Rolle von Duncan Sandys innerhalb der britischen Europapolitik viel höher bewertet werden sollte als dies gegenwärtig in der Literatur der Fall ist und dass insbesondere die Bedeutung von Netzwerken für den europäischen Integrationsprozess stärker beachtet werden muss; zweitens, dass die Vorstellungen von Sandys und der britischen Europabewegung in Bezug auf das geeinigte Europa sich nicht grundsätzlich von den Vorstellungen der Föderalisten unterschieden, und drittens, dass es zu kurz greift, Großbritannien lediglich als „Verhinderer" oder „Bremser" des europäischen Integrationsprozesses zu bezeichnen. Duncan Sandys und eine Reihe seiner konservativen Mitstreiter strebten die Einigung Europas an; sie unterschieden sich von den Föderalisten des Kontinents allerdings durch die Methode zur Erreichung dieses Ziels sowie durch ihre Vorstellung eines mit dem Commonwealth eng verbundenen atlantischen Europas.

Duncan Sandys : Projets et activités pour l'union politique de l'Europe

Les activités de Duncan Sandys en matière de politique européenne et ses visions de l'avenir de l'Europe sont le plus souvent occultées par celles de son célèbre beau-père, Winston Churchill, désigné souvent comme le « compagnon de lutte » de Sandys. Cependant, les principales impulsions de l'engagement de Churchill vis-à-vis de l'Europe provenaient pour l'essentiel de Sandys, qui peut être qualifié comme l'un des acteurs britanniques majeurs de la politique européenne après la Seconde Guerre mondiale.

L'action de Duncan Sandys en faveur de l'unification européenne se manifeste à différents niveaux : il fut le président fondateur du Mouvement européen, l'initiateur du Congrès de La Haye et de la formation de l'Assemblée consultative du Conseil de l'Europe, auquel il a appartenu lui-même pendant plusieurs années. Par ses nombreuses années passées

---

[46] DSND 9/9: Conservative Party on Europe: papers, corres 1965-1972. In einem Schreiben vom 2.7.1971 bedankte sich Heath bei Duncan Sandys für die Unterstützung bei den Beitrittsverhandlungen.

à la tête du Mouvement européen et la création de différents réseaux nationaux et internationaux, il a favorisé la propagation de l'idée européenne sur le Continent et également en Grande-Bretagne. Il convient de considérer Duncan Sandys comme un véritable fédéraliste mais comme un fédéraliste britannique, qui se distinguait des fédéralistes du Continent par sa méthode ainsi que sa conception d'une Europe atlantique étroitement liée au Commonwealth.

Duncan Sandys: Projects and activities for European political union

Duncan Sandys' work in relation to European policy and his vision of the future of Europe are often concealed beneath those of his famous father-in-law, Winston Churchill, often described as Sandys' "comrade in arms". However, the main motivation for Churchill's commitment to Europe came essentially from Sandys, who can be described as one of the major British actors in European policy after the Second World War.

Duncan Sandys' work for European unification manifests itself at various levels: he was the Founding Chairman of the European Movement, the initiator of the Hague Congress and of the setting up of the Consultative Assembly of the Council of Europe, of which he was a member for a number of years. Having spent several years at the head of the European Movement and having set up various national and international networks, he encouraged the spread of the European Idea across the Continent and Great Britain. It is important to consider Duncan Sandys as a true federalist, but a federalist in the British mould who set himself apart from Continental federalists by his method and by his idea of an Atlanticist Europe closely linked to the Commonwealth.

Pierre Werner & Gaston Thorn

La perception de la politique européenne du Luxembourg dans les années 1970

Jean-Marie MAJERUS

Une écrasante majorité d'États membres soutenait ma candidature. Mais un pays était réticent, et comme il n'avait aucune opposition à l'égard de mon ami Van Rompuy, je me suis retiré. J'aurais pu exiger le vote à la majorité qualifiée, mais je n'ai pas voulu que l'attribution de ce nouveau poste fasse l'objet d'une controverse. J'en garde une déception qui s'efface peu à peu mais aucune forme d'amertume[1].

Propos du Premier ministre luxembourgeois Jean-Claude Juncker après la désignation d'Herman Van Rompuy comme président du Conseil européen en décembre 2009. Ceci pour montrer à quel point les plus grands architectes de l'Europe communautaire, surtout s'ils sont issus de petits pays, sont tributaires de la réception de leur politique par leurs partenaires, surtout par les Grands.

La faiblesse du Luxembourg inhérente à l'exiguïté de son territoire et à sa faible population[2] n'a pourtant pas empêché certains Luxembour-geois de se profiler comme de véritables « architectes européens ». Certains citeraient sans aucun doute l'industriel Émile Mayrisch, connu pour son travail en faveur de la réconciliation franco-allemande dans l'entre-deux-guerres ; d'autres encore parleraient de l'éternel ministre des Affaires étrangères luxembourgeois et père de l'Europe Joseph Bech. Les Premiers ministres luxembourgeois Pierre Werner et Gaston Thorn peuvent-ils être comptés parmi ces « architectes européens » ?

---

[1] *Les Échos* 27 janvier 2010, « Je ne veux pas porter le chapeau du désaccord franco-allemand », interview Jean-Claude Juncker président de l'Eurogroupe [Jacques Docquiert].

[2] Hubert Wurth (ancien ambassadeur du Luxelmbourg en France), « La politique étran-gère du Luxembourg », in P. Boniface, *Les fondements des politiques étrangères des pays européens*, in La revue internationale et stratégique n° 61, printemps, 2006.

I. Pierre Werner : le père de l'Union économique et monétaire

Pierre Werner[3] est considéré par d'aucuns comme un des pères de l'Union économique et monétaire et de l'euro. Il doit ce rôle certainement à l'image d'« honnête courtier » sachant négocier des solutions de compromis entre des positions diamétralement opposées. Encore aujourd'hui le gouvernement luxembourgeois aime à vanter les mérites de Pierre Werner : c'est sous la présidence luxembourgeoise qu'il fut possible en janvier 1966 de mettre fin à la « crise de la chaise vide » par le Compromis de Luxembourg[4].

Werner était-il vraiment l'« honnête courtier » tant recherché ? Le Premier ministre luxembourgeois n'hésite pas à « exprimer personnellement sa conviction qu'un accord était possible et souhaité »[5]. Afin de préparer la rencontre de Luxembourg, il multiplie les concertations avec ses collègues Colombo, Spaak, Couve de Murville et Schroeder. Mais il faut attendre les retrouvailles de Luxembourg des 13 et 14 janvier 1966 pour espérer voir la crise de la chaise vide se dénouer.

Les négociations sont rudes. Grâce aux efforts de Paul-Henri Spaak, qui « ne cesse de jouer le rôle de conciliateur entre la France d'un côté, et l'Allemagne et les Pays-Bas de l'autre », une issue heureuse apparaît[6]. Les 28-30 janvier 1966[7] un accord est finalement trouvé[8]. Rien n'empêche plus la reprise des travaux de la Communauté. Ainsi le Compromis de Luxembourg permet à tout État membre de mettre en avant ses intérêts nationaux vitaux et échapper au vote majoritaire[9]. Werner peut

---

[3]   Pierre Werner, fin spécialiste des questions monétaires, est juriste de formation, travaille d'abord dans une banque avant d'entrer comme fonctionnaire dirigent au ministère des Finances ; il est notamment commissaire au contrôle des banques. Sans avoir à escalader les échelons du militant de son parti le PCS il entre en politique comme expert compétant. En 1953 à 40 ans, après la mort inopinée de son mentor, le Premier ministre et ministre des Finances Pierre Dupong, il entre au gouvernement titulaire des départements des Finances et de la Défense. Il sera ministre des Finances sans interruption jusqu'en 1974. À partir de 1959 il assume la charge de Premier ministre jusqu'en 1974 et à nouveau de 1979 à 1984 quand il se retire de la vie politique.

[4]   www.eu.2005.lu.

[5]   Pierre Werner, *Itinéraires luxembourgeois et européens. Évolutions et souvenirs 1945-1985*, Luxembourg, 1991, t. II, p. 76.

[6]   Paul Henri Spaak, *Combats inachevés. De l'espoir aux déceptions*, Paris, 1969, p. 412.

[7]   Pierre Gerbet, *La construction de l'Europe*, Paris, 1983, p. 281.

[8]   W. Nicoll, *The Luxembourg compromise*, in Journal of Common market studies, 1984, XXIII ; n° 1, p. 33-45.

[9]   www.eu.2005.lu.

dès lors ouvrir la conférence de presse finale à laquelle assistent plus de 200 journalistes en déclarant que « le bateau de la Communauté, secoué par les tempêtes était arrivé à bon port »[10]. En fait, Werner selon ses propres dires, s'est surtout efforcé de créer une atmosphère susceptible de favoriser une solution : le compromis restant le fruit d'un travail acharné des binômes Schroeder-Luns d'une part, Colombo-Spaak d'autre part, et finalement de Spaak et de Luns[11].

À peine le compromis de Luxembourg mis sur les rails, Pierre Werner doit s'empresser de sauver les meubles dans la bataille qui fait rage autour du siège des institutions européennes à Luxembourg. La fusion des exécutifs proposée met le Luxembourg dans une situation embarrassante. Pierre Werner est bien conscient que ses partenaires n'ont que très peu de compréhension envers le point de vue luxembourgeois. Certains pensent que le Luxembourg a déjà été trop bien servi vu le poids économique et démographique qu'il représente dans la CEE. Tenté un moment de revendiquer le siège unique du Parlement européen, Pierre Werner doit s'incliner devant le *veto* français. Mais il réussit à obtenir une compensation acceptable à la suite du départ des fonctionnaires des services de la CECA pour Bruxelles. Ainsi la Banque européenne d'investissement, le service de statistiques et l'Office des publications s'établiront à Luxembourg. De surcroît, les Conseils des ministres siégeront trois mois par an à Luxembourg.

Ce sont surtout les questions monétaires qui retiennent l'intérêt particulier de Pierre Werner dès le début de sa carrière professionnelle. Dans une conférence tenue à Strasbourg en 1960 il développe pour la première fois ses idées sur les finances et les monnaies d'Europe comme levier de l'intégration et de la solidarité européenne[12]. Le maire démocrate-chrétien de Strasbourg, Pierre Pflimlin encourage Werner à aller de l'avant et le ministre de l'Économie luxembourgeois, le libéral Eugène Schaus, en fait de même : Werner « a [...] trouvé un créneau d'avenir pour (son) action européenne. »[13]

Pour justifier ses idées novatrices en la matière, Pierre Werner se base sur les bonnes expériences que le Luxembourg a faites par le passé en adhérant à des unions économiques et monétaires, l'UEBL, le Benelux, mais aussi sur les tensions et les rigueurs entraînées par les changements monétaires intervenus en 1921, 1940 et 1944/45[14]. Dès

---

[10] Werner, p. 78.

[11] *Ibid.*

[12] Conférence Chambre de commerce et d'industrie, 21 janvier 1960, in *Bulletin de documentation du gouvernement luxembourgeois 1960*, n° 15, p. 4-5.

[13] Werner, p. 20.

[14] Werner, p. 117.

1962 Werner invite ses partenaires de la CEE à envisager la création d'un « institut monétaire »[15]. L'unité de compte servant à la fixation des prix agricoles est instaurée par la Commission dès 1962. Dans un certain sens elle a contribué à renforcer la solidarité entre pays membres.

L'idée de mettre en place une politique commune en matière financière fait son chemin dès la fin des années 1960. À la conférence de La Haye les Six décident de faire élaborer un plan d'union monétaire afin de maintenir l'acquis du Marché commun et de protéger celui-ci contre les disparités monétaires et les crises économiques. On assiste au début de l'année 1970 à une floraison de plans présentés par les ministres des Finances Schiller, Giscard, Snoy et Werner. Le 6 mars 1970 le Conseil confie la tâche d'élaborer ce plan à un comité présidé par Pierre Werner et composé de hauts fonctionnaires et de gouverneurs des banques centrales[16]. Les travaux du groupe débutent le 20 mars 1970 à Luxembourg. Les débats mettent aux prises « monétaristes » et « économistes » et ce dès la deuxième séance de travail du groupe, le 7 avril 1970[17]. Les Allemands semblent les mieux préparés et Werner le concède : « les vues allemandes étaient bien fondées par le principe mais trop peu différenciées et trop sévères »[18]. Lui-même se sent plus proche du point de vue du baron Ansiaux concernant le fonds de stabilisation des changes. Mais il doit constater que les acteurs économiques et les gouvernements ne sont pas pas prêts à admettre l'abandon d'un système de changes flottants au profit d'un système qui a sa faveur, celui des parités fixes ajustables en cas de crise.

Après la réunion des ministres des Finances à Venise (29 mai 1970) des différences d'appréciation persistent encore entre les ministres des Finances français (Giscard) belge (le baron Snoy) luxembourgeois (Werner) d'un côté, et leur collègue allemand (Schiller) de l'autre : le différend porte sur la réduction des marges de fluctuation. Il est remarquable que Pierre Werner, dans ses mémoires, omet de souligner son alignement sur la position belge et française, tandis que le rapporteur allemand Bömcke est très clair : « (le) ministre Giscard d'Estaing, le ministre des Finances belge Snoy ainsi que (le) président Werner étaient d'avis que les mesures de politique monétaire doivent être prévues dès la première phase) »[19]. Après des semaines de dis-

---

[15]   *Bulletin de documentation du gouvernement luxembourgeois 1967*, n° 5, p. 18, Conférence au Cercle Gaulois.

[16]   Document n° II A1-81.02 N25/70 10.8.1970, in *Akten zur Auswärtigen Politik der Bundesrepublik Deutschland 1966* (1. Juli bis 31. Dezember 1970), p. 1434.

[17]   Vincent Failly, *Le Grand-Duché de Luxembourg et la construction européenne*, Luxembourg, 1992, t. II, p. 121.

[18]   Werner, p. 124.

[19]   Document IIA1-81-02 10.6.1970, in Akten... 1966 (1. Juli bis 31. Dezember 1970), p. 946 (texte en v.o. *Minister Giscard d'Estaing und der belgische Finanzminister*

cussions et de controverses Pierre Werner réussit, ensemble avec les membres de son groupe à élaborer un rapport intermédiaire qu'il présente au Conseil des ministres réuni à Luxembourg le 10 juin 1970. Le conseil accepte les conclusions du rapport intermédiaire[20].

Il faut donc revenir à la case départ pour éclaircir et rediscuter les points que le Conseil des ministres n'avait pas clairement tranchés. À nouveau Werner prend conseil auprès d'experts avisés en la matière. Il demande l'avis du président du Comité des gouverneurs des banques centrales le 12 juin 1970. Il rencontre Jean Monnet à Paris avec le professeur Triffin le 7 juillet 1970. Werner doit tenir compte des sensibilités des différents gouvernements, prévoir leurs réactions plus ou moins virulentes et essayer de s'approcher de l'équilibre tant recherché entre « économistes » et « monétaristes ». L'ancien président de la commission Walter Hallstein pense que ce compromis est proche de la thèse économiste : « En ce qui concerne le contenu le rapport est un compromis proche de (la sensibilité) des économistes »[21]. Werner en est conscient et essaie donc d'inverser la tendance : il est trop homme politique pour qu'il ne se rende pas compte qu'il faut offrir au public une plus grande visibilité de la nouvelle politique communautaire envisagée. Ainsi sur l'instigation du Premier ministre luxembourgeois la création du Fonds européen de coopération monétaire (FECOM) est envisagée dès la première étape du plan. Werner est appuyé dans ce sens par le baron Ansiaux et par Bernard Clappier.

Finalement, malgré toutes les controverses, les travaux du groupe se terminent dans l'harmonie, selon son président[22]. Le texte définitif du rapport Werner est présenté au Conseil le 17 octobre 1970.

Les réactions au plan Werner ne se font pas attendre. Le président Pompidou juge ce plan « monstrueux » et dangereux. Il ne veut accepter qu'une union progressive vers une Europe confédérale[23]. Ainsi l'Union économique et monétaire apparaît comme un « ferment pour le développement de l'union politique. [...] Le rapport Werner veut créer un Super-État » selon le commentateur du *Monde*[24]. Cette façon de procé-

---

Baron Snoy sowie Präsident Werner *vertraten dagegen den Standpunkt, dass währungspolitische Maßnahmen bereits in der ersten Phase vorzusehen sind).*

20   Document IIIA1-81-02 10.6.1970, in Akten… 1966 (1. Juli bis 31. Dezember 1970), p. 944.

21   Walter Hallstein, *Die Europäische Gemeinschaft*, Düsseldorf, 1973, p. 148 (texte en v.o. *Inhaltlich ist der Bericht ein den Ökonomisten zuneigender Kompromiss).*

22   Werner, p. 130.

23   Marie-Thérèse Bitsch, *Histoire de la construction européenne de 1945 à nos jours*, Paris, 2004, p. 180.

24   Werner, p. 132.

der, certes exigée par le représentant hollandais Brouwers, se heurte cependant à l'aversion gaulliste contre toute extension du pouvoir « supranational ». Si Werner a essuyé des critiques venant de Paris, il récolte cependant les louanges de Bonn, de son collègue Alex Möller de Bruxelles et du baron Snoy, ou de Rome, du secrétaire d'État Pedini[25].

À l'intérieur du gouvernement français les discussions continuent : Giscard qui a fortement épaulé Werner lors de ses travaux à la tête du groupe doit se plier finalement aux exigences du président qui n'est pas d'accord avec les conclusions du groupe Werner. Pompidou donne donc des instructions strictes à ses ministres Giscard et Schumann. Le ministre des Affaires étrangères français est même obligé de communiquer à Werner l'état des discussions au sein du gouvernement de la République.

La Commission prend l'initiative et, dès le 29 octobre 1970, propose la mise en place par étapes de l'union économique et monétaire. Elle se base sur le rapport Werner. À ce moment le gouvernement allemand élève des critiques à l'égard de la Commission à laquelle il reproche de diluer certaines conceptions du Plan Werner. En effet, Bonn souhaite la mise en place d'un organisme capable d'imposer la stabilité monétaire[26]. Le 14 décembre 1970 la première étape aurait dû être franchie par une décision du Conseil des ministres, mais les difficultés et les obstructions s'accumulent. Les approches françaises et allemandes se contredisent à un point tel qu'aucun compromis ne paraît possible même après une rencontre au sommet Pompidou-Brandt en janvier 1972.

Pierre Werner se donne toutes les peines du monde à expliquer le contenu du rapport de son groupe tout autant au grand public qu'aux spécialistes du monde économique et financier. Il s'adresse aux médias pour sauver l'UEM en pleine dérive[27]. Finalement le conseil adopte le programme de réalisation de l'UEM le 22 mars 1971[28].

Les décisions des ministres européens prises après de laborieuses négociations ne valent plus rien après le coup d'éclat du président Nixon du 15 août 1971. Désormais les États-Unis abandonnent la convertibilité du dollar et provoquent ainsi une crise monétaire mondiale. Pris de court

---

Témoignage de Pierre Werner, *Actes du colloque de Paris* (novembre 1993) publiés par l'Association Georges Pompidou, *Georges Pompidou et l'Europe*, 1995, p. 254.

[25] Werner, p. 133.

[26] Bitsch, p. 181.

[27] Archives M.A.E. BE 16866 11.12.1972, Conférence de Pierre Werner « De l'Union économique et monétaire à l'Europe politique ».

LW 12.2.1972, Pierre Werner « De l'union économique et monétaire à l'Europe politique ».

[28] IIE1-81-00 29.3.1971, in Akten… 1971 (1. Januar bis 30. Juni 1971), p. 515.

Werner rentre immédiatement de vacances, réunit un conseil de gouvernement extraordinaire, et demande une concertation étroite des autorités monétaires et une réforme complète du système international des paiements[29]. Werner et le baron Snoy élaborent une position commune du Benelux en concertation avec Karl Schiller le ministre de l'Économie et des Finances de la RFA[30]. Mais la conférence des ministres de Bruxelles du 19 et 20 août 1971 n'amène aucun accord des Six compte tenu des « conceptions fondamentalement divergentes concernant la politique monétaire »[31]. Giscard ne peut accepter le plan Benelux[32], qui consiste à « flotter ensemble vis-à-vis du dollar tout en maintenant dans les relations internes le système des marges limitées »[33]. Face à ce désordre monétaire Pierre Werner tente de « constituer un front commun des partenaires de la Communauté face aux décisions des Américains »[34]. Werner souhaite rétablir des parités monétaires fixes. Mais la solidarité des Six est fortement entamée et leur coopération monétaire compromise[35].

Pierre Werner espère pouvoir affronter l'année 1972 avec plus de sérénité, année qui verra la naissance du serpent monétaire et du FECOM. Pierre Werner est bien conscient des vicissitudes du « serpent monétaire ». Le nombre des pays adhérents varie en fonction des priorités de la politique monétaire des gouvernements respectifs. L'ambassadeur de France au Luxembourg Robert Luc redoute une augmentation de l'influence allemande par le jeu de la coopération à cinq[36]. Ainsi Werner fait part de son inquiétude face à la décision de laisser flotter la lire italienne et il regrette que les pays du Benelux n'ont pas été associés à la réunion des quatre « grands » tenue à Paris début février 1974[37]. Pour Pierre Werner, le serpent a introduit une certaine stabilité dans le désordre monétaire international.

Début 1973 une nouvelle crise conduit à une nouvelle dévaluation de 10 % du dollar. Ainsi le système de Bretton Woods – créé en 1944 en présence d'un jeune fonctionnaire du ministère des finances luxembourgeois, Pierre Werner – est définitivement enterré. Ensemble avec ses

---

[29] Archives MAE FR 23-19-2 du 18.8.1971.

[30] Rapport Bömke 20.8.1971, in Akten… 1971 (1. Juli bis 31. Juli 1971), p. 1253.

[31] Archives MAE FR 23-19-2 du 21.8.1971.

[32] LW 23.8.1971 « Le Benelux, bloc monétaire à parité fixe ».

[33] Werner p. 139 et Archives MAE FR 23-19-2 du 28.8.1971.

[34] Entretien ambassadeur de France Raoul-Duval – Werner, in Archives MAE FR 23-23-3/1 du 29.10.1971 ; *New York Times* 19.12.1971 Max Frankel « US troops : security blanket in a changing Europe ».

[35] Bitsch, p. 181 ; ANL – Ministère des Affaires étrangères (luxembourgeois) [MAE LU] Fonds Ambassade du Luxembourg à Washington 3.5.6. 18.12.1971.

[36] Note du 26.1.1974 IN Archives MAE FR 23-19-2.

[37] Note du 14.2.1973 Archives MAE FR 23-23-3.

partenaires Pierre Werner obtient que les Six maintiennent entre eux les faibles marges de fluctuation et laissent flotter leurs monnaies par rapport au dollar. Le serpent prouve ainsi son efficacité et constitue une première étape vers la concertation monétaire. Pierre Werner et ses collègues du Benelux en sont les plus farouches partisans et se félicitent du rapprochement franco-allemand en matière monétaire.

Les élections générales du 26 mai 1974 amènent un tremblement de terre politique au Luxembourg. Le comité national du PCS décide de ne plus participer à un nouveau gouvernement de coalition et de se refaire une santé politique après une cure d'opposition. Ce sera la première fois depuis 1925. Choix justifié par des pertes de voix, certes considérables, mais qui auraient tout de même permis de continuer la coalition chrétienne-sociale – libérale. « Un passage dans l'opposition n'a rien de dégradant et peut avoir des avantages »[38]. Pierre Werner cesse donc d'être Premier ministre et ministre des Finances. Il ne pourra donc pas accompagner son bébé (l'union économique et monétaire) en proie aux troubles monétaires continuels. Pourtant lorsque Jacques Delors relancera l'UEM dans les années 1980, il peut profiter des travaux préparatoires du groupe Werner. Les élections suivantes (1979) ramèneront le PCS au pouvoir et Pierre Werner reprendra ses fonctions de Premier ministre et ministre des Finances, après sa « traversée du désert »[39].

II. Gaston Thorn et la nouvelle politique étrangère luxembourgeoise

Après les élections de 1969 le jeune libéral Gaston Thorn[40] fait son entrée au gouvernement. Il veut impulser une politique étrangère et européenne luxembourgeoise nouvelle et plus professionnelle après celle de son prédécesseur Pierre Gregoire, un brillant intellectuel catholique, mais moindre expert en diplomatie[41]. Thorn s'applique à introduire aussi un nouveau style dans la politique étrangère luxembourgeoise. Un style inédit au Luxembourg, que Pierre Werner décrit de la façon suivante : « Gaston se dépensait en nouant des relations personnelles et

---

[38] 28.5.1974. In Archives MAE FR 23-3-8 voir aussi André Grosbusch, *Erneuerung in der Opposition* p. 366-397, in Gilbert Trausch, « CSV Spiegelbild eines Landes uns seiner Politik ? Geschichte der Christlich-sozialen Volkspartei Luxemburgs im 20. Jahrhundert », Luxembourg, 2008.

[39] Werner, p. 173.

[40] Gaston Thorn, fils d'ingénieur des chemins de fer, est né à Luxembourg en 1928, mais passe la plus grande partie de sa jeunesse en France. Juriste de formation, il se décide pour une carrière politique. D'abord conseiller communal, adjoint au maire puis député, il sera ministre des Affaires étrangères du Luxembourg de 1969 à 1981, avant d'être Premier ministre de 1974 à 1979.

[41] Archives MAE BE 18666, Télégramme 19.5.1967.

officielles tous azimuts. Visites et contre-visites se suivaient ; c'est ainsi que je vis défiler chez moi au cours de cette législature (1969-1974) des hommes d'État venant d'horizon les plus divers »[42]. Ce qui fait dire à un ambassadeur belge en poste à Luxembourg : « Aujourd'hui les ministres sont devenus des ambassadeurs itinérants qui se visitent mutuellement et le Grand-Duché qui se plaignait jadis d'être tenu à l'écart par nombre de visiteurs étrangers ne saurait échapper à la règle »[43]. En tant que ministre des Affaires étrangères Gaston Thorn veut quitter les sentiers battus de ses prédécesseurs. Sans atteindre la longévité d'un Bech, il reste cependant en fonction à Saint Maximin de 1969 à 1980. Président du Conseil des ministres des Affaires étrangères quatre fois en dix ans, « il gagne une connaissance inégalée des institutions européennes et une forte réputation d'être capable de négocier des dossiers importants sans se perdre dans les détails »[44]. Tous les observateurs s'accordent à dire que « Thorn est un fervent adepte de la Communauté européenne et un fédéraliste convaincu »[45].

Il revenait à Thorn d'élaborer un compromis entre la France relativement isolée sur le dossier de l'adhésion britannique et ses partenaires qui ne jugeaient pas l'offre britannique ridicule. Le point de vue de la *Realpolitik* est exprimé par le diplomate luxembourgeois Paul Helminger, chef de cabinet et conseiller de Gaston Thorn d'un côté, et l'ambassadeur de France Renaud Sivan de l'autre. Helminger se rappelle « les discussions informelles interminables » concernant l'adhésion du Royaume-Uni. Les Pays-Bas veulent par tous les moyens l'entrée des Anglais et ont réussi à convaincre leurs deux collègues du Benelux à en faire une position commune du Benelux.

> On voulait avoir les Anglais dans la CEE pour contrebalancer le tandem franco-allemand. La réconciliation franco-allemande est certainement le noyau dur de l'unification européenne. L'Europe n'avancera pas sans l'accord franco-allemand, mais des « péquenauds » (*sic* !) comme les Italiens ou des « excentriques » (*sic* !) comme les Anglais sont nécessaires à un certain rééquilibrage, pour qu'il ne soit pas suffisant que Français et Allemands soient seuls pour se mettre d'accord sans se soucier des autres. C'était là, l'arrière-pensée pour justifier la présence souhaitable de l'Angleterre[46].

---

[42] Werner, p. 106.

[43] Lettre ambassadeur Sely Longchamps à Pierre Harmel, ministre des Affaires étrangères 26.2.1970, in Archives MAE BE Dossier # 16866.

[44] Biography from answers www.answers.com 20.2.2009.

[45] *Ibid.*

[46] Interview du 2.12.2009 avec Paul Helminger, diplomate luxembourgeois, participe à des réunions du Comité de politique européenne depuis le début des années 1970, à partir de 1974 chef de cabinet de Gaston Thorn et secrétaire d'État aux Affaires étrangères. Député-maire de la ville de Luxembourg.

L'ambassadeur de France Sivan, avec une plus grande réserve diplomatique certes, exprime en fait le même point de vue que Helminger. « Le Grand-Duché s'est efforcé avec persévérance et des fortunes diverses de soutenir la candidature britannique au Marché commun y voyant sans doute à l'instigation de ses partenaires du Benelux le moyen d'exposer un contrepoids à l'influence trop exclusive des deux grands voisins »[47].

En 1972 quand le Luxembourg est amené à assurer la présidence tournante de la CEE Gaston Thorn est confronté aux propositions que le président de la République française a présentées dans sa conférence de presse du 21 janvier 1971 : le « président Pompidou a esquissé le projet d'une confédération d'États européens décidés à harmoniser leurs politiques et à intégrer leurs économies »[48]. Pompidou propose « la mise en place d'un gouvernement dont les décisions s'imposent à tous les membres »[49].

Thorn doit prendre tous les égards diplomatiques possibles et imaginables pour ne pas offusquer le grand voisin du sud. Dans une lettre adressée le 7 janvier 1971 au ministre des Affaires étrangères Maurice Schumann, il affirme que le Luxembourg a « toujours été en faveur d'une intégration aussi poussée que possible [...]. Mais tout cela devra se passer dans un avenir lointain »[50]. Et Thorn propose plutôt « une évolution de type confédéral ». Il n'est pas non plus tout à fait opposé aux « ministres européens », revendiqués par Pompidou, compétents à l'intérieur des gouvernements des États membres pour tout ce qui a à faire avec l'Europe. Mais pour le Luxembourg, Thorn fait savoir qu'il « aimerai(t) cependant fût-ce provisoirement les maintenir sous direction des ministres des Affaires étrangères. Pour le ministre des Affaires étrangères du Luxembourg [...] les questions européennes représentent de loin la part la plus importante de ses attributions »[51]. Plus loin Thorn propose encore de renforcer à la fois le Conseil des ministres et le rôle de la Commission. Il veut même attribuer davantage de compétences à l'Assemblée parlementaire européenne. Le renforcement du rôle de la Commission notamment en tant qu'arbitre en cas de conflit semble être un chiffon rouge pour le gouvernement français qui redoute « une querelle hors de propos sur la supranationalité heureusement surmontée »[52] Point de vue partagé par ailleurs par Walter Scheel, ministre

---

[47] Rapport de fin de mission. Ambassadeur Sivan. Août 1971. Archives MAE FR 1971.

[48] Archives MAE FR Direction Europe 23.23.3/1.

[49] *Ibid.*

[50] *Ibid.*

[51] *Ibid.*

[52] Initiatives de M. Thorn 14.1.1972. in Archives MAE FR Direction Europe 23.23.3/1.

allemand des Affaires étrangères[53]. Quand l'ambassadeur luxembourgeois Dumont soumet le papier de Gaston Thorn à Maurice Schumann
le 14 janvier 1972 celui-ci ne semble pas être très satisfait. Sa réaction
est vive si on tient compte du caractère feutré du langage diplomatique :
« De telles propositions... ne pouvaient susciter de notre part que la
surprise et l'inquiétude »[54]. Maurice Schumann craint que Thorn ne
ravive « des discordes ou [ne soulève] des questions sur lesquelles non
seulement les membres de la communauté, mais aussi les candidats, et
notamment le Royaume-uni avaient des positions très négatives »[55].

Voilà le chef de la diplomatie luxembourgeoise pris dans une situation peu enviable. À partir du 1er janvier 1972 Gaston Thorn est président en exercice du Conseil des ministres de la CEE pour six mois.
Ainsi la présidence « donne au Grand-Duché le moyen de jouer un rôle
politique à l'échelle européenne »[56]. Le 2 février 1972 Thorn ouvre la
première séance du Conseil des ministres des Six en interrogeant ses
collègues : « Comment utiliser au mieux le semestre de la présidence
luxembourgeoise pour stimuler le processus d'intégration des Communautés et continuer dans cette voie pendant toute l'année 1972 à un
rythme satisfaisant ? »[57] Le 15 mars 1972 Gaston Thorn expose ses
priorités aux députés de l'Assemblée parlementaire européenne. Il prend
bien soin de s'exprimer en son nom personnel et non en tant que président en exercice du Conseil des ministres. Sans citer nommément le
président de la République, il démontre que l'idée proposée par Pompidou de créer des ministres des Affaires européennes ou des secrétaires
d'État aux Affaires européennes n'est pas praticable. Il suggère que « si
on veut vraiment changer quelque chose si l'on veut avoir à Bruxelles
un conseil de ministres européens qui puisse engager les gouvernements
nationaux alors... il faudrait un super-ministre, quelque chose comme
un délégué du Premier ministre, puisqu'il devrait tantôt engager le
ministre de l'Agriculture tantôt le ministre des Finances »[58].

À ce moment apparaît dans la presse luxembourgeoise une polémique autour de la juste appréciation de l'action Gaston Thorn sur le

---

[53] Rapport d'ambassadeur (Sachs) 2.2.1972, in Akten... 1972 (1. Januar bis 30. Juni 1972), p. 80.

[54] Initiatives de M. Thorn 14.1.1972, in Archives MAE FR Direction Europe 23.23.3/1.

[55] *Ibid.*

[56] Note de l'ambassadeur de France du 20.3.1972 In MAE FR Direction Europe 23.23.3/1.

[57] Rapport d'ambassadeur (Sachs) 2.2.1972, in Akten... 1972 (1. Januar bis 30. Juni 1972), p. 77.

[58] Extrait de l'intervention de M. Thorn à l'Assemblée parlementaire européenne le 15 mars 1972 in Archives MAE FR Politique extérieure du Luxembourg 23.23.3 – 15.3.1972.

parquet diplomatique international. Dans le quotidien libéral *Journal* le journaliste Edmond Corbé donne dans l'hagiographie en attribuant à Thorn le titre « d'un des diplomates les plus brillants du continent », formule qu'il semble tenir d'un journaliste britannique pourtant pas cité nommément[59]. Tout cela pour démentir l'éditorial du quotidien de l'opposition socialiste *Tageblatt* qui n'aurait pas apprécié à sa juste valeur la nouvelle politique étrangère luxembourgeoise marquée par l'ouverture au grand large. « Depuis 1969 – donc depuis l'emménagement de Gaston Thorn à l'Hôtel Saint Maximin le nom du Luxembourg est parfaitement connu par le monde ». La place du Luxembourg dans le monde aurait été singulièrement revalorisée par G. Thorn. Face à cela, Jean Wolter, l'éditorialiste du quotidien à plus grande diffusion du pays, le *Luxemburger Wort*, ne peut se priver de donner dans la satire. L'éditorialiste du quotidien catholique dénonce avec délectation le ton hyper flatteur de Corbé[60]. Wolter n'omet pas de rappeler au passage les prouesses diplomatiques du ministre des Affaires étrangères luxembourgeois, le chrétien-social Joseph Bech, dont le record de longévité reste toujours inégalé. Quant à la « diplomatie du commis de voyage », pratiquée par Thorn, Wolter se permet d'émettre quelques doutes sur la forme, sans toutes fois critiquer l'action de Thorn sur le fond. Le chef du parti libéral est pourtant le partenaire de coalition du gouvernement que Wolter soutient.

Les élections de mai 1974 amènent Gaston Thorn au faîte de sa carrière politique luxembourgeoise[61]. Il cumule désormais les postes de Premier ministre et de ministre des Affaires étrangères à la tête d'un gouvernement de coalition avec le Parti socialiste ouvrier. Ainsi naît une coalition inédite au Luxembourg. L'expérience restera d'ailleurs sans suites, puisque le PCS retrouvera en 1979 le pouvoir. Gaston Thorn se fait cependant reprocher par l'opposition politique nationale ses absences fréquentes dues à ses séjours prolongés à l'étranger[62], ce que confirment des diplomates étrangers en résidence à Luxembourg[63]. Il n'en est pas moins vrai que les débats à la Chambre des députés sur la politique étrangère et européenne, telle qu'elle est conduite par Gaston

---

[59] *Journal* 4.1.1972 « The outstanding diplomat » (en v.o. « *one of the most outstanding diplomats of the continent* »).

[60] *Luxemburger Wort* 8.1.1972 « Das Aschenputtel und der Märchenprinz ».

[61] Rob Roemen, *Aus Liebe zur Freiheit. 150 Jahre Liberalismus in Luxemburg. Von liberalen Akzenten und liberalen Akteuren*, Luxemburg, 1995, p. 438.

[62] Interview Helminger.

[63] Propos de Thorn 2.8.1974, Archives MAE FR Politique extérieure du Luxembourg, 23.21.1.

Thorn, font apparaître une très large concordance des vues entre tous les partis à l'exception du Parti communiste luxembourgeois[64].

La promotion de Gaston Thorn au poste de Premier ministre (1974) coïncide *grosso modo* avec un renouvellement d'une partie de la classe dirigeante européenne : Edward Heath doit laisser la place à Harold Wilson, Valéry Giscard d'Estaing est élu président en mai 1974 et au même moment Willy Brandt démissionne après une affaire d'espionnage pour laisser la place à Helmut Schmidt. L'idée du *Conseil européen*, lancée par le président de la République française, discutée depuis un certain temps prend forme et le premier Conseil a lieu les 9 et 10 décembre 1974 à Paris. Cette nouvelle plateforme diplomatique voulue par Giscard est approuvée par Gaston Thorn mais ne rencontre pas toujours les sympathies des milieux diplomatiques et des ministres des Affaires étrangères en particulier. L'utilité des rencontres entre « les grands messieurs »[65] comme s'exprime Helminger pour faire avancer les choses n'est pas reconnue par tout le monde. L'intention est peut-être bonne, mais les appareils des ministères des Affaires étrangères tirent la sonnette d'alarme puisqu'ils redoutent qu'à partir du moment où on ne respecte plus les formes légales : « Le Conseil ne sera plus le conseil ! »[66] Quel est le rôle juridique de ce Conseil européen ? Est-ce que les décisions du Conseil européen ne doivent pas être ratifiées après coup par le Conseil des ministres des Affaires étrangères ? Les administrations y tiennent beaucoup.

Comme Thorn est à la fois Premier ministre et ministre des Affaires étrangères, il semble être particulièrement bien placé pour préparer la mise en place du Conseil européen. Or le Conseil des ministres des Affaires étrangères du 10 octobre 1974 est très sceptique et qualifie cette pratique nouvelle de « très problématique »[67]. Lors d'une réunion le 16 octobre 1974, les ministres des Affaires étrangères Sauvagnargues, Genscher et Callaghan rejoignent Thorn et se prononcent en faveur de l'organisation du sommet des chefs d'État et de gouvernement. Genscher et Callaghan y sont très attachés. Les grands problèmes du moment comme les questions économiques et monétaires, et des matières premières, devront être discutés. « Le public est en droit d'attendre des réponses »[68]. Les ministres danois (Guldberg), néerlandais (van der

---

[64]   Note 31.10.1974, Archives MAE FR Affaires européennes, 23.23.1.
       Compte-rendu des séances publiques de la Chambre des députés, 30.10.1974.
[65]   Interview Helminger.
[66]   Interview Helminger.
[67]   Geheim 10.10.1974 Zusammenkunft der Außenminister 1974 Akten ... 1974 (1. Juli 1974 bis 31. September 1974), p. 1277.
[68]   *Ibid.*

Stoel), belge (van Elslande) et allemand affirment qu'on ne peut justifier un tel sommet formel devant leur opinion publique que si seulement des sujets institutionnels sont à l'ordre du jour[69]. Il en résulte que l'idée de Giscard à laquelle « Thorn s'était ralliée spontanément »[70] ne rencontre apparemment pas un enthousiasme unanime.

Cette nouvelle forme de coopération européenne ne permet pourtant pas d'avancer plus vite dans la résolution des différends entre partenaires. Ainsi Thorn doit-il concéder à la tribune parlementaire luxembourgeoise que : « l'idée d'une élection du parlement européen au suffrage direct soutenue depuis longtemps par le Luxembourg – mais refusée par la France – a "fait des progrès" »[71]. Les parlementaires européens critiquent la prise de position du Conseil européen et lui reprochent son manque de volonté politique. Les pays membres se bloquent mutuellement. La France veut maintenir le nombre de députés par pays comme auparavant. Les Pays-Bas refusent. Thorn apparaît découragé dans son discours « Nous avons les briques mais nous ne savons pas construire »[72]. Dans sa déclaration gouvernementale devant les députés de la Chambre, Thorn émet des doutes sur l'utilité des sommets après les résultats plutôt décevants du sommet de Copenhague ; il reste prêt à soutenir la France dans sa démarche comme il l'a fait à Paris en décembre et il s'inquiète des réserves britanniques sur l'avenir de la construction européenne[73]. L'année 1975 sera marquée par les discussions concernant le rapport Tindemans. Thorn dans une interview qualifie ce rapport d'« excellent et réaliste » puisqu'il peut se rallier à la plupart des idées de Leo Tindemans sans préciser en public les points qu'il ne peut pas accepter[74].

Au cours du premier semestre 1976 le Luxembourg assume à nouveau la présidence de la CEE et Gaston Thorn est bien conscient des difficultés qui l'attendent cette fois. Il développe une activité diplomatique intense en nouant des contacts tous azimuts : avec le Comecon ou en soutenant la demande d'adhésion de la Grèce. À maintes reprises Gaston Thorn prouve son intérêt particulier pour l'Espagne[75]. Il œuvre en faveur de son entrée dans la CEE. Aux conseils des ministres des Affaires étrangères, la France et l'Italie notamment font part de leurs

---

[69] 200-350.13.2099/74 « Geheim » 16.10.1974 Akten …1974 (1. Juli 1974 bis 31. September 1974), p. 1302.

[70] Interview Helminger.

[71] *Ibid.*

[72] *Journal*, 9.4.1975, « Nous avons les briques mais nous ne savons pas construire ».

[73] Compte-rendu des séances publiques de la Chambre des députés du 24.4.1975.

[74] *Journal*, 9.1.1975, « Ein Meilenstein in der Geschichte Europas ».

[75] Gaston Thorn est propriétaire d'une résidence d'été en Catalogne.

appréhensions. Genscher et Thorn ne peuvent cependant concevoir, comme leurs collègues d'ailleurs, cette admission qu'après une transition de l'Espagne franquiste vers la démocratie.

En tant que président de l'internationale libérale Thorn entreprend des efforts continuels pour fédérer les libéraux espagnols[76]. Il a de nombreux tête-à-tête avec le Premier ministre de transition, Adolfo Suárez et même avec le roi d'Espagne Juan Carlos. Il donne régulièrement des interviews à la presse espagnole. Dans ces interviews il répète les conditions à remplir par l'Espagne pour entrer dans la communauté européenne. Les enseignements d'un homme politique d'un micro-État, qui ne compte même pas 400 000 habitants, ne sont pas pour plaire aux franquistes espagnols qui protestent avec virulence contre l'immixtion de Thorn dans les affaires intérieures espagnoles[77]. Thorn récuse avec « la dernière fermeté le reproche de [...] [vouloir s'] ingérer dans les affaires intérieures de l'Espagne »[78]. Il insiste sur le rôle important que peut jouer l'Espagne dans la Communauté européenne en construction et répète les conditions à remplir par l'Espagne (droits de l'homme, démocratie et économie libérale).

Pendant sa présidence tournante de 1976 Thorn doit constater que la CEE éprouve de grands problèmes à définir une coopération politique en matière de politique africaine. Elle n'arrive pas à avoir une politique commune à l'égard des conflits africains en cours : la guerre civile en Angola, les régimes blancs de Rhodésie et d'Afrique du Sud ou encore la décolonisation de la Namibie et les problèmes internes du Zaïre (ex-Congo belge). La France en tant qu'ancienne puissance coloniale, membre du Conseil de sécurité entend jouer un rôle particulier. Pendant le Conseil de coopération politique qui se tient à Luxembourg sous la présidence de G. Thorn – « grâce à la conduite très hardie des négociations par le président Thorn[79] » les ministres arrivent à achever leurs travaux dès le 23 février 1976[80]. Le point culminant de cette présidence luxembourgeoise aurait dû être le sommet de Luxembourg les 1er et 2 avril 1976. Thorn croit avoir bien préparé ce sommet en conduisant des entretiens préalables avec tous les chefs d'État et de gouvernement.

[76] LW, 21.8.1976, Hermann Deml, « Thorn als Geburtshelfer der spanischen Liberalen ».

[77] ANL METATDIV – 072 lettre de Joaquim Millan Lavon président de junte provinciale de Barcelone de la Phalange espagnole à Gaston Thorn, 18.8.1976.

[78] ANL METATDIV – 072 lettre de Gaston Thorn à Joaquim Millan Lavon président de junte provinciale de Barcelone de la Phalange espagnole du 28.9.1976.

[79] (v.o. all. *Dank der straffen Verhandlungsführung des luxemburgischen Vorsitzenden Thorn*).

[80] Runderlass des Vortragenden Legationsrats I. Klasse Engels 24.2.1976, in Akten... 1976 (1. Januar bis 30. Juni 1976), p. 455.

Les questions clés sont entre autres les suites à donner au rapport Tindemans, la répartition des sièges au Parlement européen, dont il reste également à fixer définitivement la date des premières élections directes. Les gaullistes français de l'UDR persévérèrent dans leur opposition à l'idée même d'une élection directe du Parlement européen[81]. Le Luxembourg, la Belgique, l'Allemagne par contre y sont attachés puisqu'ils voient dans cette élection un renforcement des structures démocratiques des Communautés européennes. Gaston Thorn partage cet avis. Britanniques et danois réclament des dérogations de caractère transitoire aux règles générales en la matière.

Le sommet de Luxembourg est en plus hypothéqué par des difficultés inattendues : une situation de vacance de pouvoir au Royaume-Uni est créée par le départ annoncé d'Harold Wilson ; la France ne veut pas que le « Conseil européen puisse acter, comme le suggère Thorn, l'une ou l'autre proposition du rapport Tindemans. » Giscard a fait savoir à Thorn qu'il veut que « le sommet se consacre en priorité à des questions économiques et sociales »[82] ; l'Allemagne redoute que la France soit « en train de rejoindre le groupe de pays européens malades » et fasse appel à la solidarité communautaire. Or « il est tout à fait hors de question que l'Allemagne se lance dans une opération de solidarité économique et monétaire »[83]. Les pays du Benelux se concertent le 30 mars 1976 à Bruxelles[84]. Ils ne veulent pas être mis sous pression par la France et l'Allemagne en matière de politique économique et monétaire. Thorn est bien conscient qu'il sera très difficile d'obtenir des résultats concrets puisque son rôle ne dépasse guère celui de président de séance. Le Premier ministre belge Léo Tindemans note d'un ton amer que les réactions des partenaires sont toutes empreintes de scepticisme et le débat de fond de son rapport est considéré comme prématuré[85].

À la conférence de presse finale Thorn est obligé d'avouer que le sommet de Luxembourg n'a pas été à la hauteur de ses attentes et ne fait aucun effort pour cacher son désappointement à l'issu du sommet[86]. Selon la presse internationale le sommet de Luxembourg a été un échec cuisant et la presse allemande de droite impute même une certaine responsabilité à Thorn[87]. Cette réaction extrêmement négative de la presse

---

[81] Conseil européen 31.3.1976, Ambassade belge à Paris, Archives MAE BE 11.7.46.

[82] *Ibid.*

[83] Conseil européen 27.3.1979 Archives MAE BE 11.2.42.

[84] Compte-rendu, Échange de vues à Bruxelles, 30.3.1976 (Tindemans, van Elslande, Thorn van der Stoel e.a.), Archives MAE BE P.11 90.20/13.

[85] Note très confidentielle « Le Conseil Européen de Luxembourg » 1-2-avril 1976 Archives MAE BE I-1.

[86] *Times* 8.4.1976 « Europeans bitter lack of progress on elections ».

[87] *Die Welt* 5.4.1976 « Europa-Auftritt mit schlechter Regie und ratlosen Akteuren ».

internationale n'est pourtant pas justifiée selon le diplomate allemand Engels[88]. La délégation allemande constate que l'institutionnalisation naissante des rencontres au sommet a amené une certaine routine dans leur déroulement.

Thorn demande par la suite au président Ford de l'inviter à la conférence de Porto Rico en tant que président en exercice du Conseil de la CEE[89]. Mais il a été décommandé au dernier moment puisque certains communiqués de presse annoncent déjà sa participation[90]. Thorn refuse d'accepter les commentaires qui voient dans cet incident l'exclusion du petit par les grands. Pour Thorn c'était le refus de reconnaître la CEE dans son ensemble…[91] Thorn critique par ailleurs les pays membres de la CEE présents à la conférence et qui n'ont pas consulté leurs partenaires avant le sommet de Porto Rico. Il s'agit de l'Italie, de la France de la Grande-Bretagne. À la fin de la présidence luxembourgeoise le 30 juin 1976, Gaston Thorn exprime toute son amertume et toute sa lassitude des six derniers mois, mais qu'il a soigneusement évité de laisser filtrer vers le grand public. Thorn regrette que l'esprit communautaire manque cruellement et que la CEE ne sache pas parler d'une seule voix face au monde[92].

Les convictions fédéralistes de Gaston Thorn ne sont donc pas partagées par tous ses partenaires. Gaston Thorn est président de l'internationale libérale de 1970 à 1980. Cette fonction lui ouvre des portes et lui permet de nouer des contacts avec les hommes politiques de cette famille : notamment en Allemagne avec les ministres des Affaires étrangères Walter Scheel et Hans-Dietrich Genscher[93]. Genscher écrit dans ses mémoires : « À Luxembourg j'ai rencontré un homme d'État remarquable et un bon ami, mon collègue luxembourgeois Gaston Thorn, qui fit face d'abord comme ministre des Affaires étrangères puis comme président de la Commission »[94].

---

[88] Runderlass des Vortragenden Legationsrats I. Klasse Engels 24.2.1976, in Akten… 1976 (1. Januar bis 30. Juni 1976), p. 455.

[89] Note du 3.6.1976, Archives ministère des Affaires étrangères (français) Luxembourg affaires européennes 23.19.2. (Thorn prie l'ambassadeur de France à Luxembourg d'informer le ministre des Affaires étrangères français qu'il a demandé au président Ford de l'inviter à Porto Rico).

[90] *Luxemburger Wort* 17.6.1976 « Thorn wahrscheinlich nach Puerto Rico ».

[91] *Luxemburger Wort* 1.7.1976 F(ons) T(heis) « Die Gemeinschaft weiß nicht wohin ».

[92] *Journal*, 9.4.1976, Claudine Genet « Nous avons les briques mais nous ne savons pas construire » (Gaston Thorn).

[93] Interview, Helminger.

[94] Hans-Dietrich Genscher, *Erinnerungen*, Berlin, 1995, p. 395: « (In Luxemburg) habe ich (einen) hervorwagende (n) europäische(n) Staatsmann angetroffen auch einen

Les élections de 1979 ramènent le retour de Pierre Werner aux affaires. Gaston Thorn n'a jamais très bien digéré sa défaite. Certes il est maintenant responsable d'un super-ministère taillé sur mesure (les Affaires étrangères plus les Affaires économiques et la justice). Pierre Werner ne se prive d'ailleurs pas de critiquer ce conglomérat incongru : « Gaston Thorn est doté de trop de compétences »[95]. Mais tout le petit monde politique luxembourgeois est conscient que ses ambitions personnelles ne sont pas satisfaites et qu'il cherche à entamer une carrière internationale : « on voyait qu'il se sentait mal à l'aise dans ce gouvernement, alors qu'il avait été le numéro un de 1974 à 1979 »[96]. Lorsque le successeur de Roy Jenkins à la présidence de la Commission doit être désigné, c'est au tour des pays du Benelux de proposer un candidat. Des noms sont avancés comme celui du commissaire belge, le comte Étienne Davignon, qui aurait les faveurs de Londres, ou du député socialiste hollandais Max van der Stoel[97]. Comme la présidence tournante de la CEE revient au Luxembourg pendant le premier semestre 1980 Pierre Werner profite de l'occasion pour préparer le terrain pour son compatriote. « Il appuie la candidature de Thorn avec engagement et fermeté "car" il ne se trouve pas tous les jours une personnalité luxembourgeoise ayant le goût et la surface politique nécessaires pour aspirer à un tel poste. »[98] À la conférence de Venise les 12 et 13 juin 1980 les ministres des pays du Benelux se mettent d'accord et proposent Gaston Thorn comme le candidat unique des pays du Benelux[99]. Les candidats hollandais en lice se sont éliminés mutuellement en cours de route. De toute façon c'est le tour du Luxembourg, puisqu'aucun Luxembourgeois n'a encore eu l'occasion de briguer ce poste prestigieux[100].

Le remaniement ministériel, qui suit le départ de Thorn à Bruxelles et la démission de certains ministres pour raison de santé, donnera l'occasion à un jeune de faire son entrée au gouvernement en laissant derrière lui bon nombre de candidats malheureux. Pierre Werner fait appel au tout jeune secrétaire du groupe parlementaire du PCS qui n'est autre que Jean-Claude Juncker, promu secrétaire d'État au Travail, qui entame ainsi sa longue carrière politique.

---

guten Freund […] mein luxemburgischer Kollege Gaston Thorn, der mir zunächst als Außenminister und schließlich als Präsident der Kommission gegenüberstand ».

[95] Werner, p. 242.

[96] Werner, p. 244.

[97] ANL METATDIV 0029.

[98] Werner, p. 244.

[99] ANL METATDIV 0029.

[100] Werner, p. 244.

Si Pierre Werner a été célébré comme un des pères de l'euro, il compte certainement parmi les architectes d'une Europe communautaire en construction. Gaston Thorn, auteur d'une nouvelle politique européenne luxembourgeoise, ne peut pas prétendre à une place égale à celle de Pierre Werner dans les manuels d'histoire, mais il ne faut pas sous-estimer son rôle et son rayonnement sur le parquet diplomatique européen et mondial. Sa présence remarquée et courageuse à la présidence de l'ONU, sa persévérance infatigable dans la recherche de nouvelles pistes pour faire avancer l'intégration européenne feront de lui un candidat à peine contesté pour un poste européen important : ainsi, Thorn pourra couronner sa carrière luxembourgeoise par une promotion au poste de président de la Commission européenne, honneur qu'aucun Luxembourgeois avant lui n'avait eu[101].

En guise de conclusion citons à nouveau de Jean-Claude Juncker :

> La genèse de l'Union économique et monétaire avec, notamment, l'impulsion initiale du rapport Werner dès 1970, est le meilleur exemple de la capacité de l'Europe à « *formuler de grandes ambitions* », et de « *la détermination nécessaire* » pour les mettre en œuvre d'une façon conséquente[102].

Pierre Werner & Gaston Thorn: the perception of Luxembourg's European policy in the 1970s

The Grand Duchy of Luxembourg is one of the six European nations that were the founder countries of the ECSC. Joseph Bech, the Luxembourg Prime Minister and Minister of Foreign Affairs, and Robert Schuman, a Luxembourger born in Clausen, are considered to be the founding fathers of Europe. Little Luxembourg, set between its powerful neighbours that had long been rivals but that converted to peaceful co-operation after the last war, sometimes feels that it is called upon to play the honest broker between great powers. Without wishing to diminish the role of people like Schuman, Bech, and Adenauer, we must also think of pointing up the efforts of heads of government who had to deal with major internal and external challenges that the Community faced in the 1970s: international, economic, monetary, and social crises, etc.

Some Luxembourg politicians like Gaston Thom and Pierre Werner, both Prime Ministers of the Grand Duchy, are by that very fact called upon to form part of the European Council created by [French] Presi-

---

[101] Il n'est pas question de cet aspect de la carrière politique de G. Thorn ici, puisque ces événements se situent en dehors de la période, que les historiens peuvent étudier sur la base d'archives ouvertes en 2010.

[102] Jean-Claude Juncker, *10 ans de l'euro : une étape majeure de l'intégration européenne*, http://www.europarl.europa.eu/news/expert/infopress_page/043-45939-012-01-03-907-20090112IPR45938-12-01-2009-2009-true/default_fr.htm.

dent Giscard d'Estaing in 1974. They managed to make their voices heard and to set up a consensus around them without imposing themselves as candidates for a post, and they were called upon to play a role in the Community that far exceeded the importance of the small country that they represent.

Pierre Werner und Gaston Thorn: Das Verständnis der Europapolitik Luxemburgs in den 70er Jahren

Das Großherzogtum Luxemburg gehört zu den sechs europäischen Gründungsnationen der Europäischen Gemeinschaft für Kohle und Stahl EGKS. Joseph Bech, Premierminister und Außenminister von Luxemburg zählt, wie auch sein Landsmann Robert Schuman, der im Luxemburger Stadtteil Clausen zur Welt kam, zu den Gründungsvätern Europas. Das kleine Großherzogtum Luxemburg, eingeschlossen von seinen lange Zeit rivalisierende und schließlich seit dem letzten Weltkrieg in friedlicher Kooperation geeinten mächtigen Nachbarn, sieht sich manchmal berufen, unter den Großen die Vermittlerrolle des ehrlichen Maklers zu spielen. Ohne die Bedeutung Schumans, Bechs oder Adenauers mindern zu wollen – wäre es nicht angebracht, auch die Bemühungen der Regierungschefs aufzuzeigen, die die umfangreichen innen- und außenpolitischen Herausforderungen zu bewältigen hatten, denen die Gemeinschaft in den 70er Jahren gegenüber stand: internationale Krisen, Wirtschaftskrisen, Währungskrisen, soziale Krisen...

Einige Politiker Luxemburgs, wie beispielsweise Gaston Thorn und Pierre Werner, Premierminister des Großherzogtums, wurden von ihrer Regierung in den 1974 von dem Präsidenten Giscard d'Estaing in seiner Bedeutung gestärkten Europäischen Rat entsandt. Es gelang ihnen, ihrer Stimme Gehör zu verschaffen und – ohne sich als Kandidat für eine bestimmte Funktion aufzudrängen – Konsens zu erzielen. Beiden wurde eine Rolle innerhalb der Gemeinschaft angetragen, die die Bedeutung des kleinen Landes, das sie repräsentieren, bei weitem übersteigt.

Pour une Allemagne démocratique dans une Europe unie

Willy Brandt, l'Histoire et la construction européenne

Andreas WILKENS

La question européenne, dans le sens de l'insertion de l'Allemagne dans un ensemble européen et du sens à donner à la construction de l'Europe, constitue un thème majeur pour Willy Brandt pendant plus de 50 ans.

Ses premières réflexions publiées sur ce qu'il présente alors comme le « rêve des États-Unis d'Europe » datent de décembre 1939 et l'émigré politique en Norvège de 26 ans n'ignore rien de l'abîme qui sépare alors le rêve de la réalité.

En mai 1992, au Luxembourg, Willy Brandt tient son dernier discours public sur l'Europe et son intitulé fait comprendre que le Vieux Continent n'avait toujours pas trouvé sa forme d'organisation adéquate : « En route pour une nouvelle architecture pour l'Europe »[1].

Cette longue histoire de plus d'un demi-siècle invite tout naturellement à explorer la nature des idées européennes développées par Brandt, leur portée, leur originalité. Peut-on parler d'une « vision de l'Europe » ? Quels en seraient les traits marquants et plus ou moins stables à travers le temps ? Quelle en serait la part de l'adaptation à des contextes historiques très différents ?

D'évidence, le thème de la construction de l'Europe n'a jamais été un sujet exclusif pour Brandt. Il convient alors de s'interroger sur l'articulation avec d'autres enjeux politiques majeurs, et en premier lieu celui, primordial, du règlement de la « question allemande ».

---

[1] « Auf dem Weg zu einer neuen Architektur Europas », discours au Luxembourg, 4 mai 1992, reproduit in Willy Brandt, *Gemeinsame Sicherheit. Internationale Beziehungen und deutsche Frage 1982-1992*, éd. par Uwe Mai, Bernd Rother et Wolfgang Schmidt, Bonn, Verlag Dietz, 2009, pp. 533-547 (= *Berliner Ausgabe*, vol. 10).

Willy Brandt est entrée dans les mémoires non pas comme un « père de l'Europe » (de la 2ᵉ génération), mais comme l'homme de l'ouverture à l'Est, de l'*Ostpolitik* allemande, de la politique de détente.

Parfois on était tenté, surtout à l'étranger, de donner de cette politique, bien que insérée dans une approche coordonnée des Occidentaux, une interprétation « nationale ». Il y a donc lieu d'examiner aussi l'idée que Brandt se faisait de l'évolution de la question allemande à long terme et des rapports de celle-ci avec l'objectif de l'unité européenne.

Pour les besoins de l'analyse, il semble utile de distinguer trois périodes particulièrement significatives : l'émergence de l'idée européenne pendant la guerre, en exil ; l'action politique du chancelier de l'Allemagne fédérale, de 1969 à 1974 ; enfin, Willy Brandt et l'Europe au moment de l'unification allemande, en 1989/90.

I. Rêves européens et réalités de la guerre

Les premières considérations de Brandt sur la nécessité de regroupements européens remontent au tout début de la guerre. Dans des notes préparées pour une conférence devant des résistants exilés à Oslo, sous la date du 9 septembre 1939, on peut lire :

> Règlement allemand directement lié au règlement européen. Fédération en Europe centrale comme première étape d'une solution européenne plus large. Préparation intellectuelle et du point de vue de l'organisation[2].

Ces brèves indications sont précédées par l'affirmation nette : « Droit à l'autodétermination également pour le peuple allemand. » Même quand toutes les horreurs de la période de la guerre seront connues, Brandt ne déviera pas de cette revendication de principe. Elle aura toujours son importance, 50 ans plus tard, au lendemain de la chute du Mur.

Les premières allusions à des formes nécessaires d'organisation européenne n'avaient rien de fortuit ou d'épisodique mais reviennent, par la suite, régulièrement et de manière plus développées dans les nombreux discours, articles et brochures que Brandt publie pendant les années de guerre. Les idées tournent autour des formes possibles d'une fédération qui regrouperait une partie ou l'ensemble des pays européens.

---

[2] Notes pour la conférence « Die gegenwärtige Lage und unsere Aufgaben », reproduites in Willy Brandt, *Hitler ist nicht Deutschland. Jugend in Lübeck – Exil in Norwegen 1928-1940*, éd. par Einhart Lorenz, Bonn, Verlag Dietz, 2002, pp. 425-429 (p. 428) (= *Berliner Ausgabe*, vol. 1). Cf. aussi Einhart Lorenz, « "Der Traum von Europas Vereinigten Staaten". Europavorstellungen des jungen Willy Brandt 1940-1946 », in Andreas Wilkens (ed.), *Wir sind auf dem richtigen Weg. Willy Brandt und die europäische Einigung*, Bonn, Verlag Dietz, 2010, pp. 39-52.

Dans un article paru dans le journal norvégien *Bergens Arbeiderblad* à la date du 28 décembre 1939, Brandt dissocie la question de l'unité européenne du seul enjeu de la question allemande[3]. En s'appuyant sur la discussion en cours dans les pays anglo-saxons, il retrace le « rêve des États-Unis d'Europe » jusqu'aux penseurs des XVIIIe et XIXe siècles, tels que John Bellers, l'abbé de Saint-Pierre, Saint-Simon ou Victor Hugo. Le mouvement ouvrier, de son côté, aurait toujours plaidé en faveur d'une « coopération organisée » à l'échelle européenne. En plaçant ainsi l'idée européenne dans une longue perspective historique, Brandt fait comprendre à la fois la force de la vision de l'unité du continent, ancrée de longue date dans différentes écoles de pensée, comme le peu de probabilité de voire se réaliser cette conception « d'un seul coup », au lendemain de la guerre. Pour la méthode, Brandt fait ainsi (déjà) preuve d'un « gradualisme » européen en imaginant une « fédération par étapes » qui pourrait naître d'unions régionales partielles (surtout dans le nord et l'est de l'Europe), du renforcement de la coopération économique et du développement des échanges commerciaux. En même temps, il évoque la nécessité d'un « pouvoir central européen fort » capable d'assurer un état de droit, l'égalité entre les pays et, *in fine*, la paix.

Les idées sont exposées plus systématiquement dans le livre – son premier – intitulé *Les objectifs de guerre des grandes puissances et la nouvelle Europe* qui, déjà imprimé, ne sera pas distribué en raison de l'occupation de la Norvège par l'armée allemande en avril 1940[4].

Sur 150 pages, Brandt analyse le contexte de ce qu'il appelle la « Nouvelle guerre de 30 ans », attribuant ainsi aux rivalités des grandes puissances et aux problèmes non résolus à l'issue de la Première Guerre mondiale une large part de responsabilité dans la nouvelle « barbarie ». Nul doute, pour Brandt, que le retour à une paix stable exige une « solution européenne solidaire ». Un chapitre entier est ainsi consacré aux « États-Unis d'Europe » dans lequel Brandt présente et évalue différents modèles en discussion, surtout dans le monde anglo-saxon, avant d'avancer ses propres orientations. Les pierres angulaires, pour Brandt, sont l'ancrage de normes de droit valables pour tous les États européens et le transfert de certains droits sur des instances régionales ou européennes afin d'apporter des solutions dans des domaines spécifiques. Une attention particulière est consacrée au problème des minorités nationales en Europe centrale et orientale qui nécessitera, après la guerre, la définition de frontières « les plus justes possible ». Toutefois, la solution « la plus

---

[3]   « Der Traum von Europas Vereinigten Staaten », in Brandt, *Hitler ist nicht Deutschland*, pp. 452-458.

[4]   « Die Kriegsziele der Großmächte und das neue Europa », extraits in Brandt, *Hitler ist nicht Deutschland*, pp. 468-495.

naturelle », dans ce domaine, serait offerte dans le cadre d'une « fédération européenne »[5].

Mais les raisons pour concevoir des solutions européennes sont plus larges. Brandt évoque également l'enjeu économique d'une « fédération européenne ». La création d'entités économiques au-delà des États-nations allant jusqu'à ce qu'il désigne comme « Union économique » devait contribuer à stabiliser la paix et favoriser le relèvement matériel du continent après la fin de la guerre. La « sécurité commune » devrait être le principe de base.

L'ensemble de ces considérations est marqué par la recherche de solutions différenciées, adaptées aux réalités complexes, aussi par l'anticipation des résistances possibles et des mouvements contraires. « L'adaptation de la souveraineté nationale aux intérêts européens communs », selon ses termes, « ne doit pas être un danger pour la liberté et l'autonomie des nations »[6]. En fait, il s'agit déjà de la recherche d'un équilibre viable entre l'exercice de compétences réelles à un niveau supranational et la persistance du cadre des nations. On peut penser que, dès cette période, l'expérience des pays scandinaves – attachés à leur spécificité – tout comme l'observation des politiques britannique et française conduisent Brandt à privilégier une approche mesurée et progressive. Quant à l'Allemagne, une fois le régime nazi abattu, Brandt défend son traitement « à égalité » tout comme son intégrité territoriale.

Même s'il a recours, à de nombreuses reprises, au terme de « fédération européenne » pour désigner l'orientation générale souhaitée, il ne compte pas sur l'effacement prochain des États. Qui plus est, il exprime sa méfiance à l'égard de « formules magiques » auxquelles chacun donnerait « le contenu qui bon lui semble ».

Il est intéressant de comparer les idées de Brandt du printemps 1940 avec celles de la deuxième phase de la guerre. L'analyse évolue avec l'extension de la guerre, l'entrée en scène des États-Unis et de l'Union soviétique et les informations de plus en plus nombreuses sur les crimes commises dans les pays européens occupés. L'ensemble de ces facteurs semble plutôt éloigner les chances de pouvoir réaliser des solutions à caractère « fédéralistes » avec l'inclusion, à terme, d'une Allemagne démocratisée.

L'évolution transparaît dans le texte sur les « Objectifs de paix des socialistes démocratiques », élaboré en mars 1943 avec d'autres socialistes désormais réfugiés à Stockholm[7]. Bien qu'il s'agisse d'un travail

---

[5] Brandt, « Kriegsziele », p. 479.

[6] *Id.*, p. 480.

[7] « Die Friedensziele der demokratischen Sozialisten », mars 1943, reproduit in Willy Brandt, *Zwei Vaterländer. Deutsch-Norweger im schwedischen Exil – Rückkehr nach*

collectif d'un groupe transnational qui est parfois appelé la « Petite internationale socialiste », on reconnaît à Brandt un rôle prépondérant dans la rédaction du texte[8]. D'une manière générale, la tonalité est moins optimiste sur les chances à parvenir à des solutions européennes dans un avenir rapproché. Brandt estime que l'idée nationale s'est considérablement renforcée avec l'expérience de la guerre et que celle-ci joue un rôle important dans la lutte contre le nazisme. Toutefois, des sentiments de haine et de vengeance ne sauraient constituer le fondement d'une future paix durable. Référence est faite aux déclarations du président Roosevelt sur les « Quatre libertés » (discours du 6 janvier 1941) et à la « Charte atlantique ». Brandt veut y voir les prémisses d'un ordre juste à l'échelle internationale.

Comme d'autres socialistes à l'époque, Brandt met quelque espoir dans une « nouvelle » Société des Nations, tout en dénonçant la « banqueroute » de sa première mouture des années 1920/30. L'organisation imaginée pour l'avenir, dotée de compétences fortes, ne devrait plus rien à voir avec l'ancienne SDN de Genève. Il évoque ainsi l'élection de représentants nationaux au suffrage universel ainsi que le transfert partiel de droits souverains. Sous l'impression de l'élargissement du conflit, l'accent est ainsi mis sur des réponses globales pour lesquelles Brandt espère le maintien de la coalition des alliés après la fin de la guerre. Des « systèmes fédératifs » en Europe, rassemblant des pays aux intérêts politiques et économiques communs, apparaissent toutefois comme « condition » nécessaire pour assurer la paix, sans que leur lien avec l'ordre international soit précisé. La composition variée du « Groupe international des socialistes démocrates » au nom duquel Brandt présente ce programme le 1er mai 1943 à Stockholm contribue sans doute à laisser certains aspects en suspens.

L'évocation de la « fédération européenne » et de ses chances de réalisation est ainsi soumise à des variations. Brandt ne se fait aucune illusion sur l'état d'esprit des populations et des responsables politiques des différents pays d'Europe. Dans une brochure publiée en juillet 1944 et consacrée à « la politique d'après-guerre des socialistes allemands », il constate sans ambages :

Deutschland 1940-1947, éd. par Einhart Lorenz, Bonn, Dietz, 2000, pp. 88-104 (= *Berliner Ausgabe*, vol. 2).

[8] Willy Brandt, *Links und frei. Mein Weg 1930-1950*, Hambourg, Hoffmann & Campe, 1982, pp. 336-346. Cf. aussi Klaus Misgeld, *Die « Internationale Gruppe demokratischer Sozialisten » in Stockholm 1942-1945*, Bonn, Verlag Neue Gesellschaft, 1976, pp. 62-110. Notons que ce groupe de socialistes européens réunissait, entre autres, des Suédois (Gunnar Myrdal et d'autres), des Norvégiens (Brandt, Martin Tranmæl), des Allemands (Fritz Tarnow), des Autrichiens (Bruno Kreisky), des Tchèques, des Hongrois (Stefan Szende).

La politique criminelle de la « nouvelle Europe » menée par Hitler a lourdement hypothéqué l'idée d'une solution pour l'ensemble de l'Europe. La haine contre tout ce qui est allemand fait barrage à l'insertion de l'Allemagne dans une Europe véritablement renouvelée. Or, sans Allemagne, aucune solution européenne n'est envisageable[9].

Si aucun traité de paix ne pourrait être considéré comme « injuste », mesuré à l'aune de ce que les nazis ont fait subir aux pays européens, il convenait aussi de ne pas répéter les erreurs du passé[10]. Sur ce plan, les idées du Lord Vansittart sont rejetées avec force et vigueur.

Au fur et à mesure, s'affirme chez Brandt la conviction que « l'unique solution consiste à insérer le problème allemand dans un contexte européen »[11], donnant aux voisins européens des gages de sécurité et aux Allemands la chance de construire un ordre démocratique viable.

Comme la plupart des résistants et des exilés, Brandt s'attend fermement à une poussée massive des forces démocratiques et socialistes au lendemain de la libération ce qui devait ouvrir des perspectives plus favorables que celles prévalant dans l'entre-deux-guerres.

Sans trop entrer dans des considérations bilatérales ou des questions d'ordre opérationnel, Brandt attribue à l'établissement d'une entente entre la France et l'Allemagne une « importance décisive » et l'élargissement de cette coopération à l'Italie lui semble présenter « des prémisses relativement favorables »[12]. Faisant écho aux discussions publiques en cours, notamment en Grande-Bretagne, Brandt évoque favorablement les idées de coopération entre les industries sidérurgiques des bassins de la Ruhr, de la Lorraine, de la Belgique, du Luxembourg et de la Hollande mais aussi dans la région industrielle de Silésie, entre l'Allemagne, la Pologne et la Tchécoslovaquie[13].

Si l'Union Soviétique et la Grande-Bretagne ne sont pas exclusivement des puissances européennes, il estime en juillet 1944 que la cons-

---

[9] « Zur Nachkriegspolitik der deutschen Sozialisten », juillet 1944, extraits in Brandt, *Zwei Vaterländer*, pp. 154-205 (citation : p. 193).

[10] Cf. le développent dans son livre « Après la victoire » (*Efter segern*), publié en suédois en mai 1944, extraits en allemand in Brandt, *Zwei Vaterländer*, pp. 115-153 (p. 150).

[11] *Id.*, p. 150.

[12] Brandt, « Zur Nachkriegspolitik der deutschen Sozialisten », p. 195. Après la libération de Paris, Brandt évoque les forces intérieures « de cette France qui doit devenir notre allié stable » : lettre à Jacob Walcher, 26 août 1944, in Brandt, *Zwei Vaterländer*, pp. 206-213 (p. 206).

[13] Brandt, *Efter segern*, p. 151.

truction d'un ensemble européen ne pourrait se faire qu'en bonne entente avec elles[14].

Au total, Brandt espère un regroupement des États européens pour des motifs politiques, de sécurité et économiques, sans se faire beaucoup d'illusions sur la propension des pays européens bouleversés par la guerre de tendre vers l'unité. S'il appelle de ses vœux la réalisation d'une fédération européenne, elle-même devant faire partie d'un nouvel ordre international, le chemin pour y parvenir serait long et difficile. L'approche graduelle apparaît nettement quand il évoque l'impératif du « travail en direction d'une solution pan-européenne, fédérative et démocratique des problèmes »[15].

Toutefois, après la défaite du nazisme et de la division du *Reich* en quatre zones d'occupation, le sort de l'Allemagne et de l'Europe allait se décider d'abord entre les principales puissances victorieuses. Dans ses différentes analyses, Brandt n'a pas encore une vision très claire de la politique soviétique dont il a tendance à sous-estimer la méthode et les objectifs. Mais s'il espère toujours, en 1946, le maintien de l'alliance de guerre, c'est d'abord parce que la rupture de celle-ci signifierait inévitablement, au mieux la stabilisation des zones d'influence et ainsi la division de l'Allemagne, au pire le début une nouvelle confrontation.

En attendant, Brandt conseille aux Allemands de préparer l'avenir européen en s'employant d'abord pour la démocratisation en profondeur de leur pays. Ce ne serait qu'en regagnant, peu à peu, dans un processus nécessairement long, la confiance de leurs voisins – Est et Ouest – que les Allemands pourraient de nouveau espérer de faire entendre leurs intérêts légitimes « dans le cadre des intérêts européens communs ». Brandt, qui a un peu plus de 30 ans à la fin de la guerre, croit à la possibilité de renouer avec l'héritage démocratique (« *Freiheitsfaden* ») dans l'histoire allemande. Il conclut son analyse du nazisme et des enjeux internationaux au lendemain de la guerre avec cette formule saisissante : « Les nazis ont essayé de germaniser l'Europe. Maintenant, il est impératif d'européaniser l'Allemagne. »[16]

---

[14] Brandt, « Zur Nachkriegspolitik der deutschen Sozialisten », p. 195.

[15] Willy Brandt, Discours du 9 février 1945 à Stockholm, « Deutschlands außenpolitische Stellung nach dem Kriege », extraits in Brandt, *Zwei Vaterländer*, pp. 231-239 (p. 233).

[16] « Die Nazis versuchten, Europa zu verdeutschen. Jetzt kommt es darauf an, Deutschland zu europäisieren. » Willy Brandt, *Verbrecher und andere Deutsche. Ein Bericht aus Deutschland 1946*, éd. par Einhart Lorenz, Bonn, Verlag Dietz, 2007, pp. 346-347 (également pour les deux citations précédentes). Il s'agit de la première traduction complète du livre en langue allemande parue en norvégien et en suédois en 1946. Des extraits avaient été publiés dans : Willy Brandt, *Draussen. Schriften während der Emigration*, éd. par Günter Struve, Munich, Kindler, 1966 (p. 60).

II. L'action au gouvernement : crise, relance et pragmatisme, 1966-1974

La politique européenne constitue un enjeu central pendant les années d'exercice des responsabilités gouvernementales de Brandt, d'abord comme ministre des Affaires étrangères (1966-1969), ensuite comme chancelier (1969-1974).

L'approche est pragmatique mais non dénuée d'ambition. Dans cette démarche on peut trouver des points communs avec celle caractérisant, en parallèle, la « nouvelle *Ostpolitik* » : prendre en compte les réalités existantes et placer l'évolution graduelle dans une perspective à long terme. Dans la politique (ouest-) européenne, cependant, Brandt se situe sans doute plus fortement dans la continuité des gouvernements successifs de Bonn, tandis qu'il change de paradigme dans le traitement de la « question allemande »[17].

Pour ce qui concerne le pragmatisme : Brandt est témoin et acteur de la « crise » dans laquelle se trouve enlisée la Communauté européenne dans la deuxième moitié des années 1960. S'il respecte la figure historique du général de Gaulle et trouve quelque intérêt dans sa vision d'une Europe de l'Atlantique à l'Oural, les conceptions sur l'organisation pratique de l'Europe n'ont, en réalité, pas beaucoup en commun[18]. Il n'y a pas seulement le sujet de l'adhésion de la Grande-Bretagne – qui conditionne presque tout et à laquelle Brandt est très favorable – mais aucune évolution ne semble envisageable dans des domaines tels que le rôle des institutions, la coopération politique, la coordination monétaire ou encore les questions de sécurité. En fait, Brandt s'efforce, surtout après le 2e veto contre l'entrée de la Grande-Bretagne, à jouer l'intermédiaire entre Paris et les autres partenaires européens afin d'éviter une aggravation ultérieure de la crise, voire même l'éclatement de l'Europe des Six. L'Europe ne se fera qu'avec la France, pas sans elle et encore moins contre elle.

En ces mêmes années, Brandt développe son idée d'un « ordre de paix européen » qui désigne l'ambition pour l'Europe dans une perspective à long terme[19]. Il s'agit de créer les conditions pour un rapprochement entre les deux parties de l'Europe et cela au moyen d'accords

---

[17] Pour l'étude détaillée, cf. les contributions dans Wilkens (ed.), *Wir sind auf dem richtigen Weg*.

[18] Willy Brandt, *Begegnungen und Einsichten. Die Jahre 1960-1975*, Hambourg, Hoffmann & Campe, 1975, pp. 130-162.

[19] Willy Brandt, « Notre objectif : un ordre de paix européen ». Discours prononcé devant le comité directeur de la Fondation Friedrich Ebert, Düsseldorf, 20 novembre 1967, in Willy Brandt, *Discours et publications du lauréat du Prix Nobel de la Paix 1971*, Bonn, Verlag Neue Gesellschaft, 1971, pp. 57-72.

multiples dans tous les domaines d'intérêt commun. La Communauté européenne dans son ensemble est ainsi appelée à devenir un acteur important entre les grands ensembles, capable de contribuer – plus qu'un État seul – à l'atténuation de la fracture du continent. Le processus lié à la Conférence d'Helsinki correspond, en grande partie, cet objectif. En même temps, Brandt plaide pour l'ouverture de l'Europe unie vers l'extérieur, que ce soit dans un dialogue structuré avec les États-Unis ou à l'égard des pays en voie de développement. Quand Brandt évoque, dans un courrier adressé au président Georges Pompidou, en novembre 1969, « la composante orientale de la politique européenne de l'Allemagne » pour parler de la politique à l'Est, il ne s'agit guère d'une coquetterie momentanée, mais bien du reflet d'une vision d'ensemble[20].

Avec la démission du général de Gaulle, les conditions de la politique européenne se trouvent modifiées, mais Brandt est aussi rapidement convaincu que son successeur se placerait, à beaucoup d'égards, dans la continuité.

En arrivant à la chancellerie, Brandt a déjà une large expérience des affaires européennes. Sa démarche consiste alors à chercher des solutions pratiques dans des domaines d'un évident intérêt commun, tels que la coopération économique et monétaire, la politique étrangère ou encore la coopération technologique et industrielle. En revanche, il assume un profil plutôt bas en ce qui concerne le renforcement – souhaité – des institutions communautaires, connaissant les réticences du côté français à cet égard. Ce qui importe dans un premier temps, c'est de relancer le projet européen et d'éviter de tout bloquer pour des « problème[s] de théologie »[21].

On sait que la conférence « au sommet » des chefs d'État et de gouvernement, réunie à La Haye, les 1er et 2 décembre 1969, réussit à fixer un programme ambitieux qui servira d'orientation pour les années à venir : les négociations avec la Grande-Bretagne, l'Irlande, le Danemark et la Norvège sont (re-)mises sur le chantier, tout comme le projet d'une Union économique et monétaire ou encore « des progrès dans le domaine de l'unification politique » ou une « réforme du Fonds social,

---

[20] Brandt à Pompidou, 27 novembre 1969, *Akten zur Auswärtigen Politik der Bundesrepublik Deutschland 1969*, Munich, Oldenbourg, 2000, n° 380.

[21] Ainsi Brandt à propos de l'extension des pouvoirs budgétaires du Parlement européen, évoquée avec Georges Pompidou dans l'entretien du 31 janvier 1970, Archives nationales, Fonds 5 AG 2, vol. 104. Cf. aussi Andreas Wilkens, « Relance et réalités. Willy Brandt, la politique européenne et les institutions communautaires », in Marie-Thérèse Bitsch (ed.), *Le couple France-Allemagne et les institutions européennes. Une postérité pour le Plan Schuman ?*, Bruxelles, Bruylant, 2001, pp. 377-418.

dans le cadre d'une concertation étroite des politiques sociales »[22]. Si Brandt n'est pas seul à réclamer cette évolution de la Communauté sur un front large, on lui reconnaît un rôle essentiel dans la nouvelle impulsion donnée au projet communautaire au tournant des années 1960/70. L'Europe, selon Brandt, ne devrait plus être « qu'une question d'organisation de marchés » ou « un bloc » dans l'affrontement Est-Ouest, mais bien « un système exemplaire qui pourra servir d'élément de construction à un règlement de paix paneuropéen bien équilibré »[23].

Le sort que connaîtront les différentes initiatives retenues à La Haye sera varié. Certaines seront réalisées à court terme (élargissement à d'autres pays, ressources propres de la Communauté), d'autres connaîtront une évolution lente mais certaine (coopération politique, politique régionale). Quant au projet d'une Union économique et monétaire, pour lequel le Plan Werner d'octobre 1970 – vivement salué par Brandt – projette l'adoption d'une monnaie commune dans un délai de dix ans, il devra être abandonné en mai 1971, dans les turbulences monétaires internationales[24]. Cependant, le sujet de la coopération monétaire ne quittera plus l'agenda européen, les différents acteurs prenant désormais la mesure des difficultés résultant des « cultures monétaires » différentes entre les principaux partenaires.

En 1972-74, Brandt tente de trouver de nouveaux terrains pour la politique européenne. Au sommet de Paris, en octobre 1972, il présente le projet pour une « union sociale » visant à intégrer dans la Communauté un espace de discussion et de négociation entre les partenaires sociaux[25]. En automne 1973, suite à l'initiative de Jean Monnet, il est partisan de l'introduction de la périodicité des réunions des chefs d'État et de gouvernement, ce qui aboutira plus tard à l'institution du Conseil européen. Le gouvernement de Bonn s'avance même dans le domaine de la sécurité et de la coopération militaire, en sous-estimant sans doute les pro-

---

[22] Communiqué publié à l'issue de la conférence, *La politique étrangère de la France. Textes et documents*, 2ᵉ sem. 1969. Cf. aussi Jan van der Harst (ed.), *Beyond the Customs Union. The European Community's Quest for Deepening, Widening and Completition*, Bruxelles, Bruylant, 2007 ; *The Hague Summit of 1969*, numéro thématique de la *Revue d'Histoire de l'intégration européenne* 9 (2003), 2, coord. par Jan van der Harst.

[23] Déclaration de Brandt à La Haye, 1ᵉʳ décembre 1969, *Bulletin des Presse- und Informationsamtes der Bundesregierung*, 2 décembre 1969, n° 146, pp. 1241-1243.

[24] Andreas Wilkens, « Willy Brandt, l'Europe et le mark », in *Georges Pompidou face à la mutation économique de l'Occident, 1969-1974*, éd. par l'Association Georges Pompidou, s. la dir. d'Éric Bussière, Paris, Presses universitaires de France, 2003, pp. 47-68.

[25] Déclaration du 19 octobre 1972 à la conférence de Paris, *Bulletin des Presse- und Informationsamtes der Bundesregierung*, 20 octobre 1972, n° 147, pp. 1753-1760 (y compris le memorandum).

blèmes soulevés. Les conséquences du premier choc pétrolier, comme aussi les tensions monétaires et les difficultés posées par la Grande-Bretagne conduisent toutefois à une nouvelle crise de la Communauté en 1973-1974.

Le bilan des années 1969-1974, en matière européenne, est donc nécessairement complexe. Brandt lui-même, en novembre 1974, six mois après sa démission, établit une analyse sans concession de l'état de la construction de l'Europe[26]. Il rend hommage aux pères fondateurs français sans lesquels le processus n'aurait guère pris son départ, mais il déplore aussi la « longue attente de la France », les années précédentes, dans certaines questions centrales. Constatant un « profond malaise » qui traverse l'Europe, Brandt juge nécessaire l'établissement d'un programme resserré capable de sauvegarder « la substance » de la Communauté. La situation est jugée critique à tel point qu'il propose, pour la méthode, une « intégration graduée », permettant à certains pays (France, Allemagne, Benelux) d'aller plus loin que d'autres dans l'intégration économique – tout en renforçant « le toit commun ».

Si, au regard de l'année 1974, des inquiétudes sont justifiées, le quinquennat dans son ensemble a largement contribué à transformer la Communauté européenne et à élargir son assise. Bon nombre des initiatives prises dans les différents domaines d'approfondissement ne développeront leurs effets à moyen terme. Certaines idées avancées par Brandt en particulier ne trouveront qu'une réalisation nettement insuffisante, telle l'Europe sociale ou la politique énergétique. Au-delà des matières spécifiques, Brandt avait bien l'intuition que, au fond, seule une « mobilisation » venant de la part de la société civile européenne serait en mesure de donner à l'Europe le souffle indispensable[27].

III. Willy Brandt, l'unification allemande et l'Europe

Dans la période de la chute du Mur et de l'unification des deux États allemands en 1989/1990, Willy Brandt revient au premier plan de la politique en Allemagne. Dans ce bouleversement historique, déclenché soudainement à la sortie de l'été 1989, le rôle de la « nation » allemande était à redéfinir, tout comme les rapports de la République fédérale avec ses voisins et son implication dans la construction européenne.

Les positions prises par Brandt, à l'époque, n'allaient pas sans surprendre certains, jusqu'au sein même de la social-démocratie allemande. À vrai dire, Brandt prenait une bonne partie du SPD à contre-pied en

---

[26] Discours du 19 novembre 1974 devant l'organisation française du Mouvement européen, Paris, extraits in *Europa-Archiv*, n° 2, 1975, D 33-D 38.

[27] *Id.*, D 37.

plaidant pour la prise en compte de la revendication d'unification émise à l'Est et qui surprend la majorité des Allemands de l'Ouest. Dans cette accélération extraordinaire de l'Histoire, Brandt conçoit très tôt, dans un premier temps, la mise en place de structures confédérales entre les deux États allemands (novembre 1989) avant de partager les plans pour la mise en place rapide de l'Union économique et monétaire et enfin d'adopter et de défendre, avec détermination, la solution de l'unification pleine et entière à brève échéance[28]. Le mot célèbre « Maintenant s'unit ce qui ne fait qu'un », condensé de sa pensée plutôt qu'une phrase littéralement prononcée[29], renvoie à la force « naturelle » du processus en cours, en s'abstenant de toute allusion nationale ou nationaliste.

Brandt jette ainsi tout son poids dans la balance pour que son parti, dans l'opposition, « ne s'embrouille pas dans la question de l'unité nationale », comme il le formule le 11 novembre[30]. Faire de l'existence de deux États allemands un « dogme » serait aussi aberrant que de voir dans la formation d'un État national unitaire le seul débouché possible de l'appel de la Loi fondamentale.

Brandt, l'Européen et l'internationaliste, aurait-il changé d'orientation sur le tard ou, tout au moins, déplacé ses priorités en s'engageant de façon si prononcée pour la réalisation de l'unité allemande ? À regarder de près, on décèle dans les propos tenus par Brandt, en interne comme en public, des considérations et des valeurs, des convictions et des principes qui ont jalonné une large partie de sa vie politique.

Le premier argument invoqué par Brandt est toujours le « droit à l'autodétermination » dont on ne saurait priver le peuple allemand. La volonté d'unité émanait, à partir d'un certain moment, d'une manière incontestable des hommes et des femmes de l'Allemagne de l'Est. À ses yeux, il devait revenir à eux de se déterminer sur la volonté de vivre ensemble et les formes possibles. Ce qui compte pour Brandt, c'est l'aspiration à « l'unité venant d'en bas » qui se développe au lendemain

---

[28] Andreas Rödder, *Deutschland einig Vaterland. Die Geschichte der Wiedervereinigung*, Munich, Beck, 2009 ; Peter Merseburger, *Willy Brandt 1913-1992. Visionär und Realist*, Stuttgart, Munich, Deutsche Verlags-Anstalt, 2002, pp. 804-862 ; Daniel Friedrich Sturm, *Uneinig in die Einheit. Die Sozialdemokratie und die Vereinigung Deutschlands 1989/90*, Bonn, Verlag Dietz, 2006, en particulier pp. 195-253.

[29] Bernd Rother, « Gilt das gesprochene Wort ? Wann und wo sagte Willy Brandt "Jetzt wächst zusammen, was zusammengehört" ? », in *Deutschland Archiv* 33 (2000), pp. 90-93.

[30] Compte-rendu du comité directeur du SPD, 11 novembre 1989, in Brandt, *Gemeinsame Sicherheit*, p. 395. « Es komme darauf an, dass sich unsere Partei in der Frage der nationalen Einheit nicht verheddere […]. »

de l'ouverture du Mur et à laquelle la politique se devait de trouver une réponse adéquate et historiquement juste[31].

Il y a ensuite l'idée profondément ancrée selon laquelle la séparation en deux États ne pouvait être considérée comme la sanction de l'Histoire pour les crimes commis sous le régime national-socialiste. Devant le congrès du SPD, réuni à Berlin, le 18 décembre 1989, Brandt est très explicite à cet égard : « Une culpabilité aussi grande soit-elle d'une nation ne saurait être purgée par une division imposée pour une durée indéterminée. »[32] Bien que la politique de « détente » des années 1970 ait atténué les tensions immédiates et trouvé les formes nécessaires pour une cohabitation pacifique entre les deux États allemands, l'Histoire – selon Brandt – n'a pas dit son dernier mot. De nouvelles circonstances pouvaient réclamer de nouvelles réponses, conformes aux aspirations librement exprimées.

Concernant l'Europe, Brandt ne cache pas une certaine impatience. Il ne serait écrit nulle part que les Allemands devaient « attendre sur une voie de garage jusqu'à ce qu'un train paneuropéen arrive dans la gare ». Bien entendu, il s'agirait de coordonner les deux trains afin d'éviter des carambolages[33]. Brandt prend ainsi le contre-pied de ceux qui avancent que l'unité européenne était le préalable nécessaire de l'unité allemande.

Toutefois, comme depuis plus de 20 ans, Brandt récuse toujours la particule « ré- » dans le terme de « réunification » allemande. Il ne pouvait guère s'agir d'un retour à une situation antérieure – appelée, par contraste, « l'empire de Bismarck » – mais d'une construction inédite sur des bases nouvelles[34].

L'unification de l'Allemagne suppose aussi, pour Brandt, une position dépourvue de la moindre ambiguïté par rapport à toutes les autres frontières, et en premier lieu celle entre l'Allemagne unifiée et la Pologne. C'est un des deux aspects importants sur lesquels Brandt se trouve en désaccord avec la démarche du chancelier Helmut Kohl : l'absence d'engagement politique ferme à propos de la frontière Oder-Neisse dans le fameux « programme en 10 points », présenté par le

---

[31] Citation : Intervention de Brandt devant le groupe parlementaire du SPD, 29 novembre 1989, in Brandt, *Gemeinsame Sicherheit*, pp. 395-397 (p. 397).

[32] « Noch so große Schuld einer Nation kann nicht durch eine zeitlos verordnete Spaltung getilgt werden. » Extraits du discours du 18 décembre 1989, in Brandt, *Gemeinsame Sicherheit*, pp. 417-424 (p. 422).

[33] *Id.*, p. 420-421.

[34] Cf. Willy Brandt, *Erinnerungen*, Francfort, Propyläen, 1989, pp. 153-159 (passages écrits avant les bouleversements en RDA).

chancelier le 28 novembre 1989, même si le caractère définitif de la frontière était évident aux yeux de tous[35].

Le deuxième sujet de critique – bien que la démarche générale du chancelier est acceptée dans le fond – concerne la dimension « européenne », comprenant l'Est et l'Ouest. Brandt reste convaincu que les Allemands ne sont pas seuls pour décider du sort de la question allemande. Aucun doute pour Brandt que l'unification allemande ne constitue qu'un sous-phénomène de l'unification de l'ensemble du continent. Ses multiples interventions dans les médias européens tournent autour de cet aspect central. Ses réflexions portent ainsi très tôt sur la manière d'organiser, à l'avenir, les rapports entre la Communauté européenne et l'ensemble des pays d'Europe centrale et orientale[36]. L'ancrage de la RFA dans l'Europe communautaire, lui, n'est à aucun moment en jeu ou négociable.

À ceux qui semblent craindre le poids excessif d'une Allemagne unifiée au cœur de l'Europe, Brandt répond de la même façon que 20 ans plus tôt, lors de la conférence de La Haye : plus d'Europe ! Ce qui était, à l'époque, l'élargissement et l'approfondissement de la Communauté, était en 1990 la mise en route de l'Union économique et monétaire et le développement de la dimension « politique » de l'Europe[37].

Sans hésiter, Brandt reconnaît l'intérêt légitime que l'Europe possède à l'égard des implications du règlement de la question allemande. Mais à l'occasion pointe aussi l'agacement à l'égard de ceux qui, à l'instar de la Premier ministre britannique, faisaient tout pour freiner à la fois la construction européenne et l'unification allemande[38].

Dans son discours déjà cité, du 4 mai 1992, devant des sociaux-démocrates au Luxembourg, Brandt renouvelle son appel pour une Union européenne « approfondie » qui s'appuie sur des concepts « réalistes »[39]. Le Traité de Maastricht trouve son approbation, même s'il considère qu'il n'allait pas suffisamment loin, notamment dans l'élargissement des pouvoirs conférés au Parlement européen, dans l'affirmation de l'Union sociale, dans l'effort pour une politique étrangère, de sécurité et de développement commune.

---

[35] Interview avec des journaux européens, 14 décembre 1989, in Brandt, *Gemeinsame Sicherheit*, pp. 406-416 (p. 406-407) (interview mené le 29 nov. 1989).

[36] Interview avec *Midi Libre* (Montpellier), in Brandt, *Gemeinsame Sicherheit*, pp. 424-431.

[37] *Id.*, p. 409. (« Wer Angst hat vor dem DM, muss den ECU stark machen. »)

[38] *Id.*, p. 415.

[39] Discours, « Auf dem Weg zu einer neuen Architektur Europas », in Brandt, *Gemeinsame Sicherheit*, p. 535.

Il est dans la continuité de ses expériences antérieures quand il prend à son compte le terme et le concept de « subsidiarité » en se référant à Jacques Delors. Dans ses propres termes : la Maison européenne aurait besoin d'un « règlement intérieur », mais chacun devrait avoir « la liberté de meubler sa pièce selon ses propres goûts »[40].

Si la diversité des Européens s'inscrivait dans l'Histoire et constituait finalement leur force, l'Europe devrait aussi aller jusqu'au bout des « dividendes de l'intégration ». Dénonçant la timidité de l'accord entre les Européens, Brandt affirme ainsi qu'en matière économique et financière, une démarche limitée à une « vague harmonisation des intérêts nationaux » ne saurait être suffisante pour assurer la croissance et la stabilité monétaire à long terme.

On ne saisit l'importance de l'enjeu européen aux yeux de Willy Brandt qu'en prenant en compte une perspective longue. La réflexion s'appuie, depuis la fin des années 1930, sur la conviction que les Européens sont profondément liés par des intérêts communs, le premier d'entre eux étant le maintien de la paix – objectif lui-même lié à la liberté et à la démocratie.

À travers les décennies, on peut dégager un certain nombre d'idées récurrentes qui font la spécificité de la vision de Brandt.

En premier lieu, Brandt a une vision large de l'Europe qui comprend aussi bien le Nord que le Sud, l'Est et l'Ouest. Des exclusions semblent absurdes dans cette perspective, si bien que l'entrée de la Grande-Bretagne et des pays scandinaves, l'adhésion de l'Espagne, de la Grèce et du Portugal, tout comme l'ouverture aux pays d'Europe centrale et orientale ne font que rétablir la géographie naturelle de l'Europe, la font coïncider avec l'Europe organisée. Cependant, devant les difficultés de donner à l'Europe une dimension proprement politique, Brandt est tenté, par moments, par l'idée d'une organisation différenciée, distinguant entre les pays faisant partie d'un « noyau dur » et ceux d'un cercle plus large.

Brandt n'a jamais perçu d'opposition entre le règlement de la question allemande dans le sens de l'unité et le projet de construction d'une Europe unie. Bien au contraire : la construction d'un cadre européen était une condition indispensable pour faciliter une solution qui ne pourrait être trouvée qu'avec l'accord de l'ensemble des pays européens. En toute hypothèse, il fallait compter avec des échéances longues et il ne faisait aucun sens de freiner un processus pour favoriser, éventuellement, l'autre.

---

[40] *Id.*, p. 537.

Au sortir de la guerre, l'Allemagne avait un intérêt particulier dans la construction d'un ensemble européen. Brandt s'engage pour un rôle actif de la politique allemande, appelée à développer ses propres conceptions et ses propres initiatives. C'est l'idée de la « normalisation » nécessaire de la situation politique de l'Allemagne fédérale, devenue un pays « adulte » au moins vers la fin des années 1960. Elle a les mêmes intérêts légitimes à défendre que ses voisins. Le souci de l'égalité s'applique, par ailleurs, aussi aux « petits » pays européens dont Brandt respectait la spécificité.

Brandt faisait beaucoup attention aux mots qu'il employait et n'adoptait pas facilement le terme de « l'identité européenne ». Il ne reflète pas bien l'existence d'identités multiples et pourrait laisser penser à la fermeture de l'Europe à l'égard des autres parties du monde.

Le sens de l'Histoire, pourtant, il était clair. Si les États ou les nations en Europe n'étaient pas prêts à disparaître, il était convaincu que « l'État-nation ne constituait plus le sens et l'accomplissement de l'Histoire », comme il l'affirme à la tribune des Nations unies, en septembre 1973[41]. Désormais, « la souveraineté des citoyens comme des peuples ne pourrait plus être assurée que dans des communautés plus vastes ».

Près de vingt ans plus tard, au Luxembourg, Brandt poursuit le même raisonnement. Il évoque le concept d'une « politique intérieure à l'échelle du monde » et exige qu'il soit rempli de contenu. Nul doute que seule une Europe unie serait en mesure d'y faire une contribution à la hauteur de l'histoire du continent.

For a democratic Germany in a united Europe: Willy Brandt, History, and European construction

The European question, in the sense of Germany as part of a European whole and of the sense to be given to the construction of Europe, has been a major topic for Willy Brandt for over 50 years.

His first published thoughts on what he then presented as the "dream of the United States of Europe" go back to December 1939; the political émigré in Norway at the age of 26 was fully conscious of the abyss that separated dream from reality.

In May 1992, in Luxembourg, Willy Brandt gave his last speech on the subject. The title of the speech made understand that there were new challenges ahead: "Towards a new architecture for Europe". This long

---

[41] Discours devant l'Assemblée générale des Nations unies à New York, le 26 septembre 1973, in *Bulletin des Presse- und Informationsamtes der Bundesregierung*, 27.9.1973, n° 119, pp. 1173-1180.

history of over half a century naturally invites an exploration of the nature of European ideas as developed by Brandt, their scope, and their originality.

Clearly, the topic of the construction of Europe has never been an exclusive subject for Brandt. It is therefore important to ponder the connection with other major political challenges, beginning with the fundamental one of settling the German question.

Für ein demokratisches Deutschland in einem geeinten Europa – Willy Brandt, Geschichte und der europäische Einigungsprozess

Die europäische Frage im Sinne der Eingliederung Deutschlands in eine europäische Gemeinschaft wie die Frage nach dem Sinn des europäischen Einigungsprozesses gehörten für Willy Brandt über 50 Jahre lang zu den wichtigsten Themen.

Erste veröffenlichte mit seinen Überlegungen zu dem, was er zu dieser Zeit als seinen „Traum von vereinigten Staaten von Europas" vorstellte, gehen auf Dezember 1939 zurück. In seinem Exil in Norwegen war sich der 26-jährige Emigrant sehr wohl der tiefen Kluft zwischen Traum und Wirklichkeit bewusst.

Im Mai 1992 hielt Willy Brandt in Luxemburg seine letzte Rede zu diesem Thema, eine Rede, deren Titel deutlich macht, dass neue Herausforderungen warteten: „Auf dem Weg zu einer neuen Architektur Europas". Dieser lange Prozess, der sich über mehr als ein halbes Jahrhundert hinzog, lädt ganz selbstverständlich dazu ein, die von Brandt entwickelten Ideen zu Europa, ihre Reichweite und ihre Besonderheit zu ergründen.

Natürlich besaß das Thema des europäischen Einigungsprozesses für Brandt nie Ausschließlichkeit. Es ist daher angebracht, die Frage nach dem Zusammenspiel mit anderen politischen Kernproblemen zu stellen zuallererst der Regelung der „deutschen Frage".

181

Troisième partie

Construire l'Europe au temps des crises

« Unir l'Europe pour unir le monde »

La pensée et l'action de Mario Albertini

Daniela PREDA

Mario Albertini incarne la figure du précurseur politique : celui qui œuvre, pense, se meut dans une réalité encore en devenir, et qui contribue à construire quelque chose de nouveau. Sa personnalité n'est ni bien connue ni étudiée. Professeur à la Faculté de sciences politiques de l'Université de Pavie[1], il n'est ni un homme de gouvernement ni un diplomate, mais est un homme politique dans le sens le plus profond du terme. Pendant toute sa vie, il a œuvré pour un idéal – le fédéralisme – étant animé par un sens profond de la responsabilité et une grande honnêteté intellectuelle, dans la conviction que la politique est au service des gens[2] et que la pensée et l'action ne peuvent être disjointes. Ses enseignements théoriques et pratiques ont fait de lui un chef d'école reconnu et ont formé des générations de fédéralistes européens. Albertini a donné une contribution fondamentale à la culture du fédéralisme de la deuxième moitié du XXe siècle.

Né à Pavie en 1919, sa formation est profondément marquée par son époque, par la dictature fasciste, l'entrée en guerre de l'Italie en 1940 aux côtés de l'Allemagne nazie, le débarquement des alliés en Sicile, la chute du fascisme le 25 juillet 1943 et la déclaration de l'armistice le 8 septembre, la constitution de la République de Salò, la Résistance, la Libération le 25 avril 1945. Malgré un antifascisme immédiat, tributaire de la pensée et de l'engagement de Benedetto Croce[3], il fait son service

---

[1] Albertini obtint en 1959 la *libera docenza* de Doctrine de l'État, c'est-à-dire l'habilitation à l'enseignement de cette matière. Il enseigna Histoire contemporaine (1959-1965), Science de la politique (1964-1967), Doctrine de l'État (1967-1974), Philosophie de la politique (1974-1979), et devint *professore ordinario* de cette dernière discipline en 1980.

[2] Cf. Giulio Guderzo, *Mario Albertini dalla sinistra liberale all'impegno federalista (1946-1957)*, in « Il Politico », LXXII (2007), n° 214 (janvier-avril), pp. 201-218.

[3] Cf. Daniela Preda, *All'avanguardia dell'Europa. I primi vent'anni del Movimento federalista europeo a Pavia*, in « Bollettino della Società pavese di Storia patria », 1985, pp. 153-215 ; Giulio Guderzo, *In ricordo di Mario Albertini*, in *I movimenti per l'unità europea 1970-1986*, sous la direction d'Ariane Landuyt et Daniela Preda,

militaire en qualité d'officier pendant la Deuxième Guerre mondiale. Parti de Rhodes pour revenir en Italie au chevet de son père malade, et pendant le débarquement allié, il refuse en 1943 de s'enrôler dans les milices de la nouvelle République sociale italienne. Dans l'immédiat après-guerre, étant attiré par la « religion de la liberté » de Croce, il s'inscrit d'abord au parti libéral mais il sera vite déçu. C'est à Pavie, où il devient secrétaire de la section du Mouvement fédéraliste européen (MFE) en 1953, que commence son aventure européenne, intellectuelle et politique[4].

Il est particulièrement difficile d'opérer *a posteriori* une reconstruction de son engagement tant il était multiple, relevant à la fois de la sphère scientifique, culturelle au sens large, et civile. Il nous est toutefois possible de souligner certains éléments qui se sont inscrits dans la longue durée afin de mieux comprendre la richesse d'une personnalité aussi polyvalente. Avant toutes choses, le rapport entre pensée et action, culture et politique, entre homme d'études et militant fédéraliste. Ensuite la conscience profonde de l'intime connexion entre l'histoire et l'avenir, entre le passé et les perspectives *de iure condendo*, qui fournit d'un côté une bonne clé de lecture pour appréhender sa réflexion théorique, et véhicule de l'autre l'idée du rôle que chacun est appelé à jouer dans l'histoire. Enfin son enracinement à Pavie, dans le milieu urbain, l'importance du rapport entre centre et périphérie dans une conception mûre de la démocratie, qui est une seule et même chose avec son engagement total et passionné pour la cause de la fédération européenne.

Ma communication se focalisera notamment sur la première de ces caractéristiques, en s'appuyant d'une part sur les papiers récemment réunis et publiés par Nicoletta Mosconi en neuf gros volumes[5], d'autre part sur les nombreux écrits d'Albertini. En toile de fond, les événements européens, mais surtout l'histoire du MFE, déjà abordée dans le cadre de mon mémoire de maîtrise[6], et l'histoire de l'UEF[7].

Bologne, Il Mulino, 2000, tome I, pp. 23-36, aujourd'hui in Giulio Guderzo, *Compagni di viaggio*, Milan, Unicopli, 2007, pp. 19-31.

[4] Cf. Daniela Preda, *La génération de la guerre et les premières batailles pour l'unité européenne : Mario Albertini*, in *Générations de fédéralistes européens depuis le XIXe siècle : individus, groupes, espaces et réseaux*, Bruxelles, PIE Peter Lang, en cours de publication.

[5] Mario Albertini, *Tutti gli scritti*, sous la direction de Nicoletta Mosconi, 9 volumes, Bologne, Il Mulino, 2006-2010.

[6] Daniela Preda, *Per una storia del MFE. La nascita dell'autonomia federalista e il contributo pavese*, Université de Pavie, a.a. 1982-1983.

[7] Sergio Pistone, *L'Unione dei Federalisti Europei. Dalla fondazione alla decisione sull'elezione diretta del Parlamento Europeo (1946-1974)*, Naples, Guida, 2008.

Albertini est devenu secrétaire de la section pavesane du MFE en 1953. Ses débuts politiques se déroulent en pleine bataille pour la ratification de la CED et pour la Communauté politique européenne, aux côtés des partis centristes, guidés en Italie par la DC de De Gasperi. Mais bientôt avec la chute de la CED, en août 1954, et le début du processus de décrispation à la mort de Staline s'estompent les principaux fondements du soutien fédéraliste à l'action des gouvernements. Au cours des années 1952-1954, l'histoire de l'intégration européenne s'était développée, du point de vue stratégique, en réalisant la convergence entre approche fonctionnaliste (CECA, CED) et approche constitutionnaliste (CEP), mais après la chute de la CED une telle convergence devenait impossible. À partir du mois d'août 1954, le MFE, en ferment, fera éclore une nouvelle réflexion. En octobre, Spinelli publie dans « Europa Federata » un article programmatique intitulé *Nuovo corso*[8]. Dans le nouveau contexte européen, il n'était plus possible – selon lui – de penser à un rôle « jésuitique » du fédéralisme, s'adressant seulement aux chefs et aux élites dirigeantes et non pas au peuple, afin de faire naître l'état fédéral. Une telle stratégie faisait désormais partie du passé. Dans la mesure où les gouvernements abandonnaient la politique européenne, il fallait passer à un rôle d'opposition au gouvernement mais aussi « au régime et à la communauté ». Il fallait donc dans cette optique, d'un côté une organisation capillaire, de l'autre un approfondissement théorique approprié. Le premier objectif de l'action devait être la convocation d'une Assemblée constituante élue par les « peuples européens libres », l'élaboration d'une Constitution européenne et sa ratification à travers des « référendums populaires ». Une fois esquissée la nouvelle ligne politique du MFE, il fallait créer une force fédéraliste autonome, affranchie des partis, bien plus consciente d'elle-même, prête à s'engager dans des actions politiques concrètes et décisives. La plateforme d'une telle force s'incarnait pour Spinelli dans un nouveau sujet : le « peuple européen »[9].

---

[8] Altiero Spinelli, *Nuovo corso*, in « Europa Federata » (nous écrirons désormais « EF »), 7 (1954), n° 10 (octobre). L'article a été republié in Altiero Spinelli, *L'Europa non cade dal cielo*, Bologne, Il Mulino, 1960, pp. 205-216, avec de légères modifications formelles probablement apportées par l'auteur lui-même. Il apparaît, en outre, dans une deuxième version, in *Trent'anni di vita del MFE*, sous la direction de Lucio Levi et Sergio Pistone, Milan, Franco Angeli, 1973, pp. 191-201.

[9] Spinelli aurait théorisé pour la première fois le rôle du peuple européen en avril 1955. Cf. Altiero Spinelli, *Il popolo europeo*, in « EF », 8 (1955), n° 7 (1er avril). L'article a ensuite été publié in Spinelli, *L'Europa non cade dal cielo, op. cit.*, pp. 223-226 et in *Trent'anni di vita del MFE, op. cit.*, pp. 201-204. Albertini aurait affirmé : « Quand on dit peuple européen, lutte du peuple européen pour la Constituante européenne […] on prononce le terme discriminant qui permet de séparer les vrais Européens des faux Européens ». Mario Albertini, *Scegliere l'Europa*, in « Europa Federata »,

C'est tout naturellement, avec la ferveur qui le caractérise qu'Albertini secondera Spinelli dans le « nouveau cours » européen, y apportant une contribution fondamentale et innovante aussi bien du point de vue théorique que pratique.

Au milieu des années 1950[10], deux exigences incontournables fonderont son action. La première est la constatation de l'existence, pour quiconque voudrait changer les choses, d'une réalité – la réalité européenne – qui ne se reconnaissait pas dans la réalité officielle et que les fédéralistes étaient appelés à consolider « pour lui faire prendre conscience de son état »[11]. La deuxième, qui concerne le rôle que les fédéralistes allaient devoir jouer pour peser sur cette réalité et en infléchir le cours, a des effets immédiats sur la nature même du Mouvement. Inscrite dans la durée, alternative, leur opposition s'affirmait non seulement contre les gouvernements mais contre les États nationaux eux-mêmes : c'est seulement ainsi qu'auraient pu être formés les « cadres » en mesure de devenir protagonistes de la lutte fédéraliste[12]. La figure du militant proposée par Albertini s'insère pleinement dans cette perspective : c'est seulement par le biais d'une préparation approfondie et méthodique que les fédéralistes allaient devenir un jour l'avant-garde consciente du peuple européen.

Une équipe politique semblable, autonome, capable de « forcer » les gouvernements à effectuer le choix d'une constituante européenne[13], telle que la souhaitait Spinelli, est créée par Albertini entre 1955 et le début des années 1960. Elle répondait à certains engagements précis qui insistaient sur l'idée d'autonomie : l'autonomie culturelle, grâce à un travail d'approfondissement théorique du fédéralisme ; l'autonomie politique, grâce à la non participation des partis nationaux ; l'autonomie organisationnelle, par le biais d'une formation et sélection rigoureuse des militants ; l'autonomie financière, grâce à l'autofinancement. C'est sur cette base, autour d'Albertini, que naîtra en marge du Congrès de

---

8 (1955), 15 décembre, aujourd'hui in *Tutti gli scritti, op. cit.*, I, *1946-1955*, Bologne 2006, pp. 885-890.

[10] Albertini mise fermement sur une idée encore en germe, l'idée d'autonomie politique, à moins d'un mois de la chute de la CED. Cf. Mario Albertini, *La formula del Movimento*, in « EF », 8 (1955), 16-30 septembre, et *id.*, *La formula del movimento oggi*, 8 (1955), 16-30 octobre, aujourd'hui in *Tutti gli scritti*, I, *op. cit.*, pp. 793-797 et pp. 849-854.

[11] Mario Albertini, *Dottrinari e realisti*, in « EF », 8 (1955), n° 14 (15-30 juillet), aujourd'hui in *Tutti gli scritti*, I, *op. cit.*, pp. 741-746.

[12] M. Albertini, *La formula del Movimento oggi, op. cit.*

[13] Sergio Pistone, *Altiero Spinelli e Mario Albertini : la Costituente europea*, in *Storia e percorsi del federalismo*, sous la direction de D. Preda et C. Rognoni Vercelli, *op. cit.*, tome II, pp. 893-913.

Lyon en 1962 le courant d'« Autonomia federalista » au sein même du MFE.

En octobre 1955 Albertini est nommé responsable de la Commission des cadres, qui compte en son sein Mario Da Milano et Ivo Murgia. Par manque de fonds, la Commission est obligée de se dissoudre dès le mois de mai 1956, non sans avoir promu au préalable certains congrès inter-régionaux et publié deux numéros d'une « Lettre au militant »[14]. L'action d'Albertini se poursuit toutefois aussi bien à travers l'approfondisse-ment théorique de la figure du militant et de ses devoirs[15], qu'à travers l'organisation d'écoles de cadres et un contact quotidien et patient avec les jeunes, qui étaient fascinés par sa personnalité charismatique[16]. Albertini arrive ainsi à former un groupe de militants profondément engagés en faveur de l'Europe unie au cours des décennies suivantes.

Si la base du mouvement était représentée, pour Albertini, par une élaboration théorique et culturelle nouvelle et approfondie, c'était toute-fois l'action politique qui permettait l'insertion dans la réalité. En étu-diant le Fédéralisme, en sa qualité de force politique élémentaire, il arrive à tracer trois différents niveaux de comportement politique[17] auxquels peuvent correspondre trois types de choix fédéralistes[18]. Au stade le plus bas nous trouvons un choix de type « moral », dérivant de la conscience de la contradiction entre les valeurs de la démocratie et la réalité de l'État national. Un niveau, celui-ci, peu actif, qui correspond à celui qu'Albertini allait définir dans certains de ses écrits d'« euro-péisme diffus »[19]. Au deuxième stade, celui-là central, correspond un

---

[14] La lettre n° 2, in « Il federalista europeo », supplément de « EF », août 1956, n° 13-14.

[15] Les interventions d'Albertini à ce sujet sont publiées in « Europa Federata ». Cf. en particulier Mario Albertini, *Il piano della nostra azione*, in « EF », 9 (1956), n° 9-10 (juin) ; *id.*, *Gli argomenti dei militanti*, in « EF », 9 (1956), n° 12 (30 juillet) ; *id.*, *Le letture dei militanti*, in « EF », 9 (1956), n° 13-14 (août), aujourd'hui in *Tutti gli scritti*, *op. cit.*, II, *1955-1956*, Bologne, 2006, respectivement pp. 169-172, pp. 207-211, pp. 233-236.

[16] Il reproduit ainsi à l'échelle nationale l'œuvre de prosélytisme parmi les universi-taires qui avait si bien porté ses fruits à l'échelle locale, à Pavia. Voir la « conversion au fédéralisme des étudiants pavesans » in Giulio Guderzo, *in ricordo di Mario Al-bertini*, *op. cit.*

[17] Celui-ci et les niveaux suivants correspondent à la théorisation des comportements politiques contenue dans l'essai Mario Albertini, *La politica*, in « Il Federalista », 2 (1960), n° 1 (janvier), pp. 23-41, aujourd'hui in *Tutti gli scritti*, *op. cit.*, III, *1958-1961*, Bologne, 2007, pp. 497-520.

[18] Mario Albertini, *I tre gradi dei militanti*, in « EF », 9 (1956), n° 15 (septembre), aujourd'hui in *Tutti gli scritti*, II, *op. cit.*, pp. 243-247.

[19] Mario Albertini, *L'intégration européenne*, nouvelle version du rapport « Sviluppo dell'integrazione europea e relative influenze internazionali » présenté par Albertini au colloque des Facultés italiennes de Sciences Politiques (Florence, 11-12 mai

comportement peut-on dire « intellectuel », la conscience que les états nationaux n'ont plus le pouvoir matériel de résoudre les grands problèmes. Dans ce cas-là aussi on est loin de quelque chose de concret. Dans le domaine de la lutte pour l'Europe, ce comportement correspond à l'« européisme organisable », formé par ceux que l'on appelle les « sympathisants »[20]. Au troisième stade, le plus élevé, se trouve la volonté fédéraliste proprement dite, non plus morale ou intellectuelle, mais bien « politique ». Seuls les « militants » fédéralistes sont arrivés à ce grade de conscience européenne, en constituant une « avant-garde » sur la voie de l'intégration européenne. Ils font partie de l'« européisme organisé », l'expression tangible du premier niveau de comportement politique, celui qui comprend peu d'hommes « qui font de la politique la fin principale de leur vie »[21]. C'est seulement à ce stade que se situe la compréhension de l'impasse qui empêche le développement de l'action démocratique et que se fait jour la nécessité d'une action qui dépasse les barrières nationales, d'une action européenne. Si, pour Albertini, « l'européisme diffus constitue la force populaire à engager dans la lutte pour l'Europe », « l'européisme organisé et l'européisme organisable constituent la classe politique de cette lutte, le guide de l'européisme diffus »[22].

Le passage à l'action est désormais rapide. Dans la seconde moitié des années 1950, Albertini prête son concours à Spinelli ; au cours de la réunion d'un Congrès du peuple européen, il propose des élections primaires dans les différentes villes d'Europe, une forme de réalisation concrète de la bataille politique soutenue depuis longtemps par les fédéralistes. Ainsi pouvait se constituer depuis la base une organisation politique autonome et supranationale de lutte fédéraliste, l'organisation d'une vie politique européenne qui rendrait visible l'opposition du fédéralisme au système des états nationaux, en mobilisant les trois niveaux de participation politique («celui restreint du groupe des militants ; celui, plus étendu, de la vie associative fédéraliste ; celui, infini, de la participation populaire au vote »[23]). Albertini lui-même s'engage avec ferveur dans l'action politique du CPE qui débute entre 1956 et 1957 : un « Comité d'initiative pour le CPE » est constitué le 9 avril 1956 ; en

---

1963), in « Le Fédéraliste », VII (1965), n° 3-4, pp. 149-168) et in Mario Albertini, *L'integrazione europea e altri saggi*, Pavia, Il Federalista, 1965, et aussi in *Trent'anni di vita del MFE*, sous la direction de Lucio Levi et Sergio Pistone, Milan, Franco Angeli, 1973, pp. 24-25.

[20] Le terme « sympathisant » était déjà présent dans le *Manifesto di Ventotene*.

[21] Albertini, *La politica*, *op. cit.*, p. 25.

[22] *L'intégration européenne*, in « Le Fédéraliste », *op. cit.*, p. 159.

[23] Mario Albertini, *I militanti e il Congresso*, in « EF », 9 (1956), n° 17 (15 octobre), aujourd'hui in *Tutti gli scritti*, II, *op. cit.*, pp. 257-259.

concomitance avec une formation des militants de la durée de quatre semaines, formation tenue par Albertini, allait se tenir au mois de juillet un congrès à Stresa qui se révélerait fondamental pour la mise en route de l'action ; au cours des derniers mois de l'année se tiennent les premières manifestations du Comité d'initiative ; à la fin du troisième stage tenu par le MFE, se déroule à Salice Terme, dans la province de Pavie, une assemblée préparatoire du Congrès. Ensuite, se déroulent à l'automne 1957 les premières élections à Anvers, Genève, Lyon, Maastricht, Milan, Strasbourg, et enfin Turin où allait se tenir le premier Congrès du peuple européen.

Malgré les succès et la multiplication des élections dans de nombreuses villes d'Europe, le CPE ne peut que reconnaître son impuissance parce que son action, conduite sur une base populaire, ne pouvait peser sur la réalité qu'en exerçant une pression sur la classe politique nationale. La difficulté résidait notamment dans la nécessité d'obtenir des soutiens financiers importants, alors que ceux-ci n'existaient que là où les fédéralistes avaient créé une force organisée influente, c'est-à-dire, à l'époque, seulement en Italie. C'était d'ailleurs seulement en Italie que les fédéralistes jouissaient d'une autonomie telle qu'elle leur permettait de conduire une action vraiment révolutionnaire. Le CPE avait du succès là où existait une « accumulation d'énergies préexistantes », devenant dans chaque ville « la copie fidèle du fédéralisme qui était déjà-là, sans arriver à le modifier »[24].

La scission de l'UEF en 1956, provoquée par le nouveau cours politique imprimé par Spinelli, l'échec du CPE en tant qu'organisation séparée, la transformation de l'UEF en MFE supranational vont contribuer à faire mûrir chez Albertini, à partir de 1960, la conscience d'une crise générale de l'européisme et du fédéralisme organisé, dans le cadre d'une crise bien plus large du fédéralisme. Dans une annotation de mars 1961, Albertini souligne la contradiction existant entre la politique autonome du fédéralisme, l'idéal d'opposition à l'état national proclamé au lendemain de la chute de la CED et le moyen utilisé : la pression exercée sur les politiques nationales.

> Depuis longtemps, notre politique prétend obtenir des résultats européens en recrutant sa force dans le domaine des nations. En effet, elle demande, avec le CPE, le suffrage des citoyens, et, avec ce suffrage, elle organise une pression sur les députés en leur envoyant publiquement des cartes (« operazione bancarella ») afin qu'ils s'engagent à soutenir au parlement la constituante

---

[24] Mario Albertini, *La crisi di orientamento politico del federalismo europeo*, in « Il Federalista », III (1961), n° 5 (novembre), pp. 226-245 (en particulier pp. 233-237, *Aspetti tecnici della crisi del federalismo europeo*), aujourd'hui in *Tutti gli scritti*, III, *op. cit.*, pp. 737-760 (en particulier pp. 745-750).

européenne. Comme si le « peuple européen » existait déjà, et n'était pas, tout au contraire, le but d'une lutte politique autonome [...].

Eh bien, il y a une flagrante contradiction entre le jugement sur lequel nous avons fondé le « nouveau cours » fédéraliste à la fin de 1954 et les ouvertures nationales[25].

S'ensuivra le progressif détachement de Spinelli, jusqu'au moment définitif de la rupture, et la création du courant d'« Autonomie fédéraliste ». Le contexte historique tracé par Albertini est celui d'une opposition entre tendances fédéralistes et nationalismes, qui existent, bien que dans un cadre de « réelle éclipse »[26].

En partant du principe de l'autonomie théorico-pratique du fédéralisme et en identifiant la Communauté comme la phase confédérale de l'intégration économique, Albertini promeut à cette époque-là une nouvelle action de caractère pré-politique pour la construction d'une force politique autonome : le « Recensement volontaire du peuple fédéral européen pour la reconnaissance de son pouvoir constituant »[27].

Alors qu'il œuvre au sein du MFE, il amorce une réflexion approfondie sur les thèmes principaux du fédéralisme. Conscient de la difficulté de sa tâche, il attribue une importance fondamentale à la culture comme base de l'action politique et comme moyen de solliciter le ressort moral de ceux qui ne visent pas au succès immédiat et au pouvoir. Il sera ainsi le directeur de la revue *Il Federalista* qui sera publiée à partir de juin 1959[28]. Mais ce sont surtout ses œuvres d'approfondissement théorique qui constituent les bases portantes de la nouvelle structure culturelle du fédéralisme européen.

Le point de départ de la conception fédéraliste d'Albertini est la critique de l'idée de nation, considérée non comme préexistante à l'État national, mais bien comme conséquence de l'existence des États nationaux qui s'étaient affirmés sur le continent européen après la Révolution

---

[25] Albertini, *La crisi di orientamento politico del federalismo europeo, op. cit.*, pp. 750-753 (*Aspetti politici della crisi del federalismo europeo*).

[26] Albertini parle déjà « de réelle éclipse » dans un article de novembre 1960 (*La « force de dissuasion » francese*, in « Il Federalista », II (1960), n° 6, pp. 331-337, aujourd'hui in *Tutti gli scritti*, III, *op. cit.*, pp. 575-582) ; il traite la question de façon plus accomplie dans un article de mars 1961 (*Quattro banalità e una conclusione*, in « Il Federalista », III, n° 2, aujourd'hui in *Tutti gli scritti*, III, *op. cit.*, pp. 675-684), qui marque aussi le moment où se profilent les différences d'évaluation entre Albertini e Spinelli au sujet des tentatives d'union fédérale européenne promues par de Gaulle (tentatives jugées positivement par Albertini).

[27] L'action du recensement est conçue en 1962, présentée au Comité central du MFE de Paris en octobre, et réalisée à la fin de 1963.

[28] À partir de 1962, la revue est publiée aussi en français et à partir de 1985 en anglais. Un colloque lui a été consacré à Pavie, en 2009, à l'occasion de son cinquantenaire.

française. Les deux dernières décennies du XVIIIe siècle – lorsque deux décisions presque concomitantes conduiront d'un côté à une longue période de paix et de prospérité aux États-Unis et de l'autre au choix du nationalisme en Europe jusque dans ses plus extrêmes dégénérations – lui paraissent cruciales dans l'histoire de l'Europe et du monde. Dès ce moment, en effet, avec l'irruption dans l'histoire européenne de l'idée de nation, qui allait effacer ce qu'Albertini appelle les « nationalités et les super nationalités spontanées »[29] du passé, et de l'idée de démocratie, qui pour la première fois conduisait tous les hommes dans l'histoire, commençait « l'histoire de la manifestation de la contradiction entre l'affirmation de la démocratie dans le cadre national et sa négation dans le cadre international ». Albertini expose à ce propos ses premières idées en 1960, dans le volume *Lo Stato nazionale*[30].

Le concept de crise de l'État national se répercute aussi bien sur la réflexion relative à la politique intérieure que sur celle de la politique extérieure.

Sur le plan interne, toute tentative de renouvellement social conçue en termes purement nationaux est envisagée comme étant destinée à l'échec[31]. Même ce que l'on a appelé l'« ouverture à gauche » n'était pas

---

[29] Cf., en particulier, Mario Albertini, *Per un uso controllato della terminologia nazionale e supernazionale*, in « Il Federalista », III (1961), n° 1, pp. 1-18 (version française *Pour un emploi contrôlé de la terminologie nationale et supranationale*, in « Le Fédéraliste », V (1963), n° 3, pp. 179-198). Cf., en outre, Mario Albertini, *Idea nazionale e ideali di unità supernazionali in Italia dal 1815 al 1918*, in *Nuove questioni di storia del Risorgimento e dell'unità d'Italia*, vol. II, Milano, Marzorati, 1961 et in *id.*, *Il Risorgimento e l'unità europea*, Naples, Guida, 1979, aujourd'hui in Tutti gli scritti, III, *op. cit.*, pp. 775-851.

[30] Cf. Mario Albertini, *Lo Stato nazionale*, Milan, Giuffré, 1960 ; *id.*, *L'idea di nazione*, in « Giornale del Censimento », I (novembre 1965), n° 4 ; en français in « Le Fédéraliste », VII (1965), n° 3-4, pp. 189-209, et in *idem.*, *L'idée de nation*, Paris, PUF, 1969. À ce sujet cf. en outre Lucio Levi, *Letture su Stato nazionale e federalismo*, Turin, CELID, 1995 ; Sergio Pistone, *F. Meinecke e la crisi dello Stato nazionale tedesco*, Turin, Giappichelli, 1969.

[31] La référence à la ligne de partage tracée par Spinelli dans le *Manifesto di Ventotene* est évidente : « la ligne de partage entre partis progressistes et partis réactionnaires ne se trace-t-elle plus d'après la ligne formelle de la démocratie ou du socialisme plus ou moins avancés qu'il faut instaurer, mais d'après la toute nouvelle – et par ailleurs essentielle – ligne de faîte qui sépare ceux qui conçoivent la lutte selon sa finalité fondamentale traditionnelle, à savoir la conquête du pouvoir politique national (faisant ainsi, quand bien même involontairement, le jeu des forces réactionnaires en laissant se solidifier dans l'ancien moule la lave incandescente des passions populaires et en permettant que resurgissent les incohérences du passé), de ceux qui envisagent la création d'un État international stable comme le principal enjeu, si bien qu'ils chercheront à canaliser vers ce but les forces populaires et qu'ils se serviront du pouvoir national, après l'avoir conquis, en priorité comme d'un instrument pour réaliser l'unité internationale ». Altiero Spinelli, Ernesto Rossi, avec une préface d'Eugenio Colorni, *Il Manifesto di Ventotene, Pour une Europe libre et unie*, Vento-

considérée comme une alternative valable à l'immobilisme dominant. Albertini affirme qu'un gouvernement, en Italie, aurait dû « éliminer le chômage, combler le fossé Nord-Sud, plier à la loi de l'intérêt général les privilèges de section du capital protégé et du travail protégé »[32]. Pour atteindre ces buts « l'État-nation italien n'a pas la bonne taille. La "voie italienne du socialisme" n'a donc pas les outils adéquats pour opérer la politique du renouvellement italien. C'est la "voie européenne du socialisme" »[33] qui les posséderait. Dans un autre essai, Albertini, après avoir souligné le rapport entre gouvernement et État, met en lumière son lien indissociable avec la démocratie :

> Un gouvernement a autant de possibilités d'action que l'État a de possibilités d'actions. […] S'il y a des problèmes qui exigent des ressources, des volontés, des moyens en dehors des possibilités de l'État, la démocratie, en raison de ces problèmes, n'est pas libre, mais elle est conditionnée par la volonté des politiques étrangères. […] La liberté de la démocratie n'est plus qu'apparente[34].

La clé d'interprétation des phénomènes de politique intérieure devenait donc pour lui la crise de l'État national et, avec elle, la crise de la démocratie. La réponse à cette crise[35] n'existait que dans la référence au fédéralisme.

Sur le plan de la politique extérieure, Albertini adopte le concept forgé par Dehio d'« agonie du système européen des états »[36], sur la base duquel avec la Deuxième Guerre mondiale prend fin l'interprétation de l'histoire européenne comme lutte entre équilibre et hégémonie[37] :

> La dernière guerre – écrit-il – a conduit à leur pleine maturité les espaces extérieurs où a migré l'initiative politique dans toute sa capacité de développement et l'essor de son pouvoir. Le monde, qui était l'Europe, est vraiment devenu le monde. Une fois finie l'histoire du système européen, commence l'histoire du système mondial[38].

---

tene 1941, publié en clandestinité à Rome, 1944, traduction française Rome, Regione Lazio, 2009.

[32] Mario Albertini, *Fantasie socialiste*, in « EF », 9 (1956), n° 20 (1 décembre), aujourd'hui in *Tutti gli scritti, op. cit.*, II (1956-1957), pp. 283-287.

[33] *Ibid.*

[34] Mario Albertini, *L'azione dei partiti italiani nel dopoguerra*, in « RS Servire », mars-mai 1956, pp. 46-47, aujourd'hui in *Tutti gli scritti*, II, *op. cit.*, pp. 150-167.

[35] Mario Albertini, *Le due Italie di Norberto Bobbio*, in « EF », 1955, n° 16 (15-30 septembre), aujourd'hui in *Tutti gli scritti*, I, *op. cit.*, pp. 799-800.

[36] Ludwig Dehio, *Deutschland und die Weltpolitik im 20. Jahrhundert*, Munchen, Verlag R. Oldenbourg, 1955.

[37] Ludwig Dehio, *Gleichgewicht oder Hegemonie*, Krefeld, Sherpe, 1948.

[38] Mario Albertini, *L'Europa nel nostro mondo*, in « RS Servire », mars-mai 1956, aujourd'hui in *Tutti gli scritti*, II, *op. cit.*, pp. 129-150.

L'avenir de l'Europe allait dépendre de la volonté et de la capacité de ses hommes politiques « à résoudre dans le seul cadre possible l'équilibre européen perdu, le cadre fédéraliste »[39]. Seules les institutions fédérales allaient permettre la création d'un pouvoir politique unitaire et démocratique sur de vastes espaces, en garantissant à la fois la diversité de chacun des états membres, leurs traditions, et leurs us et coutumes. D'où une évaluation cohérente des phénomènes internationaux. Ainsi la détente était vue avec suspicion parce qu'elle portait en elle la consolidation des États nationaux européens et la conviction progressive, mais toujours renforcée que, dans le nouveau contexte, une unification européenne deviendrait inutile sinon nocive à la paix mondiale. Les espaces extérieurs continuaient à faire contrepoids à la fusion du centre[40]. Ainsi le fait que les États-Unis et l'URSS puissent trouver un accord était considéré comme quelque chose de marginal, dans la mesure où l'Europe était l'objet d'un tel accord. Les événements de Hongrie, à l'origine de l'article d'Albertini sur l'*Ungheria tradita*[41], démontraient que la coexistence pacifique pourrait se réaliser seulement sur la base du *statu quo*, de la balkanisation de l'Europe. L'Algérie, la Hongrie, Suez représentaient pour les fédéralistes autant de paradigmes de l'impuissance du Vieux Continent.

Avec l'élaboration théorique qui commence dans la deuxième moitié des années 1950, le fédéralisme tend à se profiler pour Albertini, dans un premier moment, comme le dépassement des vieilles idéologies. En fait, ses premiers écrits sur le sujet – deux articles publiés entre la fin de 1955 et le début de 1958[42] – sont bien loin de la réflexion de la pleine maturité. Il y soutient que le fédéralisme « indique seulement un type d'État : la fédération, qui propose à la volonté humaine un objectif précis ». En analysant les limites des idéologies traditionnelles, et notamment leur application à chaque état national, il commence cependant à donner un cadre au rôle du fédéralisme : « Faire l'Europe – écrit-il – est un devoir unitaire. On ne peut pas faire l'Europe des libéraux, des socialistes, des démocrates-chrétiens ; il faut faire l'Europe de tout le monde, l'Europe de l'unité et de la diversité »[43]. Ce n'est que plus

---

[39] *Ibid.*

[40] Publius (Mario Albertini), *Prospettive*, in « EF », 9 (1956), n° 4 (25 février), aujourd'hui in *Tutti gli scritti*, II, *op. cit.*, pp. 85-86.

[41] Mario Albertini, *Ungheria tradita*, in « EF », 9 (1956), n° 19 (15 novembre), aujourd'hui in *Tutti gli scritti*, II, *op. cit.*, pp. 271-272.

[42] Mario Alertini, *Ideologismo ed opportunismo della democrazia nazionale*, in « EF », 8 (1955), n° 19-20 novembre, aujourd'hui in *Tutti gli scritti*, III, *op. cit.*, pp. 877-881 ; Publius (Mario Albertini), *Combattiamo le ideologie*, in « Popolo Europeo », 1 (1958), n° 4 (avril).

[43] Publius, *Combattiamo le ideologie*, *op. cit.*, p. 4.

tard, au cours des années 1960, qu'Albertini arrivera, sur la base d'une analyse attentive des idéologies et de leur rôle dans l'histoire, à l'identification du fédéralisme en tant que nouvelle idéologie, en tant que dépassement et accomplissement des idéologies traditionnelles, doctrine politique d'un état – l'état fédéral –, d'un peuple, le peuple européen.

Le passage à la conception du fédéralisme en tant qu'idéologie est possible grâce au dépassement du concept de Marx de pensée auto-mystifiée qui justifie le privilège et à sa redéfinition en tant que « pensée politique active », capable de répondre à des attentes profondes de la société en l'orientant vers un changement décisif.

À la différence de Spinelli, Albertini soutiendra que le fédéralisme ne peut pas se réduire au simple constitutionnalisme, mais qu'il est une idéologie au plein sens du terme, différente des grandes familles politiques libérale, démocratique, socialiste, et qu'elle est caractérisée par un aspect de valeur – la paix –, un aspect de structure – l'État fédéral – et un aspect politico-social – le contexte historique marqué par le dépassement de la division du genre humain en classes et en nations antagonistes[44].

En ce qui concerne l'aspect de valeur, Albertini reprend à son compte la vision philosophico-historique de Kant et son désir ardent de paix perpétuelle, dans la perspective de la construction d'une fédération mondiale. En ce qui concerne l'aspect de structure, il concentre sa pensée sur la création d'une fédération d'états partiellement souverains, suivant en cela la pensée d'Hamilton. En ce qui concerne l'aspect politico-social, il s'inspire surtout de l'école fédéraliste britannique de l'entre-deux-guerres[45].

À la fin des années 1970 s'ouvre une nouvelle phase de l'engagement politique et intellectuel d'Albertini qui propulse l'expérience européenne au niveau mondial. Si la fédération européenne reste prioritaire, elle devrait constituer la première étape d'un processus dont le débouché est la Fédération mondiale[46]. La réflexion du fédéraliste

---

[44] Cf. Mario Albertini, *Il federalismo e lo Stato federale. Antologia e definizione*, Milan, Giuffré, 1963 (ensuite *Il federalismo. Antologia e definizione*, Bologna, Il Mulino, 1979). Albertini avait déjà soutenu ce point de vue dans l'article *Che cosa è il federalismo*, in « Il Politico », XXI (1956), n° 3, pp. 580-597 (en français *Qu'est-ce que le fédéralisme*, in « Le Fédéraliste », IV (1962), n° 1, pp. 3-27).

[45] Cf. Francesco Rossolillo, *La scuola federalista inglese*, in *L'idea dell'unificazione europea dalla prima alla seconda Guerra mondiale*, sous la direction de Sergio Pistone, Turin, 1975, pp. 59-76. *Le débat fédéraliste dans le Royaume-Uni entre les deux guerres*, in *The Federal Idea. I. The History of Federalism from the Enlightenment to 1945*, sous la direction de Andrea Bosco, London, Lothian Foundation Press, 1991, pp. 273-290.

[46] Cf. Flavio Terranova, *Il federalismo di Mario Albertini*, Cahiers de la revue « Il Politico », Milan, Giuffré, 2003.

pavesan se concentre encore plus qu'avant, sur l'inspiration kantienne des thèmes de la paix et de la Fédération mondiale[47]. La culture fédéraliste s'internationalise avec la publication de *Il Federalista* en anglais et la naissance d'une nouvelle revue *Il Dibattito federalista*. Sur le plan opérationnel, le choix de l'internationalisation se concrétise dans la création du Mouvement fédéraliste mondial italien, le MFM, inséré dans la World Association for World Federation (WAWF), devenu membre du World Federalist Movement depuis 1993.

En février 1980, au congrès du MFE de Bari, le secrétaire du Mouvement, Luigi V. Majocchi, propose une nouvelle ligne politique qui sera approuvée : « Unir l'Europe pour unir le monde ». Le mois suivant, Albertini présente cette ligne dans un rapport au congrès de l'Union européenne des fédéralistes (UEF) de Strasbourg[48] ; il y affirme la nécessité de planifier au niveau mondial la solution de certains problèmes fondamentaux pour l'avenir du genre humain, dans la mesure où dans le contexte historique actuel le monde entier devient le théâtre du conflit des valeurs. Pour s'engager dans cette direction, il fallait avant tout, selon lui, faire tomber la barrière entre politique intérieure, qui se voit confier la tâche de l'émancipation sociale et la politique extérieure à laquelle est confiée la sécurité, c'est-à-dire faire tomber la barrière anachronique qui sépare les nations. L'objectif à atteindre devait être un gouvernement mondial, qui arriverait à se soustraire graduellement aux rapports de force existant entre les grandes puissances, confié à la démocratie et au droit, par le biais de la création d'une Fédération mondiale. Dans une telle perspective, l'Europe était destinée à jouer un rôle fondamental. En dépassant le nationalisme, grâce à une Fédération continentale, elle devait nier la culture politique de la division du genre humain, en fournissant un modèle nouveau et en déterminant le climat culturel adapté à la naissance de fédérations régionales dans différentes parties du monde, ce qui devait constituer un premier pas vers la création d'une Fédération universelle[49].

L'élaboration théorique d'Albertini n'est jamais séparée de l'action.

Président de l'UEF de 1975 à 1984, Albertini promeut de nombreuses actions en faveur de la naissance d'un État fédéral européen, que l'on

---

[47] Cf. Mario Albertini, *Cultura della pace e cultura della guerra*, in « Il Federalista », 1984, n° 1, pp. 10-32.

[48] Mario Albertini, *Unire l'Europa per unire il mondo*, in « L'Unità Europea » (nous écrirons désormais « UE »), VII n.s. (mars 1980), n° 73, et in « Il Federalista », XXII (1980), n° 1, aujourd'hui in *Tutti gli scritti, op. cit.*, VIII, *1979-1984*, Bologne 2009, pp. 291-296.

[49] Cf. en particulier Mario Albertini, *Le radici storiche e culturali del federalismo europeo*, in Mario Albertini, Andrea Chiti-Batelli et Giuseppe Petrilli, *Storia del federalismo europeo*, Turin, ERI, 1973.

peut mettre en relation avec les différentes phases de sa réflexion théorique. J'aimerais en rappeler au moins trois.

En premier lieu, l'engagement en faveur de l'élection directe du Parlement européen, à partir de la moitié des années 1960 jusqu'en 1979, et son élection en qualité de président de tous les fédéralistes européens au congrès de l'UEF qui a eu lieu à Bruxelles du 18 au 20 avril 1975. Défavorable à tout type de fonctionnalisme[50], Albertini agira au cours de cette période sur la base de la conviction que la légitimation démocratique allait procurer au Parlement européen la force de revendiquer la fédération européenne et la convocation, au besoin, d'une Constituante européenne. La Commission italienne du MFE lança à Bologne, dès janvier 1967, une Campagne pour l'élection au suffrage universel direct du Parlement européen, qui reçut l'approbation du Comité central européen en février de la même année. Face à l'opposition gaulliste, le MFE prit la décision de commencer unilatéralement la campagne en Italie. L'action qui se révélera efficace, fit naître des épigones dans la République fédérale et en France. Elle conduisit en Italie à la présentation d'une proposition de loi d'initiative populaire en 1969 pour l'élection directe des représentants italiens dans le PE[51], qui resta cependant sans suite. En mars 1975, s'appuyant sur les décisions prises par les chefs d'État et de gouvernement au Sommet de Paris du 9-10 décembre 1974, les fédéralistes italiens lancèrent une Campagne d'information et de débat sur l'élection européenne et sur l'union européenne. Une telle campagne visait à la réalisation de trois objectifs : accélérer le mouvement vers l'élection européenne ; insister afin que le « rapport Tindemans » puisse indiquer les structures fédérales pour l'Union européenne ; demander que la rédaction du statut de l'Union européenne soit confiée par les gouvernements au Parlement européen et ensuite soumise à l'approbation des États[52]. En décembre, en vue du Conseil européen de Rome, une imposante manifestation populaire présenta au président qui était alors en charge, Aldo Moro, un document en faveur de l'approba-

---

[50]   « Tant qu'il n'y aura pas de pouvoir politique du côté de l'Europe – écrit-il en 1957 – les intérêts nationaux commanderont partout, aussi bien dans les États, que dans les organisations "européennes". Cette constatation montre clairement qu'entre l'objectif de la Constitution d'un pouvoir fédéral européen et l'exercice des pouvoirs nationaux absolus, il n'y a pas la voie intermédiaire des organisations confédérales ». Mario Albertini, *La CECA, i cartelli e l'Europa*, in « EF », 10 (1957), n° 13 (12 juillet), aujourd'hui in *Tutti gli scritti*, II, *op. cit.*, pp. 713-716.

[51]   Luigi V. Majocchi, *L'azione per il riconoscimento del diritto di voto europeo*, in *id.*, *La difficile costruzione dell'unità europea*, Milan, Jaca Book, 1996, pp. 181-207.

[52]   Luigi V. Majocchi, *La lotta per l'elezione diretta del parlamento europeo*, in *I movimenti per l'unità europea 1970-1986*, sous la direction de A. Landuyt e D. Preda, *op. cit.*, tome I, pp. 403-435 ; Luigi V. Majocchi et Francesco Rossolillo, *Il Parlamento europeo. Significato storico di un'elezione*, Naples, Guida, 1979.

tion immédiate du projet de convention sur l'élection directe au suffrage universel du Parlement européen, afin de pouvoir fixer le plus vite possible la première élection européenne dans les États de la Communauté[53]. Il est difficile de dire combien une telle mobilisation a pu influer sur les décisions prises par le Conseil européen de Rome. Toujours est-il que ces décisions furent considérées comme le tremplin de la construction européenne. L'élection directe – commentera Albertini – allait comporter en premier lieu,

> le passage du contrôle de l'Europe des seules mains des ministres, des fonctionnaires et des experts à celles du peuple européen et de ses représentants légitimes […], en deuxième lieu, « le déplacement des alternatives institutionnelles, politiques, économiques et sociales du cadre des États nationaux au cadre européen »[54]. L'objectif devenait maintenant la dislocation au niveau européen de la lutte politique et dans cette perspective les partis étaient notamment appelés à élaborer des programmes européens et à proposer des coalitions européennes.

C'est dans ce but que fut lancé, en 1976, en Italie une action sur les partis pour un programme européen démocratique et efficace, qui prévoyait différentes initiatives : l'envoi de cartes aux responsables des partis, la collecte de signatures dans les places, l'organisation de semaines de débat et d'information civique. En juillet 1977, l'UEF adopta un « Manifeste pour l'élection européenne » rédigé par John Pinder[55].

En deuxième lieu, l'engagement en faveur de la monnaie unique, qui sous-tendait l'idée du « gradualisme constitutionnel », selon laquelle un approfondissement constitutionnel avec la construction progressive des caractéristiques étatiques devait suivre toute avancée effectuée sur le terrain de l'intégration. Entre 1977 et 1978, une fois obtenu le vote européen, l'UEF misait sur l'Union économique et monétaire. Entre la fin des années 1970 et le début des années 1980, le moment de l'« entrée », pour reprendre des termes d'Albertini, – le moment où « ceux qui se battent pour le pouvoir européen peuvent entrer dans la bataille » aux côtés des gouvernements – a peut-être été plus accentué que celui de la « sortie » – celui où ceux qui se battent pour le pouvoir européen « doivent au contraire sortir de la bataille », pour dénoncer le compromis des hommes d'état trop liés au cadre national[56]. Bien que les institutions aient été l'objectif stratégique du Mouvement, la Consti-

---

[53] « UE », II n.s. (1975), n° 22 (décembre), p. 5.

[54] *Ibid.*, p. 3.

[55] Le texte du Manifeste, avec une introduction d'Albertini, est publié in *Il Federalista*, XIX (1977), n° 3 (octobre), pp. 180-193.

[56] Cf. Mario Albertini, *La strategia della lotta per l'Europa*, in « Giornale del Censimento », II (1966), n° 1 et 2.

tuante avait été laissée en suspens. La monnaie unique devenait le point décisif de l'avancée du processus d'unification : la monnaie permettrait de proposer le gouvernement de l'économie qui, de son côté, n'aurait pas pu être réalisé sans la capacité d'action de la Communauté. Les thèmes de l'emploi, de l'inflation, de la reconversion industrielle devaient devenir l'objet des décisions du Parlement européen élu, dans sa nouvelle perspective de « Constituante permanente ». À ce moment-là, il semblait que le « gradualisme constitutionnel »[57] pouvait avoir du succès et que le fait même d'évoquer une action immédiate pour la Constituante pouvait mettre en danger la construction communautaire. En novembre 1978, reprenant un passage connu du memorandum de Monnet du mois de mai 1950, Albertini se demandait « quel est le point sur lequel il faut agir »[58]. Et il voyait dans la monnaie le point en mesure de modifier les données du problème, en le renversant, et en renversant aussi les termes des principales questions à l'ordre du jour : « budget de la Communauté, politiques communes, convergence des politiques nationales, etc. »[59]. Aujourd'hui, le débat est encore ouvert sur l'impact que les divergences d'opinion entre Spinelli et Albertini ont pu avoir sur ces positions.

C'est en 1980 qu'Albertini éclaircira le rapport existant entre gradualisme constitutionnel et constitutionnalisme :

> Ce gradualisme – affirmera-t-il – a besoin de deux piliers – le vote européen et le gouvernement européen – parce que sans un gouvernement démocratique européen on ne peut ni attribuer à la Communauté le contrôle de la politique monétaire ni les autres compétences indispensables pour progresser sur la voie d'une politique européenne dans le plein sens du terme[60].

Le retour au constitutionnalisme pur sert de toile de fond à la troisième action de longue durée soutenue par Albertini[61] : le soutien à l'ini-

---

[57] « Avec le droit de vote européen – écrivait Albertini – le gradualisme a atteint le niveau constitutionnel et [...] la monnaie, après le vote, représente précisément le second pas sur cette voie ». Rapport de Mario Albertini au Comité fédéral de l'UEF, Francfort 10-11 juin 1978, in « UE », V n.s. (1978), supplément du n° 54 (août), et in « Il Federalista », XX (1978), n° 2-3, pp. 111-122, aujourd'hui in *Tutti gli scritti*, *op. cit.*, VII, *1976-1978*, Bologne 2009, pp. 601-613.

[58] Rapport d'Albertini au Comité fédéral de l'UEF, Bruxelles 4-5 novembre 1978, in « UE », V (1978), n° 57 (novembre), aujourd'hui in *Tutti gli scritti*, VIII, *op. cit.*, pp. 655-665.

[59] *Ibid.*

[60] Rapport de Mario Albertini au Comité fédéral de l'UEF, Milan 29-30 novembre 1980, in « UE », VII (1980), n° 82 (décembre), aujourd'hui in *Tutti gli scritti*, VIII, *op. cit.*, pp. 365-371.

[61] Cf. Daniela Preda, *La Commissione istituzionale del Movimento Europeo e le proposte per la riforma istituzionale dell'Unione europea dei federalisti*, in *I movimenti per l'unità europea 1970-1986*, *op. cit.*, tome I, pp. 569-602.

tiative de Spinelli et du Club du Crocodile, au début des années 1980, initiative destinée à déboucher sur l'approbation en février 1984 de la part du PE d'un projet de traité d'Union européenne. La position d'Albertini, toujours divergente de celle de Spinelli, peut être expliquée avec la théorie de la « *sacca* » : il fallait que le gros des forces favorables à l'unification de l'Europe rejoignent, la *sacca*, la poche infiltrée par Spinelli dans le front ennemi, afin de rendre son action fructueuse. L'engagement des fédéralistes devait donc se concentrer dans l'organisation de ces forces, en solliciter la sensibilité sur les thématiques européennes, rapprocher des positions de Spinelli des personnalités politiques et l'opinion publique.

En juin 1980, le Comité fédéral de l'UEF, réuni à Luxembourg, approuve une motion dans laquelle était affirmée la centralité de la réforme institutionnelle dans le processus d'intégration et une résolution dans laquelle le Comité lui-même proclamait son soutien à l'initiative de Spinelli, demandant la création d'« un gouvernement européen capable d'agir »[62] ; en août, une campagne de mobilisation était lancée en faveur d'un gouvernement européen[63]. Le Bureau Exécutif de l'UEF, réuni à Ostende, devait ensuite mettre au point les outils nécessaires à la campagne : une pétition populaire adressée au Parlement proposée en même temps dans tous les pays de la Communauté, la constitution de Comités pour le Gouvernement européen à tous les niveaux pour sensibiliser les milieux politiques et l'opinion publique, en les impliquant dans la lutte[64]. Les nouvelles priorités ne semblaient pas en contradiction avec le passé récent : « Nous devons nous occuper des problèmes politiques, économiques et sociaux de l'Europe dans le contexte mondial [...], mais en faisant constater chaque fois qu'ils ne peuvent être résolus de façon efficace [...] sans un gouvernement européen »[65]. Une action décisive allait être menée pour obtenir le consensus de l'opinion publique en faveur des réformes constitutionnelles, comme en témoigne, lors du

---

[62] Cf. Motion et résolution in « UE », VII (1980), n° 78 (août).

[63] Cf. *Un governo per l'Europa con poteri limitati ma reali e responsabile davanti al Parlamento eletto*, in *ibid*.

[64] Il s'agissait d'impliquer dans l'action pour la réforme démocratique de l'Union Européenne, en les amenant sur des positions fédéralistes, les sphères de l'« européisme diffus » qui avaient de l'influence sur les milieux politiques, économiques et sociaux. Ceci devait permettre à Spinelli de ne pas rester isolé dans son action. Cf. Mario Albertini, *L'obiettivo strategico dei federalisti : stanare i partiti*, in « UE », IX (1982), n° 95-96 (janvier-février), aujourd'hui in *Tutti gli scritti*, VIII, *op. cit.*, pp. 575-577.

[65] *Ibid.*

Conseil européen des 28 et 29 juin 1985, la manifestation de Milan à laquelle participèrent environ 100 000 personnes[66].

Les initiatives des mouvements ne se limitèrent d'ailleurs pas à une simple sensibilisation et mobilisation, mais œuvrèrent dans le cadre du secteur plus spécifique des études constitutionnelles, visant ainsi à soutenir aussi l'action de Spinelli dans la rédaction du projet de Traité d'Union européenne. Le débat sur la réforme des institutions était ouvert au sein du MFE au cours d'une réunion de la direction (14 février 1981) qui chargeait Albertini, Lucio Levi et Andrea Chiti-Batelli d'étudier le problème et d'en référer au Comité fédéral de l'UEF, le mois suivant, à Strasbourg. Le 28 mars, à Rome, après avoir écouté la relation de la Commission d'étude pour les réformes institutionnelles, le CC du MFE donnait mandat à la direction d'élaborer un document institutionnel qui indique, dans un premier temps, les raisons de fond de la réforme institutionnelle de la Communauté et qui précise, dans la seconde, les choix fondamentaux soutenus par le MFE (élargissement des compétences de l'Union aux questions monétaires, budgétaires, fiscales ; pouvoirs législatifs au PE et exécutifs à un gouvernement européen responsable envers le premier et désigné par le Conseil européen dans son rôle qui lui attribue la présidence collégiale de l'Union ; structure bicamérale du parlement, exécutif d'une législature stable, etc.).

La direction approuvait le 16 mai un document sur la réforme des institutions européennes présenté par Mario Albertini, envoyé à toutes les sections pour l'ouverture du débat ; ce document soulignait l'impossibilité d'appliquer à l'Europe des modèles fédéraux préconstitués. Il s'agissait d'aborder le problème concret de la Communauté européenne et de son développement, et surtout la question fondamentale de l'efficacité du fonctionnement des institutions, dans la perspective du gradualisme constitutionnel.

> L'idée du gouvernement européen implique nécessairement l'idée d'un état européen [...]. Mais la construction d'un état européen ne peut être effectuée avec un seul acte constitutionnel et constituant. De toute façon, même la phase constitutionnelle de l'unification européenne [...] aura un caractère graduel[67].

La philosophie qui sous-tendait le projet d'Albertini tenait compte, d'un côté, de la nécessité d'accomplir un saut institutionnel pour sortir

---

[66] Cinzia Rognoni Vercelli, *L'Europa a Milano. La manifestazione federalista del 28-29 giugno 1985*, in *I movimenti per l'unità europea 1970-1986*, sous la direction de A. Landuyt et D. Preda, *op. cit.*, tome I, pp. 603-642.

[67] *La proposta del MFE per il dibattito sulla riforma istituzionale della Comunità*, in « UE », VIII (1981), n° 88 (juin) et in « Il Federalista », XXIII (1981), n° 2 (juillet), pp. 111-117, aujourd'hui in *Tutti gli scritti*, VIII, *op. cit.*, pp. 475-480.

de la crise, et de l'autre, de l'opportunité de ne pas rendre vains les résultats déjà obtenus et donc de toujours se référer aux bases solides de l'acquis communautaire.

Cet engagement fort, constant, décidé, en faveur de la construction du pouvoir européen, ne fit jamais oublier à Albertini la signification ultime de cette lutte. Dans un savoureux essai sur le thème de l'identité européenne, il écrivit :

> Après avoir éliminé, par le dépassement de la culture politique de la division du genre humain, la base même de la présentation européenne de la culture humaine, c'est-à-dire avoir supprimé la culture européenne pour la remplacer par une culture universelle, l'Europe se trouverait face à la tâche de se supprimer en tant que telle pour se réaliser dans le monde. Ceci me semble être le sens de l'affirmation selon laquelle la Fédération européenne ouvrira la voie à la Fédération mondiale. Ceci me semble être le sens de l'identité européenne : l'Européen en conflit avec son être social pour devenir comme les autres, ce qu'il est, un homme[68].

"Unite Europe to unite the world": the thought and work of Mario Albertini

Mario Albertini is the very figure of the political precursor: some who works, thinks, moves in a reality that is still in the process of becoming, and who contributes to building something new. All through his life, he worked for an ideal: federalism. He was moved by a deep sense of responsibility and great intellectual honesty in his conviction that politics was at the service of the people.

It was in Pavia in 1953 that his intellectual and political European adventure began, an adventure that would take him, from 1975 to 1984, to the chairmanship of the Union of European Federalists (UEF).

It is particularly difficult to indulge in an a posteriori *reconstruction of his commitment that was truly multi-faceted, taking in the scientific, cultural (in the widest sense), and civilian spheres. However, we can highlight certain aspects that prove to be long-lasting, in order to better understand the richness of such a polyvalent personality.*

Europa vereinen, um die Welt zu einen – Denken und Handeln von Mario Albertini

Mario Albertini verkörpert den politischen Vordenker. Er ist derjenige, der den Weg bereitet, nachdenkt, sich in eine noch theoretische kommende Wirklichkeit versetzt und dazu beiträgt, etwas Neues aufzubauen.

---

[68] Mario Albertini, *L'identità europea*, in « Il Federalista », XIX (1977), n° 2, aujourd'hui in *Tutti gli scritti*, VII, *op. cit.*, pp. 423-431 (citation, p. 429).

Sein ganzes Leben lang setzte er sich in seiner Überzeugung, dass die Politik dem Menschen dienen muss, für sein Ideal ein – den Föderalismus. Er wurde dabei von tiefem Verantwortungsbewusstsein und ausgeprägter intellektueller Ehrlichkeit geleitet.

Sein intellektuelles und politisches europäisches Abenteuer begann 1953 in Pavie, ein Abenteuer, das ihn bis zur Präsidentschaft der Union der Europäischen Föderalisten (UEF) von 1975 bis 1984 führte.

Die Rekonstruktion seines außerordentlich vielschichtigen Engagements, das sich sowohl im wissenschaftlichen, im weitesten Sinne im kulturellen und im zivilgesellschaftlichen Bereich zeigte, erweist sich im Nachhinein als ausgesprochen schwierig. Zum besseren Verständnis der Ressourcen seiner unglaublich vielseitigen Persönlichkeit wollen wir jedoch bestimmte Elemente unterstreichen, die sein Wirken langfristig prägten.

Die Europapolitik der Bundesrepublik Deutschland in der Zeit der Kanzlerschaft Helmut Schmidts (1974-1982)

Jürgen ELVERT

I. Wirtschaftliche und politische Rahmenbedingungen

Helmut Schmidt wurde am 16. Mai 1974 als Nachfolger Willy Brandts vom Deutschen Bundestag zum fünften Kanzler der Bundesrepublik Deutschland gewählt. Er trat sein Amt in einer in vielerlei Hinsicht krisenhaften Zeit an. So hatte der Club of Rome bereits 1972 in seinem aufsehenerregenden Gutachten „The Limits of Growth" das nahende Ende der menschlichen Lebensgrundlagen prophezeit und damit viele Menschen insbesondere in den hochentwickelten Regionen der Erde verunsichert. Die Diskussion über die Begrenztheit der Rohstoffe war durch den Ölpreisschock infolge des Jom-Kippur-Krieges vom Herbst 1973 zusätzlich befeuert worden. Das Ende des „Wirtschaftswunders", der Nachkriegsboomjahre mit hohen Wirtschaftswachstumsraten, das von heutigen Ökonomen dem Zeitraum 1973-1975 zugeordnet wird, spiegelte sich im realen Wachstum des weltweiten Bruttoinlandsprodukt, so auch in der Bundesrepublik. Hatte es 1969 hier noch bei ca. 7% gelegen, unterschritt es 1974 erstmals seit 1949 die Null-Prozent-Marke, während die Inflationsrate zeitgleich bei etwa 7% lag und die Arbeitslosenquote zwischen 1973 und 1975 von 1,2% auf 4,6% anstieg und dabei die psychologisch bedeutsame Millionengrenze übersprang.[1] Die Gründe dafür waren nicht nur „hausgemacht", auch wenn außergewöhnlich hohe Tarifabschlüsse von bis zu 12% im Jahre 1973 sicher ihren Teil dazu beigetragen hatten, ebenso wie die ersten weitreichenden Rationalisierungsmaßnahmen der bundesdeutschen Industrie, in deren Folge es zu großen Entlassungswellen gekommen war. Doch hatte die Aufkündigung des internationalen Währungssys-

---

[1] Vgl.: Harm G. Schroeter, Von der Teilung zur Wiedervereinigung 1945-2004, in: Michael North (Hg.), *Deutsche Wirtschaftsgeschichte. Ein Jahrtausend im Überblick*, München (2. Aufl.) 2005, S. 390.

tems von Bretton Woods auf dem Sektor der Währungspolitik zu starken Turbulenzen auf den Weltmärkten geführt, in der Bundesrepublik
sorgte beispielsweise der unverhältnismäßig große Zustrom an Devisen
für ein erhebliches Ungleichgewicht in der Zahlungsbilanz und heizte so
in erheblichem den Anstieg der Inflationsrate an.

Ohnehin schien die westliche Supermacht ihre politische und ökonomische Führungsrolle nicht mehr wie gewohnt ausüben zu wollen
oder zu können. Seit März 1973 stand US-Präsident Nixon im Zuge der
Watergate-Affäre unter Dauerbeschuss der Medien, die ihn des Amts-
missbrauchs bezichtigten und schließlich im August 1974 seinen Rück-
tritt erzwangen. Zudem hatte der Rückzug der letzten US-Truppen aus
Vietnam im März 1973 das Selbstbewusstsein der westlichen Supermacht erheblich geschwächt und in Washington Überlegungen dahingehend ausgelöst, wie die NATO-Verbündeten in größerem Maße als
bisher am Erhalt und Ausbau einer global wirksamen Sicherheitsarchi-
tektur beteiligt werden konnten, freilich ohne den eigenen Führungsan-
spruch im westlichen Bündnis damit aufzugeben.[2]

Zusätzlich genährt wurden solche Überlegungen von den Bemühungen der europäischen Staats- und Regierungschefs, die auf dem Haager
Gipfel von 1969 projektierte Europäische Politische Zusammenarbeit
(EPZ) zu vertiefen. Das geschah weitgehend ohne Konsultationen der
Washingtoner Administration, nicht zuletzt auch deshalb, weil im EG-
Raum Zweifel an der amerikanischen Bündnistreue laut geworden
waren. Hierin spiegelte sich zum einen eine gewisse Frustration über das
von der US-Regierung im Alleingang mit der UdSSR im Jahre 1972
geschlossene erste SALT-Rüstungsabkommen, zum anderen ließen
sich die Bestrebungen einflussreicher Kreise im US-Kongress und Senat
nicht ignorieren, die offen eine Reduzierung der amerikanischen Trup-
penpräsenz in Europa forderten.[3] Das hier nur angedeutete transatlantische Konfliktpotential ließ in Washingtoner Regierungskreisen die
Sorge wachsen, dass ein Bruch des westlichen Bündnissystems nicht
mehr ausgeschlossen werden konnte. Dabei war man zu diesem Zeitpunkt angesichts der eigenen großen Probleme eigentlich auf der Suche
nach neuen Partnern zum Zwecke des weltweiten „burden sharing" und
hielt die Potentiale der EG grundsätzlich für so ausbaufähig, dass die
Gemeinschaft eines nicht allzu fernen Tages die Rolle eines Teilhabers
an der Macht übernehmen könnte.

Allerdings darf in diesem Zusammenhang die Ambivalenz der US-
Außenpolitik gegenüber der EG nicht außer Acht gelassen werden.

---

[2]   Dazu: Klaus Schwabe, *Weltmacht und Weltordnung. Amerikanische Außenpolitik von 1898 bis zur Gegenwart. Eine Jahrhundertgeschichte*, Paderborn 2006, S. 369.

[3]   Ebd., S. 368 f.

Außenminister Kissinger wollte angesichts der erkennbaren Bemühungen der Europäer um eine Harmonisierung ihrer Außenpolitik im Rahmen der EPZ erklärtermaßen nicht ausschließen, dass es zu „einer freischwimmenden europäischen Außenpolitik" kommen könnte, Präsident Nixon warnte zeitgleich gar vor einem „Zusammenrotten" der europäischen Verbündeten gegen die USA.[4] Wenn die Nixon-Administration daher das Jahr 1973 zum „Jahr Europas" erklärte und dies durch die Verkündung einer Art neuer Atlantik-Charta zum Ausdruck bringen wollte, ging es jenseits des Atlantik also nicht um Gleichberechtigung, sondern bestenfalls um eine Art „Juniorpartnerschaft", die man der EG auf der weltpolitischen Bühne einräumen wollte.[5]

Freilich war die Europäische Gemeinschaft zum Zeitpunkt des Antritts der Regierung Schmidt im Mai 1974 noch weit davon entfernt, auch nur als „Juniorpartner" der USA auf der weltpolitischen Bühne agieren zu können. Die ebenso hehren wie ehrgeizigen Ziele des Haager Gipfels vom Dezember 1969 waren keineswegs erreicht worden. Im Gegenteil wurde der Zustand des Integrationsprozesses nicht nur von der europäischen Öffentlichkeit, in der in diesen Jahren das Schlagwort von der „Eurosklerose" die Runde machte, als durchaus besorgniserregend wahrgenommen. Auch die politischen Entscheidungsträger auf der Ebene der Mitgliedstaaten wie der Gemeinschaft wussten um den problematischen Zustand des europäischen Gemeinschaftswerks. Das wird beispielsweise in einem Fernschreiben des deutschen Botschafters bei der EG, Ulrich Lebsanft, vom 22. Januar 1974 deutlich, das aus Anlass der ins Stocken geratenen Verhandlungen über die Einrichtung eines europäischen Regionalfonds und vor dem Hintergrund einer für den 23. Januar anberaumten Sitzung der Bundesregierung verfasst wurde, in der auch über den Regionalfonds beraten werden sollte.[6]

Eingangs betonte Lebsanft noch einmal den problematischen Zustand der Gemeinschaft, der einen Grad erreicht habe, bei der nicht nur der Erfolg der deutschen Ratspräsidentschaft (die Bundesrepublik hielt in der ersten Jahreshälfte 1974 die Ratspräsidentschaft inne), sondern der Europäische Integrationsprozess insgesamt in Frage stehe. Es gebe eine große Kluft zwischen den Gipfelprogrammen und der Brüsseler Wirklichkeit, die die Glaubwürdigkeit des europäischen Einigungswil-

---

[4] Beate Neuss, Der „gütige Hegemon" und Europa. Die Rolle der USA bei der europäischen Einigung, in: *Politische Studien. Zweimonatsschrift für Politik und Zeitgeschehen* (Sonderheft 4/2000), 51. Jg., Oktober 2000, S. 8-20, hier bes. S. 18.

[5] Schwabe, a.a.O., S. 369.

[6] Botschafter Lebsanft, Brüssel (EG), an das Auswärtige Amt, Fernschreiben Nr.247 vom 22. Januar 1974, in: Akten zur Auswärtigen Politik der Bundesrepublik Deutschland AAAP 1974 (fortan zitiert als AAAP 1974), München 2005, Bd. 1: 1. Januar bis 30. Juni, Dokument Nr.19, S. 80-82.

lens insgesamt infrage stelle. Die Rückbildung der Gemeinschaft zu einer bloßen Zollunion könne nicht mehr ausgeschlossen werden. Überdies lasse die allenthalben spürbare „Europaverdrossenheit" in weiten Teilen der Bevölkerung anders als früher die Mobilisierung europäischer Gegenkräfte vermissen. Dadurch entstehe der Eindruck eines „Treibenlassens", der die Lage besonders gefährlich mache. Die Kommission schien ihm ob dessen zunehmend verunsichert zu sein, zumal Misserfolge in zentralen Fragen wie der Wirtschafts- und Währungsunion (WWU), der Energiepolitik oder des europäischen Regionalfonds in Verbindung mit der gleichzeitig zunehmenden Verlagerung von Gemeinschaftsmaterien auf die Ebene der Politischen Zusammenarbeit ihre Autorität verringerten. Angesichts dessen sei die Kommission zu einer schonungslosen Bestandsaufnahme entschlossen und werde voraussichtlich zur Ratssitzung Anfang Februar den Mitgliedstaaten die Frage stellen, ob die fundamentalen Zielsetzungen der Gemeinschaftspolitik in den Kernbereichen noch gelten.[7] Lebsanft zufolge kam in dieser Situation dem Europäischen Regionalfonds eine politische Schlüsselfunktion zu. Sein Rat an die Bundesregierung war unmissverständlich: Sollte sich die Ratssitzung am 30.1.74 als Fehlschlag erweisen, könnte das die Lähmung der Gemeinschaft besiegeln und den „point of return" zurück zu einer bloßen Zollunion darstellen. In dieser Lage komme der Bundesregierung als Ratsmacht zusammen mit der Kommission eine besondere Verantwortung zu. Der Botschafter empfahl daher ein abgewogenes und konkretisiertes deutsches Kompromissangebot zugunsten einer dreijährigen Anlaufphase als substantiellen Beginn einer gemeinschaftlichen Regionalpolitik an die anderen Mitgliedstaaten. Diese würden das nicht als Schwäche, sondern als Beweis deutscher europäischer Entschlossenheit werten. Auch würde ein solches Angebot Frankreich in Zugzwang bringen. Zugleich sollte Bonn deutlich machen, dass die Erfüllung der finanziellen Verpflichtungen für den Zeitraum danach von den konkreten Integrationsbemühungen aller abhängig sei.

Die von Lebsanft geäußerten Sorgen über den Zustand des Integrationsprozesses wurden von der Bundesregierung geteilt. So beschloss das Kabinett, übrigens gegen die Stimme des Finanzministers Helmut Schmidt, am 23. Januar, der deutschen Delegation für die anstehende Ratssitzung eine Verhandlungsmarge zur Einrichtung eines Regionalfonds in Höhe von 1,25 Mrd. DM mit einer Laufzeit von drei Jahren zu bewilligen. Dieser Betrag sollte überdies nicht mit den bereits für den Zeitraum 1974-1976 bewilligten 150 Millionen DM für die Agrarstruk-

---

7   Dabei handelt es sich um die vom deutschen EG-Kommissar Ralf Dahrendorf formulierte und vom Kommissionspräsidenten Ortoli am 31. Januar 1974 im Rahmen einer Pressekonferenz vorgetragene „State of the Union-Message"; siehe: ebd., S. 81, Fußnote 5.

turpolitik verrechnet werden. Es ging der Regierung Brandt-Scheel in dieser Frage darum, den Mittelfluss auf die überproportional unterentwickelten Gebiete der Gemeinschaft zu fokussieren, wobei sie von einem durchschnittlichen Entwicklungsstand ausging, der über 10% unter dem des durchschnittlichen BIP pro Kopf liegen sollte.[8]

Lebsanfts Befürchtungen könnten somit als eine Art „Lastenheft" für die Europapolitik der deutschen Regierung gesehen werden. In den frühen 1970er Jahren wurde der Zustand des Integrationsprozesses offensichtlich vielerorts als kritisch angesehen, nicht zuletzt deshalb, weil die Regierungen der Mitgliedstaaten es seit 1969 nicht geschafft hatten, die auf dem Haager Gipfel gefassten ehrgeizigen Pläne in konkrete Politik umzumünzen. Die Aufbruchsstimmung, die nach dem Haager Gipfeltreffen vom Dezember 1969 in Bezug auf den europäischen Integrationsprozess geherrscht hatte, war nach nur kurzer Zeit verflogen, die Gemeinschaft, so schien es vielen, hatte sich in interne Kompetenzrangeleien verstrickt und schien nicht in der Lage zu sein, auf die großen Herausforderungen der Zeit angemessen zu reagieren.

II. Der Wechsel im Kanzleramt

„Wer Visionen hat, sollte zum Arzt gehen!" – Diese oft zitierte Feststellung Helmut Schmidts aus den 1970er Jahren spiegelt seinen ausgeprägten Hang zum unprätentiösen Auftreten, zur Nüchternheit, zum Pragmatismus und zur Realpolitik. Sie war ursprünglich als Spitze gegen die so ganz andere, deutlich emotionalere Politik seines Vorgängers Willy Brandt gedacht und hatte seinerzeit ihre Wirkung auch nicht verfehlt, auch wenn Schmidt seinen Vorgänger bis in die frühen 1970er Jahre erklärtermaßen nicht nur bewundert hatte, sondern ihm nahezu bedingungslos gefolgt war.[9] Die Distanz zwischen beiden dürfte also unter dem Eindruck der gemeinsamen Regierungsverantwortung entstanden sein, vermutlich auch deshalb, weil Brandt und Schmidt zumindest von der Persönlichkeitsstruktur her so etwas wie die „two most distant cases" der deutschen Politik der 1970er Jahre darstellten. Dabei gehörten beide der SPD an, waren bzw. sind norddeutscher Herkunft und hatten vergleichbare berufliche Werdegänge durchlaufen. Beide waren von Anfang an Gegner des NS-Systems gewesen, aber während der 1913 geborene Brandt schon 1933 ins skandinavische Exil gehen musste, blieb der fünf Jahre jüngere Schmidt in Deutschland. Hier absolvierte er nach dem Abitur im Jahre 1937 zunächst den Reichsarbeitsdienst, danach den Wehrdienst. Im Krieg diente er bei der Luftwaf-

---

[8] Ebd., S. 81, Fußnote 6.

[9] Helmut Schmidt, Giovanni di Lorenzo, *Auf eine Zigarette mit Helmut Schmidt. 80 Kurzinterviews*, Köln 2010, S. 133.

fe, zuletzt im Range eines Oberleutnants. Nach dem Krieg folgte das Studium der Volks- und Staatswissenschaften, der Eintritt in die SPD im Jahre 1946, sowie die Übernahme erster politischer Ämter, wie z. B. den Vorsitz des Sozialistischen Deutschen Studentenbundes im Jahre 1947. Im selben Jahr wurde Willy Brandt zum Presseattaché der norwegischen Militärmission in Berlin ernannt, übte diese Tätigkeit aber nur wenige Monate aus. Nach Wiedererhalt der deutschen Staatsbürgerschaft im Jahre 1948 wurde er zunächst Referent des Westberliner Oberbürger-meisters Fritz Reuter. 1949 begann Brandts parlamentarische Karriere im Bundestag, wo er sein Mandat bis zur Wahl zum Oberbürgermeister von Westberlin im Jahre 1957 ausübte.

Helmut Schmidt trat nach Abschluss seines Studiums in die Ham-burger Stadtverwaltung ein. Hier stieg er rasch zum Leiter der Wirt-schaftspolitischen Abteilung auf und wurde 1952 Verkehrsdezernent. Von 1953 bis 1962 war er Abgeordneter des Bundestages. In diesen Jahren entwickelte er sein rhetorisches Talent weiter und lieferte sich zahlreiche, heute beinahe schon legendäre Redeschlachten, insbesondere mit Franz Josef Strauß, oftmals über militärische Fragen. 1961 wurde er zum Hamburger Innensenator ernannt. In diesem Amt erwarb er sich als Organisator der Katastrophenabwehrmaßnahmen anlässlich der großen Sturmflut von 1962 besonderen Verdiensten und legte damit den Grund-stein für seine bis heute ungebrochene Popularität. In diesen Jahren wurden die Grundlinien jenes politischen Konzepts des „Wandels durch Annäherung" durch Willy Brandt und Egon Bahr entwickelt, das 1969 zur Grundlage der „neuen Ostpolitik" der sozialliberalen Koalition Brandt-Scheel wurde. Im ersten Kabinett Brandt übernahm Helmut Schmidt zunächst, bis 1972, den Posten des Verteidigungsministers, dann den des Finanzministers. Als Willy Brandt am 6. Mai 1974 infolge der Guillaume-Affäre vom Kanzleramt zurücktrat, wurde Schmidt zehn Tage später zu seinem Nachfolger gewählt.

Der Regierungswechsel in Bonn vom Mai 1974 war weltweit auf-merksam verfolgt worden, wohl auch deshalb, weil nun mit Helmut Schmidt kein überzeugter „Europäer", sondern ein erklärter „Atlanti-ker", freilich ein erprobter Krisenmanager und ausgewiesener Wirt-schaftsfachmann an der Spitze der Regierung stand. Europapolitisch erhielt der Wechsel an der Spitze der Bundesregierung zusätzliche Relevanz durch einen anderen Regierungswechsel: Mit Valéry Giscard d'Estaing wurde beinahe zeitgleich, am 27. Mai 1974, ein ebenso aus-gewiesener Finanzfachmann zum Präsidenten der Französischen Repub-lik gewählt. Beide Politiker verkörperten eine neue Generation auf der Ebene der Europapolitik. Sie waren biographisch weniger mit der dunklen Seiten der europäischen Geschichte verbunden als ihre Vorgän-ger, sie genossen beide den Ruf fähiger Macher und wussten beide, dass sie, wenn ihnen der deutsch-französische Schulterschluss gelang, ohne die anderen gegen sich aufzubringen, die Gemeinschaft mit neuem Leben erfüllen konnten.[10] Das erwarteten auch die Zeitgenossen, und da der neue Kanzler und der der neue Präsident bekanntermaßen „gut miteinander konnten", war europaweit die Hoffnung groß, dass es ihnen endlich gelingen möge, den europäischen „Karren aus dem Dreck zu ziehen" bzw., wie die nachstehende Karikatur[11] aus dem Mai 1974 zeigt, die Patientin namens Europa zu kurieren.

Neue Hoffnung

III. Erste Ansätze

Kennen und schätzen gelernt hatten sich Giscard d'Estaing und Schmidt bereits während ihrer gemeinsamen Tätigkeit als Finanzminis-

---

[10] Vgl. dazu: Bino Olivi, *L'Europe difficile. Histoire politique de la Communauté européenne*, Paris 1998, S. 647.

[11] Im Mai 1974 eilen der deutsche Bundeskanzler Helmut Schmidt und der französische Präsident Valéry Giscard d'Estaing an das Krankenbett Europas. Die Beiden scheinen „Neue Hoffnung" für ein Europa zu bedeuten, das tief in der Währungskrise steckt. Quelle: Behrendt, Fritz, Neue Hoffnung, in *Frankfurter Allgemeine Zeitung*. 29.05.1974, S. 3. URL: http://www.ena.lu/karikaturbehrendwahrungskrise_29_mai_ 1974-3-5670.

ter unter Pompidou bzw. Brandt. Unmittelbar nach ihrer jeweiligen Amtsübernahme trafen sich Präsident und Bundeskanzler am 31. Mai 1974 auf Initiative Giscards in Paris, um ihre zukünftige Politik in möglichst vielen Bereichen aufeinander abzustimmen.[12] Das betraf die Haltung beider gegenüber der Sowjetunion und dem Warschauer Pakt, ebenso gegenüber den USA. Schmidt informierte den französischen Präsidenten bei der Gelegenheit darüber, dass er Richard Nixon gebeten habe, auf seiner für den Sommer 1974 terminierten Reise nach Moskau in Europa Zwischenstation zu machen, um sich mit den europäischen Staats- und Regierungschefs über Möglichkeiten einer gemeinsamen Politik gegenüber der UdSSR auszutauschen.[13] Desweiteren wurden Aspekte der gemeinsamen Verteidigungspolitik, insbesondere aber der Wirtschafts- und Finanzpolitik erörtert, eines beiden gleichermaßen eng vertrauten Politikfeldes. Angesichts der anhaltenden ökonomischen Probleme seit dem Ölpreisschock wussten sie um die Notwendigkeit einer besseren Koordinierung der Wirtschafts- und Währungspolitik im EG-Raum. Ferner tauschten sie ihre Ansichten über die Lage einzelner EG-Mitgliedsstaaten sowie potentieller Beitrittskandidaten aus. Hier wurden insbesondere Großbritannien und Italien in den Blick genommen. Giscard vertrat die Ansicht, dass Großbritannien psychologisch noch nicht in der Gemeinschaft angekommen und es ohnehin zweifelhaft sei, ob das Land überhaupt darin verbleiben möchte. In diesem Zusammenhang warf er die Frage auf, ob die Beitrittsbedingungen, die an die britische EG-Mitgliedschaft gekoppelt waren, nicht zu hart ausgefallen wären. In Bezug auf Italien bestand Einigkeit darüber, dass die ökonomische Lage des Landes als desaströs angesehen werden musste. Hier gelte es, helfend einzugreifen, um innere Unruhen möglichst zu vermeiden, die das Land noch tiefer ins Chaos führen würden, was möglicherweise ähnlich problematische Auswirkungen auf andere Mittelmeeranrainerstaaten wie Spanien haben könne. In diesem Zusammenhang plädierte der französische Präsident für eine raschere Heranführung Spaniens an die EG, was allerdings aus deutscher Sicht

---

[12]   Am 31. Mai führten Schmid und Giscard zunächst ein Vier-Augen-Gespräch (in Englisch, also ohne Dolmetscher), anschließend in größerer Runde unter Beteiligung von Jacques Chirac (Ministerpräsident), Jean Sauvagnargues (Außenminister), Claude Pierre-Brossolette (Generalsekretär im französischen Präsidialamt), Karl Otto Pöhl (Staatssekretär Bundesfinanzministerium). Hans-Jürgen Rohr (Staatssekretär im Bundeslandwirtschaftsministerium) und Sigismund Freiherr von Braun (Botschafter der Bundesrepublik in Frankreich). Dazu: AAAP 1974, Dokument 157, Botschafter Freiherr von Braun, Paris, an Bundesminister Genscher vom 4. Juni 1974, S. 663-670.

[13]   Nixon besuchte vom 27. Juni bis 3. Juli 1974 die UdSSR, zuvor machte er vom 25.6. bis 26.6. anlässlich der Sitzung des NATO-Rates in Brüssel Station. Ebd., S. 667, Fußnote 16.

als innenpolitisch nicht durchsetzbar angesehen wurde. In Bezug auf Portugal waren sich beide Seiten darüber einig, den Weg des Landes in die Gemeinschaft zu erleichtern.

Giscard d'Estaing und Schmidt wussten, dass ihr Treffen von den Regierungen der anderen EG-Mitgliedstaaten aufmerksam verfolgt wurde. Daher verständigten sie sich darauf, ihren Meinungsaustausch zu einem Routinegespräch im Rahmen des Elysée-Vertrages von 1963 zu erklären, um nach außen hin nicht den Verdacht eines deutsch-französischen Hegemonialanspruchs im Gemeinschaftsraum zu nähren. Allerdings hatte der Kanzler im Rahmen der Unterredung mehrfach dezidiert seinen Wunsch nach einer engen deutsch-französischen Zusammenarbeit zum Ausdruck gebracht, wobei allerdings der Eindruck zu vermeiden sei, dass eine neue Achse geschmiedet werden solle.[14] Auch Giscard d'Estaing hatte sich bei verschieden Gelegenheiten dafür ausgesprochen, die deutsch-französische Zusammenarbeit als Grundelement für den Aufbau und den Zusammenhalt Europas anzusehen. Ausdrücklich hatte er dabei betont, dass Frankreich nichts unternehmen werde, was den Zusammenhalt der Gemeinschaft gefährden könne. Ohnehin waren sich Schmidt und Giscard in Bezug auf die EG[15] darüber einig, dass die Gemeinschaft nicht nur im Bestand erhalten werden müsse, sondern konkrete Fortschritte nötig seien, um die globale ökonomische Krise meistern zu können. Dafür bedürfe es in erster Linie wirtschaftlicher Stabilität, die über eine klassische Budget- und Kreditpolitik erreicht werden solle. Nach dem Treffen, schon auf der Fahrt zum Flughafen, sprach Schmidt mit Botschafter von Braun über das Treffen. Es sei ein ganz hervorragendes, offenes und herzliches Gespräch gewesen, er selber habe sich mit Giscard d'Estaing erstklassig verstanden und werde sich bemühen, bei späteren Treffen Vier-Augen-Gesprächen breiteren Raum zu geben.[16]

Hier wird deutlich, dass mit Schmidt und Giscard d'Estaing ein neuer Politikstil Einzug in die Europapolitik gehalten hatte, der aber bald auch auf die internationale Bühne insgesamt übertragen wurde. Hinweise auf dessen Genese gibt das Protokoll eines Gesprächs, das Schmidt mit dem italienischen Ministerpräsidenten am 31. August 1974 in

---

[14] Schmidt informierte den Deutschen Bundestag am 6. Juni 1974 über seine Gespräche mit Giscard d'Estaing und erklärte öffentlich, dass man Spekulationen über eine besondere deutsch französische Achse entgegenwirken wolle, da die Konsultationen ausschließlich auf Grundlage des Elysée-Vertrages von 1963 geführt worden seien. Ebd., S. 665, Fußnote 11.

[15] Im Gesprächsprotokoll wird das Kürzel EWG verwendet, die es seit der Fusion der Gemeinschaften im Jahre 1967 so gar nicht mehr gab.

[16] Ebd., S. 669.

Bellagio am Comer See geführt hatte.[17] Darin äußerte sich der Kanzler noch einmal erleichtert darüber, dass es mit Giscard d'Estaing nun einen französischen Staatschef gebe, der ein Anhänger der EG sei. Andererseits glaubte er, dass der französische Präsident als glänzender Wirtschaftsfachmann und ehemaliger Finanzminister die Möglichkeiten einer schnelleren politischen Entscheidung der Gemeinschaft noch überschätze. Zur Vorbereitung eines weiteren Treffens mit Giscard d'Estaing habe er während seines Urlaubs ein 30-seitiges Papier über seine aktuellen europapolitischen Vorstellungen ausgearbeitet und es dem französischen Präsidenten persönlich zukommen lassen.[18] Er habe darin den Versuch unternommen, einige konkrete Schritte zu skizzieren, die groß genug seien, um von der Öffentlichkeit wahrgenommen zu werden, zugleich aber auch auf der Gemeinschaftsebene realisiert werden konnten. Falls es in dem Gespräch mit Giscard zu einer Einigung in bestimmten Bereichen komme, würde er den italienischen Regierungschef darüber informieren wollen, dabei allerdings gerne die Außenministerien ausklammern. Er habe Giscard die folgende kleine Neuerung vorgeschlagen: Dieser möge die Regierungschefs der EG-Staaten (wie in Zukunft alle Ratspräsidenten) zu einem langen privaten Abendessen ohne Beamte – nur mit Dolmetschern – einladen. Falls sich in den vertraulichen Gesprächen etwas Positives ergäbe, könnte man dann die Außenminister oder die Finanzminister beauftragen, die Dinge weiter zu verfolgen. Komme man in dem einen oder anderen Punkt zu keiner Einigung und bleibe dies der Öffentlichkeit unbekannt, so könne kein Schaden daraus entstehen. Schmidt hoffte, dass dieses Verfahren im Laufe der Zeit eine positive Routine entwickeln würde.

Hier werden Schmidts neue europapolitische Ansätze deutlich: Konkrete Problemkonstellationen sollten im kleinen Kreis der Regierungschefs unter bewusster Ausklammerung der großen Apparate der Ministerien erörtert und pragmatisch nach Lösungsansätzen gesucht werden. Erst wenn eine grundsätzliche Verständigung erreicht wurde, sollten die Detailfragen auf der Ebene der Fachressorts geklärt werden. Mit diesem Vorschlag schlug übrigens auch die Geburtsstunde der großen Weltwirtschaftsgipfel. Das erste Treffen dieser Art, von Giscard d'Estaing und Schmidt gemeinsam geplant, fand im November 1975 in Rambouillet bei Paris statt. An ihm nahmen neben den beiden Initiatoren Gerald Ford für die USA, Takeo Miki für Japan, Aldo Moro für Italien und Harold Wilson für das Vereinigte Königreich teil. Damals habe man, so Schmidt in einem Rückblick aus dem Jahre 2007, keinen öffentlichen

---

[17] AAAP 1974, Dok. Nr.247, Gespräch des Bundeskanzlers Schmidt mit Ministerpräsident Rumor in Bellagio, 31. August 1974, S. 1068-1078.

[18] Das Treffen war für den 2. September 1974 in Paris anberaumt. Ebd., S. 1070, Fußnote 7.

Aufwand betrieben, sondern sich im Wohnzimmer eines Schlösschens bei Paris zusammengesetzt. Es sei ein privates Treffen gewesen, ohne riesige Trosse, und die Medien habe man bewusst auf Distanz gehalten. Heute dagegen seien die Gipfel zu bloßen Medienevents verkommen.[19]

IV. Das Arbeitspapier aus dem Sommerurlaub 1974

In dem bereits erwähnten Arbeitspapier, das Schmidt während seines Sommerurlaubs 1974 verfasst hatte, ging es keineswegs nur um Überlegungen zur Effektivierung künftiger Treffen der europäischen Staats- und Regierungschefs.[20] Vor Antritt seines Sommerurlaubs hatte der Bundeskanzler noch längere Gespräche mit dem EG-Kommissionspräsidenten Ortoli[21], einer britischen Regierungsdelegation unter der Leitung des Premierministers Wilson[22] und einer belgischen Delegation unter der Leitung des Ministerpräsidenten Tindemans[23] führen können. Ferner waren am 9. Juli in Bonn deutsch-französischen Konsultationsgespräche geführt worden. Auf allen Treffen war es schwerpunktmäßig um europapolitische Fragestellungen gegangen. Die dabei gewonnenen Eindrücke konnte der Bundeskanzler bei der Anfertigung seines Arbeitspapiers berücksichtigen. Es spiegelt also die Sicht Helmut Schmidts auf den europäischen Integrationsprozess, insbesondere auf die Punkte, die ihm dabei problematisch erschienen und die er verändern wollte. Dafür entwickelte der Kanzler einen Maßnahmenkatalog, die er als tauglich erachtete, um der Gemeinschaft einen Weg aus der Krise vorzuschlagen. Es ist bezeichnend für den neuen Politikstil des Kanzlers, mehr noch für die Bedeutung, die er dem deutsch-französischen Verhältnis beimaß, dass er das Papier dem französischen Präsidenten vor seiner Unterredung am 2. September 1974 zustellen ließ, es aber dem deutschen Außenminister Genscher erst nach dem Treffen mit Giscard „zur persönlichen Unterrichtung" übersandte.[24] Hieran wird deutlich, dass das Thema „Europa" ebenso wie den Bereich der deutsch-französischen Beziehungen zur „Chefsache" erklärt worden war.

---

[19] Schmidt/di Lorenzo, a.a.O., S. 16.

[20] AAAP 1974, Dok. Nr.253, Ministerialdirigent Fischer, Bundeskanzleramt, an Ministerialdirigent Kinkel, 6. September 1974, S. 1098-1118.

[21] Bonn, 11. Juni 1974.

[22] Bonn, 19. Juni 1974.

[23] Bonn, 3. Juli 1974.

[24] Mit Datum vom 6. September 1974 sandte der stellvertretende Leiter der Abteilung für Auswärtige und innerdeutsche Beziehungen und äußere Sicherheit des Bundeskanzleramtes Fischer eine Kopie des Papiers an Genschers Büroleiter Kinkel „zur persönlichen Unterrichtung des Außenministers". Genscher nahm den Text am 11. September zur Kenntnis. Ebd., S. 1098 (auch Fußnote 1).

Das Papier war in fünf Hauptkapitel unterteilt. An erster Stelle stand der wirtschafts- und währungspolitische Bereich, unterteilt in die Unterpunkte Gemeinschaftsanleihe, Koppelungsmanöver bei der Energiepolitik und gemeinschaftliches Zentralbanksystem. Kapitel 2 befasste sich mit dem institutionellen Bereich. Dabei ging es um die Verbesserung der Entscheidungsstruktur des EG-Rates, die Weiterentwicklung in der Perspektive der Europäischen Union, die Stärkung der Befugnisse des Europäischen Parlaments, die Stärkung der Arbeitsmethoden des Rates und der Kommission, die Einrichtung einer EG-Vertretung bei der UNO sowie die Schaffung einer EPZ-Infrastruktur. Das dritte Kapitel behandelte den außenpolitischen Sektor, insbesondere Möglichkeiten zur Verbesserung der außenpolitischen Konsultationen der Neun. Im vierten Kapitel ging es um die Schaffung einer Passkontrollunion und einer Passunion der Neun, im fünften um den Verteidigungsbereich und um Überlegungen, wie die Grundlagen einer gemeinschaftlichen Zusammenarbeit auf diesem Sektor gestaltet werden könnten.[25]

Auch wenn an dieser Stelle nicht im Detail auf die verschiedenen Aspekte des Papiers eingegangen werden kann, ist es für das Verständnis der europapolitischen Zielsetzungen Helmut Schmidts zu Beginn seiner Kanzlerschaft wichtig, zumindest einzelne Punkte in den Blick zu nehmen. Auch kann es als Maßstab für die Anfertigung einer Leistungsbilanz für die europapolitischen Verdienste der Regierung Schmidt insgesamt dienen.

Helmut Schmidt behandelte die ihm bedeutsam erscheinenden Problemfelder in der Regel in einem Dreischritt, untergliedert in Sachverhalt, Problematik und Vorschläge. Entsprechend analysierte er im ersten Kapitel seiner Studie die Probleme des im März 1973 eingerichteten „Europäischen Fonds für währungspolitische Zusammenarbeit", der als Ausgangspunkt einer späteren gemeinsamen Zentralbankorganisation gedacht war. Seiner Meinung mangelte es für eine Weiterentwicklung des Fonds im ursprünglich geplanten Sinn an den notwendigen wirtschaftspolitischen Voraussetzungen. So hielt er es für problematisch, dass mit der Kreditpolitik nur ein Teil des Instruments vergemeinschaftet worden sei, während mit der Finanzpolitik ein weiterer zentraler Bestandteil weiterhin in der nationalen Souveränität stehe. Als Ausweg aus dem Dilemma schlug er vor, künftig alle Arbeiten der nationalen Notenbankgouverneure im Fonds zu konzentrieren. Darin sah er einen ersten notwendigen Schritt zur Verbesserung der wirtschaftpolitischen Koordination im Gemeinschaftsraum, der mittelfristig den qualitativen Sprung zur Gemeinschaftsentscheidung möglich mache.

---

[25] Ebd., S. 1098 f.

Im umfangreichsten Kapitel seiner Studie, dem „Institutionellen Bereich", kritisierte Schmidt die seines Erachtens angesichts der zahlreichen Probleme zu gering ausgebaute Ratsebene. So habe der Fusionsvertrag nur einen Rat[26] vorgesehen, zusammengesetzt aus Vertretern den Mitgliedstaaten. Dieser sei jedoch mit der Vielfalt seiner Aufgaben überfordert. Daher empfahl er zur Verbesserung der gemeinschaftlichen Koordinierung, die Außenminister zu beauftragen, sich vierteljährlich im Allgemeinen Rat mit der Gesamtheit der wichtigen Aufgaben der Gemeinschaft zu befassen, Schlussfolgerungen für die weitere Entwicklung auszuarbeiten und Anstöße für die Arbeit in den Einzelbereichen zu geben. Für die Umsetzung dieser Anstöße auf Gemeinschaftsebene machte Schmidt zudem weitere Detailvorschläge.

Die Weiterentwicklung der Gemeinschaft zur Europäischen Union wollte der Bundeskanzler als Drei-Phasen-Prozess gestalten. In der ersten Phase sollten den Mitgliedstaaten aus Rücksicht auf nationale Befindlichkeiten – hier verwies er auf die Position der Gaullisten in Frankreich, die europapolitisch ungeklärte Lage in Großbritannien und die ungesicherten Mehrheitsverhältnisse in Dänemark – keine unzumutbaren politischen Entscheidungen abverlangt werden. In der zweiten Phase galt es, die Weiterentwicklung zu einer stärkeren Integration voranzutreiben, quasi als Entschädigung für bereits erbrachte wirtschaftlich-finanzielle Opfer der Mitgliedstaaten. In der dritten Phase würde es dann darum gehen müssen, die wenig sinnvolle Diskussion über Föderation oder Konföderation sowie die Auseinandersetzung darüber, ob die künftige Exekutive der Union aus dem Rat oder der Kommission hervorgehen solle, zugunsten des Rates zu beenden, dabei sei aber die grundsätzliche Unabhängigkeit der Exekutive von den nationalen Regierungen sicherzustellen. Auch hierfür sah das Papier eine Vielzahl weiterer Detailvorschläge vor. Eine bedeutende Rolle dabei maß Schmidt der deutsch-französischen Zusammenarbeit bei, womit er an das Treffen vom 31. Mai anknüpfte. Deutschland und Frankreich sollten hier gemeinsam eine Formel entwickeln, die auf einem künftigen Gipfel von den übrigen Mitgliedstaaten erörtert werden könnte.

Die Stärkung des Europäischen Parlaments war für Schmidt aufgrund des starken Drängens der meisten europäischen Parteien und der Öffentlichkeit unabdingbar. Zwar hielt er die rasche Einführung von geheimen und unmittelbaren Wahlen aus Rücksichtnahme auf französische Befindlichkeiten noch für unzumutbar, es sollte sich aber schrittweise realisieren lassen. Um die Rolle des Parlaments kurzfristig zu stärken, empfahl er, die Organe der Gemeinschaft aufzufordern, dem

---

[26] Der Fusionsvertrag vom 8. April 1965 sah vor, dass die bisherigen Ministerräte der EWG, EGKS und Euratom zu einem Ministerrat zu vereinen seien. Ebd., S. 1103, Fußnote 15.

Parlament eine Mitentscheidungsbefugnis bei Vertragsänderungen, der Aufnahme neuer Mitglieder und der Ratifizierung internationaler Abkommen einzuräumen. Auch solle dem Parlament ein Zustimmungsrecht bei der Wahl des Kommissionspräsidenten erhalten, ein aufschiebendes Vetorecht gegen Ratsbeschlüsse könne ebenfalls geprüft werden.

Die Einrichtung einer EG-Vertretung bei der UNO hielt der Bundeskanzler schon deshalb für geboten, um das internationale Gewicht der Gemeinschaft zu stärken. Dazu sollte auch eine Verbesserung der außenpolitischen Konsultationen der Mitgliedstaaten beitragen, zumal die Gemeinschaftserziehungen zu den beiden Weltmächten, zu China und wichtigen Staaten der Dritten Welt derzeit nicht zu den wichtigen außenpolitischen Konsultationsthemen zählen. Schmidt hielt es für wünschenswert, wenn es vor Reisen von Regierungsdelegationen aus EG-Mitgliedstaaten auf Gemeinschaftsebene eine Koordinierungsrunde geben würde, damit die jeweiligen Kollegen ihre Reisen auch in Kenntnis der Regierungen den anderen Mitgliedstaaten führen und auch in deren Namen sprechen könne. Der Einführung einer Passunion nach dem Vorbild der Nordischen und BENELUX-Staaten maß Schmidt eine erhebliche inte-grationspolitische Bedeutung bei, die zudem noch diverse technische Vorteile mit sich brachte. Auch konnte er sich in diesem Zusammenhang die Ausgabe eines einheitlichen Passes für Staatsangehörige aus allen EG-Mitgliedstaaten vorstellen. Weitere Vorzüge, die allesamt nicht die sich aus den Staatsangehörigkeiten ergebenden Rechte berührten, sah er auf dem Sektor der Verbrechensbekämpfung, was Probleme, die sich aus dem Wegfall der Grenzkontrollen ergeben könnten, wieder ausgleichen würde.

Seine Überlegungen zur besseren Koordinierung der europäischen Verteidigungspolitik erschienen dem vormaligen Bundesverteidigungsminister, der die französischen Bedenken, aber auch die der NATO-Bündnispartner in dieser Frage genau kannte, als besonders geheimhaltungsbedürftig. Es gelte, so Schmidt, die Aufnahme europäischer Zusammenarbeit sowohl in Fragen der – zunächst auf das europäische Operationsgebiet beschränkten – Strategie wie auch der Rüstungsproduktion voranzutreiben, freilich ohne den derzeit für Frankreich unzumutbaren Schritt in die NATO oder die Eurogroup abzuverlangen. Entsprechende Maßnahmen müssten stets mit amerikanischer Zustimmung und zumindest Duldung der übrigen NATO-Staaten ergriffen werden, damit der NATO-Zusammenhalt nicht gefährdet werde. Auch für dieses Kapitel entwickelte der Bundeskanzler eine Vielzahl von möglichen Durchführungsmaßnahmen und Szenarien, die sowohl die politische als auch die militärische Ebene betrafen.

V. Anspruch und Wirklichkeit

Die europapolitische Zielsetzung Helmut Schmidts zu Beginn seiner Amtszeit als Bundeskanzler kann vor dem Hintergrund des Arbeitspapiers als durchaus ambitioniert bezeichnet werden. Freilich spiegelt dessen Lektüre auch den Pragmatismus, mit dem er die bestehenden Probleme lösen wollte. Noch einmal ist in diesem Zusammenhang zu betonen, dass ihm dabei besonders an einer engen Kooperation mit Frankreich gelegen sein dürfte. Er wusste, dass auch pragmatische Lösungen auf der Ebene der europäischen Gemeinschaftspolitik Zugeständnisse der Nationalstaaten an die gemeinschaftliche Ebene verlangten, ebenso, dass sich insbesondere Frankreich unter de Gaulle und auch noch unter Pompidou lange Zeit solchen Ansätzen verschlossen hatte. Das Treffen mit Präsident Giscard d'Estaing im Mai hatte freilich gezeigt, dass jenseits des Rheins nun ähnlich gedacht wurde und auch hier der Wille vorhanden war, Fortschritte auf dem Gebiet des europäischen Gemeinschaftswerks zu erzielen, solange sich die nationalen Interessen mit denen der EG deckten. Diese Haltung entsprach der des Bundeskanzlers und insofern hatte er in seinem Papier auch stets darauf geachtet, zu zeigen, dass die angestrebten Fortschritte auf der Gemeinschaftsebene allen Mitgliedstaaten von Nutzen sein würden.

Das betraf die weitere Harmonisierung der wirtschafts- und währungspolitischen Zusammenarbeit als Ausweg aus der globalen ökonomischen Krise ebenso wie die angestrebte Erweiterung der Ratskompetenzen bei gleichzeitiger Betonung ihres Gemeinschaftscharakters zur Vermeidung nationaler Alleingänge. Es betraf ebenso die Verbesserung der Kooperation auf dem Gebiet der Verteidigungspolitik, mit der Schmidt die Rolle Europas im Ost-West-Konflikt stärken wollte. Die Stärkung des Europäischen Parlaments sollte wohl dazu dienen, die im Sommer 1974 noch sehr schwammigen Konturen der europäischen Strukturen zu schärfen, freilich ohne die Ratsebene zu schwächen, auch ging Schmidt damit auf den immer wieder zu lesenden Vorwurf defizitärer demokratischer Strukturen der Gemeinschaft ein, der auf diese Weise abgeschwächt werden konnte. Insofern dürfte dieser Punkt als ein Zugeständnis an die öffentliche Meinung zu verstehen sein, die so für die neuen europapolitischen Ansätze gewonnen werden sollte. Ähnliches gilt wohl auch für seinen Vorschlag einer Passunion. Diese ließ sich vergleichsweise einfach realisieren, trug zur allgemeinen Öffnung des Gemeinschaftsraums bei, erleichterte das Reisen innerhalb der EG erheblich und war somit nicht nur von praktischem Nutzen, sondern auch von vergleichsweise hoher symbolischer Bedeutung.

Als Pragmatiker war sich Helmut Schmidt wohl bewusst, dass seine Vorschläge auf der Gemeinschaftsebene nur als Denk –, möglicherweise auch als Handlungsanstösse wirken konnten. Konkret umgesetzt werden konnten sie nur auf der Gemeinschaftsebene. Dazu bedurfte es zunächst der Prüfung, wie das Arbeitspapier von seinem Adressaten, dem französischen Präsidenten aufgenommen wurde. In seiner als „geheim" klassifizierten Aufzeichnung des Gesprächs vom 2. September ging Schmidt nur kurz auf die Rezeption seines Arbeitspapiers durch Giscard ein. Der französische Präsident habe sich für die Urlaubsarbeit bedankt und sie als sehr nützlich eingeschätzt. Auch habe er einmal mehr bekräftigt, den EG-Regierungschefs nichts vorschlagen zu wollen, was nicht zwischen Schmidt und Giscard zuvor vereinbart worden sei. Ins Auge gefasst worden sei zudem eine Zusammenkunft der EG-Staats- und Regierungschefs, die auf Wunsch Giscards hin nicht als Gipfeltreffen deklariert werden solle.[27] Doch die Aufzeichnungen des Abteilungsleiters im Kanzleramt Fischer zu dem insgesamt fünfstündigen Gespräch, das den Charakter eines freien Meinungsaustausches hatte, geben Aufschluss darüber, dass Kanzler und Präsident sich erst unter vier Augen, dann unter Beteiligung zweier enger Mitarbeiter[28] durchaus am Konzept des Arbeitspapiers orientierten und Giscard dabei die französischen Positionen zur künftigen Europapolitik vortrug.[29]

Ein Abgleich der von Schmidt abgehandelten Punkte mit den Positionen des französischen Präsidenten zeigt eine große Deckungsgleichheit der beiden Standpunkte. Diese sei an einigen ausgewählten Punkten gezeigt. So plädierte der Französische Präsident beispielsweise ähnlich wie der Kanzler für einen Ausbau der Ratsstruktur. Der Allgemeine Rat sollte den förmlichen Auftrag zur Koordinierung sämtlicher Aktivitäten, insbesondere der Sonderräte erhalten. Das Mehrheitsverfahren bei Abstimmungen im Ministerrat sollte schrittweise in noch zu bestimmenden Bereichen wieder eingeführt und die EPZ künftig im Allgemeinen Rat im Kreise der Außenminister und eines Vertreters der Kommission stattfinden. Für die Staats- und Regierungschefs konnte sich Giscard drei bis vier Treffen pro Jahr zur informellen Erörterung der Gemeinschaftsangelegenheiten vorstellen, der Rat selber sollte mit einem kleinen Sekretariat ohne festen Sitz ausgestattet werden. In Bezug auf das Europäische Parlament plädierte Giscard für allgemeine und geheime Wahlen, ebenso für eine schrittweise Erweiterung seiner Befugnisse. Hinsichtlich der Wirtschafts- und Währungspolitik erklärte

---

[27] AAAP 1974, Dokument Nr.249, Aufzeichnung des Bundeskanzlers Schmidt vom 3. September 1974, S. 1083-1086.

[28] Von 18:30-20:00 hatten Präsident und Kanzler ein Vier-Augen-Gespräch geführt, ab 20:00 wurden noch hinzugezogen der Generalsekretär im französischen Präsidialamt Pierre-Brossolette und Fischer selber. Vgl.: AAAP 1974, Dokument Nr.251, Aufzeichnung des Ministerialdirigenten Fischer, Bundeskanzleramt, vom 3. September 1974, S. 1090-1095, hier S. 1090.

[29] Ebd.

sich Giscard mit der Konzentration der Befugnisse der Notenbankgouverneure im Fonds einverstanden. Zugleich kündigte er einen baldigen
Vorschlag zur Neudefinition der europäischen Rechnungseinheit an, die
auf der Grundlage eines europäischen Währungskorbes zu berechnen
sei. Von diesem Angebot zeigte sich Schmidt ebenso überrascht wie
angetan und erteilte ad hoc die Anweisung, dessen Durchführbarkeit
amtsintern prüfen zu lassen. Hinsichtlich der Verteidigungspolitik
erklärte der Präsident sein grundsätzliches Interesse an einer Zusammenarbeit der Neuner-Gemeinschaft, bat jedoch angesichts der etwa
zeitgleich in Frankreich geführten Verteidigungsdiskussion – hier ging
es im wesentlichen um die Frage des Fortbestandes der strategischen
französischen Nuklearwaffen – um Verständnis für seinen Wunsch,
dieses Thema zunächst nicht weiter zu verfolgen. Zugleich verwies er
auf bestehende Schwierigkeiten im Bereich der europäischen Rüstungs-
kooperation, signalisierte aber auch seine Bereitschaft zu bilateralen
Erörterungen für die Planung konventioneller Einsätze französischer
Streitkräfte in Deutschland. In solche Gespräche könne auch gerne die
NATO einbezogen werden. Die Idee einer Passunion war in der französischen Regierung auf große Zustimmung gestoßen, hier unterbreitete
Giscard zugleich einen Vorschlag über die Gestaltung eines europäischen Ausweisdokuments.

Knapp zwei Wochen später, am 12. September 1974, trafen sich auf
Anregung Schmidts und Giscards die Staats- und Regierungschefs der
Neunergemeinschaft zu einem ersten informellen Meinungsaustausch
über die künftige Gemeinschaftspolitik.[30] Wie mit dem französischen
Präsidenten abgesprochen, eröffnete der Bundeskanzler die Gesprächs-
runde und trug bei dieser Gelegenheit die Quintessenz der zwischen ihm
und Giscard entwickelten Vorstellungen vor. Die Stellungnahmen der
anderen Sieben zeugten mehrheitlich von großer Sympathie für die
deutsch-französische Initiative, lediglich Premierminister Wilson hielt
sich in seinen Äußerungen zurück und beschränkte sich darauf, die
ambivalente Europapolitik seiner Regierung zu rechtfertigen, für die er
von allen Seiten kritisiert wurde, und auch der dänische Ministerpräsident Hartling verzichtete auf eingehendere Kommentare zu Schmidts
Eingangsstatement, sondern beschränkte sich auf eine Kritik am derzei-
tigen Zustand der Gemeinschaft. Ausdrücklich zustimmen mochte er nur
dem Vorschlag zu mehr informellen Treffen auf höchster Ebene. Resü-
mierend stellte der Bundeskanzler fest, dass das offensichtlich starke
Engagement Giscards für den weiteren europäischen Fortschritt alle
Teilnehmer beeindruckt habe, es jedoch allenthalben noch der Analyse

---

[30] Dazu: AAAP 1974, Dokument Nr.268, Aufzeichnung des Bundeskanzlers Schmidt,
16. September 1974, S. 1177-1187.

der Aufzeichnungen bedürfe, um die eigentliche Tragweite der Vorschläge festzustellen.

Das Gipfeltreffen vom 14. September 1974 kann als eine Art „Testballon" für die europapolitischen Vorstellungen Giscards und Schmidts angesehen werden. Beide dürften mit dem Verlauf des Abends durchaus zufrieden gewesen sein, schließlich waren ihre Überlegungen von keinem der Anwesenden ausdrücklich zurückgewiesen worden. Die endgültige Weichenstellung für die künftige Gemeinschaftspolitik, so wie sie von Schmidt und Giscard d'Estaing entwickelt worden war, wurde auf dem, wie Giscard d'Estaing ihn nannte, „letzten Gipfel" der Europäischen Staats- und Regierungschefs am 9. und 10. Dezember 1974 festgelegt.[31]

Hier schlug der französische Präsident nunmehr „offiziell" vor, die bislang unregelmäßigen Zusammentreffen der Staats- und Regierungschefs der EG in einen „Europäischen Rat" umzuwandeln, der – wenn nötig, gemeinsam mit den Außenministern – mindestens dreimal pro Jahr tagen und über Fragen der politischen Zusammenarbeit sowie über die Gemeinschaftspolitiken konferieren sollte. Da dieser Rat von vornherein als Ergänzung zu den Gemeinschaftsinstitutionen konzipiert war, verfügte die EG nun über eine Einrichtung, die die intergouvernementalen mit den supranationalen Elementen institutionell verband. Die Gemeinschaftsstruktur war durch eine neue Komponente ergänzt, allerdings auch das Gefüge der Institutionen verschoben worden, letztlich zu Lasten der bisherigen Organe, da der Europäische Rat sämtlich seinen Mitgliedern wichtig erscheinende Fragen an sich ziehen konnte. Damit war die traditionell starke Rolle des Ministerrates ebenso beschnitten worden wie die der Kommission, deren Initiativrecht aufgrund der faktischen Richtlinienkompetenz des Europäischen Rates reduziert wurde. Zwar wurde der jeweilige Kommissionspräsident in den Rat kooptiert, doch die damit verbundene Aufwertung der Kommission wurde dadurch wieder zurückgenommen, dass der Rat fortan den Kommissionspräsidenten ernannte. Ebenso wurde die Rolle des Europäischen Gerichtshofs eingeschränkt, da die politischen Beschlüsse des Rates nicht seiner Kontrolle unterlagen. Ähnlich ambivalent erging es dem Europäischen Parlament. Einerseits war vom Rat beschlossen worden, es künftig direkt wählen zu lassen (die erste Direktwahl zum EP fand 1979 statt), andererseits blieb es weiterhin aus dem Entscheidungsfindungsprozess zwischen Rat und Kommission ausgeklammert, konnte keine Kontrollfunktion über den Rat ausüben und musste hin-

---

[31] Dazu: AAAP 1974, Dokument Nr.369, Runderlass des Vortragenden Legationsrats I. Klasse Dohms vom 12.12.1974, S. 1621-1630.

nehmen, dass der Rat über Belange des Parlamentes Beschlüsse fassen konnte, ohne es zuvor zu konsultieren.

Trotz solcher Einschränkungen zeigen diese Beispiele, dass die EPZ nach der Einrichtung des Europäischen Rates eine neue Qualität gewonnen hatte. Ihre Institutionalisierung trug zweifellos erheblich zur Stabilisierung der künftigen Konsultations- und Harmonisierungsprozesse unter dem Dach der EG bei. Über die weitreichenden Folgen ihrer Beschlüsse waren sich die Staats- und Regierungschefs auf dem Pariser Gipfel bewusst, allerdings blieben die Konturen der Gemeinschaft auch weiterhin unklar. Daher erteilten sie dem belgischen Ministerpräsidenten Tindemans den Auftrag, einen Bericht über Aufgaben, Gestalt und Ziele der künftigen Europäischen Union auf Grundlage ihrer reformierten Struktur auszuarbeiten. Dessen Bericht lag dem Europäischen Rat im Dezember 1975 vor. Angesichts der weiterhin kritischen globalen Lage empfahl Tindemans eine pragmatische „Politik der kleinen Schritte", ohne ein konkret ausgestaltetes Endkonzept im Sinne einer finalité politique zu verfolgen. Zu unterschiedlich waren weiterhin die Positionen von Föderalisten und Konföderalisten unter den europapolitischen Entscheidungsträgern auf der Ebene der Mitgliedstaaten. Stattdessen sollten die Entscheidungsverfahren innerhalb der Gemeinschaft durch eine Ausweitung von Mehrheitsentscheidungen beschleunigt werden, die Gemeinschaft selber durch Initiativrecht und weitere Gesetzgebungsrechte des Parlaments allmählich demokratisiert werden. Doch trotz langwieriger Beratungen über die Empfehlungen des Berichts blieb dieser zunächst folgenlos, da der Europäische Rat darauf verzichtete, ihn zur Grundlage einer entsprechenden Initiative zu nehmen. Gleichwohl hatte Tindemans in seinem Bericht die Punkte umrissen, mit denen sich die europäischen Institutionen künftig befassen mussten.

Vermutlich aufgrund der ökonomischen Sachzwänge stießen die Vorschläge, die Schmidt und Giscard zur Harmonisierung der Wirtschafts- und Währungspolitik gemacht hatten, im Gemeinschaftsrahmen auf deutlich größere Resonanz. Schon in seinem bereits erwähnten Gespräch mit dem italienischen Ministerpräsidenten Rumor vom August 1974 hatte der Bundeskanzler ausdrücklich darauf hingewiesen, dass angesichts der weltweiten Wirtschaftskrise eine engere politische Zusammenarbeit der europäischen Regierungschefs zwingend erforderlich sei, um die Außen- und Wirtschaftspolitik besser zum gemeinschaftlichen Nutzen koordinieren zu können. Mit dem französischen Vorschlag zur Schaffung einer neuen europäischen Rechnungseinheit auf der Grundlage eines gemeinschaftlichen Währungskorbes hatten die entsprechenden Überlegungen zusätzliche Impulse erhalten. Und so nahmen zwischen Herbst 1974 und Herbst 1977 die währungspolitischen Pläne langsam Gestalt an. Schließlich war allen Beteiligten bewusst, wie wichtig eine enge Koordinierung der europäischen Währungen war, um einen Schutzschild gegen die globalen Strömungen zu schaffen und eine wirksame europäische Gegenposition zu den negativen Wirkungen des Dollarverfalls aufzubauen.[32] Im Oktober 1977 äußerte sich der britische Kommissionspräsident Jenkins erstmals öffentlich über den Stand der entsprechenden Gespräche,[33] die ohne den engen deutsch-französischen Schulterschluss des Kanzlers und des Präsidenten sicher nicht so zügig weiterverfolgt worden wären. Und so konnte sich im April 1978 der Europäische Rat in Kopenhagen mit einem von Giscard und Schmidt eingereichten Vorschlag die Schaffung eines „Europäischen Währungssystems" (EWS) betreffend befassen. Nachdem sich der Rat grundsätzlich positiv geäußert hatte, wurde die Einführung des EWS im Dezember 1978 auf einer weiteren Ratssitzung in Brüssel förmlich beschlossen – allerdings erst, nachdem man Großbritannien zugestanden hatte, außen vor zu bleiben. Die Zustimmung Irlands und Italiens konnte durch signifikante Sonderleistungen aus dem Strukturausgleichsfond sichergestellt, noch vorhandene französische Bedenken durch Zugeständnisse auf dem Gebiet der GAP zumindest weitgehend ausgeräumt werden.[34]

Mit dem EWS war ein regionales, auf die EG-Staaten (außer Großbritannien) beschränktes System fester, aber anpassungsfähiger Währungsparitäten entstanden. Damit unterschied es sich wesentlich von der Währungsschlange, in der die Paritäten im Prinzip offen gewesen waren. Der Zahlungsverkehr innerhalb des EWS-Raums wurde durch ein festgelegtes Kredit- und Transaktionssystem geregelt und als abstrakte gemeinsame Referenzwährung die „Europäische Währungseinheit" oder „European Currency Unit" (ECU) eingeführt. Der Wert der ECU wurde über einen „Währungskorb" oder „parity-grid" errechnet, in dem die Währungen der Teilnehmerstaaten je nach individueller Wirtschaftskraft anteilig vertreten waren. Änderungen und Anpassungen der Paritäten waren nur über einen gemeinsamen Beschluss des Ministerrats zu verwirklichen, die einzelnen Währungen bewegten sich in einem von den Notenbanken der EWS-Staaten überwachten Toleranzbereich. Sobald eine Kursschwankung die tolerierten Grenzen zu überschreiten drohte, waren die Notenbanken zur Intervention verpflichtet, um den Schwankungsregelbereich von einzuhalten.

Das EWS sollte sich, anders als die Währungsschlange, als ein durchschlagender Erfolg herausstellen, der die Mitgliedstaaten zur Währungsdisziplin verpflichtete und damit seit 1979 zunächst für Wäh-

---

[32] Wolfram F. Hanrieder, *Deutschland, Europa, Amerika. Die Außenpolitik der Bundesrepublik Deutschland 1949-1989*, Paderborn usw. 1989, S. 354.

[33] Jürgen Elvert, *Die europäische Integration*, Darmstadt 2006, S. 98.

[34] Ebd.

rungsstabilität, dann aber auch für nachhaltiges Wirtschaftswachstum sorgen sollte. Während die währungspolitische Zusammenarbeit nach schwierigen Anfängen also durchaus nachhaltige Früchte trug, erwies sich der weitere Bereich der wirtschaftspolitischen Zusammenarbeit beispielsweise auf dem Gebiet der für Helmut Schmidt schon 1974 als höchst bedeutsam eingeschätzten gemeinschaftlichen Energiepolitik in den 1970er wie 1980er Jahren als zäh. Weiterhin wurden entsprechende Ansätze auf unterschiedlichen wirtschaftpolitischen Gebieten von nationalen Egoismen überlagert, womit viele aus Gemeinschaftssicht durchaus sinnvolle Initiativen gar nicht, nur teilweise oder nur unter großen Schwierigkeiten verwirklicht werden konnten.

VI. Fazit

In seiner ersten Regierungserklärung hatte Helmut Schmidt als neugewählter Bundeskanzler die politische Einigung Europas in der Europäischen Gemeinschaft zur unverzichtbaren Grundlage der Stärkung Europas in Partnerschaft mit den USA erklärt. Das Ziel einer Europäischen Politischen Union schien ihm dringender denn je geboten.[35] Damit hatte er schon unmittelbar zu Beginn seiner Kanzlerschaft in Bezug auf Europa andere Töne angeschlagen, als man sie vorher von ihm vernommen hatte. Hier sei daran erinnert, dass er als Finanzminister in der Kabinettssitzung vom 23. Januar 1974 gegen die deutschen Zahlungen in den neugeschaffenen Regionalfonds gestimmt hatte, der auch deshalb eingerichtet worden war, um den Zusammenhalt des Gemeinschaftsraums zu stärken und die EG insgesamt aus der Krise der frühen 1970er Jahre zu führen. An diesem Beispiel wird der Schmidtsche Pragmatismus ebenso deutlich wie sein Politikverständnis. Als Finanzminister fühlte er sich ausschließlich dem Wohle und den Interessen der Bundesrepublik verpflichtet, als Bundeskanzler galt dies natürlich auch, aber aus einer weiteren Perspektive: Die Harmonisierung der europäischen Politik auf einigen zentralen Politikfeldern, die zugleich eine Revitalisierung des Integrationsprozesses bedeutete, die nur mittels bestimmter struktureller Reformen erreicht werden konnte, stand fortan im Mittelpunkt seiner europapolitischen Ziele, eben weil die Stärkung der Gemeinschaft im nationalen Interesse der Bundesrepublik Deutschland lag. Es ging ihm somit nicht in erster Linie um die Stärkung der supranationalen europäischen Strukturen als Voraussetzung für einen künftigen europäischen Bundesstaat, sondern darum, die nationalen Politiken,

---

[35] Matthias Schulz, Vom „Atlantiker" zum „Europäer"? Helmut Schmidt, deutsche Interessen und die europäische Einigung, in: Mareike König, Matthias Schulz (Hg.), *Die Bundesrepublik Deutschland und die europäische Einigung 1949-2000. Politische Akteure, gesellschaftliche Kräfte und internationale Erfahrungen (Festschrift für Wolf D. Gruner zum 60. Geburtstag)*, Stuttgart 2004, S. 195.

insbesondere auf den Feldern der Wirtschafts- und Wahrungspolitiken sowie der Sicherheitspolitik aufeinander abzustimmen, um so die Gemeinschaft und damit eben auch die einzelnen Mitgliedstaaten möglichst rasch aus der globalen Wirtschaftskrise und durch das schwierige sicherheitspolitische Fahrwasser des Kalten Krieges zu führen.

So gesehen, wurde aus dem sicherheitspolitischen „Atlantiker" in der Tat ein überzeugter „Europäer", allerdings auf einer unbedingt pragmatischen und realpolitischen Ebene. Vor diesem Hintergrund entwickelte er in engem Zusammenspiel mit Giscard d'Estaing ein Modernisierungskonzept für die Europäische Gemeinschaft, aus dem sich vergleichsweise rasch auf der währungspolitischen Ebene das EWS (als wichtige Etappe auf dem Weg zum Euro) entwickelt konnte, das aber auch den Boden bereitete für eine klarere Konturierung der politischen Kompetenzen in Form der EPZ, so wie sie dann insbesondere im Vertrag von Maastricht 1992 festgelegt wurde. Die Verlagerung seiner politischen Schwerpunkte in Richtung Europa wurde zweifellos auch befördert durch die ambivalente Politik der Nixon-Administration, mehr noch durch die von Schmidt heftig kritisierte Außenpolitik der US-Regierung unter Präsident Jimmy Carter. Der kaum verdeckte Streit zwischen Europa und den USA um die Neutronenwaffe, die für Schmidt unzuverlässige Haltung der USA in Energie-, insbesondere Kernenergiefragen, die Wankelmütigkeit Carters gegenüber Moskau und die egoistische US-amerikanische Konjunkturstrategie hatten die USA zu einem insgesamt unberechenbaren Partner werden lassen.[36] Europapolitisch sah Schmidt die USA überhaupt nicht mehr vertreten, diesen Platz sollten die Europäer, so sein mit Giscard entwickeltes Konzept, nun endlich selber einnehmen. Wie ernst es die beiden in dieser Hinsicht nahmen, zeigten sie anlässlich deutsch-französischer Konsultationen im Vorfeld der Einführung des EWS Anfang September 1978 in Aachen. Das Karolingische Europa wurde damit zum demonstrativ erklärten Vorbild. Auf dem Weg dorthin sollte Frankreich die Führungsrolle übernehmen, weil die Deutschen, belastet durch ihre Vergangenheit, nicht allzu selbstbewusst auftreten durften. Freilich wollte Helmut Schmidt bei der Umsetzung des Plans die Regie führen.[37] Wie ernst er es damit nahm, wird am Beispiel der Nachrüstungsdebatte deutlich. Er hatte erstmals öffentlich am 28. Oktober 1977 in einer Rede vor dem Londoner Institute for Strategic Studies auf die sich aus den neuen sowjetischen Rüstungsanstrengungen ergebene Problematik für Europa hingewiesen und damit die NATO wie den Warschauer Pakt in Zug-

---

[36] Schwabe, a.a.O., S. 380 f.

[37] So sah es jedenfalls *Der Spiegel*: „Helmut Schmidt: Zurück zu Europa", in: *Der Spiegel* Nr.39, 1978, vom 25.9.1978.

zwang gebracht. Auf diesem Weg freilich wollte ihm seine Partei nicht mehr folgen, so dass er 1982 als Kanzler abgewählt wurde.

La politique européenne de la République fédérale d'Allemagne au temps du chancelier Helmut Schmidt (1974-1982)

Le processus d'intégration européenne en 1974 semblait être englué dans une crise. Le fait que celle-ci n'a pas entraîné un arrêt complet de la construction européenne est dû entre autres aux bonnes relations personnelles qu'entretenaient les chefs d'État français et allemand l'un envers l'autre : en effet, Valéry Giscard d'Estaing et Helmut Schmidt se connaissaient déjà alors qu'ils étaient tous deux ministres des Finances, respectivement sous Pompidou et Brandt et avaient de l'estime l'un pour l'autre. Dès leur entrée en fonction réciproque, le président et le chancelier fédéral se sont rencontrés à Paris le 31 mai 1974, à l'initiative de VGE afin d'harmoniser leur politique future dans le plus grand nombre de secteurs possibles. Cette rencontre a abordé la position des deux États vis-à-vis de l'Union soviétique et du Pacte de Varsovie, ainsi que vis-à-vis des États-Unis, des aspects de la politique de défense commune, en particulier de la politique économique et financière, à savoir une politique d'implication mutuelle.

The European policy of the Federal Republic of Germany under the chancellorship of Helmut Schmidt (1974-1982)

In 1974, the process of European integration seemed to be bogged down in a crisis. The fact that this did not put a complete halt on European construction is due, inter alia, to the good personal relationships that existed between the French and German heads of state. Valéry Giscard d'Estaing and Helmut Schmidt already knew one another from when they were Ministers of Finance under Pompidou and Brandt, respectively, and respected one another. As soon as they took up their respective offices, the President and the federal chancellor met in Paris on 31 May 1974 at VGE's suggestion, in order to harmonise their future policy in the largest possible number of sectors. The meeting covered the position of the two countries with regard to the Soviet Union, the Warsaw Pact, and the USA, as well as aspects of common defence policy, in particular relating to economic and financial policy, i.e. a policy of mutual involvement.

Valéry Giscard d'Estaing, l'Europe et l'Allemagne

Visions et conceptions de la construction européenne

Michèle WEINACHTER

Valéry Giscard d'Estaing[1] est l'un des hommes politiques français contemporains qui s'est engagé avec une réelle constance en faveur du rapprochement franco-allemand et de l'intégration européenne. Concernant son action politique, Valéry Giscard d'Estaing a affirmé dès 1989 vouloir être jugé par l'Histoire sur sa contribution à l'unification de l'Europe[2]. De fait, ce thème constitue l'un des axes majeurs, sinon l'axe principal de son parcours politique. Cela vaut non seulement pour la période 1974-1981, durant laquelle il se trouva à la tête de l'État français, mais également avant, et après son septennat. Durant plusieurs décennies, il s'est exprimé sans relâche sur le sujet, en tant qu'acteur et en tant qu'observateur.

Quelle vision avait-il de la construction européenne ? Ses conceptions ont-elles évolué avec le temps ? L'étude de ses prises de position sur plusieurs décennies montre en réalité une grande continuité, et aussi un certain nombre d'ambiguïtés – présentées ultérieurement comme délibérées, pour certaines d'entre elles du moins. Sa conception de l'Europe a été déterminée dès les années 1960 par la conviction que seule une Europe fortement intégrée permettrait au Vieux Continent de retrouver son rayonnement international et de peser dans le monde du XXIe siècle. Mais de quelle Europe s'agissait-il ?

VGE a toujours eu une vision pragmatique du processus d'unification. Il n'a cessé de répéter que « l'Europe est à inventer », insistant en permanence sur le rôle déterminant de la volonté politique des dirigeants, et au moins tout autant sur la nécessité de construire cette Europe sur la base d'un couple franco-allemand équilibré, moteur irremplaçable pour le processus d'intégration. Dès les années 1960, VGE était persuadé que l'Europe se ferait par la monnaie. Ce sera l'un des fils

---

[1] Désormais : VGE.

[2] Sur la chaîne de télévision française TF1 le 30 avril 1989.

conducteurs de son action européenne durant son septennat, durant lequel il parvint, sur la base de sa bonne entente avec Helmut Schmidt, à poser des jalons importants pour la poursuite du processus d'intégration. Après 1981, VGE continuera à s'exprimer très abondamment sur le sujet et à vouloir influencer le cours des choses, toujours avec l'espoir que l'achèvement de l'union monétaire servirait de levier vers l'union politique. Mais la chute du Mur de Berlin est intervenue avant que l'objectif ne fut atteint. La rapidité de la réunification de l'Allemagne puis de l'Europe après la chute du Mur, et, plus encore, les lenteurs du processus d'intégration sont venues changer la donne et perturber le scénario espéré.

I. Des convictions européennes affirmées dès les années 1960

Valéry Giscard d'Estaing a assumé des fonctions gouvernementales dès 1959. Secrétaire d'État aux Finances, puis ministre des Finances et des Affaires économiques dans les gouvernements Debré et Pompidou sous de Gaulle, jusqu'en 1966, il redevient, après une « traversée du désert » entre 1966 et 1969, ministre, puis ministre d'État chargé de l'Économie et des Finances pendant toute la durée du quinquennat de Georges Pompidou. Il a assisté, en 1963, à la signature du traité de l'Élysée entre de Gaulle et Adenauer, et – sauf entre 1966 et 1969 – à tous les sommets franco-allemands jusqu'à son accession à la présidence de la République en 1974. Sur l'Europe, VGE s'est très tôt distingué du général de Gaulle. En 1967, durant sa « traversée du désert » il marquait sa différence. Définissant les deux voies désormais possibles selon lui pour la France qui avait, grâce à de Gaulle, retrouvé son autorité et son indépendance – une voie « solitaire » et une voie européenne, VGE choisissait clairement la deuxième. Il s'agissait selon lui de « fixer un nouvel objectif, qui est d'exercer notre action au travers d'une construction commune. Je pense ainsi à l'organisation d'une Europe capable de jouer un rôle et d'exercer une influence sur le monde de l'an 2000 »[3]. L'idée de l'Europe comme relais de puissance pour la France apparaît ici clairement. Mais quelle Europe ?

VGE ne se déclare pas, à l'époque, fédéraliste. Entre ceux pour qui « l'Europe supérieure doit se faire à n'importe quel prix, même si elle comporte l'écrasement de deux mille ans de civilisation nationale », qui « proposent de répandre la dalle grise du béton du XXe siècle sur la mosaïque gallo-romaine de nos traditions historiques », d'une part, et ceux pour qui « la profondeur de la fidélité nationale exclut tout dessaisissement », VGE affirme : « l'attitude moderne est celle de la syn-

---

[3] *Paris-Match*, 26 décembre 1967.

thèse »[4]. Ainsi VGE ne formule-t-il pas une vision précise de la phase finale de l'intégration européenne, et d'ailleurs selon lui cela ne serait pas raisonnable :

> Aucun homme politique raisonnable ne devrait prétendre connaître la solution définitive du problème européen. Nous nous trouvons au cœur d'un chantier dont il est impossible de préjuger les limites, l'aspect général, la stabilité, les constructions[5].

Il faut selon lui « avancer pas à pas, à tâtons, très prudemment, mais continuellement car [...] le mouvement se prouve en marchant »[6], affirme-t-il encore. Une vision très pragmatique donc. Le processus ne risque-t-il pas d'être trop lent ?

> Non. Les grands problèmes de l'avenir seront des problèmes de civilisation. Cela, dès demain. Les questions économiques et sociales auront dominé le XIXe siècle et les trois-quarts du XXe. Elles vont être effacées par la confrontation des civilisations. La civilisation occidentale, la plus unie et la plus belle du monde, représente un facteur obligatoire d'unité[7].

Concrètement, que propose VGE à cette époque ?

> Nous proposons de fixer comme objectif la création par étapes d'une confédération européenne, qui devrait atteindre en 1980 sa maturité politique, c'est-à-dire être à ce moment-là pleinement compétente pour concevoir, financer et gérer sa politique étrangère, sa défense et sa monnaie[8].

L'approche reste essentiellement intergouvernementale :

> La Commission ne saurait être l'embryon d'un gouvernement européen. [...] Ce qu'il faut faire, c'est organiser la collaboration systématique des gouvernements et assurer la convergence de leurs politiques tout en respectant leurs prérogatives[9].

VGE formule une proposition en ce sens :

> À l'heure actuelle chez les Six, il n'y a pas de délibérations communes, en matière de défense, d'économie et de politique étrangère. Je suis convaincu que si ces délibérations communes avaient lieu, deux ou trois fois l'an, avec obligation morale, chaque fois, d'aboutir à des décisions, il y aurait rapidement de remarquables résultats[10].

L'idée du Conseil européen est déjà en germe.

---

[4] Article « Solitaire Europe », dans *Le Figaro*, 7 décembre 1967.

[5] Entretien accordé au journal *L'Aurore*, 23 mars 1966.

[6] *Id.*

[7] *Id.*

[8] Conférence de presse donnée par Valéry Giscard d'Estaing, 10 janvier 1967.

[9] *Id.*

[10] Entretien accordé au journal *L'Aurore*, 23 mars 1966.

Par quelles voies le processus d'intégration devait-il, selon lui, progresser ? Depuis les années 1960, Valéry Giscard d'Estaing n'a pas changé d'approche : l'Europe, il en a toujours été convaincu, se ferait par la monnaie. En 1966, il prononçait à Paris une conférence consacrée à l'idée d'une monnaie commune pour l'Europe[11]. Dans l'introduction, il définissait son ambition pour l'Europe à venir, et formulait des raisonnements que l'on retrouvera constamment durant toute la suite de sa carrière politique. Pour lui, la problématique de la monnaie rejoint celle de la destinée de l'Europe en général :

> Proposer une monnaie européenne ne consiste pas à faire un exercice monétaire à propos de l'Europe, mais à avoir à l'esprit une certaine idée de l'Europe. [...] L'Europe à laquelle nous pensons et dont la vision nous conduira à la recherche de la solution monétaire doit être organisée en fonction d'une idée simple et d'une préoccupation d'avenir. On peut dire que dans le bridge des années quatre-vingt ou quatre-vingt cinq nous connaissons déjà trois partenaires : les États-Unis d'Amérique, l'Union soviétique et la Chine. Le quatrième partenaire possible, mais encore hypothétique, c'est l'Europe ; divisée, elle fera le mort, c'est-à-dire qu'un autre jouera ses cartes pour elle. Si elle existe, elle sera un partenaire majeur. Et pour tenir ce rôle, son organisation doit être conçue, non pas en fonction de problèmes internes qui à beaucoup d'égards sont soit dépassés, soit résolus, mais conçue en fonction de son attitude à venir dans le monde ; c'est-à-dire qu'elle puisse intervenir dans les affaires mondiales, non pas comme une troupe incohérente et facile à diviser, mais comme une unité capable de proposer, de négocier et de conclure. Dans le domaine monétaire, c'est l'expression de cette réalité, c'est-à-dire l'unité de l'Europe vis-à-vis de l'extérieur que nous devons rechercher et proposer.

Puis VGE expose longuement les objectifs – « une union monétaire » puis « une monnaie commune » –, et la méthode, c'est à dire les différentes étapes pour y parvenir. Ici encore, on a déjà une sorte de feuille de route de son action ultérieure dans ce domaine. L'approche est déjà « monétariste ». Certes VGE, dans un long rappel historique, reconnaît que les expériences qui ont réussi dans le passé correspondent au scénario du « couronnement », la monnaie étant venue « couronner » une union politique et économique déjà complète. Mais VGE estime que ces précédents ne peuvent être invoqués pour l'Europe. Le scénario européen est un scénario original, une « entreprise qui ne connaît pas de précédent historique, et qu'il faut donc imaginer pour elle-même ». VGE insiste sur l'importance de la méthode, qui, loin des « querelles dogmatiques », ou « le refuge dans une conception purement théorique qui plaît aux uns et exaspère les autres », doit « lier volonté politique et

---

[11] Conférence du 8 novembre 1966, *Pour une monnaie européenne*, prononcée à la Faculté de Droit et des Sciences économiques de Paris.

pragmatisme ». On notera que l'unification de l'Europe par la monnaie était déjà la voie préconisée par le père de VGE, Edmond Giscard d'Estaing. Dans un livre écrit en 1953, *La France et l'unification économique de l'Europe*[12], celui-ci décrit les étapes devant conduire à l'unité de l'Europe. La ressemblance du scénario décrit dans cet ouvrage avec celui que le fils s'efforcera de mettre en œuvre quelques décennies plus tard est frappante.

En mars 1969, pour mieux se démarquer du Parti gaulliste (UDR), l'ensemble de la Fédération nationale des républicains indépendants, dirigée à l'époque par VGE et qui se définissait alors comme l'élément « centriste et européen » de la majorité, adhère au Comité d'action pour les États-Unis d'Europe de Jean Monnet. Les contacts entre VGE et Jean Monnet sont bien antérieurs à cette démarche[13]. Ils se poursuivront au fil des ans, y compris durant les premières années du septennat de VGE, jusqu'à ce que Jean Monnet cesse ses activités. Avec de Gaulle, Jean Monnet est cité par VGE dans ses Mémoires comme l'un des « deux personnages rencontrés dans la vie publique nationale et internationale » qui lui ont fait « la plus forte impression »[14]. À partir de 1989 surtout, Monnet deviendra le personnage de référence pour VGE et Helmut Schmidt. Même si en pratique, VGE ne sera présent à aucune des réunions du Comité[15], la valeur symbolique de son adhésion était évidemment très forte.

VGE a toujours estimé que c'était à la France d'assumer le leadership dans la construction européenne, un processus nécessairement basé, selon lui, sur l'axe franco-allemand. Il a en effet toujours considéré l'Allemagne comme le partenaire indispensable à la réalisation de ce projet. Il n'a jamais nourri de méfiance à l'égard du partenaire allemand, et il n'a jamais eu le tropisme pro-britannique de Georges Pompidou par exemple, son prédécesseur à l'Élysée. Encore fallait-il que le couple franco-allemand fut équilibré. Durant plusieurs décennies, VGE ne cessera, dans cette perspective, d'exhorter la France et les Français à se

---

[12] Edmond Giscard d'Estaing, *La France et l'unification économique de l'Europe*, Paris, Éditions Génin-Librairie de Médicis, 1953, 269 p. Marqué par les deux conflits mondiaux, Edmond Giscard d'Estaing appartient à la génération qui a fondé les mouvements de coopération européenne au lendemain de la Seconde Guerre. Il participa à la création de la Ligue européenne de coopération économique, dont il devint, en 1950, le président pour la section française. Il était partisan d'une réconciliation avec l'Allemagne. Son approche de la construction européenne était, comme le sera celle de son fils, très pragmatique.

[13] Ils sont en contact épistolaire depuis le début des années 1960.

[14] Valéry Giscard d'Estaing, *Le Pouvoir et la Vie*, Paris, Compagnie 12, 1988, pp. 117-128.

[15] Vérification faite d'après les listes de présence aux réunions, consultables à la Fondation Jean Monnet pour l'Europe à Lausanne.

montrer à la hauteur, notamment du point de vue économique. Face aux performances économiques du voisin d'outre-Rhin, l'idée qu'il fallait « rattraper l'Allemagne » va devenir l'un de ses leitmotivs.

II. 1974-1981 : quel discours et quelle politique européenne ?

VGE et H. Schmidt ont tous deux accédé au sommet du pouvoir en 1974. La qualité de l'entente entre les deux hommes va permettre un certain nombre d'avancées dans la construction européenne, notamment dans le domaine monétaire. Cette entente date du début des années 1970, quand VGE, alors ministre de l'Économie et des Finances, avait pour homologue outre-Rhin Helmut Schmidt. Ils coopérèrent étroitement sur les questions monétaires, passées au premier plan après la fin de Bretton Woods. Schmidt avait succédé en 1972 à l'intransigeant Karl Schiller, dont les vues et l'approche résolument « économiste »[16] s'opposaient assez nettement aux vues françaises et notamment à celles de VGE, beaucoup plus « monétariste ».

Les premiers pas vers l'union monétaire datent en fait du tournant des années 1970. Lors du sommet de La Haye, les 1er et 2 décembre 1969, les chefs d'État et de gouvernement des Six adoptèrent le principe d'une union économique et monétaire européenne. Mais les turbulences monétaires mondiales de cette période, puis le premier choc pétrolier de 1973, donnèrent un coup d'arrêt au processus. En janvier 1974, le franc sortit du Serpent monétaire, créé en 1972, et qui visait à limiter les fluctuations de taux de change entre les pays membres de la Communauté économique européenne. Mais durant son septennat, VGE va trouver en Helmut Schmidt, chancelier de la République fédérale de 1974 à 1982, le partenaire avec lequel il va reprendre la marche vers l'union monétaire. Malgré les difficultés du début de la décennie et les conséquences de deux chocs pétroliers, le Système monétaire européen sera mis en place en 1979. Il allait devenir un instrument nouveau de défense des monnaies européennes face à l'hégémonie et aux fluctuations du dollar.

Poussés par leur agacement commun, depuis le début de la décennie, face à la politique monétaire américaine – le dollar déstabilisant et pénalisant l'économie européenne par ses brusques variations, VGE et H. Schmidt sont parvenus à faire aboutir ce projet en dépit de multiples résistances, à la fois en France et en Allemagne. La mise en place du SME marquait le début d'une nouvelle ère de stabilité monétaire en

---

[16]   Dans cette approche la convergence économique est vue comme un préalable absolu à un rapprochement dans le domaine monétaire.

Europe. La création en 1979 d'une unité de compte commune, l'ECU[17] était une étape importante sur un long chemin qui allait conduire finalement à la création d'une monnaie commune, l'euro. L'objectif final était déjà ancré dans l'esprit de VGE, ce qui montre que, contrairement à une certaine droite gaulliste, il ne considérait pas la souveraineté nationale comme intangible. De fait, le SME contenait en germe une évolution supranationale, et il fut l'un des éléments d'affirmation d'une identité et d'une autonomie européennes.

L'entente Giscard/Schmidt a également permis dès 1974 une relance institutionnelle. Sur ce terrain, VGE maintiendra jusqu'à la fin de son septennat officiellement la profession de foi « confédérale » de son prédécesseur. Il précisera en 1979 : « La confédération européenne aura une structure originale à trois branches : une branche exécutive issue du Conseil européen, une branche administrative pour les matières communautaires, issue de la Commission, et une branche à vocation délibérante et législative pour les questions communautaires, issue de l'Assemblée »[18]. Mais on peut s'interroger sur ce que ce credo officiel devait aux convictions personnelles de VGE à l'époque, d'une part, et ce qu'il devait aux circonstances, notamment à la prise en compte par le président français de la forte fraction gaulliste de sa majorité, ainsi que de l'attitude très négative de Margaret Thatcher à l'égard de la construction européenne, d'autre part. L'ensemble de ces éléments est sans nul doute à prendre en compte, mais il est difficile de faire très précisément la part des choses. Même les proches collaborateurs de VGE interrogés sur ce sujet ont des avis divergents sur cette question. Roy Jenkins, président de la Commission européenne de 1977 à 1981, n'a pas davantage percé l'énigme[19]. Helmut Schmidt affirme pour sa part que contrairement à certains autres Français, Giscard ne lui est pas apparu à l'époque comme ayant en tête une idée précise et définitive, une idée préconçue de ce que devait être l'édifice européen, mais comme quelqu'un qui voulait procéder de façon pragmatique, et progresser pas à pas[20]. Une analyse qui va dans le sens des propos tenus par VGE dans les années 1960, cités plus haut. Quoi qu'il en soit, le contexte politique intérieur français de l'époque était peu compatible avec de grandes avancées immédiates vers une Europe plus fortement intégrée, voire supranationale. VGE avait besoin de toute la droite pour gouverner, espérer garder une majorité et se faire réélire en 1981. L'attitude anglaise, en particulier avec l'arrivée de M. Thatcher au pouvoir en 1979, excluait par ailleurs un tel scénario.

---

[17] European Currency Unit.

[18] Interview de VGE au journal *Der Spiegel*, 1er janvier 1979.

[19] Entretien de l'auteur avec Roy Jenkins.

[20] Entretien de l'auteur avec Helmut Schmidt.

C'est ainsi en tout cas que VGE justifiera, bien des années plus tard, en 1995[21], son attitude durant le septennat. Retraçant la façon dont il avait alors vécu les choses, l'ancien président affirme qu'après l'adhésion de la Grande-Bretagne, « si la Communauté européenne réussissait à survivre et même à progresser », c'était « au prix d'une ambiguïté persistante sur son objectif ultime ». Et d'expliquer :

> Pour les uns, dont j'étais, il s'agissait de parvenir à une organisation forte et stable de l'Europe de l'Ouest, respectant certes les identités et les cultures des États membres, mais dotée d'institutions permanentes, de caractère démocratique, gérant sur le mode fédéral celles des compétences que les États membres auraient décidé d'exercer en commun.

VGE s'inscrit ici clairement dans la lignée des pères fondateurs, à laquelle il oppose une autre attitude : « Pour d'autres, parmi lesquels on retrouvait certains dirigeants de la droite française, et la tenace diplomatie britannique, cette direction paraissait périlleuse, et devait être combattue à tout prix ».

Il poursuit :

> Si cette ambiguïté était acceptée, c'est qu'elle permettait de répondre aux préoccupations des uns et des autres. Pour les « pro-européens », l'essentiel était de continuer d'avancer, car ils étaient convaincus que la force d'entraînement du projet finirait par s'imposer aux plus réticents. Et pour les anti-européens, qui préféraient freiner la marche à partir de l'intérieur, ils étaient persuadés de conserver ainsi une marge de manœuvre suffisante pour pouvoir faire obstacle, le moment venu, à la réalisation de l'objectif final, c'est-à-dire l'organisation d'une Europe intégrée.

C'est sur la base de cette ambiguïté délibérément entretenue qu'il a, affirme-t-il, agi avec le chancelier Schmidt :

> C'est ainsi que nous avons pu continuer de progresser dans la même direction. Entre 1974 et 1981, le ressort de ce progrès a été l'accord intime qui existait entre les dirigeants français et allemands […] sur la manière de faire avancer l'Union européenne.

Le hasard a voulu en effet que VGE se trouve face à un chancelier allemand qui partageait absolument son approche pragmatique, ce qui permit aux deux hommes de se retrouver sur une position « moyenne » – entre le projet fédéral traditionnellement cher à l'Allemagne, et celui d'une Europe des États, limitée à des coopérations intergouvernementales ignorant, voire sabotant les institutions communautaires. Alors que dans les périodes précédentes, les Allemands insistaient pour faire progresser l'Europe politique face à une France réticente, on se retrouve dans les années 1970 sinon à fronts renversés, du moins dans une confi-

---

[21] Dans deux articles de fond parus dans *Le Figaro* les 10 et 11 janvier 1995.

guration nouvelle : Helmut Schmidt, s'il était disposé à avancer, n'avait pas à l'époque de visées supranationales[22].

En pratique, le terme de « confédération » employé à l'époque par VGE laissait certes suffisamment de marge de manœuvre pour permettre des avancées substantielles. Dès le début de son septennat, VGE prit officiellement l'initiative sur le terrain institutionnel : La création du Conseil européen, ainsi que l'élection des parlementaires européens au suffrage universel furent ainsi proposées dès le Sommet de Paris en décembre 1974.

Alors que Georges Pompidou se méfiait des fédéralistes, VGE avait, à son arrivée au pouvoir, consulté Jean Monnet sur la manière de relancer l'Europe[23]. Contrairement à ce que la présentation des événements par VGE tendrait à faire croire[24], le Conseil européen n'est pas une invention que lui-même aurait faite *ex nihilo*. Même si VGE avait formulé dès 1966, on l'a vu, l'idée de rencontres régulières, il n'était pas le seul, et la création de ce Conseil en 1974 constitue en fait l'aboutissement de projets déjà très élaborés, mis au point sans pouvoir aboutir sous Pompidou, à l'initiative de Monnet qui avait réalisé de nombreuses démarches auprès des dirigeants français, allemands et britanniques. Jean Monnet continua d'ailleurs ses navettes entre Paris et Bonn à l'automne 1974. Même si le projet final allait moins loin que ce qu'il aurait souhaité, celui-ci se déclara satisfait au lendemain du Sommet de décembre 1974[25]. Helmut Schmidt, pour lequel les questions économiques étaient prioritaires, voyait là aussi – et même surtout – le moyen d'une concertation plus étroite entre les dirigeants européens dans la crise économique[26]. Le Conseil européen devait permettre aux chefs d'État ou de gouvernement de la Communauté de se réunir désormais plusieurs fois par an, assumant un rôle d'impulsion et d'orientation politique générale. Son organisation spécifique correspondait à deux objectifs : préserver un caractère informel, et impliquer personnellement ses membres. Sa composition restreinte – à l'époque[27] – correspondait aux souhaits de VGE, et à la conception de l'exercice du pouvoir qu'il partageait avec Helmut

---

22 Entretien de l'auteur avec Helmut Schmidt.

23 Voir Valéry Giscard d'Estaing, *Le Pouvoir et la Vie*, Paris, Compagnie 12, 1988, p. 118.

24 *Ibid.*, pp. 119 à 121.

25 Voir notamment Marie-Thérèse Bitsch, « Jean Monnet et la création du Conseil européen », *in* Gérard Bossuat, Andreas Wilkens (ed.), *Jean Monnet, l'Europe et les chemins de la paix*, Paris, Publications de la Sorbonne, 1999, pp. 399-410.

26 Hélène Miard-Delacroix, « Helmut Schmidt et les institutions européennes », in Marie-Thérèse Bitsch (ed.), *Le couple France-Allemagne et les institutions européennes*, Bruxelles, Bruylant, 2001, p. 421.

27 Le nombre de personnes présentes au Conseil augmentera néanmoins avec le temps.

Schmidt : au sommet, en cercle restreint – tout comme au sein du « G5 », qui deviendra bientôt le « G7 », lui aussi créé sous l'impulsion des deux hommes en 1975.

Les explications d'Helmut Schmidt sont éclairantes quant à l'état d'esprit dans lequel lui-même et VGE initièrent la mise en place de ces deux instances :

> Nous avons inventé ensemble les Sommets des pays industrialisés, nous avons inventé le Conseil européen parce qu'il nous semblait extrêmement problématique qu'une multitude de Conseils – à Bruxelles, à Luxembourg, à Strasbourg – décident d'une multitude de choses, alors même que nous n'avions aucune influence là-dessus[28].

Des propos qui font apparaître sinon leur manque de confiance dans les institutions communautaires, du moins la volonté de les contrôler. Si de part et d'autre du Rhin, on se méfiait quelque peu de la Commission, et même si Giscard d'Estaing était contre une augmentation de ses pouvoirs[29], si la France a toujours cherché à éviter que la Commission européenne devienne le « Gouvernement » de l'Europe, la mise en place du Conseil européen n'a pourtant pas agi dans un sens « destructeur » à l'égard de celle-ci. Contrairement à la période antérieure, son rôle fut même quelque peu revalorisé, et la crainte de la voir mise à l'écart se révéla injustifiée : la Commission s'est mieux insérée dans le système, dans la mesure où, par exemple, son président et un vice-président étaient désormais présents à toutes les réunions du Conseil, et qu'elle participait à la préparation de ses travaux[30]. D'autre part, le Conseil européen n'arrête pas de décisions au sens juridique du terme, cette tâche étant assumée par le Conseil des ministres de la Communauté, qui les prend d'après ses orientations. Le lien avec les autres institutions de la Communauté est donc très net. Le Conseil européen peut apparaître finalement comme un organe de réconciliation de l'intergouvernemental et du communautaire ; il n'agit pas en parallèle, voire en dehors de la Communauté[31]. Certains partenaires européens considéraient néanmoins qu'en créant ce Conseil européen, VGE et Helmut Schmidt ne se plaçaient pas vraiment dans l'esprit des traités. Ces différences d'approche créèrent des tensions et limitèrent les progrès institutionnels de l'Europe politique. En effet selon Roy Jenkins, le but de VGE était la mise en

---

[28] Entretien de l'auteur avec Helmut Schmidt.

[29] Entretien de l'auteur avec Roy Jenkins.

[30] Pierre Gerbet, *La construction de l'Europe*, Paris, Imprimerie nationale, 1994, p. 390.

[31] Françoise de la Serre, « L'Europe communautaire entre le mondialisme et l'entente franco-allemande », *in* Samy Cohen, Marie-Claude Smouts (ed.), *La politique extérieure de Valéry Giscard d'Estaing*, Paris, Presses de la Fondation nationale des Sciences Politiques, 1985, p. 90.

place d'une sorte de directoire permanent qui traiterait également de politique extérieure, et qui permettrait à l'Europe de parler « d'une seule voix » – une voix qui ne devrait en aucun cas être celle du président de la Commission. Cette attitude irritait profondément les Hollandais en particulier, qui se montrèrent prêts à tout pour faire échouer ce projet[32].

Dans les faits cependant, à défaut de progresser vers une « CPE »[33] formellement institutionnalisée, on observe une volonté certaine de la part de VGE et Helmut Schmidt d'instaurer des formes concrètes de coopération politique, afin de faire entendre une « voix européenne » sur un certain nombre de grands dossiers internationaux, comme le souhaitait VGE depuis les années 1960. Concrètement, cette volonté se traduisit essentiellement sous deux formes.

Premier cas de figure : des impulsions franco-allemandes débouchant sur une action – ou du moins une déclaration – des Neuf, qui affichèrent des positions communes sur un certain nombre de sujets – ce qui était nouveau. Il s'agit par exemple de prises de position liées à l'actualité internationale immédiate[34], d'autres traduisant un rapprochement des points de vue sur des sujets comme la CSCE[35] et, surtout, le Proche-Orient. Sur ce point, VGE est parvenu à rallier progressivement ses partenaires aux vues françaises sur le conflit israélo-arabe. Ce processus abouti à la Déclaration de Venise en juin 1980[36]. Sur différents sujets, la France a ainsi trouvé un relais pour sa propre diplomatie[37]. Quant à l'Allemagne, une prise de position européenne lui permettait d'émettre un point de vue qu'elle n'aurait pu se permettre d'exprimer seule.

Deuxième cas de figure : le couple franco-allemand semble prétendre incarner à lui seul « la voix de l'Europe ». VGE et Helmut Schmidt n'ont pas hésité, dans certains cas, à agir simplement en « duo », sans toujours chercher à rallier leurs partenaires européens. Ainsi VGE affirme-t-il, avec quelque optimisme, à propos de la déclaration franco-allemande sur l'Afghanistan de février 1980 : « J'attache une grande importance à la déclaration commune franco-allemande. Elle a marqué, à mon avis, une date dans la réapparition de l'Europe comme centre nouveau d'influence et de décision dans le monde »[38]. Prétendre incarner

---

[32] Entretien de l'auteur avec Roy Jenkins.

[33] Coopération politique européenne.

[34] Comme par exemple sur Chypre, le Liban, l'Iran, la Pologne… Voir Françoise de la Serre, « L'Europe communautaire entre le mondialisme et l'entente franco-allemande », dans Samy Cohen, Marie-Claude Smouts (ed.), *La politique extérieure de Valéry Giscard d'Estaing, op. cit.*, p. 95.

[35] Conférence sur la Sécurité et la Coopération en Europe.

[36] Publiée à l'issue du Conseil européen de Venise les 12 et 13 juin 1980.

[37] Voir Pierre Gerbet, *La construction de l'Europe, op. cit.*, pp. 378-379.

[38] À la télévision française le 26 février 1980.

à deux la voix de l'Europe : voilà qui reflète la tendance de VGE, qui rejoint celle de De Gaulle, à considérer que l'Europe, c'est essentiellement la France et l'Allemagne[39]. Une méthode qui peut également apparaître comme une façon de contourner les difficultés de l'institutionnalisation d'une véritable politique étrangère commune. Finalement l'amélioration des mécanismes de la coopération politique entre les Européens n'interviendra qu'après 1981.

À côté de cette relance par le sommet – et les Sommets – fut annoncée également fin 1974 la décision d'instaurer l'élection de l'Assemblée européenne au suffrage universel.

Alors que cette mesure était déjà prévue par le traité de Rome, il fallut attendre juin 1979 pour la voir réalisée. VGE s'était prononcé en faveur de sa mise en œuvre dès avant son élection à la présidence de la République[40], ce qui montre qu'il n'y a pas eu sur ce point de « concession » majeure de sa part à l'égard des Allemands. Sa position n'en constituait pas moins une rupture par rapport à l'attitude de ses prédécesseurs. Alors que l'Allemagne fédérale y était favorable, de Gaulle s'y était toujours opposé, craignant qu'un Parlement européen élu au suffrage universel ne voie son poids politique renforcé, ce qui aurait pu constituer une première étape vers une Europe supranationale. Pompidou avait repris cette ligne. La prise de décision côté français s'accompagna néanmoins d'arrière-pensées, visant à limiter la légitimité du Parlement et la portée de cette décision[41]. Des verrous furent également tirés, côté français, par le Conseil constitutionnel pour limiter le plus possible l'éventualité d'une extension des pouvoirs du Parlement européen, alors que ce point était le plus important pour les Allemands[42]. Cette prudence était de mise : alors que la décision de principe avait été prise en totale harmonie par VGE et Helmut Schmidt, qui ont convaincu

---

[39] De Gaulle en effet voyait l'Europe comme « un plat » : « le rôti, c'est la France et l'Allemagne ; avec un peu de cresson autour, c'est l'Italie ; et de la sauce, c'est le Benelux ». Cité par exemple dans Pierre Maillard, *De Gaulle et l'Europe*, Paris, Tallandier, 1995, p. 293.

[40] Dans une lettre adressée au Mouvement européen le 2 mai 1974.

[41] Arrières-pensées dont l'inspirateur était Gabriel Robin, le conseiller diplomatique de VGE, gaulliste et assez anti-allemand. Robin suggéra notamment une loi électorale visant à limiter le poids politique des parlementaires européens : la France fut décrétée circonscription unique pour cette élection. Les électeurs votant pour une liste nationale, et non par circonscriptions uninominales, ne connaissaient ainsi pas leurs députés, ce qui ne contribuait guère à renforcer la légitimité, et donc le poids politique de ceux-ci (Entretien de l'auteur avec Gabriel Robin).

[42] Hélène Miard-Delacroix, « Helmut Schmidt et les institutions européennes », in Marie-Thérèse Bitsch (ed.), *Le couple France-Allemagne et les institutions européennes*, *op. cit.*, p. 428.

leurs collègues ensemble au sein du Conseil européen fin 1974[43], elle déclencha en France une polémique qui s'étendra sur plusieurs années, dirigée à la fois contre la politique européenne de VGE et une prétendue volonté de domination de l'Allemagne sur la Communauté. La première phase de la polémique porta sur le principe même de l'élection, les communistes et les gaullistes y étant hostiles. Elle se poursuivit pendant la campagne électorale pour la première élection du Parlement européen au suffrage universel en 1979. Les tensions à l'intérieur de la majorité présidentielle culminèrent avec « l'appel de Cochin » lancé par Jacques Chirac en décembre 1978, dénonçant le « parti de l'étranger », par opposition sous-entendue au « parti de l'indépendance »[44]. Ainsi Giscard d'Estaing était-il accusé de capituler face à l'Allemagne. Le président s'indigna face aux propos de ceux qui, à droite comme à gauche, agitèrent à cette occasion le spectre d'une Europe supranationale dominée par l'Allemagne[45].

Alors même que la fin des querelles « théologiques » au sommet entre la France et l'Allemagne rendait les progrès de l'intégration européenne possibles, le vieux débat européen autour de la supranationalité ressurgit ainsi au sein de la majorité présidentielle en France. La violence des attaques formulées par Jacques Chirac et Michel Debré notamment contre la Communauté et la politique européenne du gouvernement français montrait l'étroitesse de la marge de manœuvre de VGE sur ce terrain.

Ainsi VGE a-t-il respecté entre 1974 et 1981 la ligne confédérale officiellement annoncée, souvent suivi dans ses initiatives par un Helmut Schmidt préoccupé avant tout de rechercher des solutions communes à la crise économique et énergétique consécutives aux chocs pétroliers. VGE ne s'affirmera fédéraliste – ou, dans une autre variante, partisan d'une « Europe fédérative » – que bien après 1981. De fait, on constate durant le septennat peu de progrès des politiques et des institutions communautaires. La France refusa en 1975 le rapport Tindemans, qui proposait de substantiels progrès d'intégration. La légitimité du Parlement européen a été, pour un temps du moins, limitée par les modalités de mise en œuvre de son élection au suffrage universel. Quant au projet de création d'une Union européenne, objectif proclamé en 1972 par les chefs d'État et de gouvernement lors du Sommet de Paris[46], et repris à

---

[43] Helmut Schmidt, *Weggefährten*, Berlin, Siedler Verlag, 1996, p. 268.

[44] Ces expressions avaient été employées dans les années 1960 par Charles de Gaulle, qui dénonça le « complot contre la France », « la conspiration du parti étranger, conjuration scellée entre les apatrides de Bruxelles et les antipatrides de Paris ».

[45] Helmut Schmidt avait eu « l'imprudence » d'évoquer une éventuelle extension des pouvoirs d'un Parlement européen issu du suffrage universel.

[46] Dont la forme politique n'avait cependant pas été précisée.

son compte par VGE en 1974[47], il ne sera pas réalisé comme prévu en 1980.

Malgré un contexte international difficile, VGE et Helmut Schmidt ont cependant été, entre 1974 et 1981, à l'origine de réalisations dont le temps montrera l'importance : Le Conseil européen – dont le fonctionnement sera parfois jugé décevant par ses initiateurs[48], notamment par H. Schmidt qui regrettera la multiplication du nombre de participants et la prolifération de débats sur des questions annexes – aura un rôle décisif dans l'évolution ultérieure de la construction européenne. Le Conseil européen, outil de coopération intergouvernementale, sera désormais le lieu d'où partiront toutes les nouvelles impulsions, y compris vers de nouvelles politiques communautaires. Il fut dès les années 1970 le lieu privilégié de la coopération franco-allemande pour l'Europe, le lieu où VGE et Helmut Schmidt essaieront d'obtenir l'adhésion de leurs partenaires européens à des projets élaborés ensemble – comme le SME. L'élection du Parlement européen au suffrage universel instaurée en 1979 permettra à cette institution de trouver au fil du temps sa légitimité, et de s'imposer progressivement comme troisième grande institution dans le jeu européen, contribuant à l'émergence progressive de la dimension communautaire. Enfin, la création du SME conduira, conformément à ce que Giscard d'Estaing et Schmidt avaient souhaité dès l'origine, et après bien des péripéties, à la création d'une monnaie commune, l'euro – c'est-à-dire à un transfert de souveraineté majeur des États vers l'Europe, avec un mode de gouvernance supranational de la monnaie, dans l'un des deux domaines régaliens par excellence – avec la défense. Au total, durant le septennat de VGE, c'est bien la coopération intergouvernementale qui l'a emporté. Elle porta néanmoins des fruits à « potentiel » supranational.

Valéry Giscard d'Estaing et Helmut Schmidt avaient d'autres projets en gestation pour l'Europe. Ils attendaient la réélection du président français pour les réaliser. Mais les urnes en décidèrent autrement. En tant qu'acteur politique, Valéry Giscard d'Estaing dut ainsi quitter le sommet du pouvoir en 1981, avant d'avoir pu achever lui-même le dessein qu'il fixait au couple franco-allemand : parvenir à l'union politique de l'Europe. C'est, dira-t-il vingt ans plus tard, son « plus grand regret »[49].

---

[47] Dans une lettre adressée au Mouvement européen le 2 mai 1974.

[48] Hélène Miard-Delacroix, « Helmut Schmidt et les institutions européennes », in Marie-Thérèse Bitsch (ed.), *Le couple France-Allemagne et les institutions européennes*, *op. cit.*, pp. 430-431.

[49] Entretien accordé au journal *Le Monde*, 10 mai 2001.

III. L'après-1981 : entre espoirs et déceptions

Ce regret devait être d'autant plus grand que la chute du Mur de Berlin en 1989, à un moment où l'union politique de l'Europe était encore dans les limbes, viendra contrarier ses vœux d'unification de l'Europe « carolingienne ». Dans cette Europe que Valéry Giscard d'Estaing appelait de ses vœux, le problème de l'équilibre franco-allemand se serait trouvé résolu par la relativisation du poids autonome de chacune des nations dans une structure fortement intégrée. Persuadé de vivre pour un certain temps encore dans un monde et une Europe divisés, Valéry Giscard d'Estaing n'a pas vu venir la réunification, et au tournant des années 1990, son rêve semble compromis. Au lendemain de la chute du Mur, face à la perspective de voir se former au centre de l'Europe un État-nation dominant, VGE va multiplier, depuis différentes tribunes, et régulièrement en duo avec Helmut Schmidt[50], les propositions afin que s'accélère l'intégration européenne. En proie au doute quant à l'avenir des relations franco-allemandes, VGE ne sombre pourtant pas dans un discours alarmiste ou méfiant dans le débat qui s'engage en France face à la perspective d'une « grande Allemagne ». Dès février 1990, dans un long article co-signé avec Helmut Schmidt[51], les deux hommes appellent à renforcer le couple franco-allemand face aux événements, et à aller de l'avant dans la construction européenne :

> Nous croyons fermement que, à l'aube d'une ère entièrement nouvelle pour l'Europe, la France et l'Allemagne doivent agir conjointement pour surmonter les dangers et saisir les chances, comme elles le firent avec audace dans les années cinquante. Nous appelons leurs dirigeants à fixer clairement le nouvel objectif de l'Union des États d'Europe, dans laquelle l'Allemagne puisse réaliser harmonieusement son unité, et l'Europe conserver l'équilibre dont elle a un besoin vital.

Selon les deux hommes, la seule démarche alors compatible avec le maintien de l'entente franco-allemande

> consiste à inscrire le processus de réunion des deux Allemagnes dans la démarche tendant à établir une Union fédérale des États de la Communauté, ce qui engloberait non seulement l'Union économique et monétaire, mais aussi

---

[50] Il fut notamment président de l'UDF de 1988 à 1996 ; à plusieurs reprises président de la Commission des Affaires étrangères de l'Assemblée nationale ; tête de liste (liste commune RPR-UDF) aux élections européennes de 1989 ; député européen de 1989 à 1993 ; président du Mouvement européen international de 1989 à 1997 ; président du Conseil des communes et régions d'Europe (CCRE) depuis 1997. Il est également, depuis 1986, co-président, avec Helmut Schmidt, du Comité pour l'Union monétaire de l'Europe, créé à l'époque par les deux hommes pour relancer la marche vers l'Union monétaire. Il participe par ailleurs aux travaux de différents organismes internationaux, comme la Commission trilatérale.

[51] *Le Figaro*, 12 février 1990.

l'intégration des politiques étrangères et, en dernier lieu, les politiques militaires et de sécurité, dans lesquelles la France et l'Allemagne auront à exercer conjointement un rôle particulier[52].

Ainsi l'espoir de VGE était-il celui d'une réalisation désormais très rapide de cette « Union fédérale » – la RDA, au même titre que d'autres pays de l'Europe centrale et orientale, étant censée venir rejoindre, par la suite, cette Europe devenue fédérale. Une solution qui présentait donc l'avantage de relativiser le poids autonome de l'Allemagne en tant qu'État-nation. On retrouve ici, une fois encore, la préoccupation de l'ancien président français quant à la nécessité de préserver l'équilibre franco-allemand. Quelques années plus tard, revenant sur les reproches formulés par VGE concernant sa politique au moment de la chute du Mur, François Mitterrand rétorquera :

> Je ne reprocherai pas à Monsieur Giscard d'Estaing d'avoir mal apprécié la logique des événements, de n'avoir pas saisi la force du mouvement qui poussait à l'unité allemande. Rares furent les hommes d'État, américains, anglais, soviétiques, allemands ou français qui, je l'ai rappelé, eurent la vue plus perçante. Mais aucun n'a tracé un schéma aussi éloigné de la réalité que le sien[53].

De fait, en 1990 les choses ne se passèrent pas comme VGE l'espérait. À l'accélération souhaitée du processus d'intégration de l'Europe, la réalité opposait l'accélération du processus de réunification allemande. L'unité allemande fut finalement parachevée en moins d'un an, dès octobre 1990, *avant* l'achèvement de l'édifice Ouest-européen. Avec la chute du Mur et la rapidité de la réunification allemande se profilait la perspective d'une Allemagne plus puissante, et d'une Europe qui, en s'élargissant vers l'Est, perdait son homogénéité relative, risquant de se dissoudre dans une vaste zone de libre-échange. De fait, les années 1990 seront marquées, après la signature du traité de Maastricht, par la confusion sur la suite à donner au projet européen, entre approfondissement et élargissement. Le processus d'intégration piétine, le tandem franco-allemand ne joue plus son rôle moteur. L'ancien président français n'hésite pas à critiquer vivement les dirigeants français et allemands pour leurs hésitations. Fustigeant leur manque de volonté politique, il déplore, à partir du milieu des années 1990 surtout, l'absence de visions d'avenir claires et cohérentes.

Tirant alors les leçons des événements, et reprenant son fil d'Ariane après quelques doutes empreints d'amertume quant aux occasions manquées et quant à l'avenir de la construction européenne, VGE va

---

[52]   *Id.*

[53]   François Mitterrand, *De l'Allemagne, de la France*, Paris, Odile Jacob, 1996, p. 59.

faire lui-même des propositions pour parvenir rapidement à des avancées décisives vers une « Europe fédérative »[54] autour des pays appelés à adopter l'euro[55]. Exigeant une clarification du débat, il critique les responsables politiques qui continuent à se « bercer d'illusions » en refusant d'admettre que l'élargissement est incompatible avec l'objectif d'intégration politique initialement conçu pour les six États de l'Europe de l'Ouest. Il convenait alors, selon lui de distinguer désormais deux projets différents : l'organisation de « l'Europe-espace », d'une part, l'émergence d'une « Europe-puissance » d'autre part, constituée des pays membres de l'Union monétaire.

Depuis les années 1960 en effet, Valéry Giscard d'Estaing était, on l'a dit, persuadé que l'Europe se ferait par la monnaie. À partir du moment où l'Allemagne pesait plus lourd que la France, sur le plan économique en tout cas, la mise en place d'une monnaie commune représentait en même temps, selon lui, le moyen de sortir de la domination monétaire allemande en Europe. La deuxième étape du Système monétaire européen était initialement prévue pour 1981. Mais au milieu des années 1980, la marche vers l'union monétaire de l'Europe était toujours en panne. L'ancien président avait alors créé en 1986, avec Helmut Schmidt, le Comité pour l'Union monétaire de l'Europe. Celui-ci publia en juillet 1988 un « Programme pour l'Action », dont les propositions ont servi aux travaux du Comité Delors de juillet 1988 à avril 1989. Ceux-ci conduiront, après la chute du Mur, à l'élaboration du « premier pilier » du traité de Maastricht, qui fixait la marche et le calendrier vers la monnaie unique. En 1992, le Gouvernement français décidait de soumettre la ratification du traité de Maastricht par la France à un référendum. Mettant en garde contre le risque de voir se confirmer la domination monétaire allemande en cas de rejet du traité par la France, Valéry Giscard d'Estaing fit activement campagne pour le « oui ». Il déclara ainsi :

« Ne nous y trompons pas : si les Français rejettent le traité de Maastricht, ils apporteront un immense soulagement à tous ceux qui, en Allemagne, souhaitent conserver l'indépendance et la suprématie du Deutsche Mark »[56]. VGE multiplia les mises en garde : « Aucun gouvernement allemand ne serait prêt à répéter les concessions qui viendraient de faire l'objet d'un refus français »[57]. Dans un tableau récapitulatif publié trois jours avant le référendum[58], il traça un inventaire comparatif des conséquences respectives d'un « oui » et celles d'un « non ». Par les arguments présentés, ce tableau té-

---

[54] Un concept que VGE emprunte à… Montesquieu.

[55] Dans un long article publié par VGE le 11 janvier 1995 dans *Le Figaro*.

[56] *Paris-Match*, 28 août 1992.

[57] *L'Express*, 17 septembre 1992.

[58] Tableau publié dans *Paris-Match*, 17 septembre 1992.

moigne de l'omniprésence de l'Allemagne dans le raisonnement « européen » de VGE, et de sa crainte de voir rompu trop nettement l'équilibre
franco-allemand.

Le 20 septembre 1992, le « oui » à Maastricht l'emporta de justesse,
avec 51,04 % des suffrages exprimés[59]. Le commentaire de VGE le
lendemain du référendum : « On a joué à la roulette russe », était révéla-
teur de l'importance que revêtait pour l'ancien président l'issue du
scrutin. Max Gallo, historien, à l'époque parlementaire européen et
membre du comité directeur du parti socialiste, avait affirmé quelques
mois plus tôt à la télévision française :

> Effectivement cette Europe de Maastricht est, au fond, un peu l'Europe de
> Giscard, si vous me permettez cette formule, parce que je crois qu'il y a une
> grande continuité et, on peut le dire, une grande vision et une grande cohé-
> rence et, là aussi, je crois que l'Histoire, de ce point de vue-là, rendra
> compte de cet état de fait qui me paraît indiscutable[60].

L'Europe de Maastricht était-elle réellement « l'Europe de
Giscard » ?

Oui, si l'on considère le « premier pilier » du traité : il est consacré à
l'Union économique et monétaire et prévoit en la matière, avec un
calendrier précis, les progrès décisifs que VGE appelait de ses vœux
depuis plusieurs décennies. Il est l'aboutissement d'une démarche à
laquelle VGE a concrètement œuvré avec Helmut Schmidt, notamment
en créant le SME en 1979.

Oui encore si l'on considère certains sujets, sur lesquels VGE s'est
engagé au moment de l'élaboration du texte du traité, comme l'inscrip-
tion dans le texte du principe de subsidiarité, un principe que VGE
défendait dès avant la chute du Mur. VGE y voyait en effet le moyen de
concilier une intégration forte dans les domaines où cela s'avère perti-
nent, et le respect des identités nationales et régionales, le moyen de
préparer « le fédéralisme du XXIe siècle [...]. Ce sera un fédéralisme
d'un type nouveau »[61] ; le moyen aussi de limiter « les compétences
excessives de la Commission de Bruxelles »[62]. VGE a fait campagne
pour que ce principe soit inscrit dans le traité de Maastricht. En tant que
parlementaire européen, il fut le rapporteur du projet de résolution

---

[59] Voir Pierre Gerbet, *La construction de l'Europe, op. cit.*, p. 484.

[60] Lors de l'émission télévisée *La Marche du Siècle*, 27 mai 1992.

[61] Voir par ex. dans un entretien accordé au journal *Les Échos* le 15 juin 1989, lors de la
campagne pour les élections européennes du 18 juin 1989. VGE était alors « tête de
liste » d'une liste commune RPR/UDF.

[62] *Paris-Match*, 17 septembre 1992.

élaboré en ce sens par le Parlement européen en octobre 1990[63]. Ce principe sera effectivement inscrit dans l'article 3b du traité[64].

Non en revanche, l'Europe de Maastricht n'est pas conforme aux vœux de VGE, dans la mesure où l'ancien président français exprimait lui-même sa déception concernant le texte du traité dès le printemps 1992, avant sa ratification par la France : « Ce traité, finalement, n'est que le plus petit dénominateur commun des Douze, lesquels ont préféré évacuer, faute de consensus, des dossiers graves »[65]. Le « deuxième pilier » du traité de Maastricht fut en effet jugé décevant par VGE et Helmut Schmidt, qui affirmèrent à la même époque :

> En ce qui concerne l'union politique, pour ceux qui sont attachés avec nous à la réalisation d'une union de l'Europe à vocation fédérale, le contenu des accords de Maastricht apparaît insuffisant. La place trop grande faite à la coopération intergouvernementale, l'extension trop limitée du rôle du Parlement européen, l'absence d'engagements clairs en matière de politique de sécurité et de défense, constituent autant de causes de déception[66].

Une déception qui allait croître encore dans les années suivantes, le couple franco-allemand ne jouant plus son rôle moteur. Malgré toutes les difficultés et les tensions franco-allemandes, l'euro a certes vu le jour à la date prévue par le traité de Maastricht. Mais l'espoir que nourrissait depuis longtemps l'ancien président français de voir la réalisation d'une monnaie unique créer à temps – c'est à dire *avant* l'élargissement de l'Union à de nombreux nouveaux membres – un choc fédérateur suffisant pour servir de levier vers l'union politique de l'Europe, vers une « Europe puissance » autour des pays ayant adopté cette monnaie unique, cet espoir s'est finalement évanoui.

Fin 2001, les premiers euros étaient mis en circulation. L'événement marquait une forme d'aboutissement de cinquante ans d'efforts d'unification de l'Europe occidentale, d'un processus d'intégration voulu et

---

[63] Voir Document de séance du Parlement européen du 31 octobre 1990.

[64] La répartition des compétences entre les différents échelons de responsabilités restera néanmoins longtemps encore indéfinie, ce que VGE ne manquera pas de critiquer durant les années 1990.

[65] *L'Express*, 28 mai 1992.

[66] Préface de VGE et Helmut Schmidt dans : Comité pour l'Union monétaire de l'Europe, *Europe 92 : une évaluation*, Paris, 1992, p. 3. On ajoutera ici un autre point sur lequel Maastricht n'est pas conforme aux souhaits de VGE : celui-ci proposait depuis le milieu des années 1980 une présidence stable pour l'Europe. En 1989, il renouvèlera cette exigence dans les termes suivants : « Je propose, dans un premier temps, que le président de l'Europe soit désigné par les chefs de gouvernement, pour une période de cinq ans, renouvelable ou non » (*Le Figaro-Magazine*, 10 juin 1989). Il faudra attendre les travaux de la Convention présidée par VGE en 2002-2003, puis le Traité de Lisbonne, pour que cette idée se concrétise.

porté par le tandem franco-allemand, auquel Valéry Giscard d'Estaing a apporté une contribution importante. Au même moment, l'ancien président français, soutenu par Jacques Chirac et Gerhard Schröder, fut coopté par les chefs d'État et de gouvernement des Quinze réunis en sommet européen à Laeken, en Belgique, pour présider la Convention sur l'avenir de l'Europe, chargée de réfléchir aux nouvelles formes d'organisation du continent. Il s'agissait désormais d'organiser « l'Europe-espace », avec vingt-cinq ou trente membres. Valéry Giscard d'Estaing, à la tête de la Convention, entendait y contribuer, tout en soulignant qu'il s'agissait-là d'un *autre* projet : il était selon lui illusoire d'espérer parvenir à l'échelle du continent, avec une hétérogénéité désormais bien plus grande, à un degré d'intégration suffisamment élevé pour permettre à l'Europe de redevenir un pôle important d'influence dans le monde. La perspective d'une « Europe-puissance », dans laquelle la France pourrait continuer à jouer un rôle déterminant, semblait envolée. À moins, estimait néanmoins Valéry Giscard d'Estaing en 2001, que quelques pays, entraînés à nouveau par le couple franco-allemand, ne décident un jour, une fois le processus d'organisation de la grande Europe achevé[67], de reprendre le projet des pères fondateurs.

Valéry Giscard d'Estaing, Europe, and Germany: visions and ideas of European construction

Valéry Giscard d'Estaing is without a doubt a one of the contemporary French politicians who committed himself with the greatest constancy to Franco-German rapprochement and European integration. As regards his political work, Valéry Giscard d'Estaing stated from 1989 that he wanted to be judged by History on his contribution to European unification. The topic is one of the main axes – if not the principal axis – of his political career. This is true not only of the period from 1974 to 1981, but also for the time before and after his presidency. For several decades, he spoke tirelessly on the subject as an actor and as an observer.

His vision of Europe was determined from the 1960s onwards by the conviction that only European construction would enable the Old Continent to regain its world-wide influence and to be of consequence in the world of the 21ˢᵗ century – a subject on which he stated his differences with General de Gaulle. According to Giscard d'Estaing, France had to take the lead in this unification process, which was necessarily based on the Franco-German axis.

---

[67] Un processus auquel les dirigeants européens allaient selon lui devoir « donner la priorité au cours des dix prochaines années » (*Le Figaro*, 7 mai 2001).

Valéry Giscard d'Estaing, Europa und Deutschland: Visionen und Konzeptionen des europäischen Einigungswerks

Valéry Giscard d'Estaing zählt zweifelsohne zu den zeitgenössischen französischen Politikern, die sich mit größter Geduld und stärkstem Nachdruck um die deutsch-französische Annäherung und die europäische Integration bemüht haben. Mit Blick auf sein politisches Wirken äußerte Valéry Giscard d'Estaing in diesem Sinne bereits 1989, dass er im Rückblick der Geschichte an seinem Beitrag zur Einigung Europas gemessen werden wolle. Tatsächlich stellt die europäische Einigung einen der wichtigen Schwerpunkte seiner politischen Laufbahn dar. Dies gilt nicht nur für den Zeitraum 1974-1981, sondern bereits für die Jahre vor und auch nach seiner siebenjährigen Amtszeit. Über mehrere Jahrzehnte hinweg äußerte er sich unablässig zu diesem Thema – sei es in seiner Rolle als politischer Entscheidungsträger, sei es als Beobachter.

Seine Vision von Europa wurde schon in den 60er Jahren durch die Überzeugung gefestigt, dass der Alte Kontinent nur durch das europäische Einigungswerk seinen weltweiten Einfluss wiedergewinnen und die Weltpolitik des 21. Jahrhunderts federführend mitbestimmen konnte – ein Thema, bei dem seine Meinungsverschiedenheit mit de Gaulle klar zutage trat. Seiner Ansicht nach sollte Frankreich bei diesem Einigungsprozess, der notwendigerweise auf der deutsch-französischen Achse aufbaute, die Führung übernehmen.

La relance aux Conseils européens de Fontainebleau et de Milan

Innovations et nouvelle donne

Gérard BOSSUAT

Cet article ne se propose pas de raconter les Conseils européens de Fontainebleau (juin 1984) et de Milan (juin 1985), mais plutôt de montrer comment ils ont été préparés et à quoi ils ont abouti. De cette façon, apparaîtront les points de vue et les motivations des différents acteurs, ainsi que le jeu diplomatique si particulier au sein du partenariat des Conseils européens. Il faut repérer les innovations, moteurs de la construction européenne, et dire quelle part la diplomatie française, dans le cas de Fontainebleau et de Milan, y prend. Les différents fonds d'archives consultées[1] renvoient une image du fonctionnement de l'équipe présidentielle de François Mitterrand dont les avis ou analyses s'articulent ou s'affrontent pour constituer le matériel conceptuel et factuel indispensable à la prise de décision en Conseil européen ? Où se trouve l'originalité de François Mitterrand, président de la République française, dans le système communautaire européen ?

I. La méthode

La question du « comment faire » pour réussir un Conseil européen n'a guère de sens. Chaque Conseil est spécifique. La question est donc de savoir comment s'adapter à des situations particulières. Les Français ont la responsabilité de deux de ces Conseils : Bruxelles et Fontainebleau en mars et juin 1984 au titre de la présidence de la Communauté au premier semestre 1984.

La préparation d'un Conseil n'a rien à voir avec la négociation d'un traité, ni ne s'ouvre dans un désert européen. À Stuttgart, une Déclaration solennelle sur l'Union européenne (19 juin 1983) a été rédigée, engageant les chefs d'État et de gouvernement à « progresser dans la

---

[1] Nos remerciements vont à l'Institut François Mitterrand et aux Archives nationales (section contemporaine) qui ont mis à notre disposition quelques cartons des archives présidentielles, ainsi qu'aux Archives diplomatiques qui ont ouvert quelques fonds du ministère des Relations extérieures.

voie d'une union toujours plus étroite entre les peuples et les États membres de la Communauté ». Athènes (4-6 décembre 1983) fut un échec. Le Conseil européen de Bruxelles, en mars 1984, sous présidence française, ne réussit pas à régler la question du montant de la quote-part britannique au budget communautaire.

Le Conseil européen de Fontainebleau s'insère donc dans le flux soutenu des Conseils européens. Chacun d'eux est un moment original de thérapie collective (H. Védrine), alimenté par un flot d'informations indispensables à la prise de décision, donnant une couleur, une vitesse particulière au flux communautaire. Le Conseil de Fontainebleau sera-t-il celui d'une relance européenne ? Un petit nombre de proches du président ont inspiré les choix européens. Pierre Morel, chargé de la préparation des Conseils européens et des Sommets du G7, ainsi que des affaires politico-militaires, puis directeur des Affaires politiques au Quai d'Orsay, joua un rôle essentiel, ainsi qu'Élisabeth Guigou, conseillère technique au Secrétariat général de l'Élysée, chargée des questions économiques et financières internationales[2], mais évidemment Roland Dumas, ministre chargé des Affaires européennes, Jean-Louis Bianco, secrétaire général de l'Élysée, Jacques Attali, conseiller spécial de l'Élysée, Hubert Védrine, conseiller diplomatique de François Mitterrand[3]. La France devait parler d'une seule voix, la moindre dissonance serait interprétée comme un aveu de faiblesse et d'indécision. La préparation politique fut structurée autour du ministre des Affaires européennes, Roland Dumas[4]. Le ministre présida les réunions interministérielles ; se déplaça auprès des partenaires avec le président pour les tournées de « confessionnal ». Aucun « réseau parallèle » ne sera toléré. L'avertissement valait pour le bouillant ministre des Relations extérieures, Claude Cheysson[5].

L'objectif stratégique des Français était de sortir la Communauté de son immobilisme en maîtrisant le budget communautaire, en réformant la PAC, tout en maintenant les préférences communautaires, en réglant l'affaire de la contribution britannique. Une fois ces goulots d'étrangle-

---

[2] À propos de Pierre Morel, voir Georges Saunier « prélude à la relance de l'Europe, le couple franco-allemand et les projets de relance communautaire vus de l'hexagone, 1981-1985 », in Bitch Marie-Thérèse (dir.), *Le couple France-Allemagne et les institutions européennes*, Bruylant, Bruxelles, 2001, p. 463-485, p. 464, note 1.

[3] Hubert Védrine, *Les mondes de François Mitterrand, à l'Élysée, 1981-1995*, Paris, Fayard, 1996, p. 295. Georges Saunier, « François Mitterrand, un projet socialiste pour l'Europe ? », in Gérard Bossuat (dir.) et Georges Saunier, *Inventer l'Europe*, PIE Peter Lang, Bruxelles, 2003, p. 433, p. 434 et seq.

[4] Roland Dumas succède à André Chandernagor ; reste ministre de décembre 1983 à décembre 1984.

[5] Ministre des Affaires étrangères du 22 mai 1981 au 7 décembre 1984 ; Jacques Attali, *Verbatim 1 1983-86*, livre de poche, Fayard, 1993, p. 861.

ment résorbés il serait possible d'engager la Communauté sur des voies nouvelles. La tactique officieusement retenue consistait à isoler la Grande-Bretagne et à satisfaire les Allemands[6]. Le couple franco-allemand était donc l'élément central de l'action tactique de la Présidence française. Avant le Conseil de Fontainebleau, la France et l'Allemagne annoncèrent leur accord pour supprimer les contrôles aux frontières franco-allemandes. En juin 1985, avant le Conseil de Milan, Français et Allemands préparèrent un traité d'Union européenne. La détermination européenne de Mitterrand, plus visible depuis mars 1983, serait un élément clef du succès stratégique.

La préparation des Conseils sous Présidence française fut soumise à des influences significatives de tiers : celle d'Altiero Spinelli, ou celle plus prosaïque du Premier ministre néo-zélandais sur les quotas de beurre néo-zélandais[7], celles du Comité d'action pour l'Europe (CAE), reconstitution du Comité d'action pour les États-Unis d'Europe de Monnet à l'initiative de Max Kohnstamm et de Karl Karstens et l'aide de Mitterrand[8].

La Commission européenne eut-elle un rôle dans la préparation d'un Conseil européen ? Aucune généralisation n'est possible. Le président de la Commission, Gaston Thorn, et le secrétaire général, Émile Noël rencontrèrent la Présidence française plusieurs fois. La Commission et la Présidence travaillèrent à l'ordre du jour et aux conclusions des Conseils sur les politiques nouvelles et les fonds structurels[9]. Toutefois, après le Conseil européen de Bruxelles, (mars 1984), François Mitterrand demanda à Thorn de ne plus intervenir dans les négociations sur la compensation britannique, ce qui déplut à la Commission[10]. Émile Noël estima que la Présidence française avait stoppé « une tentative de la Commission de se réinsérer dans la discussion »[11]. Un Conseil européen

---

[6] AMAE, 455 Catherine Lalumière 7 décembre 1984-17 mars 1986 cabinet, chargé des Affaires européennes. Communication du ministre des Affaires européennes sur la présidence française, Conseil des ministres du 11 janvier 1984.

[7] 5 AG 4 EG 38, Lettre du PM néo zélandais à FM du 18 mai 1984.

[8] 5 AG 4 PM 28, Lettre de Max Kohnstamm à Pierre Morel (13 juin) et lettre à Delors ministre de l'Économie (14 juin 1984).

5 AG 4/ EG 42, Réunion constituante du Comité à Bonn, 6 et 7 juin 1985, sous la présidence de Karstens, SG Max Kohnstamm, ancien vice-président du CAEUE ; dossier donné à lire au président de la République par Élisabeth Guigou, sous couvert de J.-L. Bianco et de J. Attali.

[9] EN 2586, P/277/84, 2 mars 1984, Noël, note pour Krenzler du entretiens Thorn-Dumas, Thorn-Leprette des 28-29 février et conversation Noël-Leprette du 2 mars.

[10] EN 1130, P.64/87, 3 février 1987, Noël à Lamy, conclusion budgétaires du Conseil européen de Fontainebleau.

[11] EN 440, Note d'Émile Noël, du 6 novembre 1986, « la Compensation britannique, historique et procédure ».

n'est donc pas réductible à une modalité du Conseil de ministres. Mais la préparation du Conseil de Fontainebleau montrait que toute arrogance et toute célébration des mérites de la France et de son président n'étaient pas au centre des préoccupations françaises, même si subsistait la volonté d'exploiter les succès. Roland Dumas triompha après Fontainebleau, mais il ajouta : « Quelles que soient l'ampleur des intérêts nationaux en jeu et la vigueur des positions prises, chaque État membre était capable de faire les concessions nécessaires pour que l'entreprise européenne puisse se poursuivre et se développer »[12]. Certes, mais Kohl monnaya son accord en échange d'une liquidation des affaires pendantes[13]. Rien n'était donc gratuit, ni de l'ordre de l'idéal.

Préparer un Conseil exige d'envisager son échec. La Présidence française, en accord avec l'Allemagne et la Commission, envisagèrent de convoquer une conférence spéciale, en cas d'échec du Conseil pour élaborer un traité d'Union européenne en y invitant les pays décidés à faire une Union politique, économique, technologique et monétaire[14]. « Tout est prêt pour fonctionner à Neuf ; Élisabeth Guigou a bien travaillé. Londres le sait », écrit Attali[15] alors que Williamson disait à Guy Legras : « Nous serons staliniens… nous bloquerons le financement du budget 1984 et pour 1985 ce sera pire »[16]. À l'appui de cette triple tactique britannique de présence, pression, réserve, Londres publia « L'Europe, l'avenir », un manifeste atlantiste, libéral, démocratique, environnementaliste[17]. Les Britanniques exaspéraient sciemment leurs partenaires pour ensuite les rassurer, mais sans bouger d'un pouce. Or une telle posture diplomatique, culturellement proche de celle de De Gaulle et de Machiavel, semblait obsolète en 1984. Manifestement les Britanniques refusaient de prendre en considération l'intérêt général des Européens au point qu'un conseiller technique se demanda s'il n'était pas de l'intérêt commun de « guérir l'Europe de son anglomanie »[18].

---

[12] 5 AG 4 EG 38, TD Diplomatie 3476 MAR, Conseil européen, 4 juillet 1984 circulaire à tous les postes diplomatiques, R. Dumas.

[13] 5 AG 4 PM 28, P. Morel 18 mai 1984, « scénario franco-allemand en cas de blocage à Fontainebleau ».

[14] 5 AG 4 PM 28, P. Morel à M. le Président, 23 mai 1984, lettre de convocation d'une conférence.

5 AG 4 PM 28, Fiche du 17 mai 1984, « élément d'un scénario de crise ».

[15] Jacques Attali, *op. cit.*, p. 999.

[16] 5 AG 4 PM 28, E. Guigou à J.-L. Bianco et J. Attali, 14 juin 1984, CT, veut-on un compromis avec la Grande-Bretagne à Fontainebleau ?

[17] 5 AG 4 PM 28, Texte britannique ; « l'Europe l'avenir » remis le 13 juin à G. Legras.

[18] 5 AG 4 EG 38, note « comment exploiter Fontainebleau ? », sd. et sa. ; 5 AG 4 EG 38, note du 14 mai 1984.

La Présidence française donna donc toute sa place, mais rien que sa place, à la Commission ; elle reprit la main quand elle le jugea indispensable. Manifestement, le secrétaire général de la Commission, Émile Noël, était en désaccord parce que le Conseil européen « français » lui paraissait disputer à la Commission l'initiative et même la gestion des affaires communautaires. Le conflit tenait aux natures différentes du Conseil européen et des institutions communautaires. Pourquoi cette impression que les États plus que les Institutions communautaires dirigent ? Pour trois raisons : la Commission a moins de pouvoir « lorsque la Présidence est assurée par un grand pays que lorsqu'elle l'est par un petit »[19], du fait des opinions publiques nationales friandes du succès de leur tribu dans la construction européenne, nouvel espace de rivalité plus ou moins sublimées ; du fait aussi que la décision de relance ne peut être prise que par les États, en conséquence des traités.

II. Lever les blocages

Pour faire une relance, le Conseil devait préalablement régler trois dossiers : la contribution britannique, les accords avec le sud, le déficit abyssal de la PAC.

A. *Le contentieux britannique*

La déclaration très remarquée de Margaret Thatcher au Conseil de Dublin des 29-30 novembre 1979 : « We are simply asking to have our own money back » avait frappé les esprits[20]. L'horreur était dans l'adverse « simply » qui banalisait l'exigence britannique, comme si la solidarité communautaire n'existait pas. Excédé, François Mitterrand avait déclaré, en mai 1982, que « le problème de la présence de la Grande-Bretagne dans la Communauté » était posé[21]. Le 30 mai 1980 une décision provisoire de compensation avait cependant été prise et exécutée. Le débat au Conseil portait désormais sur les modalités de la compensation.

Les Neuf avaient décidé que la base de la correction serait l'écart entre la quote-part TVA et celle des dépenses réparties. Une correction de 100 % attenterait à l'exigence de solidarité. Les chiffres variaient entre 1 300 M et 750 M écus annuels. En mars 1984 au Conseil de Bruxelles, Thatcher demanda 1 333 M écus. François Mitterrand avertit : « Si telle est votre position, il y aura une très grave crise »[22]. En

---

[19] Jacques Attali, *op. cit.*, p. 921.

[20] 1979, nov. 30, Margaret Thatcher, Press Conference after Dublin European Council, http://www.margaretthatcher.org/speeches/displaydocument.asp?docid=104180.

[21] H. Védrine, *op. cit.*, p. 284.

[22] Jacques Attali, *op. cit.*, p. 871 et 913.

pourcentage ce chiffre représentait 82 % de correction. Or il n'était pas envisagé par les Français d'aller au-delà de 70 %[23]. Il était acquis, de plus, que la part allemande dans la prise en charge de la correction budgétaire britannique serait diminuée, Kohl refusant d'être le banquier de la Communauté.

Le premier jour du Conseil de Fontainebleau, Mitterrand proposa 1 000 M écus en 1984 et 1985 et ensuite une correction de 60 % du déficit britannique. Thatcher évoqua un « fardeau inépuisable ». Mitterrand refusa une dérogation permanente[24]. Le mardi 26 juin, Thatcher recommença la guérilla en faisant valoir les services rendus par les troupes britanniques sur le Rhin[25]. Mais elle ignorait que Kohl et Mitterrand s'étaient entendus, au petit déjeuner, pour ne pas aller au-delà de 65 % de compensation[26].

L'accord fut enfin trouvé. Pour 1984 la correction sera de 1 000 M écus ; à partir de 1985 66 %, pourcentage à redéfinir si un nouveau plafond des ressources propres était décidé[27]. La surcharge pour les autres pays fut répartie selon la clef TVA normale, mais de telle sorte que l'Allemagne paie seulement les 2/3 du supplément. Le plafond de TVA rétrocédée au budget communautaire passa de 1 % à 1,45 % pour dégager des ressources propres.

L'acceptation de l'offre franco-allemande, généreuse, de 66 % était due au front franco-allemand et à la ténacité de Mitterrand. Qui avait gagné ? Le Royaume-Uni n'avait pas obtenu « le mécanisme permanent qu'il réclamait depuis toujours », selon Roland Dumas ; la compensation était de 66 % au lieu de 80,5 % dans l'accord provisoire du 30 mai 1980[28]. Thatcher pourtant osa dire à Mitterrand : « Je vous remercie de m'avoir cédé à Fontainebleau, car cela a permis de débloquer l'Europe ». Mitterrand lui répondit : « Je ne voudrais pas polémiquer avec vous sur le mot "céder". L'essentiel est que vous le croyiez »[29].

---

[23]   Fiche préparée par P. Morel, Dossier préparatoire 2, Présidence, dans 5 AG 4 PM 27.

[24]   5 AG 4 PM 28, d'après les notes manuscrites prises en séances ; rédacteur inconnu, lundi 25 juin.

[25]   5 AG 4 PM 28, d'après les notes manuscrites prises en séances ; compte rendu manuscrit du 27 juin.

[26]   Jacques Attali, *op. cit.*, p. 999, mardi 26 juin 1984.

[27]   5 AG 4 EG 38, Argumentaire sur le sommet de Fontainebleau de Candiard et Guigou, non daté, « revenir à une conception plus communautaire des choses » probablement 1988.

[28]   5 AG 4 EG 38, TD Diplomatie 3476 MAR, Conseil européen, 4 juillet 1984 circulaire à tous les postes diplomatiques, R. Dumas.

[29]   Jacques Attali, *op. cit.*, p. 1080.

B. Les accords méditerranéens et les accords de Lomé

L'approfondissement de l'unité marquait le pas en raison de l'adhésion de l'Espagne et du Portugal qui mettait à mal les accords avec les pays du sud de la Méditerranée, exportateurs de produits agricoles sur le marché communautaire. Les préférences dont ils jouissaient devaient normalement cesser[30]. Les conséquences pouvaient être catastrophiques pour le Maroc, la Tunisie et Israël et avoir un impact sur les intérêts français au Maghreb. La France devait défendre sa relation avec le Maroc et la Tunisie, éléments importants de la politique méditerranéenne nationale qui jusqu'alors n'entrait pas en contradiction avec celle de la Communauté[31]. L'épilogue se produisit un an plus tard : le Conseil de Bruxelles de mars 1985 créa les Programmes intégrés méditerranéens (PIM) destinés à renforcer l'agriculture méditerranéenne des pays de la Communauté ; il décida aussi que tous les produits des pays tiers du Sud méditerranéen bénéficieront d'une franchise tarifaire, sauf les produits sensibles[32]. La France était donc devenue dépendante de ses partenaires pour poursuivre sa politique méditerranéenne.

Pour les accords ACP, les inquiétudes soulevées à propos de leur financement furent levée par la Commission qui proposa un budget FED de 8,5 milliards d'écus (contre 4,5 dans le précédent) malgré les réticences du Royaume-Uni et de la RFA. La France pouvait donc promouvoir le « développement d'un modèle original de coopération au profit du Sud », autrement dit construire une relation « inégale », chère à Claude Cheysson[33]. Cette originalité française s'expliquait par la colonisation à la suite de laquelle une relation forte fut maintenue avec l'Afrique noire. Ni la Communauté européenne, ni les pays membres partenaires n'entraient dans ces considérations. Mais le tiers-mondisme partagé entre Européens ainsi que la forte détermination de la France poussèrent au déblocage du dossier après Fontainebleau. En décembre 1984, les négociations de Lomé III avaient abouti.

---

[30]   5 AG 4 PM 27, SGCI « Bilan de la présidence française dans le secteur de l'élargissement 21 juin 1984 ».

[31]   5 AG 4/ EG 42, Présidence République, H. Védrine et E. Guigou, 27 juin 1985, note pour le président, « Conséquence de l'élargissement sur les pays tiers méditerranéens ».

Ministère des Relations extérieures, Anne Secret, CT, juin 1985, « Note pour E. Guigou et H. Vedrine ».

[32]   Yves Renier, « Évolution des accords de l'UE avec les pays tiers méditerranéens », *Options Méditerranéenne s* - Série A-, n° 30, The GATT and Mediterranean Agricultural Trade, Commission européenne, DGI, Bruxelles, p. 92.

[33]   5 AG 4 PM 27, SGCI 21 juin 1984 objet ; négociations pour le renouvellement de la Convention de Lomé.

C. La PAC à la française ou à l'européenne ?

Le déficit abyssal de la PAC préoccupait en permanence tous les Conseils. 2,7 milliards d'écus manquaient au FEOGA en 1984. La Présidence française repoussa toute renationalisation de la PAC et proposa la maîtrise des prix agricoles, sans remettre en cause les aides à l'exportation, les fameuses restitutions[34]. Or la Commission pratiquait une politique « d'auto limitation des exportations de blé sans contrepartie ». Elle était opposé aux accords cadre d'exportations agricoles et hostile à une taxe sur les matières grasses importées. Les partenaires de la France refusaient d'entrer en guerre avec les États-Unis ou avec d'autres exportateurs mondiaux, y compris les pays en développement. De ce fait les agriculteurs français étaient privés de 2,5 milliards de francs de recettes[35].

Un problème ressortit cependant à propos du marché du vin en raison des nouvelles adhésions. L'Espagne et le Portugal producteurs de vins de qualité commune risquaient d'en inonder la Communauté. Or l'influence du lobby viticole italien sur la Commission empêchait toute réforme du secteur viti-vinicole italien en raison des prix de retrait trop élevés favorables à une viticulture médiocre en Italie du sud[36]. Le Conseil de Fontainebleau décida de réformer l'organisation commune du marché viti-vinicole ; le Conseil de Dublin entérina une réforme drastique… et inefficace !

Aux questions agricoles était rattaché le démantèlement des montants compensatoires monétaires (MCM) qui favorisaient l'agriculture allemande. La question n'aurait pas dû venir au Conseil de Fontainebleau car un accord avait été passé pour un démantèlement de 5 points des MCM positifs au 1er janvier 1985. La RFA fut autorisée à diminuer provisoirement de 3 % le taux de TVA sur les produits agricoles allemands le temps de la transition. Or le chancelier Kohl fit savoir qu'il diminuerait de 5 % la TVA dès le 1er juillet 1984 pour des raisons électorales. En dépit des réactions vigoureuses du président de la Commission, Gaston Thorn[37], le Conseil céda à Kohl, Mitterrand ayant fait valoir

---

[34] 5 AG 4 EG 38, Note de M. Rocard, ministre de l'Agriculture pour le président de la République, 24 juin 1984 ; 5 AG 4 EG 38, Note Finances, 21 juin 1984, « financement CEE en 1984 et 1985 ».

[35] Ministère de l'Agriculture, 15 juin 1984, Direction production et échanges ; ministère du Commerce extérieur, du tourisme ; ministère de l'Économie, des Finances et du Budget, « Conflit France/Commission/autres pays sur la vocation exportatrice de la CEE ».

[36] 5 AG 4 PM 27, ministère de l'Agriculture CAB/19/84, « Vins ».

[37] 5 AG 4 PM 28, TD, DFRA, Bruxelles 907, Leprette, 20 juin 1984 ; 5 AG 4 PM 27, SGCI 21 juin 1984, « note Conseil européen, aide compensatoire au démantèlement des MCM positifs ».

que l'Allemagne avait une position « extrêmement constructive dans la construction européenne »[38]. La préservation du couple franco-allemand l'emportait sur la discipline communautaire. Les Français avaient besoin des Allemands pour la relance.

III. La relance de François Mitterrand

La relance fut esquissé dans le discours de Strasbourg de François Mitterrand du 24 mai 1984 qui annonçait une « Europe politique » fondée sur la déclaration solennelle de Stuttgart du 19 juin 1983 et inspirée du projet d'Union européenne de Spinelli. Spinelli encouragea le président de la République à devenir le Schuman de son époque[39]. La Présidence française entendait institutionnaliser le Conseil européen et le doter d'un secrétariat permanent pour la Coopération politique, tout en facilitant la prise de décision au sein du Conseil de ministres par le retour au vote à la majorité, mais aussi en octroyant à la Commission « un véritable pouvoir réglementaire » lui permettant « de fixer des règles communes »[40]. Le Parlement européen verrait ses pouvoirs augmentés et la Confédération européenne des syndicats (CES) associée aux institutions. Toutefois, Mitterrand repoussa une fédération européenne puisqu'il voulait regrouper au sein « d'une Europe à plusieurs vitesses, ou à géométrie variable » de nouvelles politiques, y compris la Défense, et les anciennes solidarités communautaires[41].

A. La mise en cause de l'arrangement de Luxembourg

Les Français remirent en cause la pratique née de l'arrangement de Luxembourg du 30 janvier 1966 qui donnait la possibilité de « différer le vote » jusqu'à obtenir un accord unanime si un pays membres le justifiait au nom « d'intérêts très importants »[42]. Or la pratique était d'argumenter sur « l'intérêt national essentiel », termes propres « à une philosophie de souveraineté nationale, par nature discrétionnaire » mais qui

---

[38] 5 AG 4 PM 28, d'après les notes manuscrites prises en séances ; rédacteur inconnu, lundi 25 juin.

5 AG 4 PM 28, d'après les notes manuscrites prises en séances ; rédacteur inconnu, 26 juin, cr manuscrit.

[39] 5 AG 4 PM 28, Lettre de A. Spinelli à M. le Président de la République, 8 juin 1984.

[40] En matière économique, énergie, transports, industries (autre que CECA), consommateurs, environnement, en matière politique : social, santé, culture, éducation, sécurité intérieure, politiques humanitaires.

[41] Discours du 24 mai 1984 ; 5 AG 4 PM 28, Ministère des Affaires européennes, Jean Pierre Spitzer, 7 juin 1989, note, « Orientations françaises suite au discours du président ».

[42] 5 AG 4 PM 27, Ministère des Relations extérieures, DAEF, note n° 704, Philippe Galliot, 21 mai 1984, « a/s usage du vote dans la Communauté ».

n'a plus lieu d'être, écrit un conseiller[43]. Le président de la République cherchait une voie médiane entre le retour au traité de Rome et l'unanimité. Pour l'exemple, la Présidence française recourut au vote majoritaire dans 40 Conseils de ministres sur des sujets d'importance mais non vitaux[44]. Elle proposa un délai au terme duquel, si l'unanimité n'était pas réunie, il serait procédé à un vote. La France s'alignait donc sur la position des 5 partenaires de la France de 1966[45].

B. Les politiques communes d'avenir

La Présidence française fit des propositions pour une Europe des citoyens, pour une Communauté européenne de la technologie et pour une Union politique.

Les citoyens européens pouvaient être rapprochés par la culture, affirmaient les Français. La Présidence française proposa prudemment de tenir un Conseil des ministres de la Culture et des Affaires générales. La démarche surprit les Britanniques et les Danois. L'idée était de créer un fonds intergouvernemental d'aide à la co-production européenne de programmes culturels, mais aussi de créer un espace européen du livre et de mener une politique de traduction. Alain Savary fit approuver par les ministres de l'Éducation à Luxembourg, le 4 juin 1984, l'idée d'un apprentissage par les élèves européens de deux langues européennes, en plus de leur langue maternelle[46]. Pour renforcer le sentiment d'appartenance européenne, Bernard Kouchner et Régis Debray proposèrent à

---

[43] Texte de l'arrangement ou compromis de Luxembourg, in Gérard Bossuat, *Histoire de l'Union européenne, fondations, élargissements, avenir*, Belin, Paris, 2009, p. 237.

5 AG 4 PM 27, ministère des Affaires européennes, Note de J.-P. Spitzer, CT 12 juin 1984, « a/s projet de PV ayant donné lieu au compromis de Luxembourg ».

[44] Catherine Lalumière 7 décembre 1984-17 mars 1986 cabinet chargé des Affaires européennes, Ministère des Affaires européennes, Bilan présidence française, Jean Maurice Ripert, CT, 5 juillet 1984.

Les votes ont porté sur l'adoption d'instruments de politique commerciale commune, le volet externe du règlement fruits et légumes, le mandat sur le cacao.

« Le gouvernement français, qui avait été à l'origine de ce compromis, a déjà proposé d'en restreindre l'usage à des cas précis. La pratique, plus fréquente, du vote sur des questions importantes annonce le retour aux traités. »

Source : « Discours de François Mitterrand (Strasbourg, 24 mai 1984) », dans *Bulletin des Communautés européennes*, mai 1984, n° 5, p. 142-147, in http://www.ena.lu/.

[45] 5 AG 4 PM 27, Ministère des Relations extérieures, DAEF, coopération politique, 841, Philippe Galliot, note du 12 juin 1984, « Usage du vote dans la Communauté ».

[46] 5 AG 4 PM 27, SGCI 21 juin 1984, « Langues étrangères ».

Mitterrand un service civil européen, orienté vers l'aide au développement[47].

L'Europe sociale renforcerait l'Europe des citoyens. La France avait déjà fourni des *memoranda* en faveur d'un espace social européen en juin 1981 (Conseil de Luxembourg). Un plan d'action sociale communautaire à moyen terme avait été rédigé en 1983. En fait les délégations danoise et britannique « ralentirent les travaux du Conseil », lit-on début juin[48]. Ainsi les Britanniques s'opposèrent à la directive Vredeling pour l'information et la consultation des travailleurs dans les entreprises. Le Conseil de Fontainebleau put néanmoins adopter les éléments d'un programme d'action concernant les aspects sociaux des innovations technologiques, la formation, les politiques migratoires, la protection sociale et les dépenses de santé[49].

L'Europe des citoyens, plus que l'Europe sociale, sortit gagnante de Fontainebleau, puisque le Conseil adopta une série de dispositions : passeport européen, document unique de circulation des marchandises, levée des contrôles de police et de douane aux frontières, volontaires européens pour le tiers-monde, équivalence des diplômes. Un comité *ad hoc* fut créé, le comité Adonnino sur l'Europe des citoyens qui remit son rapport au Conseil européen de Milan de juin 1985.

La Présidence française donna une visibilité nouvelle aux préoccupations technologiques et environnementales du Conseil. Dans le discours de Strasbourg du 24 mai 1984, François Mitterrand proposa une communauté technologique. Esprit[50] fut lancé avec 3 000 M écus de crédits européens. Télécommunications et conquête spatiale étaient présentes dans le discours de Strasbourg[51]. La Commission de son côté avait préparé une communication sur la normalisation européenne des technolo-

---

[47] 5 AG 4 PM 27, note de Guy Penne et Éric Arnoult, s/c de M. le SG du 5 juin 1984, notule de la main de FM en haut à droite : « Une bonne idée pour l'Europe ».

[48] 5 AG 4 PM 28, MRE DAEF coop économique, FV n° 829 /CE compte rendu conseil des affaire sociales du 7 juin 1984.

[49] Jacques Attali, *op. cit.*, p. 889-891.

Point sur « la politique sociale » dans la déclaration finale du Conseil européen de Fontainebleau, 25-26 juin 1984, DN : DOC/84/2, Date : 1984-06-26 ; site : http://cuej.u-strasbg.fr/archives/europe/europe_conclusion/cons_01_42/29_fontaine bleau_26_06_84.html#Anchor-POLITIQUE-14210.

Voir une réflexion sur l'espace social européen : Georges Saunier, « La place de la formation professionnelle dans l'idée d'espace social européen de François Mitterrand (1981-1984) », *Formation professionnelle*, 2004, n° 32, pp. 86-92, CEDEFOP, Thessalonique.

[50] European Scientific Programme for Research in Information Technology.

[51] Discours de Strasbourg de Français Mitterrand, *op. cit.*

5 AG 4 PM 27, SGCI transport note 21 juin 1984.

gies de l'information « pour faire pièce au monopole d'IBM ». Une autre communication était prévue sur l'introduction des technologies nouvelles dans les industries traditionnelles, sur les biotechnologies, les échanges scientifiques et la mobilité des chercheurs. Consciente des risques liés à la pollution de l'environnement naturel, la Présidence française proposa la convocation d'une conférence mondiale sur les problèmes de la forêt et la teneur en plomb dans l'essence. La délégation allemande approuva en raison des pluies acides sur les forêts allemandes[52]. Le Conseil de Fontainebleau programma le Conseil de Bruxelles de mars 1985 pour mener un travail approfondi sur l'environnement.

À la veille de Fontainebleau, Mitterrand et les producteurs d'idées de l'Élysée avaient développé le thème de l'Union politique[53]. La piste la plus prometteuse semblait être une construction institutionnelle à géométrie variable[54]. Le projet de Secrétariat permanent de la Coopération politique de 5 membres était ressenti par l'équipe présidentielle comme le premier pas vers l'Union politique. La Coopération politique, créée en 1970, était dotée seulement d'un secrétariat de 3 diplomates « roulants », fournis par les Présidences successives. Le secrétaire permanent de la Coopération politique deviendrait le directeur politique de la Présidence du Conseil européen. Fondre « le système communautaire et la Coopération politique » était le format de l'Union politique envisagée[55]. Les Allemands proposèrent même un secrétariat politique permanent, localisé à Paris. Ils y voyaient l'avantage de mieux orienter les petits pays, souvent trop indépendants[56]. Le projet était révolutionnaire.

---

[52] 5 AG 4 PM 27, SGCI 21 juin 1984, « objet environnement ».

[53] Jacques Attali, *op. cit.*, p. 887 ; ministère des Relations extérieures, Direction Europe occidentale, n° 538/EU, 20 juin 1984, « projet de traité sur l'UE ». Note du 1er juin 1984, 460/EU, « Secrétariat général permanent du Conseil européen pour la Coopération politique ».

[54] 5 AG 4 PM 27, Ministère des Relations extérieures, Note de réflexion du CAP du 15 juin 1984, « a/s relance européenne, unanimité et géométrie variable ».

Jean-Louis Quermonne, « Vers une Europe diversifiée », in Bernard Bruneteau et Youssef Cassis (dir.), *L'Europe communautaire au défi de la hiérarchie*, PIE Peter Lang, Bruxelles, 2007, p. 171 et seq. L'auteur distingue l'Europe à la carte, l'Europe à plusieurs vitesses, l'Europe à géométrie variable.

5 AG 4 PM 27, Ministère des Relations extérieures, Jacques Andréani, directeur des Affaires politiques, note « objet : questions institutionnelles ».

[55] 5 AG 4 PM 27, Ministère des Relations extérieures, Note de la direction Europe, n° 554 EU « a/s secrétariat permanent de la Coopération politique », 22 juin 1984.

[56] 5 AG 4 PM 28, P. Morel 18 mai 1984, fiche pour M. le Président, synthèse des réflexions allemandes sur la relance politique et institutionnelle de l'Europe au cours de la séance de travail du 17 mai 1984.

Des délégations de compétences régaliennes élargies seraient transférées à l'Union européenne[57]. Kohl et Mitterrand étaient décidés à avancer vers l'Europe politique. La France était donc prête, comme en 1950, à prendre des initiatives d'ordre institutionnel. À Fontainebleau, Mitterrand obtint, en dépit du temps passé à satisfaire Margaret Thatcher, un soutien pour relancer l'Europe institutionnelle. Un comité *ad hoc*, le Comité Dooge, un comité Spaak 2, composé de personnalités nommées par les chefs d'État et de gouvernement, fut installé pour faire des propositions en vue de rédiger un nouveau traité. Il remit son rapport au Conseil européen de Milan, en juin 1985.

C. Les raisons du changement de politique européenne

Quelles étaient les raisons d'agir de François Mitterrand ?

Le mobile de l'idéal communautaire européen doit être écarté. Mitterrand, en effet, pense l'Europe depuis les années 1940 sans être communautaire à proprement parler[58]. Il n'est pas fédéraliste. Toutefois il n'écarte pas un cœur communautaire pour l'Union politique.

Mitterrand recherche l'efficacité de l'action commune européenne. Pourquoi ? L'intérêt reconnu de la France et de ses partenaires est de faire disparaître le fractionnement du marché européen et d'agir ensemble dans les relations internationales. Or toute décision dans ces domaines exige l'unanimité. Il faut donc changer le mode de vote en Conseil. Mitterrand, présent en permanence sur la scène internationale, pense qu'une Union politique européenne ferait cesser l'impuissance internationale des pays membres de la Communauté[59]. La politique européenne de la France est intimement liée à sa politique étrangère. De l'impuissance française en politique étrangère (Liban, Irak-Iran, Nicaragua) est né le projet d'Union politique européenne. « Nous sommes entre deux empires qui nous prennent pour des colonies », expliquait Mitterrand. « Que faire pour y résister, sinon l'Europe ? De Gaulle a été

---

[57] Le Danemark qui dit représenter le Conseil nordique à Bruxelles, ne représente jamais la Communauté auprès des Scandinaves. Les Grecs « remplissent leurs caisses avec l'argent communautaire et ouvrent leurs ports aux bateaux soviétiques ». 5 AG 4 PM 27, Ministère des Relations extérieures, Jacques Andréani, directeur des affaires politiques, note « objet : Conseil européen de Fontainebleau, discussion sur la CP », 20 juin 1984. Remarques à titre personnel sur « l'immigration, les passeports, les visas, le contrôle douanier, la surveillance des trafics internationaux de tous ordres, ou la lutte contre le terrorisme ».

[58] Georges Saunier, « François Mitterrand, un projet socialiste pour l'Europe ? », in Gérard Bossuat (dir.) et Georges Saunier, *Inventer l'Europe*, Bruxelles, PIE Peter Lang, 2003, p. 433.

[59] 5 AG 4 PM 27, Ministère des Relations extérieures, 5 AG 4 PM 27, Ministère des Relations extérieures, Éric Desmaret s/dir., Moyen-Orient, n° 189, ANMO/3, 20 juin 1984.

un dérivatif et a permis de masquer ces problèmes. Il m'a laissé me débrouiller avec quelques rêves... »[60] Par ailleurs l'insistance de Mitterrand pour une Communauté de la technologie devait compenser les faiblesses industrielles françaises par la mutualisation des efforts. À ces raisons ajoutons aussi le facteur de « la personnalité clef ». Mitterrand, tel qu'il nous apparaît dans le processus de Fontainebleau et de Milan, répond à cette définition[61]. L'attrait de Mitterrand pour l'Europe des citoyens et l'Europe de la Culture semble lié à son système normatif personnel qui lui faisait considérer que la construction européenne n'avait aucun sens si les citoyens européens ne partageaient pas une identité commune.

Mitterrand n'est pas le chantre de la technocratie communautaire mais l'inventeur d'une Union politique à géométrie variable. Il est inter-gouvernementaliste car il est impossible d'être communautaire. Il défend un système de décision où les États ont toute leur place à condition de passer des compromis de bonne gouvernance au profit de chacun et de l'intérêt général. C'est l'État raisonnable de la seconde moitié du XXe siècle, co-acteur conscient et prudent de la mutation des sociétés politiques européennes. La crispation nationale-gaulliste ne peut plus représenter l'intérêt de la France ; c'est pourquoi la posture de 1966 est intenable parce qu'irréaliste.

Le succès de Fontainebleau tient au dépassement des blocages anciens et aux nouveaux germes d'unité instillés dans la Communauté, dont les fruits mûriront un an plus tard. Le succès doit cependant être tempéré comme l'écrit Claude Julien : « Si l'Europe concentre son attention sur elle-même, elle peut s'estimer satisfaite d'avoir – avec quel retard ! – franchi un pas en avant. Si elle examine de plus près sa position dans les rapports de force mondiaux, elle n'a pas de quoi pavoiser »[62]. L'appréciation du secrétaire général de la Commission, Émile Noël, est pessimiste aussi : le Conseil a laissé la Communauté « exsangue, déconsidérée aux yeux de ses propres citoyens – l'élection européenne de ce même mois de juin l'avait souligné cruellement –, et affaiblie vis-à-vis du reste du monde. En outre le risque subsiste qu'une crise entre Institutions vienne prolonger la crise entre les États membres »[63]. Noël s'en prit au Conseil européen qui, seul, a réglé le dossier financier britannique, affaiblissant durablement le Conseil des ministres. Il lui reproche aussi d'avoir consacré peu de temps « aux dossiers prometteurs

---

[60] Jacques Attali, *op. cit.*, p. 902.

[61] Voir les débats dans Sabine Saurugger, *Théories et concepts de l'intégration européenne*, Presse de Sciences-Po, Paris, 2009, 482 pp.

[62] Claude Julien, « Esquives », *Le Monde diplomatique*, juillet 1984.

[63] E. Noël, « la Communauté européenne : quel avenir ?, conférence à l'Institut royal des relations internationales », 20 novembre 1984.

et d'avenir, l'Europe des citoyens et la relance institutionnelle, malgré la volonté du président en exercice du Conseil européen ». Noël en rendait responsable la dérive intergouvernementale dans la pratique européenne[64]. En fait Mitterrand voulait faire du Conseil européen la conscience de l'identité européenne en politique étrangère[65]. Le projet d'Union politique européenne était la réponse française à la faiblesse de l'Europe.

IV. L'esprit de Fontainebleau à Milan

Le succès de Fontainebleau serait incomplet sans celui de Milan, un an après. Des projets de Fontainebleau, qu'en retient la Présidence italienne ?[66]

A. Les institutions de l'Union européenne

La cellule élyséenne restait attentive au comité Dooge. Sans surprise elle préconisait une Union européenne englobant les Communautés de 1950 et 1957 et la Coopération politique de 1970, donc une Europe à géométrie variable. L'Union aurait un président et deux vice-présidents ; un secrétaire général nommé par le Conseil et confirmé par le Parlement[67]. Mais fallait-il augmenter les pouvoirs de co-décision du Parlement ?

Français et Allemands écartèrent sans hésitation le projet britannique de Coopération politique de mai 1985 : « un accord pour ne pas aller très loin » dit Kohl, « les Anglais veulent nous étouffer en nous embrassant », jugea Mitterrand[68]. Français et Allemands finirent par s'entendre sur un projet de traité de Coopération politique, associant Coopération politique et Communauté et prévoyant une politique étrangère com-

---

[64] E. Noël, « la Communauté européenne : quel avenir ?, conférence à l'Institut royal des relations internationales, 20 novembre 1984 », p. 4.

[65] 5 AG 4 PM 27, Ministère des Relations extérieures, 22 juin 1984, note DT 197, JDM « note, prise de position française sur la limitation des utilisations militaires de l'espace ».

5 AG 4 PM 28, d'après les notes manuscrites prises en séances ; rédacteur inconnu, 25 juin 1984.

[66] 5 AG 4/ EG 41, Mémorandum, version revue par le président du samedi 22 juin, présenté par E. Guigou ; mémorandum français pour Milan, « Pour un progrès de la construction de l'Europe ».

[67] 5 AG 4/ EG 41, 31 mai 1985, CT, EG ébauche de mémorandum pour le conseil de Milan, Texte EG + HV F. Mitterrand note pour E. Guigou « organisez une séance de travail avant Florence avec RG, J.-J. Bianco, J. Attali, H. Védrine, E. Guigou dans mon bureau ».

[68] Jacques Attali, *op. cit.*, p. 1241 et 1245.

mune[69]. La Commission participerait à toutes les réunions et le Parlement serait associé à la Coopération politique. Un secrétaire général de l'Union européenne, nommé pour 4 ans, assisterait la Présidence pour conduire la Coopération politique[70]. François Mitterrand demanda à ses partenaires de prendre leurs responsabilités dans la défense européenne, sauf à réduire l'Europe à n'être qu'une superstructure instrumentalisée par la Grande-Bretagne et les États-Unis. Le leadership français ne se discutait pas pour le Quai d'Orsay : « Nous sommes les seuls capables d'affirmer avec une totale liberté la nécessité pour l'Europe d'affirmer son identité et de conquérir peu à peu les moyens de son indépendance collective »[71]. Une ultime rencontre entre Allemands et Français, à laquelle les Italiens furent associés (Milan oblige !), rassembla Attali, Guigou, Horst Teltschik et Ruggiero. Une annonce conjointe franco-allemande serait « une formidable gifle à ceux qui parlent d'un désaccord franco-allemand ». Seriez-vous d'accord demanda Attali à Mitterrand ? « Oui » écrivit laconiquement Mitterrand sur la note[72]. Hélas ! Kohl éventa le projet au Bundestag, provoquant l'irritation des Italiens et des Britanniques[73].

Le projet franco-allemand provoqua aussi un conflit imprévu entre François Mitterrand et le nouveau président de la Commission, Jacques Delors, désireux d'accroître les pouvoirs des institutions communautaires. Delors s'opposait à la dualité des institutions de l'Union[74]. Il rappelle dans ses *Mémoires* que l'annonce du projet franco-allemand fut « une surprise de taille ». Sa réaction traduisait la crainte, exagérée, de la Commission d'être coiffée par un ministère des Affaires étrangères européen. « On créait une Union européenne à la place de la Communauté européenne sous la direction du Conseil européen, lequel était flanqué d'un secrétaire général... », observa-t-il[75].

---

[69] 5 AG 4/ EG 42, Ministère des Relations extérieures, DAEF, coop. éco. n° 730, P. de Bossieu, 5 juin 1985.

[70] 5 AG 4/ EG 42, « Projet de traité sur l'Union européenne, projet franco-allemand », remis le 27 juin.

[71] 5 AG 4/ EG 42, Ministère des Relations extérieures, 30 mai 1985, 577/EU note, « a/s renforcement de la Coopération politique ».

[72] 5 AG 4/ EG 41, Notes manuscrite réunion Bonn du 26 juin déjeuner Telchik, Attali, Ruggiero ; texte repris quasiment in extenso dans Jacques Attali, *op. cit.*, p. 1256.

Jacques Attali, Note pour M. le Président de la République, 26 juin 1985, résultat des entretiens de Bonn sur un traité « projet de traité de l'Union européenne ».

[73] 5 AG 4/ EG 41, TD 27204, 21 mai 1985, entretien du ministre avec sir Geoffrey Howe.

[74] 5 AG 4/ EG 42, Conférence de presse de J. Delors du 26 juin 1985.

[75] *Id.*, p. 208-209.

C'est donc dans un contexte de « méfiance et de confusion profondes », de « débat dramatique », d'après Olivi[76] que la présidence italienne organisa un vote surprise en Conseil pour convoquer une CIG chargée d'élaborer un traité sur la base des projets franco-allemand et britannique[77]. Delors et Thatcher, pour des raisons tout à fait opposées, ne pouvaient que s'opposer à une CIG qui risquait de brider les ambitions institutionnelles de la Commission européenne et conduire à fusionner les affaires communautaires et celles de la Coopération politique[78]. La décision de convoquer une CIG a été prise à la majorité des votants, contre l'avis de Margaret Thatcher, des Grecs et des Danois. Elle signifiait aussi que le projet franco-allemand n'était pas adopté puisqu'il était seulement l'un des éléments de la réflexion de la CIG. La CIG et les Conseils des ministres compétents aboutirent à l'Acte unique européen, dont certains aspects étaient porteurs de progrès institutionnels substantiels en matière d'intégration communautaire et de politique étrangère.

B. Les champs innovants de Fontainebleau à Milan

Les Français insistèrent aussi, à Milan, sur les suites à donner au rapport Adonnino sur l'Europe des citoyens. Ils obtinrent largement satisfaction puisque la déclaration finale du Conseil approuva les propositions « concernant entre autres le droit des citoyens, la culture, la jeunesse, l'éducation, le sport… Le Conseil européen a retenu les suggestions contenues dans le mémorandum français sur l'Europe des citoyens qui se placent dans la même optique ». Un programme d'action européen contre le cancer, cher à Mitterrand, fut lancé[79].

Le président de la République s'était engagé avec passion pour l'Europe de la technologie destiné à combler la différence entre l'Europe et les États-Unis et faire pièce à l'IDS de Reagan (mars 1983)[80]. Mitterrand en avait précisé le contenu dans le discours de La Haye du 7 février 1984, où il parla d'une « communauté européenne de l'Espace » à propos de la station spatiale habitée Hermès et bien sûr à Strasbourg en

---

[76] Bino Olivi, *L'Europe difficile*, Folio Histoire, 1998, p. 366.

[77] 5 AG 4/ EG 41, TD 31347, De Boissieu, aux postes concernés, « Conseil de Milan, commentaires dont vous vous inspirerez » (processus de décision en Conseil, pouvoirs d'exécution de la Commission et du Parlement européen, extension des champs d'action communautaire, libre circulation des personnes).

[78] 5 AG 4/ EG 41, TD, Bruxelles, 737, Nanteuil, 3 juillet [lecture du président (E. Guigou)].

[79] Conseil européen des 28/29 juin 1985 à Milan, DN : DOC/85/2, Date : 1985-06-29.

[80] IDS : initiative de défense stratégique.
     Yves Moreau Defarges, « "J'ai fait un rêve…" Le président François Mitterrand, artisan de l'Union européenne », *Politique étrangère*, n° 2, 1985, 50ᵉ année, p. 272.

mai 1984. L'idée de « communauté européenne des hautes technologies » (J. Attali) rencontra un grand succès auprès des partenaires et de la Commission. Mais la Commission publia de son côté, le 25 juin 1985, un mémorandum de 76 pages intitulé « vers une Communauté de la technologie »[81]. Un éclat se produisit entre Delors et Mitterrand en Conseil européen[82] : « Les délégations du Bénélux avaient proposé que ce soit la Commission qui convoque la conférence Eurêka. François Mitterrand a cru, à tort, que cet amendement émanait de moi », écrit Delors ; « j'ai demandé au Bénélux de le retirer et j'ai confirmé qu'il y aurait complémentarité entre le programme Eurêka et le programme communautaire de coopération technologique »[83]. Pourquoi cet incident qui dépassait la question des ego ? Eurêka était un projet original et mobilisateur pour les États, les entreprises et les chercheurs européens. Manifestement les Français redoutaient « une subordination inopportune » et « un encadrement communautaire de l'initiative française »[84]. Les conseillers de l'Élysée jugèrent que la Commission risquait « de s'assurer le contrôle des leviers de commande de l'Europe de la technologie »[85]. Les Allemands étaient opposés à sa mise en « régie » par la Commission[86]. Or les petits pays avaient intérêt à s'appuyer sur la Commission pour avoir accès aux résultats de recherches qu'ils n'auraient pas pu financer dans une coopération avec les grands États. L'utilisation des technologies de pointe était un élément de puissance que la Commission et les grands États se disputaient. Le Conseil de Milan apporta son soutien au projet Eureka et aux propositions constructives de la Commission[87]. La convocation d'une réunion *ad hoc* à Paris, le 17 juillet 1985, rehaussa le succès de l'initiative française[88].

---

[81] Toward a European Technology Community, COM (85) 350 final, 76 pages, in http://aei.pitt.edu/6350/01/003627_1.pdf.

[82] 5 AG 4/ EG 41, TD EG, 1er juillet 1985, Bruxelles, n° 399, aux services [lu par le président (EG)].

[83] Jacques Delors, *Mémoires*, Plon, 2004, p. 216.

[84] 5 AG 4/ EG 42, SG SGCI 25 juin 1985 note, « communauté européenne de la Technologie » ; mémorandum de la Commission « vers une communauté de la technologie » COM (85) 350 final.

[85] 5 AG 4/ EG 41, CT E. Guigou, H. Védrine, note pour le président de la République, 28 juin 1985, « conseil de Milan et Eurêka ».

[86] 5 AG 4/ EG 41, TD Bonn 1183, Morizet, 24 juin 1985 « eurêka ».

[87] Conseil européen des 28/29 juin 1985 à Milan, DN : DOC/85/2, Date : 1985-06-29.

[88] 5 AG 4/ EG 41, 6 juillet 1985 « sommet de Milan », « destiné à Lionel Jospin » (sur un papier agrafé au texte), sans mention de l'origine.

V. Quel bilan ?

L'adoption du rapport Adonnino sur l'Europe des citoyens et des propositions de Mitterrand sur le cancer, l'office européen de la jeunesse, le terrorisme, illustrait le succès de Milan. En revanche des blocages s'étaient produits sur le vote à la majorité et sur l'accroissement des pouvoirs de la Commission et du Parlement européen. Le projet d'Union européenne fut confié à une CIG et au Conseil des ministres de décembre 1985. Mitterrand souligna que le vote sur la CIG « a démarqué ceux qui désirent aller vers une unité politique forte et ceux qui ne le souhaitent pas. C'est donc un éclaircissement considérable de la situation »[89]. Mitterrand acceptait une Europe à géométrie variable qui correspondait à l'état de l'Europe en 1985. En cas d'échec de l'Union politique, l'occasion s'offrirait d'avancer avec ceux qui voulaient avancer[90].

La France, expliqua Mitterrand, « ne cherche pas à exercer une suprématie, elle cherche à faire réussir l'Europe ». Mitterrand n'avance-t-il pas masqué ? Notre hypothèse est de croire à la sincérité de la démarche française. Quelle preuve donner ? Avançons un raisonnement. Mitterrand a fait l'expérience, le 23 mars 1983, de l'interdépendance absolue des États de la Communauté et de la fin de l'autonomie de la France face aux amicales pressions de ses partenaires en faveur de la rigueur. Ce fut un drame pour le socialisme français et le deuil de l'européanisme de Mitterrand tel qu'affiché dans une motion pour le Congrès de Metz de 1979 dans laquelle il avait écrit : « En attendant de pouvoir "orienter la Communauté vers le socialisme", il faut s'en tenir à la position "tout le traité, rien que le traité" ». Désormais sa position était : « un autre traité », une Union européenne à dimension institutionnelle duale pour pouvoir sortir la France et l'Europe de leur déclin historique. Mieux valait composer avec le réel que le nier, mieux valait influencer et peser dans une Europe unie grâce à une diplomatie de la conviction plus que par la force et le mépris. Ainsi les idées françaises sur le contenu de la vie commune progresseront-elles. Ces idées ont fait faire un saut qualitatif à l'Europe : « On passe d'une notion de communauté à prédominance économique à la notion d'union européenne à la fois économique et politique » écrit Raymond Barre[91]. Mitterrand retrouvait

---

[89] Conférence de presse de François Mitterrand à l'issue du Conseil européen de Milan, samedi 29 juin 1985.

[90] 5 AG 4/ EG 42, EG Note pour le Président, « rapport du comité Dooge », 27 juin 1985.

[91] Raymond Barre, « Du général de Gaulle à François Mitterrand », in Henri Ménudier (dir.), *Le Couple franco-allemand en Europe*, Publications de l'Institut allemand, Sorbonne nouvelle, Asnières, 1993, p. 248.

les ambitions des fondateurs du Conseil de l'Europe : une Europe politique.

Les vieux démons du nationalisme français et de l'arrogance idéologique de la Gauche ont été exorcisés par l'analyse rigoureuse du réel menée par le président de la République et son équipe de l'Élysée.

The revival at the European Council meetings in Fontainebleau and Milan: innovations and new conditions

The archives of the Mitterrand presidency, of ministries responsible for European affairs, of the Europe and Economic & Financial Affairs Directorates of the Ministry of Foreign Affairs, and of the general secretariat of the European Commission give an interesting glimpse of the drafting of France's European policy for two important meetings of the Council of Europe: Fontainebleau (June 1984) and Milan (June 1985).

Although not all materials are available that would permit an understanding of the choices made by the French presidency of the Community during the first half of 1984, a reading of the notes, files, reports, and diplomatic telegrams from technical advisers to the presidency or from high-level officials of the directorates based at the Quai d'Orsay [sci. French Foreign Ministry], gives an internal vision of the drafting of France's European policy.

This article confirms the central role of President Mitterrand in inventing or validating new ways for the European Community to be pulled out of the quagmire in which it had found itself since 1979. The solution to the question of the British share of the Community budget cost France dear, but it opened the way to innovative solutions for the Community.

Neubelebung des Aufbauwerks bei den Tagungen des Europäischen Rats in Fontainebleau und Mailand: Innovationen und neue Voraussetzungen

Die Archive aus der Zeit der Präsidentschaft Mitterrands, die Archive der Ministerien für europäische Angelegenheiten, der Direktionen Europa, Wirtschaft und Finanzen des Ministeriums für Außenbeziehungen und die Archive des Generalsekretariats der Europäischen Kommission liefern einen interessanten Einblick in den Entwicklungsprozess der französischen Europapolitik im Hinblick auf zwei wichtige Tagungen des Europäischen Rats in Fontainbleau (Juni 1984) und in Mailand (Juni 1985).

Selbst wenn das verfügbare Material noch nicht ausreicht, um die Entscheidungen der französischen Präsidentschaft der Gemeinschaft im Laufe des ersten Halbjahrs 1984 lückenloses nachvollziehen zu können, vermittelt die Lektüre der Mitteilungen, Informationsblätter, Berichte

und diplomatischen Telegramme der technischen Berater des Präsiden-
ten und der hohen Beamten der Direktionen am Quai d'Orsay einen tie-
fen Einblick in die internen Vorgänge im Rahmen der Ausarbeitung der
französischen Europapolitik.

Dieser Artikel bestätigt die zentrale Rolle des Präsidenten Mitterand bei
der Auffindung und Validierung neuer Ansätze, die die europäische Ge-
meinschaft aus der ungünstigen Situation befreien sollten, in der sie sich
seit 1979 befand. Wenngleich die Lösung für das britische Problem des
Haushaltsungleichgewichts für Frankreich sehr kostspielig war, bereite-
te sie jedoch den Weg für innovative Lösungen innerhalb der Gemein-
schaft.

Die Europapolitik Helmut Kohls
1982-1992

Ulrich LAPPENKÜPER

Dass Helmut Kohl, der sechste Regierungschef der Bundesrepublik Deutschland, „Kanzler der deutschen Einheit" genannt werden darf, ist unbestritten. War der nach Jean Monnet zweite Ehrenbürger Europas aber auch ein „Architekt der europäischen Einigung"[1]? Gehört er neben Konrad Adenauer, Robert Schuman, François Mitterrand und anderen in die Phalanx der „Baumeister Europas"[2]? Welche europapolitischen Ziele bzw. Grundüberzeugungen besaß der Bundeskanzler? Wie versuchte er sie im ersten Jahrzehnt seiner Amtszeit auf dem langen Weg zum Maastrichter Vertrag[3] zu erreichen? Und wie sah die Bilanz am Ende des Dezenniums aus? Die Antworten der Geschichtswissenschaft auf diese Fragen sind noch nicht gefestigt; sie können es angesichts der weithin verschlossenen Archive sowie fehlender Detailstudien auch nicht sein.[4]

---

[1] Hanns Jürgen Küsters, Helmut Kohl: Architekt der europäischen Einigung? Betrachtungen zur Erforschung seiner Europapolitik, in: Mareike König/Matthias Schulz (Hg.), *Die Bundesrepublik Deutschland und die europäische Einigung 1949-2000. Politische Akteure, gesellschaftliche Kräfte und internationale Erfahrungen, Festschrift für Wolf D. Gruner zum 60. Geburtstag*, Stuttgart 2004, S. 221-237.

[2] Beate Kohler-Koch, Bundeskanzler Kohl – Baumeister Europas? Randbemerkungen zu einem zentralen Thema, in: Göttrik Wewer (Hg.), *Bilanz der Ära Kohl. Christlich-liberale Politik in Deutschland 1982-1998*, Opladen 1998, S. 283-311.

[3] Vgl. insbesondere die monumentale Studie von Kenneth Dyson/Kevin Featherstone, *The Road to Maastricht. Negotiating Economic and Monetary Union*, Oxford 1999; s.a. Sima Lieberman, *The long road to the European Monetary Union*, Lanham/New York/London 1992; Lars Magnusson/Bo Stråth (Hg.), *From the Werner Plan to the EMU. In Search of a Political Economy for Europe*, Brüssel u.a. 2001; Andrew Moravcsik, *The Choice for Europe. Social Purpose and State Power from Messina to Maastricht*, London 1999; Wilhelm Schönfelder/Elke Thiel, *Ein Markt – Eine Währung. Die Verhandlungen zur Europäischen Wirtschafts- und Währungsunion*, Baden-Baden 1994.

[4] Neben dem Standardwerk zur ersten Hälfte der Ära Kohl von Andreas Wirsching, *Abschied vom Provisorium. Geschichte der Bundesrepublik Deutschland 1982-1990*, Stuttgart 2006, vgl. bes. Hans Stark, *Helmut Kohl, l'Allemagne et l'Europe. La politique d'intégration européenne de la République fédérale 1982-1998*, Paris 2004; s.a. Eckart Gaddum, *Die deutsche Europapolitik in den 80er Jahren. Interessen, Konflikte und Entscheidungen der Regierung Kohl*, Paderborn u.a. 1994.

Dementsprechend werden auch die folgenden Überlegungen kein abschließendes Bild zeichnen, sondern allenfalls eine Momentaufnahme.

I.

Im Bewusstsein, dass Europa vom Subjekt zum Objekt der Weltpolitik abgesunken und die multipolare europäische „balance of power" zugunsten eines bipolaren Gleichgewichts zweier Supermächte aufgehoben worden waren, hatte sich in Teilen der Alten Welt nach dem Zweiten Weltkrieg die Überzeugung verfestigt, Sicherheit und Wohlstand nur gemeinsam erreichen zu können. Ohne den „externen Integrator" USA[5] wäre dieser Wille zum Zusammenschluss in den 1950-er Jahren wohl kaum in die Tat umgesetzt worden. Als der Kalte Krieg ein Jahrzehnt später in eine Phase der Entspannung überging, schwächte sich der politisch-idealistische Impetus deutlich ab, um dann im Zuge des „zweiten Kalten Krieges"[6] Anfang der 1980-er Jahre neuen Schwung zu gewinnen; dies um so mehr, als sich die „wohltätige Hegemonie" der USA[7] aus Sicht der Europäer in eine immer schwierigere Partnerschaft verwandelte.

Entstanden als Folge des Zweiten Weltkrieges und des Kalten Krieges, sah die Bundesrepublik Deutschland ihre Sicherheit und Wohlfahrt seit 1949 unauflöslich mit den internationalen Rahmenbedingungen verknüpft. Im Bewusstsein dieser „Abhängigkeit von den Gezeiten der Weltpolitik"[8] hatten die Mütter und Väter des Grundgesetzes dem von ihnen aus der Taufe gehobenen Kind vier normative Vorgaben ins Stammbuch geschrieben: die Wahrung des Friedens; „Vollendung" der deutschen Einheit in „freier Selbstbestimmung"; Achtung und Verwirklichung der Menschenrechte und die Bereitschaft zu kooperativem Internationalismus. Die Ausfüllung dieser Prinzipien war gemäß Art.32 GG Aufgabe des Bundes. Ungeachtet der anders lautenden These, dass die Schaffung neuer internationaler Koordinierungszentren seit den 1970-er Jahren das Bundeskanzleramt auf „die Überwachung des [...]

---

[5]   Werner Link, *Die Neuordnung der Weltpolitik. Grundprobleme globaler Politik an der Schwelle zum 21. Jahrhundert*, 3., durchgeseh. u. erw. Aufl. München 2001, S. 84.

[6]   Fred Halliday, *The Making of the Second Cold War*, 4. Aufl., London/New York 1993.

[7]   Hans-Peter Schwarz, Die wohltätige Hegemonie und die Spaltung Europas, in: Guido Müller (Hg.), *Deutschland und der Westen. Internationale Beziehungen im 20. Jahrhundert, Festschrift für Klaus Schwabe zum 65. Geburtstag*, Stuttgart 1998, S. 372-381.

[8]   Klaus Hildebrand, *Integration und Souveränität. Die Außenpolitik der Bundesrepublik Deutschland 1949-1982*, Bonn 1991, S. 5.

allgemeinen außenpolitischen Konzeptes" beschränkt habe[9], fungierte die Regierungszentrale unter Helmut Kohl als *die* „zentrale Leitungs- und Koordinationsinstitution".[10] Von nicht zu unterschätzender Bedeutung für die Entscheidungsprozesse waren freilich neben dem intragouvernementalen Pluralismus die Parteien und die Agrarlobby, wohingegen die Mitwirkungsrechte der Legislative, d.h. des Bundestags und des Bundesrats relativ beschränkt ausfielen.

II.

Zu Beginn der Kanzlerschaft Kohls befand sich die EG in einem deplorablen Zustand, den Zeitgenossen mit dem Begriff der „Eurosklerose"[11] umschrieben. Weder war der Gemeinschaft die seit 1969 angestrebte Gründung einer Wirtschafts- und Währungsunion noch die Bildung einer „Europäischen Union" gelungen. Zur Entscheidungsblockade nach innen gesellte sich Handlungsschwäche nach außen, und das, obwohl sich die weltpolitischen Konflikte von Afghanistan über Polen bis zu den Falklandinseln türmten und der Beitritt Griechenlands sowie die Amtsübernahmen Margaret Thatchers in Großbritannien und Ronald Reagans in den USA der EG zusätzliche Herausforderungen aufbürdeten. Vier Themenkomplexe bereiteten der Gemeinschaft besonderes Kopfzerbrechen: das Haushaltsungleichgewicht; die Finanzierung der Agrarpolitik; die Beitrittsbegehren Spaniens und Portugals sowie die öffentlichkeitswirksame Forderung Thatchers nach einer Minderung des britischen EG-Beitrags.

Von der Sorge erfüllt, die EG könne unter der Last dieser Aufgaben zu einer Zollgemeinschaft verkümmern, hatte Bundesaußenminister Hans-Dietrich Genscher Ende 1981 mit seinem italienischen Kollegen Emilio Colombo eine Initiative ergriffen, durch die die Gemeinschaftspolitiken ausgebaut sowie die Vergemeinschaftung neuer Gebiete angebahnt werden sollten.[12] Genscher stilisierte diese Initiative in seinen

---

[9] Helga Haftendorn, Das außen- und sicherheitspolitische Entscheidungssystem der Bundesrepublik Deutschland, in: *Aus Politik und Zeitgeschichte* B 43 (1983), S. 3-15, S. 4.

[10] Stefan Fröhlich, *„Auf den Kanzler kommt es an": Helmut Kohl und die deutsche Außenpolitik. Persönliches Regiment und Regierungshandeln vom Amtsantritt bis zur Wiedervereinigung*, Paderborn u.a. 2001, S. 17.

[11] Den Terminus prägte der Präsident des Kieler Instituts für Weltwirtschaft, Helmut Giersch: Artikel Giersch, in: *Wirtschaftswoche*, 12.8.1983; ders., Eurosclerosis, Kiel 1985.

[12] Den bisherigen Stand der Forschung markiert Ulrich Rosengarten, *Die Genscher-Colombo-Initiative. Bausteine für die Europäische Union*, Baden-Baden 2008; vgl. außerdem Ulrich Lappenküper, Die deutsche Europapolitik zwischen der „Genscher-Colombo-Initiative" und der Verabschiedung der Einheitlichen Europäischen Akte

Memoiren zum Auslöser einer „Dreistufenrakete"[13], die 1992 mit dem Maastrichter Vertrag abgehoben habe. Wenn die „Zündschnur" zu dieser Rakete nicht verglimmte, hing das nicht unwesentlich mit dem Bonner Kanzlerwechsel vom Oktober 1982 zusammen.

Anders als sein Vorgänger Helmut Schmidt gehörte Helmut Kohl zu einer Generation deutscher Politiker, die zu Beginn der 1950-er Jahre die Grenzpfähle zwischen Deutschland und Frankreich niedergerissen, europäische Lieder gesungen und dann geglaubt hatte, sie baue Europa. Als Hüter der Europapolitik Konrad Adenauers schwebte dem 1930 geborenen Pfälzer seit seiner Wahl zum Parteivorsitzenden der CDU 1973 eine Politische Union vor, die er stets im größeren Kontext der Atlantischen Allianz sah.[14] Die Zusammenarbeit mit den Nachbarn müsse unabhängig von deren Größe gepflegt werden, meinte er 1979 und griff damit implizit das Motto Ludwig Erhards vom „Europa der Freien und der Gleichen" auf.[15] Kohl verstand sich aber nicht als Enkel Erhards, sondern Adenauers. Wie für den Alten Herrn aus Rhöndorf war für den jungen Mann aus Ludwigshafen-Oggersheim Europa mehr als nur ein geographischer Begriff, mehr als die Summe des Bruttosozial-produktes seiner Staaten; es war eine „Werte- und Kulturgemein-schaft"[16], die nicht nur das „Rumpfeuropa" des Zehnerclubs, sondern auch die übrigen europäischen Demokratien sowie die DDR, die ostmit-teleuropäischen Staaten, ja sogar die Ukraine und Russland umfasste.[17]

Anders als der Jurist Genscher ließ sich der Historiker Kohl in seinen politischen Aktionen stark von geschichtlichen Bezügen leiten. Die Lehren aus der Vergangenheit ziehend, deklarierte er die Europapolitik nach seiner Wahl zum Bundeskanzler zum „Herzstück deutscher Au-

---

(1981-1986), in: Günter Buchstab/Hans-Otto Kleinmann/Hanns Jürgen Küsters (Hg.), *Die Ära Kohl im Gespräch. Eine Zwischenbilanz*, Köln u.a. 2010, S. 133-152.

[13] Hans-Dietrich Genscher, *Erinnerungen*, Berlin 1995, S. 368.

[14] S. Rede Kohls auf dem Bundesparteitag der CDU, 12.6.1973, in: ders., *Der Kurs der CDU. Reden und Beiträge des Bundesvorsitzenden 1973-1993*, hg. von Peter Hintze/Gerd Langguth, Stuttgart 1993, S. 37-55, S. 49f.

[15] S. Rede Kohls auf dem Europaparteitag der CDU vom 26./27.3.1979, in: Günter Rinsche (Hg.), *Frei und geeint. Europa in der Politik der Unionsparteien. Darstellungen und Dokumente zum 40. Jahrestag der Unterzeichnung der Römischen Verträge*, Köln/Weimar/Wien 1997, S. 236-240, S. 239. Zu Erhards Europapolitik vgl. Ulrich Lappenküper, Den Bau des „europäischen Hauses" vollenden. Die Europapolitik Ludwig Erhards (1963-1966), in: *Historisch-Politische Mitteilungen* 7 (2000), S. 239-267.

[16] Rede Kohls auf dem Fachkongress „Kulturgemeinschaft Europas" der CDU, 31.10.1991, in: ders., *Der Kurs der CDU*, S. 371-379, S. 372.

[17] Rede Kohls vor der Europa-Union Deutschlands, 9.3.1984, in: Bulletin des Presse-und Informationsamtes der Bundesregierung (PIB) 1984, Bonn 1985, S. 253-257, S. 256.

ßenpolitik"[18]; einer Außenpolitik, die in seinen Augen von drei Bedingungen bestimmt wurde: von der geographischen Lage Deutschlands; vom Ziel, die deutsche und die europäische Teilung mit friedlichen Mitteln zu überwinden; von der Verpflichtung, „den Frieden in Freiheit zu bewahren".[19] Europapolitik und Deutschlandpolitik bildeten demgemäß „zwei Seiten einer Medaille"[20]: Die europäische Einigung bot die wirksamste Versicherung gegen einen Rückfall in den unheilvollen Chauvinismus des 20. Jahrhunderts; und die deutsche Einheit konnte nur im europäischen Rahmen gewonnen werden. Während Helmut Schmidt ein vornehmlich ökonomisch motiviertes Interesse an der EG besaß, verband Helmut Kohl sie stets mit dem Ziel, die Bundesrepublik „in einem partnerschaftlich integrierten Europa aufgehen" zu lassen.[21]

III.

Entsprechend prononciert äußerte er sich in seiner ersten Regierungserklärung am 14. Oktober 1982. Nachdem er die Atlantische Allianz als „Kernpunkt deutscher Staatsräson" gerühmt hatte, plädierte er für den europäischen Binnenmarkt, die Koordinierung der Wirtschaftspolitik, die Forcierung der Verhandlungen über den Beitritt Spaniens und Portugals zur EG. Dann schwenkte er zur „Politischen Union" über und begrüßte ausdrücklich den von Genscher und Colombo vorgelegten Entwurf einer Europäischen Akte.[22] Wirkliche Meinungsverschiedenheiten über die Ausrichtung der Europapolitik gab es zwischen dem Kanzler und seinem Vize in der Folge kaum. Wenn man dennoch mit Werner Kaltefleiter von einer „Kanzlerdemokratie" Kohls spricht – verstanden als ein Regierungssystem, in dem der Chef Macht im Sinne Max Webers besaß[23] –, darf man die weitgehende Interessenkongruenz zwischen Kohl und Genscher wie zwischen ihren Dienststellen in der Europapolitik ebenso wenig übersehen wie eine gewisse Aufgabenteilung: Kümmerte sich das Auswärtige Amt in erster Linie um die EG-Erweiterung, den Binnenmarkt und die regionale Kooperati-

---

[18] Archiv für Christlich-Demokratische Politik St. Augustin [ACDP], Pressedokumentation, Helmut Kohl, Rede Kohls vor der Außenpolitischen Gesellschaft in Kopenhagen, 24.9.1984, im Auszug in: Pressemitteilung des PIB Nr.491/84.

[19] Rede Kohls auf der Interparlamentarischen KSZE-Konferenz, 26.5.1986, in: *Bulletin des Presse- und Informationsamtes der Bundesregierung 1986*, Bonn 1987, S. 498-501, S. 499.

[20] Bericht Kohls zur Lage des geteilten Deutschland, 15.3.1984, in: ders., *Reden 1982-1984*, Bonn 1984, S. 359.

[21] Artikel Hans-Peter Schwarz, in: *Frankfurter Allgemeine Zeitung*, 18.10.2002.

[22] Regierungserklärung Kohls, 13.10.1982, in: ders., *Reden 1982-1984*, S. 9-48, S. 30.

[23] Vgl. Werner Kaltefleiter, Die Kanzlerdemokratie des Helmut Kohl, in: *Zeitschrift für Parlamentsfragen* (1996), S. 27-37, bes. S. 27 u. 36f.

on, liefen die Agrarfragen, die Debatte über die institutionellen Reformen und die Diskussion um die Ausformulierung einer Gemeinsamen Außen- und Sicherheitspolitik weitgehend über das Kanzleramt.

Wie Genscher nahm also auch Kohl das Zielbild der Europäischen Union auf, ohne es mit einem finalen Modell zu verbinden. Die Union dürfe keine leere Hülse bleiben, aber auch nicht dazu führen, dass „nationale Eigenheiten in einem Melting Pot" aufgelöst würden[24], beteuerte der Bonner Regierungschef Ende 1985. Drei Jahre zuvor, im Herbst 1982, diente seine Terminologie einer dreifachen Funktion: der auf Krisenfragen focussierten europäischen Zusammenarbeit neuen Auftrieb zu geben, den in der Debatte über den NATO-Doppelbeschluss geschürten Argwohn an der Verlässlichkeit der Bundesrepublik zu zerstreuen und den Aktivitäten des Europäischen Parlaments in Richtung auf eine Europäische Verfassung Paroli zu bieten.[25] Im Zentrum der Bonner Europapolitik stand dabei die Verbesserung der EG-Entscheidungsstrukturen mit Blick auf das Binnenmarktziel, sodann der Ausbau der gemeinsamen europäischen Außenpolitik, schließlich die Demokratisierung der Gemeinschaft und die Erschließung neuer Politikbereiche. Bezogen auf die in der Debatte befindlichen prozeduralen Reformvorschläge räumte die Bundesregierung der Abkehr vom „Luxemburger Kompromiss"[26] von 1966 den Vorrang ein. Die Durchsetzung von Mehrheitsentscheidungen in den Organen der EG galt als unverzichtbar, um den Prozess der Binnenmarktvollendung in Bewegung zu bringen; sie bot für die Bundesrepublik zudem den strategischen Vorteil, dass sie bei einem qualifizierten Mehrheitsvotum ihre Stimmenzahl stärker zur Geltung bringen konnte.

Um den hehren Worten Taten folgen zu lassen, entwickelte die Regierung Kohl Anfang 1983 das Konzept eines „package deal", das die anstehenden Probleme der EG zusammenfasste und für jedes Mitglied neben unvermeidlichen Konzessionen auch Anreize zur Zustimmung schuf. Als es Mitte 1983 auf dem Treffen des Europäischen Rates in Stuttgart zum Schwur kam, versagten die Staats- und Regierungschefs der deutschen Präsidialmacht aber die Gefolgschaft, obwohl die sich kurz zuvor demonstrativ in die Pflicht genommen und den bisherigen Widerstand in der besonders strittigen Frage einer Erhöhung der Eigeneinnahmen der Gemeinschaft aufgegeben hatte. Zum Abschluss heftiger

---

[24] Ansprache Kohls vor der Cambridge Union Society und der Cambridge University Conservative Association, 27.11.1985, in: *Bulletin des Presse- und Informationsamtes der Bundesregierung 1985*, Bonn 1986, S. 1181-1187, S. 1183.

[25] S. Regierungserklärung Kohls, 13.10.1982, in: ders., *Reden 1982-1984*, S. 31.

[26] S. Runderlass Rolf Lahrs, 31.1.1966, in: *Akten zur Auswärtigen Politik der Bundesrepublik Deutschland 1966*, hg. von Hans-Peter Schwarz, bearb. von Matthias Peter/ Harald Rosenbach, München 1997, S. 114-118.

Diskussionen schnürte der Europäische Rat die materiellen Probleme lediglich zu einem Paket zusammen und vertagte sich auf die nächste Konferenz, die unter griechischer Präsidentschaft in Athen stattfinden sollte.[27] Nur ein Ergebnis konnte Kohl auf der Habenseite verbuchen: In einer „Feierliche Deklaration"[28] bekannte sich der Rat im Sinne der Genscher-Colombo-Initiative für die schrittweise Errichtung einer Europäischen Union und übertrug ihr als Ziel neben der Beschleunigung der wirtschaftlichen Integration die „Vergemeinschaftung" der Außenpolitik.

Von dem von Genscher ursprünglich anvisierten bindenden Europa-Vertrag war nicht mehr die Rede, und selbst der von einer Ad-hoc-Gruppe im Auftrag der EG-Außenminister ausgearbeitete Text einer „Europäischen Akte" war nun zu einer reinen Willenserklärung zurechtgestutzt worden. Die Bundesregierung gab denn auch offen zu, mit dem Erreichten nicht zufrieden zu sein. Skepsis über die Richtigkeit ihrer Politik äußerte sie hingegen nicht. Im Gegenteil: Um einen Rückfall ins 19. Jahrhundert zu verhindern, müsse der beschrittene Weg fortgesetzt werden, betonte Kohl vor der Öffentlichkeit.[29] Erst als der Europäische Rat von Athen im Dezember 1983 im „Desaster" endete[30], begann in Bonn ein Umdenken. Im Sommer 1984 müsse ein neuer Anlauf zur politischen Einigung Europas genommen werden, versicherte der Kanzler vor der Presse und fügte mit erhobenem Zeigefinger hinzu: „Dann werden wir sehen, wer mitmacht und wer nicht."[31]

IV.

Entscheidend für den Fortgang des Kohl'schen Kurses sollte nun eine rasante Wende in der Europapolitik Frankreichs werden. Schon Ende 1982 hatte Staatspräsident François Mitterrand die Überzeugung gewonnen, dass er sich intensiver um die europäische Integration kümmern müsse, und zwar im engen Einvernehmen mit Kohl. Denn die Beziehungen zwischen Bonn und Paris bildeten für ihn „une pierre

---

[27] Vgl. Heinz Stadelmann, Der Europäische Rat, in: Werner Weidenfeld/Wolfgang Wessels (Hg.), *Jahrbuch der Europäischen Integration 1983*, Bonn 1984, S. 37-45, S. 41-43; Erklärung des Europäischen Rats in Stuttgart, 18.6.1983, in: ebd., S. 414-416.

[28] S. Feierliche Deklaration des Europäischen Rats zur Europäischen Union, 19.6.1983, in: ebd., S. 417-424.

[29] S. Ansprache Kohls in Stuttgart, 19.6.1983, in: *Bulletin des Presse- und Informationsamtes der Bundesregierung 1983*, Bonn 1984, S. 611f.

[30] Ansprache Kohls vor der Europa-Union Deutschlands, 9.3.1984, in: *Bulletin 1984*, S. 253-257, S. 255.

[31] ACDP, Pressedokumentation, Helmut Kohl, Interviews, Interview Kohls im WDR, 17.12.1983, Nachrichtenabteilung des PIB.

angulaire de l'Europe".[32] Indem Mitterrand sich nach dem Scheitern seines sozialistischen „Experiments" in Frankreich aufmachte, die EG aus ihrem Schlaf aufzurütteln, hoffte er, sein ramponiertes Image wieder aufzupolieren, den im Zuge der Nachrüstungsdebatte auftauchenden „incertitudes allemandes" zu begegnen und – vor allem – Europa als starken Mitspieler auf der globalen Bühne zu positionieren.[33]

Mit einer „Politik des ausgeprägten Bilateralismus"[34] gelang Kohl und Mitterrand auf dem nächsten Gipfeltreffen des Europäischen Rats Mitte 1984 in Fontainebleau ein markanter Fortschritt. Anfang Februar waren sie abseits der Öffentlichkeit auf Schloss Ludwigshöhe in der Pfalz übereingekommen, die politische Zusammenarbeit der EG zu vertiefen und dabei die alte Sechser-Gemeinschaft als „neues Kraftzentrum" aufzubauen.[35] Wenige Wochen später warf Kohl bei einem Treffen in Paris intra muros – wie einst Adenauer – die Idee eines deutsch-französischen „Zweibundes" auf[36]! Coram publico bekannte er sich zu einer „europäischen Sicherheitspolitik", die „das europäische Widerlager der Brücke Nordamerika-Europa" stärken sollte.[37] Parallel zu diesen bemerkenswerten Vorstößen signalisierte der Kanzler wiederholt die Bereitschaft, die notwendigen EG-Reformen mit deutschen Milliardenbeträgen voranzubringen. Um seine ob dieser Spendierfreude nicht eben glücklichen Landsleute zu beruhigen, führte er ihnen immer wieder den Ertrag solcher Opfer vor Augen: „Motor für die Einigung Europas zu sein, dies ist Teil des nationalen Auftrags, Staatsräson der Bundesrepublik Deutschland von Anfang an."[38]

Da die Deutschen sich von solchen Argumenten nicht so einfach überzeugen ließen, klaffte zwischen Anspruch und Wirklichkeit der Bonner Europapolitik bald eine gewisse Lücke. Die hielt den Kanzler aber nicht davon ab, auf der europäischen Bühne nun energisch aufzutrumpfen. „Margaret, comment réagiraient Churchill et Adenauer s'ils

---

[32] Unterredung zwischen Mitterrand und König Khaled von Saudi Arabien, 13.6.1981, zitiert nach: Tilo Schabert, *Wie Weltgeschichte gemacht wird. Frankreich und die deutsche Einheit*, Stuttgart 2002, S. 92.

[33] Vgl. Elisabeth du Réau, L'engagement européen, in: Serge Berstein/Pierre Milza/Jean-Louis Bianco (Hg.), *François Mitterrand. Les années du changement 1981-1984*, Paris 2001, S. 282-294.

[34] Ulrich Lappenküper, *Die Außenpolitik der Bundesrepublik Deutschland 1949-1990*, München 2008, S. 109.

[35] Zitiert nach: *Der Spiegel* (1984), Nr.13, S. 144.

[36] Zitiert nach: Fröhlich, „Auf den Kanzler kommt es an", S. 224.

[37] Rede Kohls auf der Kommandeurstagung der Bundeswehr, 15.2.1984, in: ders., *Reden 1982-1984*, S. 318-338, S. 323f.

[38] Bericht Kohls zur Lage des geteilten Deutschland, 15.3.1984, in: ebd., S. 344-364, S. 359.

étaient à notre place?", redete Kohl Thatcher ins Gewissen, als es Mitte März 1984 im Europäischen Rat zu Brüssel einmal mehr zu hitzigen Gefechten über britische Rückzahlungsforderungen kam. Thatcher ließ sich von solchen Mahnungen nicht beirren: Sie sei weder eine Enkelin Churchills noch stehe sie in der Tradition Adenauers und fühle sich dennoch nicht als schlechtere Europäerin als Kohl, erwiderte die Premierministerin schroff.[39]

Trotz der herben Enttäuschung über das Scheitern der mit großer Härte geführten Verhandlungen warnte Kohl in der Öffentlichkeit vor jeglicher Dramatisierung des „Debakel".[40] Doch schreckte er auch nicht davor zurück, abermals mit der „Keule" eines Europa mit „variabler Geometrie" zu drohen. Schon dieses Szenario reichte aus, um die Partner zum Einlenken zu bewegen: Ende März einigte sich der EG-Agrarministerrat auf eine Quotenregelung für die Milchproduktion, senkte die Agrarpreise für das Wirtschaftsjahr 1984/85 und vereinbarte auf der Basis vorheriger Absprachen zwischen Paris und Bonn einen Abbau des positiven deutschen Währungsausgleichs im Agrarsektor. Der finanzielle Kollaps der Gemeinschaft war damit vorerst abgewendet, die Chance, das Stuttgarter Problempaket auf dem kommenden Ratsgipfel, zu dem Präsident Mitterrand ins Schloss von Fontainebleau lud, zu lösen, stieg deutlich.

Doch dann drohte ein in engen deutsch-französischen Konsultationen vorformulierter Beschluss an den nationalen Egoismen einiger EG-Regierungen zu zerschellen. Thatcher, von Mitterrand als „petite-bourgeoise idéologue" gescholten[41], pochte auf die Aufrechterhaltung von qualifizierten Mehrheitsentscheidungen und erneuerte ihre Rückzahlungsforderungen. Kohl wiederum machte die Übernahme höherer finanzieller Lasten von strukturellen Reformmaßnahmen in der Landwirtschaftspolitik und der Billigung von Ausgleichsbeträgen an die deutschen Bauern aus dem Bundeshaushalt abhängig. Mitterrand stimmte dem am Rande des Gipfels zu, wobei Kohl offenbar im Gegenzug sein Plazet für die Ernennung von Jacques Delors zum nächsten Präsidenten der EG-Kommission gab.[42] „Wir wollen Ihnen helfen, aus Fontainebleau einen Erfolg zu machen", flüsterte der Kanzler dann Roland Dumas zu, als er erfuhr, dass Thatcher ihn unter vier Augen zu sprechen

---

[39] Zitiert nach: Pierre Favier/Michel Martin-Roland, *La décennie Mitterrand, Bd.2: Les épreuves (1984-1988)*, Paris 1991, S. 246.

[40] Ansprache Kohls auf einer Regionalkonferenz der rheinland-pfälzischen CDU in Speyer, zitiert nach: *Allgemeine Zeitung Mainz*, 31.3.1984.

[41] Zitiert nach: Pierre Favier/Michel Martin-Roland, *La décennie Mitterrand, Bd.1: Les ruptures (1981-1984)*, Paris 1990, S. 437.

[42] Vgl. *Der Spiegel* (1984), Nr.27, S. 99f.

wünsche.[43] Und er tat alles, um ihren Widerstand gegen die deutsch-französische Kompromisslinie zu brechen.

Nachdem das „britische Problem" dank pekuniärer Konzessionen der Partner bereinigt worden war, willigte die Premierministerin tatsächlich in die Einberufung zweier Ad-hoc-Ausschüsse zur Fortschreibung der „Stuttgarter Deklaration" ein. Beflügelt von dieser Verständigung, einigten sich die Staats- und Regierungschefs außerdem auf eine vorläufige Lösung des seit Jahren schwelenden Haushaltskonflikts und bekräftigten die Absicht, die Verhandlungen mit Spanien und Portugal bald abzuschließen.[44]

V.

Das Tor zur „*relance* de l'Europe"[45] schien offen. Doch als der nach seinem Vorsitzenden, dem irischen Senator James Dooge, benannte Ausschuss[46] über die institutionelle Reform der EG im Sommer seine Arbeit aufnahm, zeigte sich in aller Klarheit, dass gerade die Bundesregierung dieses Tor zumindest in einer Hinsicht vorläufig nicht zu weit zu öffnen wünschte: in Bezug auf die Wirtschafts- und Währungsunion. Kohls persönlicher Vertrauter, Staatssekretär Tietmeyer vom Bundesfinanzministerium bestand nämlich darauf, dass die WWU über eine allmähliche Annäherung der unterschiedlichen Wirtschaftspolitiken und nicht – wie etwa Frankreich es empfahl – über eine vorzeitige währungspolitische Verabredung erfolgen müsse.

Noch ehe der Dooge-Ausschuss seinen Abschlussbericht vorlegte[47], kamen Kohl und Mitterrand im März 1985 gleichwohl überein, die institutionelle Reformdebatte mit einem gemeinsamen Vertragsentwurf zur Europäischen Union voranzutreiben. Überschattet von bilateralen Dissonanzen über das französische EUREKA-Konzept und die GATT-Verhandlungen, begannen ihre Mitarbeiter im April streng vertrauliche

---

[43] Zitiert nach: Favier/Martin-Roland, *La décennie Mitterrand*, Bd.2, S. 254.

[44] Schlussfolgerungen des Vorsitzes des Europäischen Rates zur Tagung vom 25./26.6.1984, in: Werner Weidenfeld/Wolfgang Wessels (Hg.), *Jahrbuch der Europäischen Integration 1984*, Bonn 1985, S. 434-437.

[45] Hubert Védrine, *Les mondes de François Mitterrand. À l'Elysée 1981-1995*, Paris 1996, S. 275.

[46] Zu den Beratungen vgl. Jean De Ruyt, *L'Acte Unique Européen. Commentaire*, Brüssel 1987, S. 51-57; Patrick Keatinge/Anna Murphy, The European Council's Ad Hoc Committee on Institutional Affairs (1984-1985), in: Roy Pryce (Hg.), *The Dynamics of European Union*, London/New York/Sydney 1987, S. 217-237, S. 220-229.

[47] S. Bericht des Ad-hoc-Ausschusses für institutionelle Fragen an den Europäischen Rat vom 29./30.3.1985, in: Werner Weidenfeld/Wolfgang Wessels (Hg.), *Jahrbuch der Europäischen Integration 1985*, Berlin 1986, S. 404-417.

Beratungen. Ende Juni gaben Kanzleramt und Elysée-Palast dem Vertragsentwurf, der Vorschläge zur schrittweisen Entwicklung einer europäischen Außenpolitik machte und eine engere Zusammenarbeit auf dem Gebiet der Sicherheitspolitik in Aussicht nahm, den letzten Schliff. Um bei den übrigen EG-Staaten nicht den Anschein eines Diktats zu erwecken, zogen beide Regierungen unmittelbar vor der Konferenz die italienische Ratspräsidentschaft ins Vertrauen, boten ihr gar an, das Papier als eigenes Produkt auszugeben. Dann aber zerstörte Kohl die Geheimhaltungsstrategie und gab die Existenz des Textes – möglicherweise wegen heftiger Kritiken Helmut Schmidts an der Haltung der Bundesregierung zur Währungsunion – im Bundestag bekannt.[48]

Die Partner reagierten ausgesprochen frostig auf das ihnen am 28. Juni in der lombardischen Hauptstadt übergebene Schriftstück.[49] Mitterrand spielte das Konzept darauf herunter und stellte sogar zeitweise die vom Dooge-Ausschuss empfohlene Einberufung einer Regierungskonferenz in Frage. Nur mit Mühe gelang es dem Kanzler, ihn von der Idee einer Übertragung operativer währungspolitischer Entscheidungskompetenzen auf die Europäische Union abzubringen.

In einer durch die Vorlage weiterer Reformpapiere komplizierten Lage gerieten die Beratungen des Rates am zweiten Sitzungstag in die Sackgasse. Den Ausweg wies ein kurzfristig ausformuliertes Dokument Außenminister Genschers, das stakkatoartig folgende Zielsetzung formulierte: „Die Europäische Union beginnt; die Mitgliedstaaten werden über die Ausgestaltung einen Vertrag abschließen. Es wird eine Regierungskonferenz eingesetzt, die den Entwurf des Vertrages bis zum 31. Oktober 1985 erarbeitet. Er wird auf dem Europäischen Rat in Luxemburg beraten und beschlossen." In Bezug auf das strittige Entscheidungsverfahren der Gemeinschaft sah Genschers sog. „Badezimmerpapier" vor, zum System vor dem „Luxemburger Kompromiss" zurückzukehren, Mehrheitsbeschlüsse in Binnenmarktfragen zuzulassen und das Vetorecht abzuschaffen.[50] Indem der gewiefte italienische Außenminister Andreotti sich auf den Standpunkt stellte, für die Einberufung der Regierungskonferenz bedürfe es keines einstimmigen Beschlusses des

---

[48] S. Bundestagsrede Kohls, 27.6.1985, in: Verhandlungen des Deutschen Bundestages, Stenographische Berichte, Bd.133, S. 11093-11100; Artikel Schmidts, in: *Handelsblatt*, 3.5.1985.

[49] S. Entwurf des Vertrages der Regierungen von Frankreich und der Bundesrepublik über eine Europäische Union, 28./29.6.1985, in: Europa-Archiv 40 (1985), S. D449-D451; Memorandum der französischen Regierung, 28./29.6.1985, in: ebd., S. D444-D449.

[50] Zitiert nach: Gaddum, *Europapolitik*, S. 257.

Rates, öffnete er das Tor zu einer Mehrheitsentscheidung, ohne den Gipfel zu sprengen.[51]

Anfang September nahm die Regierungskonferenz ihre Tätigkeit auf und tagte bis Dezember sechsmal. Beherrscht wurden ihre Verhandlungen vor dem Hintergrund erheblicher Einflüsterungsbemühungen von nationaler wie transnationaler Seite von einer Fülle sehr präziser Empfehlungen der EG-Kommission. Die Bundesrepublik gab ihre lange wahrgenommene Antreiberrolle auf und ruderte insbesondere in den Beratungen über die Vollendung des Binnenmarktes und die Währungsintegration zurück. Indem sie sich implizit auf die Seite der Briten schlug, deutete sich ein europapolitisches „renversements des alliances" an[52], das namentlich Mitterrand höchst irritierte. Besorgt um einen Kohlschen „Frontwechsel", wähnte der Präsident Briten und Deutsche im Schlepptau der Amerikaner und warf der Bundesrepublik vor, sie wolle die EG in „une zone Mark" umwandeln.[53]

Wohl und Wehe der Regierungskonferenz oblag schließlich den Staats- und Regierungschefs, die Anfang Dezember 1985 über das Ergebnis der Beratungen zu befinden hatten. Nach achtundzwanzig Stunden zäher Verhandlungen gelang ihnen der Durchbruch. Sie stimmten – und das war für Kohl entscheidend – einem deutschen Vorschlag zu, der eine formale währungspolitische Kompetenz der Gemeinschaft verhinderte und die weitere Debatte einer neuerlichen Regierungskonferenz übertrug. Zugleich nahmen sie auf deutsches Drängen eine Klausel über die Absicherung der Schutzstandards in den Europavertrag auf.[54] Wenngleich die Gemeinschaft aufgrund fortbestehender Widerstände einzelner Mitgliedstaaten Anfang 1986 statt des Vertrags nur eine „Einheitliche Europäische Akte"[55] verabschiedete, feierte Kohl das Ergebnis als großen Erfolg. „Der Untergang des Abendlandes findet nicht statt. Das spukt in den Köpfen irgendwelcher Pseudointellektueller herum, die dabei mit diesen maroden Thesen viel Geld verdienen."[56]

---

[51] Vgl. Schlussfolgerungen des Vorsitzes des Europäischen Rates, 28./29.6.1985, in: Weidenfeld/Wessels (Hg.), *Jahrbuch 1985*, S. 425-429.

[52] Vgl. Richard Corbett, The 1985 Intergovernmental Conference and the Single European Act, in: Pryce (Hg.), *Dynamics*, S. 238-272; De Ruyt, *L'Acte Unique Européen*, S. 69-77.

[53] Zitiert nach: Favier/Martin-Roland, *La décennie Mitterrand*, Bd.2, S. 268.

[54] S. Schlussfolgerungen der Ratspräsidentschaft zur EG-Regierungskonferenz, 2./3.12.1985, in: Europa-Archiv 41 (1986), S. D157.

[55] Einheitliche Europäische Akte, Februar 1986, in: Weidenfeld/Wessels (Hg.), *Jahrbuch 1985*, S. 431-452.

[56] ACDP, Pressedokumentation, Helmut Kohl, Interviews, Interview dess. mit dem spanischen Fernsehen, 27.12.1985, PIB-Pressemitteilung Nr.577/85.

VI.

Nach diesem Kraftakt schien jeglicher Elan auf der europäischen Bühne zu erlahmen. Insbesondere im Agrarbereich beherrschten bald Stagnation, Dissens und Zweifel die Szene. Die nicht erst seit der Süderweiterung der EG ausufernden Kosten des Agrarmarktes mussten eingefangen, die Strukturfonds angepasst, die Herausforderungen des zukünftigen Binnenmarktes angegangen werden. Mit dem sog. „Delors-I-Paket" legte die EG-Kommission Anfang 1987 umfassende Lösungsvorschläge vor, die allerdings in fast allen Mitgliedstaaten, inklusive der Bundesrepublik, auf starke Bedenken stießen, da sie mit erheblichen finanziellen Belastungen verbunden waren. Landwirtschaftsminister Ignaz Kiechle warf der Kommission gar eine „Kriegserklärung"[57] an die Deutschen vor.

Nicht nur die immer horrenderen Kosten des europäischen Strukturfonds, auch die zunehmend konkretere Perspektive der Wirtschafts- und Währungsunion stieß im politischen Bonn auf wachsende Kritik. Ungeachtet des europapolitischen Grundkonsenses standen sich mit Blick auf die WWU zwei Meinungsblöcke gegenüber, eine „,security' coalition" und eine „ordo-liberal coalition".[58] Als Hüter der Europapolitik Adenauers gehörte Kohl zur ersteren, behandelte die WWU aber wegen der Bedenken der Ökonomisten im Bundesfinanzministerium und in der Bundesbank dennoch höchst reserviert. Weitaus intensiver setzte er sich für die europäische Außen- und Sicherheitspolitik ein und fand dabei bei Mitterrand nach der Gründung der deutsch-französischen Brigade 1987 ein offenes Ohr.

Nachdem der Europäische Rat dank ihres engen „pas de deux" Mitte Februar 1988 einen Ausweg aus der agrar- und finanzpolitischen „Impasse" gefunden hatte[59], gewann „das integrationspolitische gegenüber dem interessenpolitischen Motiv" in der Bundesregierung erneut die Oberhand.[60] Ende Februar regte Genscher die Schaffung eines Europäischen Währungsraumes mit einer Europäischen Zentralbank an[61]; Mitte Juni willigte Kohl ungeachtet massiver Vorbehalte von Finanzminister

---

[57] Zitiert nach: *Frankfurter Allgemeine Zeitung*, 25.2.1987.

[58] Dyson/Featherstone, *Road*, S. 261.

[59] S. Schlussfolgerungen des Europäischen Rates, 11./12.2.1988, in: Werner Weidenfeld/Wolfgang Wessels (Hg.), *Jahrbuch der Europäischen Integration 1987/88*, Bonn 1988, S. 438-458.

[60] Wirsching, *Abschied*, S. 536.

[61] S. Memorandum Genschers, 26.2.1988, in: Henry Krägenau/Wolfgang Wetter, *Europäische Wirtschafts- und Währungsunion. Vom Wernerplan zum Vertrag von Maastricht. Analysen und Dokumentation*, Baden-Baden 1993, S. 310-312.

Gerhard Stoltenberg[62] auf dem EG-Gipfel in Hannover darin ein, ein hochrangiges Sachverständigengremium unter dem Vorsitz von Kommissionspräsident Delors einzusetzen, das Mittel und Wege zur Vollendung der Wirtschafts- und Währungsunion prüfen sollte.[63]

Als der Bericht des Delors-Ausschusses dann aber im April 1989 vorlag, fiel die Kritik in der deutschen classe politique weit gravierender aus, als von Kohl befürchtet. Selbst Kabinettskollegen und Parteifreunde setzten ihm so sehr zu, dass er in der Presse als „Europas kranker Mann" gehandelt wurde.[64] Als dann das Herzstück der europäischen Währungsunion, die Zentralbank, durch deutsche Bedenkenträger in Frage gestellt wurde und der frischgebackene Finanzminister Theo Waigel eine von der Bundesregierung nur zähneknirschend Anfang des Jahres eingeführte „Quellensteuer" zur Harmonisierung der Zinsbesteuerung wieder abschaffte, glaubten ausländische Beobachter darin Anzeichen „eines sich verengenden nationalen Egoismus" erkennen zu können. Es verstöre die Nachbarn, schrieb Rudolph Chimelli in der „Süddeutschen Zeitung", dass nach allen sozialen, technischen und kriegerischen Umwälzungen der letzten zwei Jahrhunderte noch immer Napoleons Wort zu gelten scheine, wonach Deutschlands Zustand nicht das Sein, sondern das Werden sei.[65]

VII.

Geradezu „katalytisch"[66] wirkte nun der Prozess der Wiedervereinigung Deutschlands auf die Fortgang der Debatten über die Europäische Union. Nach dem Fall der Berliner Mauer erkannte Kohl die Notwendigkeit der Einberufung einer Regierungskonferenz für die WWU zwar offiziell an, wollte die Entscheidung aber bis Ende 1990 hinauszögern, um das Thema nicht in den nahenden Bundestagswahlkampf hineingeraten zu lassen. Überdies verlangte er eine zweite Regierungskonferenz für institutionelle Reformen, die – wie auch die erste – Anfang 1991 beginnen sollte.[67] Während Thatcher in Sachen Wiedervereinigung nun zur offenen Obstruktion überging, kehrte Mitterrand zur „Politik des

---

[62] S. Memorandum Stoltenbergs, 15.3.1988, in: ebd., S. 337f.

[63] S. Schlussfolgerungen des Europäischen Rates, 27./28.6.1988, in: Werner Weidenfeld/Wolfgang Wessels (Hg.), *Jahrbuch der Europäischen Integration 1988/89*, Bonn 1989, S. 407-410.

[64] Artikel Emil Bölte, in: *Nürnberger Nachrichten*, 31.3.1989.

[65] Artikel Rudolph Chimelli, in: *Süddeutsche Zeitung*, 24.5.1989.

[66] Andreas Wirsching, Stationen auf dem Weg nach Maastricht, in: Buchstab/Kleinmann/Küsters (Hg.), *Die Ära Kohl im Gespräch*, S. 119-131, S. 127.

[67] S. Kohl an Mitterrand, 27.11.1989, in: *Deutsche Einheit. Sonderedition aus den Akten des Bundeskanzleramtes 1989/90*, bearb. von Hanns Jürgen Küsters/Daniel Hofmann, München 1998, S. 565f.

Bilateralismus" mit Kohl in dem Moment zurück, als der Zug zur deutschen Einheit nach der Volkskammerwahl in der DDR am 18. März 1990 nicht mehr aufzuhalten war.[68] Mit mehreren abgestimmten Vorstößen hatten die beiden so ungleichen Staatsmänner dem europäischen Integrationsprozess ungeachtet aller „intra-hegemonic rivalry" seit 1984 politische Triebkraft verliehen, wobei ihre Zielsetzungen – abgesehen vom beiderseitigen Wunsch nach „external balancing" – keineswegs identisch waren.[69] Während Frankreich vor allem darauf abzielte, die WWU zu vollenden, die Bedeutung der Nordatlantischen Allianz durch die Schaffung einer unabhängigen europäischen Sicherheitsstruktur zu reduzieren und die EG effektiver zu gestalten, ohne die Entscheidungsgewalt der Regierungen in Frage zu stellen, kam es der Bundesrepublik hauptsächlich auf ein Junktim zwischen WWU und Politischer Union, den Aufbau einer Gemeinsamen Außen- und Sicherheitspolitik (GASP) sowie die Kompensation des Verlustes der nationalen Kontrolle über die D-Mark durch eine Stärkung des Europäischen Parlaments an.

Nach intensiven und keineswegs immer einvernehmlichen Beratungen ihrer Mitarbeiter regten Kohl und Mitterrand am 18. April 1990 in einem Brief an den irischen Premierminister Haughey die Einberufung einer „Regierungskonferenz über die Politische Union" an, wobei auch die Sicherheitspolitik als Thema auftauchte.[70] Ob dies nur als „by-product" der zentralen Absicht entstand, „to set alongside the economic and monetary union of Western Europe"[71], erscheint eher fraglich.

Beeindruckt ob des demonstrativen Schulterschlusses akzeptierte der Europäische Rat auf einer Sondertagung in Dublin Ende April die deutsch-französische Initiative und beschloss für Dezember die Eröffnung zweier Regierungskonferenzen zur WWU bzw. zur politischen Einigung.[72] Auch wenn es in mancher materiellen Frage Differenzen gab und der Jugoslawienkrieg wie auch Mitterrands Projekt einer „con-

---

[68] Vgl. Ulrich Lappenküper, „La faiblesse soviétique fait la force des Allemands". François Mitterrand und die Wiedervereinigung Deutschlands 1989/90, in: Klaus Hildebrand/Udo Wengst/Andreas Wirsching (Hg.), *Geschichtswissenschaft und Zeiterkenntnis. Von der Aufklärung bis zur Gegenwart. Festschrift zum 65. Geburtstag von Horst Möller*, München 2008, S. 383-395.

[69] Thomas Pedersen, *Germany, France and the Integration of Europe. A realist interpretation*, London/New York 1998, S. 115 u. 114.

[70] S. Kohl und Mitterrand an Haughey, 18.4.1990, in: Europa-Archiv 45 (1990), S. D283.

[71] Simon, J. Nuttall, *European Foreign Policy*, Oxford/New York 2000, S. 4.

[72] S. Schlussfolgerungen des Europäischen Rats, 28.4.1990, in: Werner Weidenfeld/Wolfgang Wessels (Hg.), *Jahrbuch der Europäischen Integration 1990*, Bonn 1991, S. 402-407.

fédération européenne"[73] zusätzlichen Konfliktstoff boten, schafften Kanzler und Präsident es, die „dynamique franco-allemande"[74] in die Regierungskonferenzen einzubringen und bis zur entscheidenden Sitzung des Europäischen Rates im Dezember 1991 in Maastricht aufrechtzuerhalten. Aus Rücksicht auf Mitterrands Warnung vor einer „Europe allemande"[75] zog Kohl nun sogar seine Forderung zurück, die Anzahl der Abgeordneten des wiedervereinigten Deutschland im Straßburger Europaparlament aufzustocken. „Wir wollen die wirtschaftliche und politische Zusammenarbeit mit unseren Nachbarn in Mittel-, Ost- und Südosteuropa ausbauen und so unseren Beitrag zu Frieden und Wohlstand auf dem ganzen Kontinent leisten", begründete der Kanzler seine Marschroute vor seiner Partei. „Heimat, Vaterland, Europa – das ist der Dreiklang der Zukunft."[76]

Nicht alle Staatsmänner mochten ihm seine Methode der „Selbstbehauptung durch Selbstbeschränkung"[77] so danken wie Mitterrand. „Les nazis sont maintenant dans la Communauté, et vous avez les réunifiés!", giftete Margaret Thatcher, die Eiserne Lady im Unruhestand, den französischen Präsidenten an, nachdem der Maastrichter Vertrag am 7. Februar 1992 unterzeichnet war.[78] Mitterrand dagegen rühmte Kohls Haltung zumindest im Kreise seiner Mitarbeiter geradezu überschwänglich: Nun müsse die Bundesrepublik ihre DM aufgeben, und die sei nicht weniger als „sa force atomique".[79] „Quel esprit de solidarité", würdigte seine enge Mitarbeiterin Caroline de Margerie noch Jahre später diese Entscheidung.[80]

Abgesehen von der Festlegung von Stabilitätskriterien bei der Einführung der europäischen Währung und der Einrichtung einer von den Regierungen unabhängigen europäischen Zentralbank hatte Kohl in Maastricht weiß Gott nicht alle europapolitischen Ziele erreicht. Die von ihm befürwortete föderale Perspektive war unter britischem und franzö-

---

[73] Frédéric Bozo, *Mitterrand, la fin de la guerre froide et l'unificiation allemande. De Yalta à Maastricht*, Paris. 2005, S. 344.

[74] Archives Nationales, 5 AG 4/CDM 33, Unterredung zwischen Mitterrand und Kohl vom 14.11.1991.

[75] Ebd.

[76] Rede Kohls auf dem Fachkongress „Kulturgemeinschaft Europas" der CDU, 31.10.1991, in: ders., *Der Kurs der CDU*, S. 371-379, S.375.

[77] Helga Haftendorn, *Deutsche Außenpolitik zwischen Selbstbeschränkung und Selbstbehauptung 1945-2000*, Stuttgart/München 2001, S. 442.

[78] Unterredung zwischen Mitterrand und Thatcher vom 2.6.1992, zitiert nach: Schabert, *Weltgeschichte*, S. 344.

[79] Conseil des ministres, 17.8.1988, zitiert nach: ebd., S. 335.

[80] Zitiert nach: Jean Lacouture, *Mitterrand. Une Histoire de Français*, Bd.2, Taschenbuchausgabe, Paris 1998, S. 461.

sischem Druck durch die Formel einer Union zwischen den Völkern Europas ersetzt, die Anhebung der deutschen Abgeordnetenzahlen auf Eis gelegt worden.[81] Offen gestand der Kanzler ein, den Entschluss zur WWU „gegen deutsche Interessen" gegeben zu haben.[82] Daraus den Vorwurf abzuleiten, Kohl habe die D-Mark zugunsten einer europäischen Währung für Mitterrands Zustimmung zur Wiedervereinigung hergegeben, entspricht gleichwohl nicht den Tatsachen: „alle Einzelteile des europäischen Puzzles [lagen] spätestens seit dem Delors-Plan auf dem Verhandlungstisch". Wie genau sie zusammenpassten, blieb freilich zunächst offen.[83]

VIII.

In der Forschung herrscht weitgehend Einigkeit, dass die Europapolitik Helmut Kohls in dem hier durchmessenen Zeitraum von Doppeldeutigkeiten nicht frei und keinem geschlossenen Programm verpflichtet war. In der europäischen Agrarpolitik verharrte die Bundesregierung bisweilen in nationalen Denkstrukturen und in der Währungspolitik agierte sie restriktiv. Mitunter verfocht sie ihre Interessen gegen den „europäischen Geist", was freilich auch mit der „fehlenden Anteilnahme"[84] der öffentlichen Meinung und dem bescheidenen Interesse der Eliten zusammenhing. Alles in allem wirkte Kohl im ersten Jahrzehnt seiner Kanzlerschaft dennoch als eine vorantreibende Kraft auf dem Weg zur europäischen Einigung und darf daher getrost als ein „Glücksfall" für die deutsche Europapolitik bezeichnet werden.[85] Abgesehen von seinen persönlichen Präferenzen und den überpersönlichen „Zwangslagen"[86] zeichnete dafür – wie Andreas Wirsching herausgearbeitet hat – auch „ein wirkungsmächtiges historisches *Deutungsmuster*" verantwortlich, in deren Zentrum der Mythos von der Selbstrettung Europas nach der Katastrophe des Zweiten Weltkriegs stand.[87] An diesen Zusammen-

---

[81] S. Schlussfolgerungen des Vorsitzes des Europäischen Rates vom 9./10.12.1991 in Maastricht, in: Werner Weidenfeld/Wolfgang Wessels (Hg.), *Jahrbuch der Europäischen Integration 1991/92*, Bonn 1992, S. 437-443.

[82] Gespräch Kohls mit US-Außenminister James Baker vom 12.12.1989, in: *Deutsche Einheit*, S.636-641, S. 638.

[83] Wirsching, *Stationen*, S. 127.

[84] Henrik Meyer, *Deutsche Europapolitik unter Helmut Kohl – die Auswirkung des politischen Umfeldes auf die Integrationsbereitschaft der Bundesregierung*, Berlin 2004, S. 228 und 227.

[85] Ulrike Kessler, Deutsche Europapolitik unter Helmut Kohl: Europäische Integration als „kategorischer Imperativ"?, in: Gisela Müller-Brandeck-Bocquet u.a., *Deutsche Europapolitik von Konrad Adenauer bis Gerhard Schröder*, Opladen 2002, S. 115-168, S. 118.

[86] Wirsching, *Stationen*, S. 119.

[87] Wirsching, *Abschied*, S. 541.

hang erinnert ein wenig ein Zitat Helmut Kohls aus der Vorlesung Friedrich Schillers zur Universalgeschichte, mit dem der Kanzler seine Regierungserklärung zum Stuttgarter Gipfeltreffen von 1983 abschloss: „Endlich unsere Staaten – mit welcher Innigkeit, mit welcher Kunst sind sie einander verschlungen! wie [*sic*!] viel dauerhafter durch den wohlthätigen Zwang der Noth als vormals durch die feyerlichsten Verträge verbrüdert! Den Frieden hütet jetzt ein ewig geharnischter Krieg, und die Selbstliebe eines Staats sezt ihn zum Wächter über den Wohlstand des andern. Die europäische Staatengesellschaft scheint in eine große Familie verwandelt. Die Hausgenossen können einander anfeinden, aber nicht mehr zerfleischen.“[88] Dürfen wir das von Schiller gezeichnete Bild heute als Realität oder müssen wir es noch immer nur als Vision bezeichnen?

La politique européenne d'Helmut Kohl, 1982-1992

Helmut Kohl, le sixième chancelier de la République fédérale d'Allemagne, peut incontestablement être appelé le « chancelier de l'unité allemande ». Toutefois, le second citoyen d'honneur de l'Europe après Jean Monnet était-il également un « architecte de la construction européenne » ? Fait-il partie aux côtés d'Adenauer, de Schuman, de De Gasperi et bien d'autres de la phalange des « bâtisseurs de l'Europe » ?

La réponse des historiens à ces questions n'est pas encore tranchée et ne peut pas l'être en raison des archives en grande partie inaccessibles et du manque d'études détaillées sur le sujet. Toujours est-il que, conscient de la face obscure de l'histoire allemande, Helmut Kohl considérait la construction européenne comme l'assurance la plus efficace contre un retour du nationalisme désastreux du passé. La politique européenne, « centre de la politique étrangère allemande », a été déterminée, à ses yeux, par trois conditions : par la situation géographique de l'Allemagne ; par l'objectif de surmonter la division allemande et la division européenne par des moyens pacifiques ; par l'obligation de « maintenir la paix et la liberté ».

Helmut Kohl's European policy, 1982-1992

Helmut Kohl, sixth chancellor of the Federal Republic of Germany, can undeniably be described as the "chancellor of German unity". However, was the second honorary citizen of Europe after Jean Monnet also an "architect of European construction"? Does he join the ranks of Aden-

---

[88] Friedrich Schiller, Was heißt und zu welchem Ende studiert man Universalgeschichte? Antrittsrede an der Universität Jena 1789, Neudruck, Jena 1982, S. 15; vgl. Regierungserklärung Kohls, 22.6.1983, in: ders., *Reden 1982-1984*, S. 208-220, S. 219.

auer, Schuman, De Gasperi, and many others who make up the phalanx of the "builders of Europe"?

Historians' responses to these questions have not yet been settled, and cannot be because of archives that are largely inaccessible and the lack of detailed studies on the subject. In any event, conscious as he was of the dark side of German history, Helmut Kohl considered European construction to be the most effective guarantee against a return to the disastrous nationalism of the past. European policy, the "centrepiece of German foreign policy", was in his eyes determined by three conditions: Germany's geographical position; the aim of overcoming the division of Germany and of Europe by peaceful means; and the requirement to "maintain peace and liberty".

QUATRIÈME PARTIE

RELANCE, ÉLARGISSEMENT
ET FIN DE LA GUERRE FROIDE

Felipe González
et l'architecture de l'Europe
Ambition, vision et projet

Matthieu Trouvé

La cause paraît entendue : Felipe González est non seulement le premier socialiste président du gouvernement espagnol démocratiquement arrivé au pouvoir depuis 1936, il est aussi l'homme politique à avoir fait entrer l'Espagne dans la Communauté européenne ; la mémoire nationale espagnole retiendra son action décisive qui a permis ce retour à l'Europe donnant un aspect plus méditerranéen à l'Europe des Douze. Au niveau européen, Felipe González, président du « groupe de réflexion sur l'avenir de l'Europe », fait désormais figure de sage chargé de remettre l'Europe sur de bons rails au XXIᵉ siècle.

Contrairement à la France, l'Allemagne, l'Italie ou la Belgique, l'Espagne ne compte pas de « Pères fondateurs » de l'Europe ou d'architecte de la construction européenne, du moins de ses origines. À moins de faire appel à l'histoire et d'invoquer Charles Quint – qui, comme chacun sait, parlait latin au Pape, l'espagnol à Dieu, l'anglais aux marchands, l'italien aux dames, le français aux hommes et l'allemand à son cheval –, à moins de citer des philosophes et intellectuels, comme Miguel de Unamuno, José Ortega y Gasset ou Salvador de Madariaga, l'Espagne ne compte aucun véritable fondateur de l'Europe actuelle, aucun bâtisseur au même titre qu'un Robert Schuman, qu'un Jean Monnet, qu'un Konrad Adenauer, qu'un Alcide De Gasperi ou qu'un Paul-Henri Spaak.

Cette carence, produit de l'histoire et de l'absence de participation de l'Espagne aux débuts de la construction européenne pour des raisons essentiellement politiques[1], a été vécue comme une frustration par les Espagnols, hommes politiques, acteurs économiques et société civile. Le retour à la démocratie en 1975 a été marqué par une forte volonté de rompre avec le passé franquiste et de retrouver le chemin de l'Europe, chose faite en 1986 après une longue phase de négociation, grâce en

---

[1]   Nous renvoyons sur ce point à notre ouvrage : *L'Espagne et l'Europe. De la dictature de Franco à l'Union européenne*, Bruxelles, PIE Peter Lang, 2008.

partie à l'action du gouvernement de Felipe González. Ce dernier a acquis un statut : celui qui a fait entrer l'Espagne dans l'Europe. Autour de sa personne s'est construite une figure de héros national, construction quasi mythologique et symbolique d'un grand homme d'État doublé d'un « entrepreneur européen » qui a arrimé son pays à l'Europe en construction. L'année 1986, date fondatrice pour l'Espagne, marque le début d'une période d'euphorie, « Trente Glorieuses » sur un plan économique jusqu'en 2007-2008[2]. S'ajoute à cela l'action de l'Espagne et sa participation à l'Acte unique, au traité de Maastricht, à l'avènement du « Grand marché », à la création de l'euro et à la promotion d'une Europe des citoyens, le tout sous la présidence de Felipe González jusqu'en 1996. Si l'Espagne n'a pas de « Pères fondateurs » de l'Europe au sens strict, elle fait donc pleinement partie de la famille européenne et Felipe González a acquis l'image d'un architecte de l'Europe.

Loin de prétendre à l'exhaustivité, notre communication s'interrogera ainsi sur le type d'architecte de l'Europe qu'a été Felipe González. L'idée générale qui en ressort est que, chez l'ancien président du gouvernement espagnol, l'idée et l'action se mêlent et font de González un important promoteur d'Europe, un participant et membre actif de l'Europe unie, une sorte d'architecte d'intérieur. On s'attachera d'abord à retracer l'itinéraire et la vision européenne de cet Européen convaincu, à la fois de cœur et de raison, avant d'étudier les postures de Felipe González face aux grands enjeux européens des années 1980-1990.

I. De la présidence du gouvernement espagnol à la présidence du « groupe de réflexion sur l'avenir de l'Europe » : itinéraire et vision d'un Européen de cœur et de raison

A. *Espagnol et social-démocrate : aux sources d'une vocation européenne*

Felipe González est d'abord un Espagnol de l'intérieur. Né en 1942, issu d'une famille d'éleveurs originaires de Santander et installés en Andalousie depuis 1932, il n'a pas connu la guerre civile. Il est le seul des quatre enfants de la famille à faire des études de droit à l'Université de Séville, puis à Louvain en Belgique. Après avoir fréquenté les milieux d'opposition à la dictature franquiste, les mouvements progressistes catholiques et les jeunesses socialistes, il adhère au PSOE en 1964 et ouvre un cabinet d'avocats spécialisés dans le droit du travail. Loin

---

2   Sylvia Desazars de Montgailhard, « Les Trente Glorieuses de l'Espagne s'achèvent », interview publiée dans *Le Monde*, 9 mars 2008.

des préoccupations européennes, son projet politique essentiel est alors d'en finir avec la dictature.

Proche du modèle de la social-démocratie allemande de Willy Brandt ou suédoise d'Olof Palme, Felipe González est membre d'un PSOE favorable à la construction européenne. À la différence du parti socialiste français ou du PASOK grec, le parti socialiste espagnol évolue très tôt vers le réformisme sur le modèle social-démocrate allemand, et fait de l'entrée de l'Espagne dans l'Europe communautaire une option prioritaire de politique étrangère. En effet, pour les socialistes espagnols, le thème européen est un moyen de s'opposer à la dictature de Franco depuis le Congrès de Munich de 1962[3], et l'entrée dans la CEE doit marquer une rupture avec le franquisme[4]. À la tête du PSOE à partir de 1974, González multiplie les vibrants plaidoyers en faveur de la participation de l'Espagne à la construction européenne une fois le pays doté d'institutions démocratiques. Il soutient tout naturellement la demande d'adhésion déposée par le gouvernement démocrate-chrétien d'Adolfo Suárez en mars 1977 et appuie l'entrée de l'Espagne dans le Conseil de l'Europe en 1978. Au cours des XXVIIIe et XXIXe congrès du parti, le leader du PSOE met l'accent sur la construction d'une Europe unie tout en appelant au renforcement et à la démocratisation des institutions européennes, prône une intégration rapide de son pays dans l'Europe et compatible avec le maintien de la stabilité économique et du niveau de l'emploi du pays, et exige la participation de l'ensemble des forces politiques et syndicales aux négociations d'adhésion[5].

Élu en 1982 et appelé par le roi à former un gouvernement, Felipe González apparaît aux yeux de tous comme un européen convaincu. Espagnol d'abord, social-démocrate ensuite, González est donc européiste, acquis à la cause européenne comme l'ensemble de son parti. Il a contribué à donner au PSOE l'image d'un parti fermement engagé dans la construction européenne.

---

[3] Il s'agit d'un congrès du Mouvement européen auquel ont participé de nombreux socialistes espagnols – à la fois exilés et de « l'intérieur » – et au terme duquel les représentants espagnols ont affirmé que l'Europe communautaire ne devait pas admettre en son sein l'Espagne tant que celle-ci ne s'était pas dotée d'institutions démocratiques. Cf. Joaquín Satrústegui (dir.), *Cuando la transición se hizo posible. El « contubernio de Munich »*, Madrid, Tecnos, 1993.

[4] Michael P. Marks, *The formation of European policy in Post-Franco Spain. The role of ideas, interest and knowledge*, Alderhsot, Avebury, 1997.

[5] Archives de la Fondation Pablo Iglesias (FPI), résolutions du XXVIIIe congrès du PSOE, tenu à Madrid, les 17-20 mai 1979 et compte-rendu du XXIXe congrès, annexes, résolutions de « politique et stratégie », politique internationale, 21-24 octobre 1981 ; Ramón Luis Acuña, « Une politique étrangère. Entretien avec Felipe González », *Politique Étrangère*, n° 3, octobre 1982, p. 557-564.

B. L'artisan de l'entrée de l'Espagne dans l'Europe

L'étude des archives espagnoles et communautaires, plusieurs entretiens réalisés avec d'anciens leaders politiques et négociateurs soulignent l'action déterminante de Felipe González dans l'adhésion de l'Espagne aux Communautés européennes. Son rôle n'est toutefois pas à surestimer et il faut se méfier des interprétations trop hâtives. Felipe González n'a eu aucun rôle dans la négociation technique d'adhésion et il n'est pas le grand idéologue de la politique étrangère socialiste comme a pu l'être un Fernando Morán. Son action se situe avant tout au niveau politique des présidents du gouvernement et elle a permis d'obtenir les déblocages qui obstruaient l'entrée de l'Espagne dans la CEE.

On relèvera en particulier trois rencontres décisives de González avec des chefs d'État et de gouvernement étrangers. Ce sont, tout d'abord, les entretiens entre le président du gouvernement espagnol et Helmut Kohl les 3-4 mai 1983. Alors qu'il affirme au chancelier allemand le soutien et la solidarité de l'Espagne à l'égard de la décision de l'OTAN de déployer des missiles Pershing en Europe en pleine crise des euromissiles, Felipe González obtient en contrepartie l'assurance que la RFA appuiera sans réserve l'adhésion de Madrid à la CEE. L'Allemagne, qui possède dans la péninsule Ibérique de nombreux intérêts économiques – pensons notamment aux liens tissés à partir de cette époque entre Volkswagen et SEAT –, s'affirme dès lors comme le principal soutien de l'Espagne à la table des discussions à Bruxelles[6].

Les contacts établis entre Felipe González et François Mitterrand sont tout aussi importants dans le déblocage des négociations hispano-communautaires. Le 20 décembre 1983, l'entretien entre le président du gouvernement espagnol et le président de la République française est, d'après le témoignage de Felipe González[7], décisif dans le changement de l'attitude de la France sur la question de l'ETA et celle de la candidature de Madrid à la CEE. Mitterrand prend conscience de l'ampleur des contentieux franco-espagnols et s'engage à débloquer ces deux dossiers. La présidence française de la Communauté au premier semestre 1984 confirme ce changement d'attitude ; le sommet européen de Fontainebleau fixe au 1er janvier 1986 la date officielle de l'adhésion de l'Espagne à la CEE.

---

[6] Cf. entretien de l'auteur avec Manuel Marín, octobre 2002 ; Jacques Attali, *Verbatim*, tome I, *Chronique des années 1981-1986*, Paris, Fayard, 1993, p. 337, 366 et 713 ; Julio Crespo Maclennan, *España en Europa, 1945-2000. Del ostracismo a la modernidad*, Madrid, Marcial Pons Ediciones de Historia, 2004, p. 254.

[7] Felipe González, *Memorias del futuro, reflexiones sobre el tiempo presente*, Madrid, Aguilar, 2003, p. 51-53 ; Felipe González, Juan Luis Cebrián, *El futuro no es lo que era*, Madrid, Aguilar, 2001, p. 141.

Avec la Grande-Bretagne se posent deux problèmes importants pour les négociateurs espagnols : d'une part, la question de Gibraltar, point de contentieux entre les deux pays depuis le XVIIIe siècle ; d'autre part, l'affaire de la contribution britannique au budget communautaire qui est pour Londres prioritaire à l'élargissement aux pays ibériques[8]. Lors d'une entrevue entre Felipe González et Margaret Thatcher en mars 1985 à Moscou à l'occasion des funérailles de Konstantin Tchernenko, le président du gouvernement espagnol obtient la promesse de la Dame de Fer qu'elle ne bloquera pas l'Espagne et ne fera pas de ces deux sujets un préalable britannique à l'adhésion de Madrid[9].

La posture du chef du gouvernement espagnol, avant tout politique, est ainsi déterminante dans les ultimes déblocages qui permettent l'entrée de l'Espagne dans la Communauté. Elle consiste aussi à lier l'élargissement au sud de l'Europe et la consolidation démocratique de la péninsule Ibérique, ce qui est un argument de poids pour les dirigeants européens après le coup d'État manqué en Espagne du 23 février 1981. Aux yeux de nombreux Espagnols et de nombreux Européens, Felipe González est le dirigeant qui a réalisé l'entrée de l'Espagne dans l'Europe, l'architecte politique de l'élargissement de 1986.

C. Faire l'Europe pour consolider l'Espagne

La position de Felipe González à l'égard de l'Espagne n'en est pas moins complexe et ambigüe. Le but du leader socialiste espagnol n'est pas seulement de participer à la construction politique de l'Europe dans une vision idéaliste. Pragmatique, le chef du gouvernement espagnol espère de l'adhésion de son pays à la CEE des retombées économiques importantes. La place de l'Europe dans le discours du gouvernement socialiste des années 1980 revêt une dimension éminemment économique : il s'agit de moderniser l'économie nationale alors même que le gouvernement s'est lancé, sous la conduite du ministre de l'Économie et des Finances, Miguel Boyer, dans un programme d'austérité et d'ajustement économique destiné à lutter contre l'inflation[10]. Convaincu des

---

[8] Archives historiques de l'Union européenne (AHUE), EG 128, lettre de Margaret Thatcher, Premier ministre britannique, à Gaston Thorn, président de la Commission, 5 août 1982.

[9] Cf. entretien de l'auteur avec Carlos Westendorp, septembre 2001 ; Victoria Prego, *Presidentes. Veinticinco años de historia narrada por los cuatro jefes de Gobierno de la democracia*, Barcelone, Ediciones del Bolsillo, 2001, p. 239 ; sir Geoffrey Howe, *Conflict of Loyalty*, Londres, Pan Books, 1995, p. 308, 318 et 407 ; Archives du ministère espagnol des Affaires étrangères (AMAE-E), R 25095, Exp. 1, échange de lettres entre les ministres des Affaires étrangères Fernando Morán et sir Geoffrey Howe, 13 juin 1985.

[10] Cf. Jean-François, Larribau, « La politique économique, contraintes et perspectives de l'intégration européenne », et Maria Emilia Casas Bahamonde, « La politique des

bienfaits matériels de l'entrée de son pays dans l'Europe communautaire, Felipe González considère dès le départ que l'Espagne n'a pas d'autres choix que d'entrer dans le Marché commun[11]. Dans un article publié dans *El País*, il défend son bilan à la tête du pays et souligne l'apport qu'a constitué l'adhésion de l'Espagne à l'Europe en termes de croissance, de modernisation économique, de développement des infrastructures, notamment dans les transports, et en matière de débouchés commerciaux[12]. La participation de l'Espagne au Marché commun lui a permis de consolider ses positions sur le marché européen. L'accent est donc mis sur les questions économiques. Bien plus tard, en janvier 2010, consulté en même temps que Jacques Delors par le président du gouvernement espagnol, José Luis Rodríguez Zapatero, dans le cadre de la présidence espagnole de l'Union européenne, Felipe González a défendu à nouveau la vision d'une Europe solide, fortement intégrée sur le plan économique et qui puisse sortir de la crise et renforcer sa politique de coordination économique[13].

Faire l'Europe permet non seulement de renforcer la cohésion entre partenaires européens, mais aussi de moderniser le pays, de consolider la démocratie espagnole et de renforcer sa place sur la scène internationale. En ce sens, la construction européenne est, en quelque sorte, une pratique à usage interne dans la vision d'un Felipe González : il s'agit de faire l'Europe pour consolider l'Espagne.

D. Un Européen convaincu au cœur de la réflexion sur le futur de l'Europe

L'image qui s'est construite de Felipe González sur le plan international est celle d'un chef d'État et d'un Européen convaincu, construction quasi mythique mais qui relève d'une part de vérité. L'engagement pro-européen du président du gouvernement espagnol ne s'est pas démenti tout au long des années 1982-1996. C'est ce qui peut expliquer pourquoi il a été choisi pour présider le groupe de réflexion sur le futur de l'Europe composé de douze « sages » européens. Il est encore trop tôt pour faire l'histoire de ce groupe ; nous nous contenterons de deux observations à ce sujet.

---

rapports sociaux », in Pierre Bon, Franck Moderne (dir.), *L'Espagne aujourd'hui. Dix années de gouvernement socialiste (1982-1992)*, Paris, La Documentation française, 1993, p. 117-137 et 139-154.

[11] Ramón-Luis Acuña, « Une politique étrangère. Entretien avec Felipe González », *op. cit.*, p. 557-559 et 561.

[12] *El País*, 9 janvier 1996.

[13] http://www.france24.com/fr/20100105-union-europ-enne-zapatero-consulte-delors-gonzalez-sortie-crise?quicktabs_1=0.

Ce qui ressort en premier lieu est la constante préoccupation de Felipe González en faveur d'une bonne gouvernance européenne et de l'efficacité de cette gouvernance. Refusant toute ingérence au sein de son groupe de réflexion – c'est, affirme-t-il devant les médias, sa « touche delorsienne »[14] –, l'ancien président du gouvernement espagnol entend œuvrer au bon fonctionnement de son propre groupe de réflexion et considère que la solution à la crise à la fois économique, politique et morale de l'Europe doit venir des politiques. Or les hommes politiques, poursuit-il, produisent « de nombreux textes que nous lisons rarement et que nous mettons en place encore moins ». Il est nécessaire, pour González, de réfléchir sur ce que l'Europe veut être dans l'avenir, ses stratégies, ses objectifs, ses sentiments d'appartenance communs, et de ne pas perdre du temps à débattre sur les frontières de l'Europe, notamment à propos de la Turquie[15].

Felipe González est partisan d'une Europe ambitieuse, ce qui implique d'abord de restaurer l'influence économique et géopolitique de l'Europe sur la scène internationale dans un monde de plus en plus globalisé. D'où le souhait que l'Europe se dote, par exemple, d'une politique énergétique forte qui lui assure une indépendance, que les politiques économiques européennes soient mieux coordonnées, que la priorité des dirigeants européens soit aussi sociale et qu'ils ne se contentent pas seulement du Pacte de stabilité et de croissance. Fervent défenseur d'une plus grande intégration au niveau européen, l'ancien leader socialiste se montre aussi partisan d'un renforcement du leadership pour le Conseil européen, notamment en matière économique[16].

II. Quatre postures de Felipe González face aux grands enjeux européens

A. L'Espagne de González et la relance de la construction européenne dans les années 1980

Les années 1980 sont celles d'une relance de la construction européenne à laquelle l'Espagne de Felipe González a pris part de manière active. Très européiste au sein de l'Europe des Douze, le gouvernement

---

[14] http://europeconfidentiel.cafebabel.com/fr/post/2008/12/07/Felipe-Gonzalez:-Si-no-respetan-nuestra-independencia-me-voy.

[15] *Ibid.*

[16] Voir par exemple les articles consacrés à ce groupe de réflexion sur le site d'informations europactiv.com : http://www.euractiv.com/fr/avenir-europe/gonzalez-affiche-fortes-ambitions-groupe-rflexion/article-169557 ;
http://www.euractiv.fr/institutions-0/article/2010/03/29/groupe-reflexion-rendra-son-rapport-journee-leurope_66023 ; http://www.euractiv.com/fr/priorites/le-groupe-de-reflexion-rendra-son-rapport-pour-la-journee-de-leurope-news-391672.

espagnol a adopté des positions très proches de la France de François Mitterrand et de l'Allemagne de Helmut Kohl. On peut parler en quelque sorte d'un tropisme franco-allemand chez Felipe González. Sa justification est simple : pour le leader du PSOE, tout ce qui est bon pour l'Europe est bon pour l'Espagne[17]. Or, le couple franco-allemand étant considéré comme le moteur de l'Europe, il est nécessaire de se rapprocher de Paris et de Bonn et d'adopter des positions identiques à la table des discussions européennes.

Ce positionnement de Felipe González est calculé, en fonction du contexte et de l'environnement politiques. Conscient d'être à la tête d'une puissance moyenne au sein de l'Europe communautaire, le chef du gouvernement espagnol veut tirer le maximum de bénéfices pour son pays d'un rapprochement vers les États qui jouent un rôle moteur dans la construction européenne. González lui-même évoque en ces termes la relance européenne de la fin des années 1980 :

> Il y avait un très haut degré d'entente entre un groupe de dirigeants qui est devenu le moteur de la construction européenne. C'était une espèce d'accord non écrit Bonn-Paris-Madrid. [...] Le Benelux soutenait presque toujours cette politique, et le noyau en était Jacques Delors, à travers ses constantes initiatives en tant que président de la Commission. Mitterrand passait au-dessus des détails, il faisait le discours. Kohl impulsait avec une force irrésistible et moi, j'étudiais les dossiers à fond. Lorsque Delors avait épuisé tous ses arguments et se confrontait à Margaret Thatcher, nous intervenions toujours pour soutenir ses propositions. C'était systématique. Les Italiens se joignaient souvent à nous, mais toujours limités par leurs crises qui provoquaient une sérieuse perte de leur poids. [...] Ce groupe, plus qu'un axe, a fonctionné de façon permanente à tel point que, à partir de 1988, il y eut une coordination discrète entre Bonn, Paris et Madrid. Nous avions un lien permanent entre la présidence de la République française, la chancellerie allemande et la présidence espagnole. Cela a disparu en 1996 avec notre départ du Gouvernement[18].

Plutôt qu'un axe franco-allemand peut-être faudrait-il parler d'une entente franco-germano-espagnole qui a participé à la relance européenne des années 1986-1992 et d'un « prolongement espagnol de l'accord politique franco-allemand »[19]. Rappelons, en effet, que l'Espagne de Felipe González soutient l'Acte unique, appuie la présidence Jacques Delors et ses initiatives, et notamment les conclusions du « Comité Dooge » en septembre-octobre 1985. L'Espagne défend aussi sa position d'État moins développé au sein de la CEE et demande des

---

[17] Entretien de l'auteur avec Carlos Westendorp, septembre 2001.

[18] Felipe González, Juan Luis Cebrián, *op. cit.*, p. 143.

[19] Bino Olvi, *L'Europe difficile. Histoire politique de la Communauté européenne*, Paris, Gallimard, Folio Histoire, 1998, p. 568.

aides en faveur de son développement. González obtient le doublement des ressources assignées aux fonds structurels en 1988 – celles-ci passent de 7 à 14 milliards d'ECU – dans le but de rééquilibrer l'Europe[20]. Tout pousse à faire de l'Espagne un acteur clé du « Grand marché ».

B. *L'Espagne, Maastricht et le « Grand marché » : Felipe González, un ardent partisan de la cohésion*

Pour qualifier les différents projets européens des années 1980, Felipe González parle de « chevauchée européenne », reprenant une formule de Helmut Kohl[21]. Au cours de cette chevauchée, le dirigeant espagnol a mené une politique destinée à préparer son pays aux défis du « Grand marché ». L'Espagne a de ce fait acquis l'image d'un pays sérieux, stable et profondément européiste dès son entrée dans l'Europe communautaire. L'entrée de la peseta dans le Système monétaire européen (SME) le 19 juin 1989, la politique économique espagnole fondée sur la rigueur et la recherche de l'équilibre budgétaire, le succès de la première présidence espagnole de la Communauté au premier semestre 1989 sont autant d'éléments qui ont rassuré les Européens et permis à l'Espagne de Felipe González de se placer au cœur des pays favorables à une plus grande intégration européenne. À l'issue du Conseil européen de Madrid les 26 et 27 juin 1989, plusieurs décisions importantes sont prises ou annoncées sur la réalisation de l'Union économique et monétaire (UEM), sur la nécessité de respecter l'équilibre entre les aspects sociaux et économiques de la construction du marché unique, et sur l'organisation de l'« eurogroupe » dont l'Espagne assume la présidence à partir du 1er juillet 1990.

Dans les négociations qui ont conduit à la signature du traité de Maastricht, Felipe González a été un ardent promoteur des principes de la cohésion économique et sociale de l'Europe et de la solidarité entre États. Pour González, le principe de solidarité est même essentiel à l'intérieur de l'Europe. Le chef du gouvernement espagnol défend à la table des négociations la création d'un fonds de cohésion pour aider les pays dits « pauvres » de l'UE dont le PNB est inférieur à 90 % de la moyenne communautaire, afin de compenser leurs efforts en vue de s'adapter à l'UEM et d'intégrer la zone euro. Cette proposition concerne l'Espagne,

---

[20] Matthieu Trouvé, « L'enthousiasme du nouveau venu : la politique européenne de l'Espagne (1979-1992) », dans Éric Bussière, Michel Dumoulin, Sylvain Schirmann (dir.), *Milieux économiques et intégration européenne au XXᵉ siècle : la relance des années 1980 (1979-1992)*, Paris, CHEFF, 2007, p. 183-206.

[21] Cf. discours de Felipe González lors de la remise du prix Charles Quint à Helmut Kohl, Cuacos de Yuste, 20 juin 2006 ; Felipe González, Juan Luis Cebrián, *op. cit.*, p. 144.

l'Irlande, la Grèce et le Portugal, mais exclut l'Italie[22]. Grand avocat de la cohésion, Felipe González en fait même une véritable condition de l'accord et de la participation de l'Espagne à l'UEM. Finalement, aux termes de nombreux débats, González obtient entièrement satisfaction : un fonds de cohésion est créé et les crédits alloués sont fixés autour de 25 milliards d'euros à l'issue du Conseil européen d'Edimbourg en décembre 1992. « Au total, un grand succès politique pour Felipe González », écrit l'ancien président de la Commission européenne Jacques Delors[23].

Dans le même temps, les initiatives du gouvernement espagnol en matière de politique européenne s'appuient sur un large consensus intérieur. Partis politiques, syndicats, société civile et acteurs économiques sont tous unanimes pour souhaiter la participation active de l'Espagne à l'intégration européenne, même s'ils le font en suivant leurs propres intérêts[24]. Quoi qu'il en soit, le 29 octobre 1992, les parlementaires espagnols ratifient le traité de Maastricht avec 314 voix pour, seulement 3 contre et 8 abstentions.

C. Un défenseur de l'Europe des citoyens

D'autre part, Felipe González est un architecte et promoteur d'une Europe sociale et en particulier d'une Europe des citoyens. Deux temps forts marquent cet engagement. Le premier est le soutien du leader espagnol au projet Spinelli de tendance fédéraliste, notamment de son volet consacré à l'achèvement du marché intérieur et de sa partie portant sur la « citoyenneté européenne ». Felipe González s'est montré très attaché à la réalisation de l'union politique de l'Europe et à la consécration d'une telle citoyenneté européenne. Dans une lettre datée du 4 mai 1990 et adressée au président en exercice de la Communauté, le Premier ministre irlandais Charles J. Hausghey, le président du gouvernement espagnol écrit :

> À mon avis, l'union politique consiste de façon primordiale à transformer un espace de caractère jusqu'à maintenant essentiellement économique, pensé pour garantir la libre circulation de travailleurs, de services, de capitaux et de marchandises, en espace commun intégré, dont le citoyen européen serait le protagoniste[25].

---

[22] Voir à ce sujet : Bino Olvi, *op. cit.*, p. 481-483.

[23] Jacques Delors, *Mémoires*, Paris, Plon, 2004, p. 367.

[24] Matthieu Trouvé, « De l'enthousiasme à la banalisation. L'opinion publique espagnole et l'Europe (1975-2005) », in Michele, Affinito, Guia Migani, Christian Wenkel (dir.), *Les deux Europes. The two Europes*, Bruxelles, PIE Peter Lang, 2009, p. 165-180.

[25] Roberto Mesa, « La politique extérieure », in Pierre Bon, Franck Moderne (dir.), *op. cit.*, p. 109.

En effet, le chef du gouvernement espagnol a été un apôtre du principe de citoyenneté européenne et il s'est montré toujours très favorable à la défense de ce principe dans les négociations qui ont conduit au traité de Maastricht.

Plus récemment, lors d'une réunion du Comité économique et social européen, le 28 avril 2009, Felipe González déjà intronisé président du « groupe de réflexion sur l'avenir de l'Europe », déclarait à propos de la nécessité d'un nouveau pacte européen global qui rendrait l'UE plus pertinente aux yeux des citoyens :

> Le pacte doit couvrir cinq domaines fondamentaux : la lutte contre la crise économique, la dimension technologique et économique de l'Europe, l'énergie et le changement climatique, la cohésion sociale et les flux migratoires, et les menaces envers la sécurité[26].

On trouve là résumés cinq axes fondamentaux de réflexion qu'englobe le concept d'Europe des citoyens. L'avènement d'une véritable citoyenneté européenne est un cheval de bataille majeur de l'ancien président du gouvernement espagnol.

D. Le promoteur d'une politique européenne ambitieuse sur le plan international

Dès les années 1990, Felipe González est un fervent partisan d'une politique extérieure et de sécurité commune (PESC). Plusieurs déclarations, actions et engagements du leader socialiste espagnol témoignent de cette volonté de promouvoir une Europe forte sur la scène internationale et, partant, de mettre en place une politique ambitieuse sur le plan international, étant entendu que la PESC doit aussi profiter à l'Espagne. Rappelons, tout d'abord, que le gouvernement socialiste de Felipe González fait entrer l'Espagne dans l'Union de l'Europe occidentale (UEO) en 1989 après avoir confirmé son adhésion à l'OTAN, suite au référendum organisé en mars 1986 au terme duquel les Espagnols ont approuvé le maintien de leur pays dans l'Alliance atlantique par 52,5 % des voix contre 39,8 %[27]. L'Espagne affiche aussi sa volonté de participer et de construire une Europe de la défense après avoir contribué à former l'« Eurocorps » en 1994. Felipe González a, par ailleurs, réussi à placer des Espagnols à la tête de grandes institutions européennes et

---

[26] Déclarations de Felipe González au Conseil économique et social européen le 28 avril 2009. Cf. http://europa.eu/rapid/pressReleasesAction.do?reference=CES /09/52&format=HTML&aged=0&language=FR&guiLanguage=en.

[27] Voir Federico G. Gil, Joseph S. Tulchin (dir.), *España y la OTAN. Perspectivas políticas y estratégicas*, Madrid, Ediciones Cultura Hispanica, Instituto de cooperación iberoamericana, 1987 ; Paul Preston, David Smyth, *España ante la C.E.E. y la O.T.A.N.*, Barcelone, Grijalbo, 1985.

atlantiques : nous pouvons citer, ici, des personnalités comme Manuel Marín, vice-président de la Commission européenne dirigée par Jacques Delors, Enrique Barón Crespo, président du Parlement européen en 1989, ou encore Javier Solana qui devient secrétaire général de l'OTAN en décembre 1995.

C'est surtout avec l'Amérique latine que l'Espagne entend développer ses liens, à la fois pour des raisons linguistiques, historiques et culturelles[28]. Des sommets ibéro-américains ont été institués et l'Espagne prétend se placer à la tête d'une communauté ibéro-américaine et hispanophone depuis le début des années 1990[29]. L'Espagne est devenue après les États-Unis le deuxième pays investisseur en Amérique latine depuis 1992. Felipe González estime que son pays peut et doit servir de pont entre les deux continents et, en particulier, entre l'Union européenne et l'Amérique latine. Il l'a affirmé dès 1985 lors de la signature du traité d'adhésion de l'Espagne aux Communautés européennes[30] et l'a répété à de nombreuses reprises, notamment lors des sommets Europe-Amérique latine. L'actuelle politique latino-américaine de l'UE, impulsée progressivement par Felipe González depuis 1986, est encore largement inspirée par Madrid, même si, pour certains observateurs, les nations européennes agissent parfois « en ordre dispersé »[31]. Ainsi, l'Europe a engagé une coopération particulièrement fructueuse avec différents nations latino-américaines dans le cadre d'une politique de paix, de dialogue et d'ouverture économique, notamment avec les pays du groupe de Contadora et avec les pays du Pacte andin. Dans le même temps, cette politique permet à l'Espagne d'assoir son influence et de se dessiner un grand projet extérieur. Mise à mal après 1996 et l'arrivée au pouvoir de José María Aznar qui a préféré choisir un rapprochement avec les États-Unis, ce qui a remis en cause sa position privilégiée vis-à-vis de l'Amérique latine, cette politique a ensuite été relancée par José Luis Rodríguez Zapatero.

Le second volet de cette ambitieuse politique européenne est méditerranéen : Felipe González est le défenseur d'une politique méditerra-

---

[28] Voir Celestino del Arenal, « La adhesión de España a la Comunidad europea y su impacto en las relaciones entre América latina y la Comunidad europea », *Revista de Instituciones Europeas*, vol. 17, n° 2, mai-août 1990, p. 329-367 et, du même auteur, *1976-1992, una nueva etapa en las relaciones de España con Iberamerica*, Casa de América, Madrid, 1994.

[29] Le premier sommet ibéro-américain s'est tenu en juillet 1991 à Guadalajara au Mexique. Notons que ces sommets réunissent également deux nations lusophones, le Portugal et le Brésil.

[30] Fondation Pablo Iglesias (FPI), *España ante el reto de Europa*, FPI, PSOE, Madrid, 1985.

[31] Jean-Jacques Kourliandsky, « Une coopération en quête de boussole. L'Europe face aux attentes latino-américaines », in *Le Monde diplomatique*, mars 1997.

néenne de l'UE, une politique globale, de bon voisinage, dans un esprit de pacification et de sécurité. Le sommet européen de Madrid en juin 1989 s'est terminé par une déclaration sur le Proche-Orient. N'oublions pas non plus que c'est à Madrid que s'est tenue en octobre 1991 la conférence internationale sur la paix au Proche-Orient. Enfin, Felipe González a apporté son soutien discret mais déterminant pour la mise en marche du « Processus de Barcelone », lancé en 1995 à l'initiative de l'UE et qui a donné naissance en juillet 2008 à « l'Union pour la Méditerranée ».

Felipe González architecte de l'Europe ? Chef de gouvernement d'une Espagne qui ne s'arrime à la construction européenne qu'en 1986, González n'est certainement pas un « Père fondateur » de l'Europe, mais il peut quand même être considéré comme un « fils prodigue » de l'Europe, architecte, ou plutôt artisan de l'Europe de Maastricht, promoteur d'une Europe politique et d'une Europe des citoyens, bâtisseur, ou du moins penseur de l'Europe de demain. Il restera avant tout l'icône de l'intégration réussie de l'Espagne dans la Communauté européenne. C'est ce que récompense incontestablement le prix Charlemagne qui lui a été décerné en 1993 ; il succède ainsi à Jacques Delors et devient à cette occasion le troisième Espagnol à obtenir ce prix après Salvador de Madariaga en 1973 et le roi Juan Carlos en 1982. Felipe González a également obtenu le prix Charles Quint de la Fondation Académie européenne de Yuste.

Européen convaincu mais pragmatique et réaliste à l'image de son engagement politique social-démocrate, Felipe González fait figure aujourd'hui de « sage » européen. S'il ne faut pas négliger la part de construit de cette image – notamment en Espagne où, précisément, il n'y a pas de véritable fondateur et bâtisseur de l'Europe originelle –, il n'en demeure pas moins vrai que l'ancien président du gouvernement espagnol a largement contribué à faire progresser la construction et l'intégration européennes des années 1980-1990. En faisant entrer son pays dans la CEE, Felipe González a acquis une stature internationale et une image d'Européen convaincu. En réussissant son intégration dans l'Europe communautaire et en participant activement à l'UE, l'Espagne a ainsi brisé sa « légende noire »[32] qui voudrait que le pays aille à contre-courant ou à contre-sens de l'histoire européenne et soit caractérisée par son extranéité et sa mauvaise réputation.

---

[32] Joseph Pérez, *La légende noire de l'Espagne*, Paris, Fayard, 2009.

Felipe González and the Architecture of Europe: Ambition, Vision, and Project

The matter appears to have been settled: Felipe González is not only the first democratically-elected Spanish Prime Minister since 1936, he is also the politician who took Spain into the European Community; Spanish national memory will remember his decisive Europeanist work that enabled Spain to return to Europe, giving a more Mediterranean aspect to the Europe of Twelve. At European level, Felipe González, chairman of the "think tank on the future of Europe", is seen as a "wise man" charged with putting Europe on the right track in the 21st century. Far from denying this finding, our communication will firstly trace the itinerary and European vision of this European of conviction in his heart and in his head – above all a Spaniard, a social democrat, and a pragmatist –, before going on to study four attitudes taken by Felipe González in the face of the great European challenges of his time: reviving the European construction process of the 1980s, the Maastricht Treaty and the birth of the "Great Market", defending a Europe of citizens, and promoting and ambitious European policy at international level.

Felipe González und die Europäische Architektur. Ehrgeiz, Vision und Projekt

Die Sachlage scheint klar zu sein: Felipe González ist nicht nur der erste sozialistische Präsident der spanischen Regierung seit 1936, der auf demokratischem Wege an die Macht kam, sondern auch der Politiker, der Spanien in die Europäische Gemeinschaft führte. In der nationalen Erinnerung Spaniens wird sein entschiedenes pro-europäisches Handeln gerühmt, das eine Rückkehr Spaniens in die europäische Gemeinschaft ermöglichte und das Europa der Zwölf näher an den Mittelmeerraum rückte. Auf europäischer Ebene erscheint Felipe González, Vorsitzender der Reflexionsgruppe über die Zukunft der EU, von da an in der Rolle des „Weisen", der Europa für den Start ins 21. Jahrhundert wieder in die richtigen Bahnen lenken soll. Dieser Tatbestand soll durch unseren Beitrag keineswegs in Frage gestellt werden. Vielmehr wollen wir zunächst den Werdegang und die europäische Vision dieses von Herz und Verstand überzeugten Europäers – Sozialdemokrat, Pragmatiker und in erster Linie Spanier – nachvollziehen und anschließend vier Haltungen Felipe González' angesichts der großen europäischen Herausforderungen seiner Zeit untersuchen: Neubelebung des europäischen Einigungswerks in den 80er Jahren, Vertrag von Maastricht und die Entstehung des Europäischen Binnenmarkts, Verteidigung eines Europas der Bürger und Förderung einer ehrgeizigen Europapolitik auf internationaler Ebene.

"L'Europe c'est nous"

Bronislaw Geremek's Vision of Europe

Stanisław KONOPACKI

I. Sensitivity, solidarity

Bronisław Geremek's vision of integrated Europe is rooted in his experience as a historian and his political and personal life during the period of Nazism and communism in Poland. The common feature of this experience is his deep sensitivity. It is the sensitivity to the excluded, humbled and oppressed. That is why as a historian of the Middle Ages he was especially interested in the existence of those living at the margins of society: beggars, vagabonds, the poor, prostitutes in the Medieval France. He published several books devoted to this issue: *Inutiles au Monde. Vagabonds et marginaux en Europe aux XIVe-XVIe siècles*, Paris, 1980; *People of the margins in the Medieval Paris*, 2003.

His sensitivity towards human pain and misery was sharply developed during his experience as a child in the Warsaw Ghetto. Later on it led him to become a member of the communist party in Poland. Accession to communism was for Geremek a remedy for distortions of nazism and fascism. However, his adventure with this ideology did not last so long. He saw and experienced very well how communism in Poland and in other states of the Soviet bloc oppressed and destroyed the human being. The crucial moment for Bronisław Geremek was the military intervention of the Soviet driven forces in Czechoslovakia in 1968. He gave his communist party card back and withdrew from its membership, which at that time was an act of a great courage. This experience had led him to be actively involved in the opposition movement in Poland in 1960s and 1970s.

Another important value being one of the foundations of integrated Europe – and closely related to "sensitivity" – is solidarity. Solidarity is at the roots of European community and manifested the conviction that we only by a common effort and work can overcome the crisis and problems European states faced after the Second World War. For Bronislaw Geremek this value was of the greatest importance in solving political, social and economic problems of state, society and community.

That is why he was deeply involved in "Solidarity" movement in Poland which was born in 1980. His activity in "Solidarity" was a culmination of his juvenile dream to stand always on the side of the poor, humiliated and oppressed[1]. It was the same imperative which drove him in 1940s to the communist party and in 1980 to the striking ship-yard in Gdańsk. In his typical *"j'accuse et je refuse"* he rejected the world which was based on hypocrisy, lie and violence.

Nine years later, through the "Round table" talks, victory of "Solidarity" led to the fall of the Berlin wall and later on to the collapse of Soviet Union and the communist bloc. Thus, according to Bronisław Geremek "Solidarity" belongs to the founding myths of integrated Europe. Its main goal was to diminish injustice – that of group and individual. It searched a way for participation of people in the public life and new modes of direct democracy, which resulted from the lack of democracy in Poland and a crisis of democracy in Western Europe. In other words, "Solidarity" for him was also a sort of proposal for European *polis*[2]. A vision which was born together with experience of "Solidarity" was not a project of world justice, equality and fraternity, but a project of a world where is more justice, equality and fraternity.

Bronislaw Geremek was a devoted advocate of solidarity towards Central and Eastern Europe countries and their accession to the EU. And later on, before his tragic death, he emphasized the need and importance of "energy solidarity" in Europe and called for setting up the Common Energy Policy – which he perceived as a very important step and instrument towards energy security of Europe.

II. Openness

Geremek argued that the EU is a fragile construction if she is not open to other ideas, projects and if she is reducing herself to the member states. The future of Europe lies in social and economic modernization, bridging the distance between East and West, accession of Balkan states, Turkey, Ukraine. Today we see how Geremek's vision of the enlarged EU with Turkey, Ukraine is far away from materialization. However, in reference to the opinion of R. Schuman he argued that the project of Integrated Europe should be open to countries of Central and

---

[1] A. Michnik, *Minister spraw zagranicznych demokratycznej Polski*, paper given at the conference in Rome at the Accademia dei Lincei on 21 April 2009.

[2] B. Geremek, "Dwa narody. Nie ma sprawiedliwości bez wolności", *Liberté*, No. 2, 2009, p. 84.

Eastern Europe, otherwise it would not be complete[3]. After F. Mitterrand he said that Europe should be open for new members coming from Central and Eastern Europe preserving the Community as a federation.

In the light of the latest enlargement of 2004 and 2007 Geremek was convinced that the adaptation to the challenges of the eastward expansion turned out to be much less extensive in the Union itself. Moreover, just as the West was in general surprised by the Central-Eastern European nations' peacefully throwing off the Soviet domination in 1989 and the fall of the Berlin wall, unification of Germany and of Europe, so similarly the European Union found itself surprised by the prospect of a truly unified Europe. Hurried visits made in 1989-1990 by some Western politicians to Berlin as the capital of the German Democratic Republic, or to Kiev or Minsk as the capitals of the Soviet republics of Ukraine and Belarus, were aimed more at delaying the process of breaking up the structures of divided Europe, than at stimulating it and supporting its credibility.

The problem which the expansion process places squarely on the Union's agenda is the full range of the Union's external relations with those countries of the continent that do not belong to the EU, and, at least in the foreseeable future, will not become members. It concerns especially two complex dimensions of EU policy: the Balkan dimension and the East European dimension. After the expansion these regions are no longer some far-off lands, but countries bordering the new accession states – and thus they are the European Union's neighbours. This is not the out-dated and very theoretical question about the "borders of Europe" but a very specific and practical issue about the policies that the Union should exercise in these two dimensions. Now, thanks to the experience gained through the functioning of the European Free Trade Association (EFTA) the old concept of creating a "European Confederation", put forward by François Mitterand in 1990, can form the basis of a new model. Since the European Union is not identical with Europe, it needs to have its own "European policy" within its overall policy. The present European debate on the future of the EU does not provide clear answers to these fundamental challenges posed by the current expansion. However, they are important from the perspective of openness of the European Union.

Bronisław Geremek payed a great attention to the danger of Europe of several categories of membership. The threat of different classes of membership should not be seen as an expression of the candidate members' fears or a sort of late-comers' night-mare[4]. Already at its present

---

[3]   B. Geremek, "Potrzebujemy Europy politycznej", *Gazeta Wyborcza*, 30.12.2005.

[4]   B. Geremek, "Europe – united we stand", unpublished manuscript, 2004.

size, the Union is troubled by periodic expressions of suspicion that certain of its members are pursuing hegemony, or that they are creating a club of several major states, whose leaders meet at informal conventions to formulate decisions that are subsequently underwritten by the Union. Accession of a large number of new states was met with proposals that would maintain the current balance by limiting new members' rights. It was François Mitterand ho proposed to create a European Conference, which would be open immediately to the post-communist states, but at the same time preserve the present Community as a federation. Similar character had the idea of President Giscard d'Estaing who proposed a federation for the "founding members", around which the remaining countries would converge in a more loosely-tied group. Other proposals suggested to create "hard core" (Schäuble-Lamers), "a centre of gravity" (Fischer), "variable geometry" (Giscard d'Estaing), "pioneer group, or the avant-garde" (Delors). Geremek notices that there are fundamental differences between these proposed structures: some of them seem to be bodies open to new members that fulfill certain criteria, others are limited to the current members. The common feature is that all of them foresee creating within the Union two areas with differing degrees of integration, and hence differing rights and obligations.

Even Joschka Fischer's vision contains a proposal to first create a close "union of states" that would sign a new founding treaty and form its own institutions, becoming the motor for building the future federation. Of all candidate countries, Poland probably has the greatest chance for inclusion in at least some of the proposed systems – to be among the leaders. Its demographic potential and geopolitical location can be seen as factors increasing the group's magnetism.

However, expanding the European Union would not only close the Cold War era, but also provide a chance to undo the division into two Europes. Geremek was afraid that these plans for a Union with different membership statuses could only freeze historical divisions instead of abolishing them. François Mitterand's proposal could be argued for when it was put forward immediately after the fall of the Berlin Wall, but not today.

EU should be also more open and close to citizens. After a half-century it has become clear that economic integration alone is simply not enough and that a deeper integration is needed. However, it also became clear that there is a gap between political leaders and public opinion. The recent European referendums showed the size of that gap. Also public opinion polls conducted in Member States shows that large segment of society do not understand the debate on the future shape of the Union. Moreover, it should be noticed that the generation of the

EU's founding fathers created the European communities because it had behind the experience of two world wars and a deep conviction that the two totalitarian systems born on European soil constituted a mortal threat to the very survival of Europe. The method adopted at that time – a pragmatic and gradual reducing the economic imbalances that gave birth to hostility – involved keeping silent about the fundamental issues of European integration and identity in order not to "frighten off" the participants. The lack of involvement of ordinary citizens was one of the requisites for its success. Perhaps at that time such a solution was justified, but today it has become one of the sources of popular indifference towards European integration. The founders were unable to imbue their successors with their devotion to the European idea and their faith in Europe.

Thus, according to Bronisław Geremek, we have managed to create Europe, but now we have to create Europeans[5]. As a member of European Parliament he proclaimed to set up the institution of "common civic consultations", as a necessary instrument of democracy in Europe. It is "to be or not to be for Europe". Here lies the fundamental difference between Europe and USA. There is an American civil society, but in Europe of 27 member states there is not feeling of common European citizenship. There is not European public opinion, because there is not "European identity". However, they are very important for Europe in order to meet ever new challenges and play important role in the world.

Actually we have "vicious triangle" – citizens, media, political parties[6]. Citizens generally accept Europe and find her useful, but they are not interested in her. Sometimes she serves them as a scapegoat. Media are also not interested in European affairs. That is why political parties in the member states do not care for European issues. Elections to EP every five years provide a weak impulse for creation of European public opinion.

Geremek was in favour of opening of archives, because there is not possible to reconcile nations without truth[7]. Politics should be open for truth which is – according to him – a foundation of international relations.

III. Universal values and democracy

According to Bronisław Geremek Europe should be based on common and universal values, which have been enshrined in 2001 in Charter

---

[5] A. Wielowieyski, "Pożegnanie profesora", *Liberté*, No. 2, p. 101.

[6] *Ibid.*

[7] P. Morawski, "Unia musi być dla ludzi", *Gazeta Wyborcza*, 13.07.2009.

of Fundamental Rights. They serve as a compass for EU. The very first value of European civilization is respect for human life and dignity, which should be a foundation of any common activity. Foreign policy and the EU are to realize the values which serve to man[8].

The second universal value is a rule that peace has priority. It was especially for the generation represented by B. Geremek. For him it is one of the elements determining the EU policy. The third universal value is priority of negotiations over conflict. It is very important to introduce a dialogue into politics – direct relations between people. In this way it is possible to build up a space for finding a common position, consensus. Another one is ethics which supports pluralism, difference as a necessary element of intercultural dialogue[9].

All these above mentioned values form the essence of democracy. If the process of the European integration on the basis of democratic principles was peaceful, unmarked by revolutionary violence, it was also because it was rooted in universally accepted standards. Even Ukraine's "Orange Revolution" of December 2004 showed that the transformation model followed in Central Europe in 1989 still retains its creative potential. It is significant that a society courageously rises up to fight for having democratic procedures – procedures which are considered the standard – finally put into practice: to be able to change a government, or even a political system, through a vote; to be sure that elections are not falsified; for the parliament to be a real representation of the people; to be sure that citizens no longer have to fear physical violence from their government. The striving for free and fair elections is a manifestation of a belief in the ethical aspect of democracy, which creates an opportunity for freedom, ensures respect for human dignity and demands respect for the truth. A similar perspective is now appearing before the people of Belarus, the only European country that is not a member of the Council of Europe – because it does not fulfills the basic criteria of democracy.

Bronisław Geremek often emphasized that a vital threat to democracy is posed by populism. It arises from the very nature of democratic procedures. After all, Europe has lived through the painful experience of seeing democratic elections bring to power the enemies of democracy. When social frustration creates a climate favorable to radical slogans and a desire for an all-knowing, all-powerful leader, democratic procedures may become a tool used to destroy freedom and to abolish democracy. Opposition to this should include a critical analysis of the situation, the removal of the sources of frustration and the augmentation of

---

[8] B. Geremek, "Demokracja to nie dżinsy", *Gazeta Wyborcza*, 10.05.2008.

[9] P. Morawski, *Unia musi być dla ludzi, op. cit.*

democratic procedures with a culture of democracy. Even in a country with such a strong and democratic tradition as the Netherlands we can witness both the success of a populist leader and the waves of xenophobic violence. However, both of these is a result of the shock caused by a mass inflow of immigrants. Europe needs immigrants in order to maintain its demographic and economic balance, but it has not yet managed to create mechanisms for their acculturation, which would remove tensions between the community receiving the immigrants and the newcomers, who usually come from other cultures or belong to different religions. Conflicts also arise in countries with large immigrant populations, especially of Muslim immigrants, as is the case in France. Exploiting ethnocentric sentiment does not in itself endanger the foundations of democracy, but it does open the door to dangerous radicalism. The experience of Austria, where the coming to power of such a radical party did not destroy democracy, but instead rather wore out that party, can serve as a demonstration of the self-defensive capabilities inherent in democracy. Generally speaking, it also shows how important it is to form a democratic culture that promotes the idea of an open society and opposes exclusion, ethnocentrism and the construction of cultural barriers.

Of course, Bronisław Geremek was aware that democracy is not a cure for all that is wrong with the modern world. However, the European experience permits to draw the conclusion that a lack of democracy would make it more difficult to resist the temptation of excessive government, to rise to the challenges of poverty and human security, to avoid violations of human rights or intolerance. A democratic Europe can and should serve the strengthening of a community of the world's democracies; it can and should propose the sition that every dictatorship, every authoritarian system, and every anti-democratic coup constitutes a threat to the world order and universal values[10].

IV. Leisure – *schole*

The year 2005 – "annus horribilis" – showed that the enlargement of 2004 was not properly prepared in terms of information campaign concerning the meaning and advantages of this development. Rejection of the Constitutional Treaty in 2005 in the French and Dutch referenda revealed that citizens of Western Europe are afraid of future course of Europe. Hence the predominant fear of the new members, of workers pouring in from the East ("Polish plumber", "Hungarian nurse", "Latvian builder"), of competitive cheap goods from abroad. According to the German writer Michael Krüger, at the

---

[10] B. Geremek, "The Status of Democracy in the World", *Pliegos de Yuste*, Spring 2005.

time of the European Union enlargement eastwards the West started looking for the new sources of fear. The French "non" to the EU constitution reflects that fear. It does not mean they want to leave the Community or do not feel a part of it anymore, but in this way they showed they were afraid of that new Europe. Their anxiety is that they are certainly not going to be the Europe's centre anymore – as in the era of Louis XIV or the Great French Revolution. The fear of the new Europe is stronger than that of Islam, which they had managed to tame over the years[11].

Another reason for rejecting the constitution was the growing aversion towards foreigners, mainly immigrants from outside of Europe. It is predominantly the Dutch who feel endangered in their own country by the newcomers from Turkey and Morocco. A wave of xenophobia against Muslims, Roma and other minority groups is growing across Europe, which shows the end of myth of the European multi-cultural society. The fear of the external world is quite clear. In his comment on the results of the European referendum in his country, a French philosopher Andre Glucksman said that "the French crisis is neither economic nor social by nature – it is predominantly a mental one. All taboos keep falling down one after the other. The brakes constraining the hatred against another human being and particularly against foreigners are not so strong any more. The moral standards have evaporated. I heard socialist leaders during a campaign, saying oppressive words about workers from other European countries in a way so far reserved for the extreme rightists [...] I participated in meetings where demented peans were delivered in the honour of the French land, with echoes sounding much like from our worst history. [...] The success of the French 'no' results from the mental and moral fall of the leaders. France which used to be called the homeland of human rights, today so unstable and frightened – is curling itself up. And the previous slogans: liberty, equality, fraternity, not much in use in France these days, only decorate entrances to the voting venues"[12]. The explosions and racial riots in the suburbs of large French cities in the fall of 2005 clearly showed how scarce the fraternity really was. Equality is practically non-existent, either, and anyone with an Arab name looking for a job can just as well give up trying.

That is why B. Geremek used to pay such a great attention to education, because it is a crucial element of European community and integration. Science and Prometeus experience formed our identity. He suggested to build up Europe as an education project[13]. In order to overcome

---

11 M. Krüger, "New sources of fear", *Rzeczpospolita*, 09.06.2005.
12 A. Glucksmann, "Euronihilism", *Rzeczpospolita*, 01.06.2005.
13 P. Morawski, *Unia musi być dla ludzi, op. cit.*

crisis Europe must overcome its mental conformism. Europeans must reject poverty of xenophobic ideologies. They need the new places where they can think about their future. Geremek suggested to build up European University (in Strasburg) – which was supposed to be a university of new type. He dreamed about university open to people of all ages, all disciplines, all nations of Europe including the Mediterranean[14]. It was to be an interdisciplinary institution, devoted to future sciences: from nanotechnology to biotechnology; from economy of development to economy of innovation; including legal disciplines, demography and health protection.

The present stage of integration belongs to culture and education[15]. B. Geremek often quoted Isocrates who in the 4th century BC used to say "it is those who have our common education rather than our common descent who are called Greeks". The Greek *schole*, from which our word for "school" is derived, meant "leisure" and we arrive at the proper definition of the significance of education and culture to Europe: we are Europeans not because of our common descent, but because of our participation in a shared education and culture.

V. Conclusion

One might have some doubts whether Bronisław Geremek's vision of Europe, based on a set of certain values, do not represent utopian vision, dreams and a kind of wishful thinking. Values looks very well on the level of declarations, promises, but in history they are rarely present. One might even add that the European tradition was not a tradition of values in international politics. The oldest school of thought in international relations was realism. The good example of such a thinking was statement given by the British Prime Minister lord Palmerston who said that "Great Britain does not have unchangeable friends and enemies – she only has unchangeable interests"[16]. Thus, international relations seem to be rather a domain of darvinism, world of clashes or a Hobbesian state of nature.

However, in history we might find a great visionaries and thinkers whose utopian ideas were embodied into reality. The good example is Robert Schuman whose great Plan linked European integration and democracy with Christianity. One of the chapters of his *"Pour L'Europe"* was titled "Europe is the establishment of generalized De-

---

[14] *Ibid.*

[15] B. Geremek, "Culture and education in the European integration process", unpublished manuscript, 2007, p. 8.

[16] B. Geremek, *Demokracja to nie dżinsy, op. cit.*

mocracy in the Christian sense of the term". In his work Schuman argued that

> democracy owes its existence to Christianity. It was born the day that man was called to realize in his temporal life, the dignity of the human person, in the liberty of the individual, in respect for the rights of each and through the practice of fraternal love in regard to all. Never before Christ had comparable ideas been formulated. Democracy is thus linked to Christianity doctrinally and chronologically. It took form with it, and by stages and through many trials, often at the price of errors and relapses into barbarism. [...] Christianity has taught the equality in nature of all men, children, of the same God, redeemed by the same Christ, without distinction of race, color, class or profession. It has caused to be recognized the dignity of work and the obligation of all to submit themselves to it. It has recognized the primacy of interior values which alone ennoble man. The universal law of love and charity has made of everyman our neighbour, and upon it has rested social relations in the Christian world since then[17].

In this sense Bronisław Geremek followed the direction pointed out by Robert Schuman whom he tremendously admired. He was convinced that like every community, the European Union needs great founding myths, it needs far-reaching vision, it even needs dreams. However, politics also requires realism: visions and dreams have to be translated into the language of political plans. It was his firm belief that the latest expansion of the Union gave the impulse for developing precisely such plans. Bronisław Geremek was also convinced that solution of all problems lay in ourselves. It depends on development of European consciousness being a sort of "permanent anxiety" which has to change from a destructive self-criticism into a common identity.

We should not be afraid of people, only populism. The latter exploits the lack of the first in the public sphere. In reference to Abraham Lincoln we might say that EU is a "government of the people, by the people and for the people". In this sense he often referred to J. Monnet who used to say: "we do not integrate states, we integrate people"[18]. Or, after Marcel Gauchet he used to taught us that "Europe will develop thanks to the people or she will not develop at all"[19].

All these above mentioned categories – sensitivity, solidarity, openness, universal values and leisure – refer to a more fundamental category

---

[17] R. Schuman, *Pour L'Europe*, Paris, 1963; English version cited after Alan Fimister, "Integral Humanism and the Re-Unification of Europe", in *Robert Schuman et les Pères de l'Europe. Cultures politiques et années de formation*, Bruxelles, PIE Peter Lang, 2008, p. 34.

[18] B. Geremek, "Obawy i nadzieje – utopia europejska u progu XXI wieku", unpublished manuscript, 2006, p. 15.

[19] *Ibid.*, p. 17.

of Geremek's political philosophy – "soul". Bronisław Geremek often quoted the Check philosopher and dissident Jan Patoćka who used to say that "care for soul" is a fundamental element of European heritage. Now, in the time of crisis there is a need of debate concerning the spiritual dimension of European integration. The "care for soul" will help to shed the light for Europe which is in ourselves. Because, as he said in one of his interviews, *L'Europe c'est nous*.

« *L'Europe, c'est nous* »
L'Europe selon Bronislaw Geremek

Le regard que Bronislaw Geremek portait sur l'Europe intégrée est issu de ses intérêts scientifiques en sa qualité d'historien et de son expérience politique et personnelle du nazisme et du communisme en Pologne. Ces deux faces de son activité ont un point commun : sa sensibilité envers les exclus, les humiliés et les opprimés. Pour Bronislaw Geremek, l'Europe unie est née de l'expérience de la guerre et de la crainte des régimes totalitaires de l'Europe du XXe siècle. La première phase de l'intégration européenne a été initiée après la Seconde Guerre mondiale, mais le processus ne s'est achevé qu'après la chute de l'Union soviétique et du communisme, lorsque les pays d'Europe centrale et orientale ont rejoint l'UE en 2004 et en 2007. En ce sens, il partageait l'opinion de Robert Schuman que l'intégration complète de l'Europe n'était pas possible sans l'Europe centrale et orientale. C'était cette partie du continent qui a été exclue pendant cinquante ans de l'intégration européenne et a été soumise au totalitarisme.

Selon Bronislaw Geremek, l'intégration européenne ne concerne pas seulement les institutions, les réglementations communes, le budget et l'économie. Bien entendu, ce sont des sujets très importants, mais, en premier lieu, l'unification européenne est une solution à la douleur, la souffrance, l'humiliation des hommes et le manque d'épanouissement vécu dans la société.

„*Wir sind Europa*"
Bronislaw Geremeks Europäische Visionen

Bronislaw Geremeks Vision eines integrierten Europas geht auf sein wissenschaftliches Interesse als Historiker und seine politischen und persönlichen Erfahrungen aus der Zeit des Nationalsozialismus und Kommunismus in Polen zurück. Beiden Aspekten seiner Tätigkeit ist eines gemein: seine Sensibilität für ausgeschlossene, gedemütigte und unterdrückte Menschen. In der Überzeugung Bronislaw Geremeks entstand das geeinte Europa aus den Erfahrungen des 20. Jahrhunderts in Europa, Erfahrungen aus der Kriegszeit und der Angst vor totalitären

Systemen. Die erste Phase der europäischen Integration wurde bereits kurz nach dem zweiten Weltkrieg eingeleitet – seinen Abschluss fand der Integrationsprozess jedoch erst nach dem Zusammenbruch der Sowjetunion und des Kommunismus mit dem Eintritt mittel- und osteuropäischer Staaten in die Europäische Union in den Jahren 2004 und 2007. In diesem Sinne teilte Bronislaw Geremek die Ansicht Robert Schumans, dass die europäische Integration nur dann als vollständig betrachtet werden kann, wenn auch Mittel- und Osteuropa in den Prozess einbezogen wurden, und damit genau der Teil des Kontinents, der 50 Jahre lang von der europäischen Integration ausgeschlossen und totalitären Diktaturen unterworfen war.

Für Geremek geht es bei europäischer Integration nicht nur um Institutionen, gemeinsame Regelungen, Haushaltsfragen und Wirtschaft. Selbstverständlich sind all diese Aspekte sehr wichtig – in erster Linie jedoch dient die Europäische Einigung der Heilung menschlichen Schmerzes, der Heilung von Leiden, Demütigung und mangelnder individueller Entfaltung innerhalb der Gesellschaft.

Conclusion

Marie-Thérèse BITSCH

Les quinze contributions de ce colloque – dont douze se concentrent sur l'étude d'une seule personnalité – présentent au total les projets d'une vingtaine d'Européens, échelonnés sur près d'un demi-siècle entre, d'une part, la fin de la Deuxième Guerre mondiale et, d'autre part, la chute du Mur de Berlin et la création de l'Union européenne (UE) par le traité de Maastricht de 1992. En raison des limites chronologiques qui ont été fixées, la plupart des propositions concernent l'organisation des Communautés européennes, quelques unes seulement se rapportent au Conseil de l'Europe ou présentent des conceptions plus générales et théoriques.

Une première évidence s'impose néanmoins : la très grande diversité des architectures européennes envisagées au cours de cette deuxième moitié du XXe siècle. Elle peut s'expliquer d'abord par la diversité des « porteurs de projets » qui ont retenu l'attention des auteurs de communications. La majorité d'entre eux sont des hommes politiques exerçant des responsabilités de tout premier plan, qu'ils soient président de la République comme Valéry Giscard d'Estaing ou François Mitterrand ; ministre français des Affaires étrangères comme Georges Bidault et Robert Schuman ; chefs de gouvernement, presque toujours simultané-ment leaders de leur parti, comme le démocrate-chrétien italien Amin-tore Fanfani, le socialiste espagnol Felipe González, le démocrate-chrétien luxembourgeois, Pierre Werner, et son compatriote libéral, Gaston Thorn, ou encore les chanceliers de la République fédérale, les socio-démocrates Willy Brandt et Helmut Schmidt et le chrétien-démocrate Helmut Kohl. Parmi les autres personnalités, plus difficiles à étiqueter, il y a notamment des intellectuels qui sont avant tout des militants euro-péistes, comme les Italiens Mario Albertini ou Umberto Serafini, et des parlementaires qui cumulent différentes fonctions comme le conserva-teur britannique Duncan Sandys qui est l'un des fondateurs et l'un des dirigeants influents du Mouvement européen ou le Français Jacques Chaban-Delmas qui est aussi maire de Bordeaux. Enfin, deux personna-lités atypiques viennent de l'Europe médiane : le Hongrois Pál Auer qui a été parlementaire et diplomate avant de s'exiler en France en 1947 et de militer dans le Mouvement européen ; le Polonais Bronislaw Geremek, spécialiste reconnu d'histoire médiévale, engagé dans le mouvement Solidarnosc dès sa création, conseiller de Lech Walesa, ministre des Affaires étrangères de 1997 à 2000, député au Parlement européen, de l'adhésion de la Pologne en mai 2004 jusqu'à sa mort accidentelle en juillet 2008.

L'idée européenne de toutes ces personnalités est évidemment influencée par leur culture nationale, parfois par la culture de leur parti politique ou de leur milieu, voire par leur tempérament, leur détermination, leur prudence ou leur pragmatisme (ce dernier mot étant l'une des expressions la plus fréquemment utilisée dans cet ouvrage). Elle est marquée également par leur itinéraire personnel, par leurs expériences remontant souvent à la Deuxième Guerre mondiale ou même à l'entre-deux-guerres, voire à la Première Guerre mondiale. Le phénomène de génération n'est sans doute pas complètement étranger à certaines différences de vues ou de sensibilités. Les plus âgés sont nés dans les années 1880 (Schuman, Auer), beaucoup d'autres autour de la Première Guerre mondiale (Fanfani et Sandys en 1908, Werner en 1913, Chaban en 1915, Mitterrand et Serafini en 1916, Schmidt en 1918, Albertini en 1919), quelques-uns au tournant entre les années 1920 et 1930 (Giscard en 1926, Thorn en 1928, Kohl en 1930, Geremek en 1932), enfin, González est né en 1942.

Leurs projets dépendent aussi du contexte : ainsi, les projets des années 1970, marquées par les crises économique, énergétique et monétaire ne peuvent être identiques à ceux des Trente Glorieuses. Par ailleurs, plus la construction européenne avance, plus les projets doivent tenir compte des acquis ou des échecs des décennies précédentes. Mais la chute du Mur de Berlin en 1989 et la perspective de l'adhésion à l'UE des anciens pays communistes obligent à repenser complètement l'architecture européenne. Ainsi, les positions d'une même personnalité peuvent évoluer assez sensiblement, en fonction des circonstances et aussi en fonction des responsabilités exercées.

Enfin, l'impression de diversité peut provenir de l'approche adoptée par les différentes communications. Certains auteurs insistent sur la vision européenne, sur les conceptions, voire les rêves des acteurs étudiés ; d'autres présentent plutôt la politique effectivement menée, c'est-à-dire les décisions et les actions, suivies parfois presque au jour le jour.

Cependant, tous les Européens qui réfléchissent à l'intégration du continent, qu'ils soient théoriciens, ou militants, ou hommes politiques responsables au niveau gouvernemental, parlementaire ou administratif, sont confrontés à quelques problématiques incontournables et sont amenés à inventer des architectures tenant compte de quatre dimensions essentielles : géographique, institutionnelle, politique et géopolitique.

La question de la dimension géographique est la moins discutée dans ce volume. En effet, en raison des limites chronologiques fixées par les organisateurs du colloque, l'immense majorité des projets présentés ici s'inscrivent dans le contexte de la guerre froide et de la division de l'Europe. Avant 1989, il va de soi que l'unification démocratique de l'Europe ne peut concerner, dans l'immédiat, que l'Europe dite « libre », c'est-à-dire les pays situés à l'ouest du rideau de fer. Cependant, certains protagonistes ne manquent pas d'évoquer comme un idéal, pour l'avenir, la constitution d'une grande Europe unie à l'échelle du continent. Dans les années 1950, Pál Auer de même que Robert Schuman estiment que la Communauté européenne (qui est encore celle des Six) doit se préparer à accueillir un jour les pays d'Europe de l'Est, lorsque ces derniers auront retrouvé leur liberté (voir la communication de G. Fejerdy). De son côté, Duncan Sandys voudrait mettre en place une forme d'union européenne qui pourrait à terme intégrer les pays d'Europe centrale (G. Clemens). De même, Willy Brandt a une vision large d'une Europe où l'Allemagne doit pouvoir s'insérer (A. Wilkens) et Helmut Kohl considère, dès le début des années 1980, que l'Europe doit s'étendre à l'Est, que la division du continent doit être surmontée, que l'unification de l'Allemagne et l'unification de l'Europe sont les deux faces de la même médaille (U. Lappenküper).

La dimension géographique est surtout abordée à propos des élargissements successifs des Communautés européennes. On sait que la participation du Royaume-Uni fait débat et provoque des résistances, encore plus fortes dans le pays même que sur le continent. Gabriele Clemens rappelle que D. Sandys – à la différence de Churchill – souhaite, dès 1945, intégrer le Royaume-Uni à l'Europe car il estime qu'il en fait partie aux points de vue géographique, historique, économique, culturel. Sandys s'efforce par la suite de rapprocher son pays des Six et de faire avancer le dossier de l'adhésion. C'est lui qui négocie avec Jean Monnet l'accord d'association du Royaume-Uni à la Communauté européenne du charbon et de l'acier qui est signé fin 1954. En 1960-1961, il plaide en faveur de la candidature britannique. Il envisage même d'intégrer aussi le Commonwealth et d'étendre la préférence impériale à toute l'Europe. Mais, il y a bien sûr aussi des partisans de ce premier élargissement dans les six États membres fondateurs de la Communauté, par exemple Amintore Fanfani (A. Canavero) ou Willy Brandt qui, devenu chancelier en 1969, peu avant le sommet de La Haye, s'efforce d'accélérer l'entrée du Royaume-Uni (A. Wilkens).

L'élargissement aux pays du sud de l'Europe suscite aussi des freinages, même si personne ne conteste, dans les années 1980, leur appartenance à l'Europe démocratique. Cette nouvelle extension de la Communauté est largement redevable à Felipe González, « l'homme qui fait entrer l'Espagne dans la Communauté » (M. Trouvé). Même si la négo-ciation au jour le jour est menée à Bruxelles par Fernando Moran, c'est González qui parvient à débloquer le dossier avec le soutien de Mitter-rand et de Kohl. Pour le chef du gouvernement de Madrid, les enjeux de l'adhésion sont essentiels, pour l'Espagne, qui pourra conforter son régime démocratique et moderniser son économie, mais aussi pour l'Europe, qui devient plus méditerranéenne et peut développer de nou-velles ambitions. Il est donc clair que la dimension géographique n'est pas seulement un élément quantitatif mais qu'elle influence la nature même du projet européen. Il en va de même lorsque se profile le grand élargissement vers l'Est, après la chute du communisme. Non seulement l'Union européenne peut s'agrandir de dix nouveaux États membres mais, pour Bronislaw Geremek, elle doit s'ouvrir aussi en direction de pays devenus voisins quoique assez éloignés du centre de gravité et assez différents par leur culture, comme par exemple les pays des Bal-kans, ou l'Ukraine ou la Turquie (S. Konopacki).

L'extension géographique de l'Union européenne ne va-t-elle pas induire un processus de différenciation interne ? Certains le redoutent. Geremek ne voudrait pas voir apparaître dans l'UE différentes catégo-ries d'États, n'ayant pas tous les mêmes droits et les mêmes devoirs, dont les uns seraient des membres de seconde zone alors que d'autres auraient des privilèges ou seraient capables de constituer des « direc-toires » et de viser à une sorte d'hégémonie. Cette différenciation équi-vaudrait en fait à l'instauration de nouvelles divisions au sein de l'Europe que Geremek veut éviter à tout prix (S. Konopacki). Au con-traire, d'autres acteurs en viennent à penser que la possibilité de pour-suivre l'intégration dans un ensemble de plus en plus vaste passe par la différenciation, par la mise en place d'un noyau dur, constituant une sorte d'avant-garde, susceptible de jouer un rôle de stimulant pour l'intégration. Par ailleurs, en 1984, Mitterrand et Kohl laissent planer la menace d'une Europe à géométrie variable pour faire comprendre à Margaret Thatcher que son pays pourrait être, pour le moins, marginali-sé si elle s'entêtait à refuser un accord raisonnable sur la question de la contribution financière des Britanniques. Ces remarques montrent que la question de la dimension géographique et celle de l'organisation ou, si on préfère, de la structure interne ou des institutions de l'Europe unie sont étroitement liées.

Il faut noter aussi que ce n'est sans doute pas un hasard si l'idée de faire de l'Europe unie le point de départ ou le cœur d'une organisation plus vaste apparaît plutôt chez des fédéralistes. Ainsi, l'Italien Mario Albertini veut faire de la fédération européenne une étape vers la fédéra-tion mondiale (D. Preda). D'autres comme Léon Blum dans son livre *À l'échelle humaine*, publié en 1945 (M. Libera), le Hongrois Pál Auer réfugié à l'Ouest (G. Fejerdy) ou le socialiste Willy Brandt (A. Wilkens) rêvent d'une entité universelle, sorte de Société des Nations, revue et corrigée, mieux organisée et plus efficace grâce à des transferts de souveraineté vers un pouvoir central.

La dimension institutionnelle – ou constitutionnelle (selon l'expression d'Alfredo Canavero) – des architectures européennes est, de manière explicite ou implicite, au centre de nombreux projets. Force est de constater que les projets fédéralistes sont minoritaires à partir des années 1950. Seul, parmi la vingtaine d'Européistes étudiés ici, Mario Albertini, qui est un théoricien et un chef de file du fédéralisme mais n'exerce pas de responsabilités gouvernementales, préconise sans réserve la création d'un État fédéral fondé sur une constitution. Proche des vues du Spinelli des années 1940 et 1950, il s'en prend aux États nationaux et critique l'idée même de nation. Il veut croire à l'existence du peuple européen qui doit pouvoir élire une Assemblée constituante. Il se lance, en 1956-1957, dans la bataille pour la réunion d'un Congrès des peuples européens qui rencontre un certain succès seulement en Italie. Après cette déception, il en viendra à militer pour la réforme des institutions communautaires, notamment pour l'élection du Parlement au suffrage universel direct (D. Preda).

Beaucoup de personnalités qui se disent fédéralistes ont en fait des conceptions beaucoup moins radicales qu'Albertini. Devenu, lui aussi, avant tout un militant lorsqu'il est en exil après 1947, Pál Auer ne choisit pas clairement entre la fédération à l'exemple de la Suisse qu'il avait envisagée pour le bassin danubien dans les années 1920 et le modèle de la confédération. Préoccupé surtout du sort de l'Europe centrale, il suggère pour elle « une organisation fédérative régionale » qui pourrait trouver sa place dans l'Europe unie, à côté et peut-être un jour au sein même de la Communauté européenne (G. Fejerdy). Ainsi, la réalité des années 1950 et sans doute aussi l'héritage de l'entre-deux-guerres l'amènent à imaginer des schémas décentralisés avec des ensembles régionaux intégrés dans une organisation plus vaste. Une autre forme d'architecture européenne décentralisée est envisagée par les partisans des autonomies communales ou régionales. Ils prônent un système de gouvernance multinivelée, qui sera défendu par des instances comme la Conférence européenne des pouvoirs locaux, créée dans le cadre du Conseil de l'Europe en 1957 (et ancêtre de l'actuel Congrès des pouvoirs locaux et régionaux de l'Europe) ou le Comité des régions (qui représente en fait aussi les villes) qui est mis en place dans l'Union européenne par le traité de Maastricht (F. Zucca).

Après la création des Communautés européennes dans les années 1950, le débat entre fédération et confédération semble dépassé, aux yeux de la plupart des hommes politiques. Certes, beaucoup de dirigeants se réfèrent à un idéal fédéraliste, en Allemagne (Brandt, Kohl), en Italie (Fanfani), au Luxembourg (Werner, Thorn), aussi en Belgique ou aux Pays-Bas. Mais, une fois au pouvoir, il n'est pas question pour eux d'entrer dans des querelles théologiques sur l'architecture finale de l'Europe. Ils acceptent l'idée du fonctionnalisme, ils défendent l'option supranationale au coup par coup, sans lui sacrifier les possibilités de consensus avec ceux qui sont plutôt confédéralistes (surtout les Français, Giscard d'Estaing, Mitterrand). Tous se veulent pragmatiques, certains parlent même de *Realpolitik* (Elvert, Majerus) : ils ont la religion des résultats concrets qui peuvent faire avancer l'intégration et, en même temps, préserver ou promouvoir leurs intérêts nationaux. Il n'est donc plus guère question de l'architecture d'ensemble ou de l'architecture finale de l'Europe mais d'aménagements, d'adaptations, de restructurations, de renforcements... Trois aspects se trouvent alors au cœur des réflexions : les réformes institutionnelles pour améliorer le processus de décision dans la Communauté ; l'articulation entre les États et l'Europe, entre l'intérêt national et l'intérêt général ; et, surtout, la question du leadership en Europe.

Le premier de ces trois points touche à la question de l'équilibre toujours instable entre les procédures intergouvernementales et supranationales. Il est étonnant de constater que la Commission est la grande absente dans les différents projets qui ont été présentés. Les hommes d'État des années 1970 et 1980 ne mettent pas spécialement l'accent sur son fonctionnement ou son influence, sauf Schmidt qui estime qu'elle manque d'autorité (J. Elvert). Tout au plus, certains souhaitent des institutions communautaires fortes, ce qui englobe en principe la Commission et, après 1985, les dirigeants en place – Mitterrand, Kohl, González – semblent satisfaits du rôle renforcé de la Commission présidée par Jacques Delors. Par contre, le Parlement européen est, au moins dans les discours, l'objet de beaucoup de sollicitude. Nombreux sont les dirigeants qui souhaitent accroître sa légitimité et son pouvoir. Ils préconisent son élection au suffrage universel direct et s'impliquent dans la réalisation de cette réforme. C'est le cas, entre autres de Fanfani, Brandt, Schmidt, Giscard d'Estaing. Enfin, en toute logique, les chefs d'État ou de gouvernement se préoccupent de la prise de décision au sein du Conseil. Deux moments sont importants à cet égard : d'une part, l'élaboration du soi-disant compromis de Luxembourg en janvier 1966 (Majerus) qui aboutit pratiquement à l'abandon du vote majoritaire pendant près de deux décennies, d'autre part, le changement de position de François Mitterrand qui accepte, début 1984, le retour au vote majoritaire (G. Bossuat). Cette décision, qui satisfait ses partenaires, notamment Helmut Kohl, est ensuite inscrite dans l'Acte unique européen. Elle renforce le caractère supranational de la Communauté et constitue un stimulant essentiel pour la grande relance des années 1985-1992.

Quant au Conseil européen créé en 1974, en dépit de certaines craintes, il n'entraine pas la mort du principe communautaire mais renforce à la fois l'efficacité et la visibilité de l'édifice européen (M. Weinachter).

La Communauté n'étant ni une fédération ni une confédération, mais une construction *sui generis* selon la formule des juristes, un objet politique non identifié selon l'expression de Jacques Delors, l'articulation entre États et Europe n'est pas définie de manière définitive ou incontestable. Comme le dit Willy Brandt, la maison européenne a besoin d'un « règlement intérieur » mais chacun doit avoir « la liberté de meubler sa pièce selon ses propres goûts » (Wilkens). De fait, plusieurs contributions montrent bien que chaque pays s'efforce de préserver sa spécificité, de ménager ses intérêts nationaux, de gagner certains avantages par sa participation à la Communauté et de chercher à conforter sa place, voire sa mission au sein de l'Europe. Si tous veulent moderniser ou développer leur économie, augmenter leur prospérité ou leur bien-être grâce à l'Europe, les objectifs politiques sont plus variés. Duncan Sandys veut faire entrer le Royaume-Uni dans les Communautés pour préserver sa grandeur (Clemens). Fanfani, préoccupé du prestige de l'Italie, voudrait en faire une puissance médiatrice entre la France et le Royaume-Uni, ou entre les pays du Moyen-Orient (Canavero). L'Espagne, qui veut elle aussi restaurer son influence sur la scène internationale, se voit comme un pont entre l'Europe et l'Amérique latine (Trouvé). Le Luxembourg se perçoit comme un « honnête courtier » entre des États tous plus grands que lui (Majerus). Quant à l'Allemagne, le plus grand des États, aussi bien Helmut Kohl que Willy Brandt comprennent qu'elle a un intérêt vital à faire l'unification allemande dans le cadre de l'Europe unie (Lappenküper, Wilkens).

Si chacun trouve son intérêt en Europe, qu'en est-il du leadership ? Cette maison commune a-t-elle un maitre de maison ? Le rêve de leadership existe sans doute dans certains États membres parmi les plus grands. Le leadership dans la Communauté serait une alternative à la puissance nationale perdue, pour la France, le Royaume-Uni, et même pour l'Italie ou l'Allemagne. Mais il est impossible à exercer par un seul État, chacun – isolé – étant trop faible. Par contre, La France et l'Allemagne cherchent périodiquement à s'entendre pour orienter ou dynamiser le processus de la construction européenne (Weinachter, Bossuat, Wilkens, Elvert, Lappenküper). Cependant, la prétention de ce couple à jouer un rôle moteur est dénoncée et contestée dans son principe même, au nom de l'égalité en droit des États membres de la Communauté. La majorité des partenaires acceptent mal l'idée d'un directoire dont ils sont exclus, même s'ils en reconnaissent l'efficacité. Certains voudraient le supplanter ou du moins l'affaiblir, par exemple Fanfani qui rêve d'un axe Rome-Londres lié à Washington (Canavero). D'autres s'efforcent de s'intégrer dans ce groupe moteur. C'est le cas parfois du Benelux ou de l'Espagne de Felipe González (Trouvé).

La structure institutionnelle, constamment réadaptée, même si ce n'est que par petites touches, est censée permettre à la Communauté européenne de jouer, dans les meilleures conditions possibles, son rôle politique et géopolitique. Cet objectif est loin d'être acquis d'emblée. Helmut Schmidt constate en 1974 la fragilité de la Communauté et il craint qu'elle ne redevienne une simple union douanière. C'est bien l'affirmation que ses ambitions doivent être plus grandes, d'une part sur le plan économique (mais l'orientation du colloque invitait à écarter les aspects économiques), d'autre part, sur le plan politique. Il faut souligner que de nombreuses contributions attestent l'importance accordée au projet d'union monétaire (Preda, Majerus, Wilkens, Weinachter, Bossuat, Lappenküper). Beaucoup d'acteurs estiment que « l'Europe se fera par la monnaie », que « la monnaie sera le moteur de l'intégration ». Dans la vision fonctionnaliste, l'union monétaire est une étape cruciale, un lieu de passage entre l'Europe économique et l'Europe politique, car les transferts de souveraineté qu'elle nécessite permettent de faire franchir un point de non-retour dans le processus d'unification.

Le renforcement de la dimension politique passe aussi par « l'Europe des citoyens ». Dans les années 1970-1980, lorsque le thème du déficit démocratique prend de l'ampleur, rapprocher l'Europe et les citoyens devient une préoccupation pour les dirigeants. L'Europe de l'éducation (Preda, Canavero) et l'Europe culturelle (Elvert) pourraient apporter des solutions mais l'intégration avance lentement dans ces domaines. L'Europe sociale en serait une autre, mais les suggestions faites sur ce terrain provoquent aussitôt des résistances (Preda, Wilkens, Bossuat, Trouvé). Par contre, l'idée de mieux organiser la représentation des citoyens à l'intérieur des instances européennes remporte quelques succès, avec la création de la Conférence européenne des pouvoirs locaux (Zucca) et l'élection du Parlement européen au suffrage universel direct à partir de 1979 (Fanfani, Albertini, Weinachter, Elvert). Quant au projet de passeport européen (Auer, Bossuat), il a surtout, dans l'immédiat, une portée symbolique. En 1984, le comité Adonnino est chargé de réfléchir à l'Europe des citoyens (Bossuat). En 1992, notamment sous l'influence de Felipe González, la citoyenneté européenne est inscrite dans le traité de Maastricht (Trouvé). C'est une avancée importante. L'UE apparaît comme une Europe qui fait respecter le droit, les libertés, la démocratie (Wilkens, Lappenküper). En même temps, l'accent mis par quelques personnalités sur la communauté des valeurs et l'adoption, en 2000, de la Charte des valeurs fondamentales confèrent une certaine dimension spirituelle à l'Europe sur le point de s'élargir vers l'Est (Lappenküper, Konopacki). Ainsi, l'Union européenne peut apparaître comme un « *softpower* », une « Europe civile », une « Europe de la paix ».

Mais, parallèlement, l'aspiration à la puissance ne disparaît pas et la question de la dimension géopolitique reste posée. Quelle est la place de l'Europe dans le monde ? Quelles sont ses ambitions ? Quels sont ses rapports avec les grandes puissances et autres grands ensembles régionaux ? Avec quels moyens peut-elle peser dans les relations internationales ? Au total, quel est le rôle de l'Europe unie sur la scène internationale ?

Une notion, qui avait pu séduire au début de la guerre froide, est très vite complètement abandonnée : celle de l'Europe troisième force entre les deux Grands, restant autonome à l'égard de chacun d'entre eux (Clemens). L'idée d'une relation privilégiée entre l'Europe et les pays qui avaient été sous sa dépendance à l'époque coloniale n'aboutit pas non plus aux résultats escomptés par les tenants de l'Eurafrique (Deschamps).

Le seul débat qui traverse toute la période et reste vivace en 1992 est celui qui oppose les partisans de « l'Europe atlantique » à ceux de « l'Europe européenne ». L'atlantisme l'emporte dans l'ensemble de la période et chez la majorité des acteurs, mais il y a des nuances entre la position d'un Fanfani pour qui la relation privilégiée avec Washington est non seulement essentielle mais bien plus importante que l'intégration européenne et celle d'un Sandys qui voudrait un partenariat à égalité entre l'Europe et les États-Unis. En face, les partisans d'une Europe indépendante des États-Unis ne sont pas tous aussi véhéments que de Gaulle, mais l'aspiration à une relation transatlantique plus équilibrée gagne du terrain dans les années 1970 et 1980. Helmut Schmidt qui avait été un atlantiste inconditionnel avant de devenir chancelier, en arrive à mettre en doute la fiabilité de l'allié américain et devient même très critique à l'époque du président Carter. Il préconise alors une Europe autonome des États-Unis, une « Europe carolingienne » (Elvert). Au lendemain de la chute du Mur de Berlin, les principaux dirigeants du continent – Mitterrand, Kohl, González – cherchent aussi à s'affranchir du grand allié lorsqu'ils introduisent la Politique étrangère et de sécurité commune dans le traité de Maastricht. Mais cette prise de distance est d'autant plus difficile à concrétiser que les gouvernements européens ne sont jamais tous sur la même longueur d'onde. « L'Europe puissance » a du mal à s'affirmer.

Au cours de ce colloque organisé par la Maison de Robert Schuman, la vision européenne du père de l'Europe n'a été évoquée qu'à travers quelques aspects très ponctuels (Libera, Deschamps). Il semble donc intéressant, pour terminer cette conclusion, de souligner que beaucoup d'idées qui ont été développées pendant la deuxième moitié du

XXe siècle sont assez proches des propositions faites par Robert Schuman, lorsqu'il était ministre des Affaires étrangères entre juillet 1948 et janvier 1953 ou dans les années qui ont suivi son départ du Quai d'Orsay jusqu'à sa présidence du Parlement européen de 1958 à 1960. En effet, Schuman qui a été, avec Jean Monnet et Konrad Adenauer, l'un des principaux artisans de la première Communauté, celle du charbon et de l'acier, continue par la suite à réfléchir à la meilleure forme possible d'intégration de l'Europe. Il comprend qu'il faut tenir compte des circonstances, des crises, et aussi des opinions publiques dont il se préoccupe beaucoup. Il se veut pragmatique et non doctrinaire. Il souhaite faire l'Europe par étapes, avancer pas à pas, ne pas uniformiser, ne pas supprimer les diversités, surtout pas les diversités culturelles qui sont la richesse de l'Europe. Mais il reste fidèle à la supranationalité qui doit être la pierre angulaire de tout l'édifice européen. Il rejette, au contraire, la méthode strictement intergouvernementale qui laisse à chaque État un droit de veto et entraine paralysie et impuissance. Schuman a lui même constaté ces inconvénients au Conseil de l'Europe qu'il avait largement contribué à mettre en place mais sans réussir à lui donner suffisamment d'envergure en raison de l'opposition britannique à tout transfert de souveraineté. Mais Schuman sait tirer les conséquences d'un échec et il cherche constamment à aménager et améliorer la construction européenne. Après avoir lancé l'intégration sectorielle en 1950, il est très favorable en 1955 à un projet plus ambitieux, à la constitution d'un marché commun général, en étant conscient à la fois des avantages et des difficultés. Puis, avant même la signature du traité de Rome, Schuman, qui est traumatisé par la double crise de Suez et de Budapest en novembre 1956, veut aller plus loin. Il estime qu'il faut commencer à préparer l'élargissement de l'Europe à l'Est et il appelle de ses vœux un début d'Europe politique qui reposerait pour commencer sur deux piliers. Il voudrait un comité des ministres chargé d'harmoniser les politiques étrangères des États membres de la Communauté. Il voudrait aussi faire élire le Parlement européen (l'Assemblée parlementaire des Communautés qui ne prend officiellement le nom de Parlement qu'en 1962) au suffrage universel direct, afin de renforcer le caractère politique et démocratique des structures communautaires. Schuman ouvre ainsi – avec d'autres – des perspectives qui se concrétiseront bien plus tard. Enfin, Schuman souhaite aussi que la maison européenne ait une âme : l'Europe doit s'ancrer dans des valeurs qui sont celles du christianisme et, plus largement, de l'humanisme : paix, justice, dignité de la personne, liberté, solidarité, fraternité.

La Maison de Robert Schuman

Un lieu pour comprendre l'Europe

C'est dans la quiétude de sa demeure de Scy-Chazelles, sur les coteaux du pays messin, que Robert Schuman a médité la proposition audacieuse de Jean Monnet et décidé d'assumer, par la déclaration fondatrice du 9 mai 1950, le projet politique – que la postérité a retenu sous le nom de « Plan Schuman » – qui initiait la réconciliation francoallemande et allait donner corps à la construction européenne.

Conscient de la nécessité de sauvegarder le site qui porte l'empreinte du « Père de l'Europe », le Conseil général de la Moselle, a entrepris, après son acquisition, de réhabiliter, de faire connaître et de faire vivre ce haut-lieu où souffle l'esprit européen.

Au terme de l'aménagement des jardins qui bordent la propriété (jardin historique, potager, jardin des Plantes de Chez Nous), de la restitution de la maison historique dans l'état où Robert Schuman l'a connue à la fin de sa vie et de l'installation d'un nouveau mobilier liturgique dans l'église fortifiée Saint-Quentin (où est inhumé Robert Schuman), a été lancé un projet d'extension muséographique, inauguré pour la Journée de l'Europe 2009.

Si la visite de la demeure de Robert Schuman dévoile l'univers privé de l'homme politique mosellan, français et européen sous l'angle de la reconstitution d'une maison lorraine des années 1950-1960, l'exposition permanente du musée présente quant à elle sa contribution essentielle à la construction européenne dans la décennie 1950.

Alliant compréhension et émotion, la muséographie a été pensée dans l'objectif d'offrir au visiteur une approche sensible et documentée du parcours de Robert Schuman dont la vie se confond avec le destin d'une région et d'un continent.

Outre son exposition permanente, le musée dispose d'un espace dédié aux expositions temporaires, de même qu'un auditorium et d'une salle consacrée au service éducatif. La vocation patrimoniale (conservation et mise en valeur des collections), scientifique (journées d'études, publications), pédagogique (ateliers éducatifs) et documentaire (bibliothèque européenne) du site est ainsi renforcée et son offre culturelle (Semaine de l'Europe, expositions temporaires) élargie.

La Maison de Robert Schuman s'inscrit également dans un maillage de réseaux (réseau des sites labellisés « Patrimoine européen » ; réseau des « Maisons-Musées des Pères de l'Europe » et réseau des « Jardins sans Limites ») qui participent au développement et au rayonnement de son activité.

Orientée par le conseil de son Comité scientifique, la Maison de Robert Schuman offre ainsi aux visiteurs un moyen supplémentaire d'accéder à la connaissance et à la compréhension de la trajectoire d'un Lorrain des frontières, de la genèse et des enjeux actuels de la construction d'une Europe unie.

Repères

Ouvert tous les jours du 1er avril au 31 octobre sauf le mardi

Horaires : 10 h-18 h

Du 1er novembre au 31 mars : accueil des groupes sur réservation uniquement

Horaires : 10 h-17 h

Du 15 décembre au 15 janvier : fermeture annuelle du site

Visite du musée (exposition permanente + exposition temporaire).

Visite commentée de la maison historique.

Accès aux jardins et à la chapelle Saint Quentin où repose Robert Schuman.

Plein tarif : 5,50 €/Tarif réduit : 3 €/Tarif jardin : 1,50 €

Gratuité pour les enfants de moins de 16 ans

Maison de Robert Schuman
8-12 Rue Robert Schuman – 57160 SCY-CHAZELLES
Tél. : (+33) 3-87-35-01-40 – Fax : (+33) 3-87-35-01-49
E-mail : maison-robert-schuman@cg57.fr
Site internet : www.maison-robert-schuman.eu/www.cg57.fr

Index

Les auteurs

Marie-Thérèse BITSCH, Professeur émérite en Histoire contemporaine à l'Université de Strasbourg.

Gérard BOSSUAT, Professeur d'Histoire contemporaine à l'Université de Cergy-Pontoise, chaire Jean Monnet *ad personam*, co-directeur du Master « Études européennes et Affaires internationales ».

Alfredo CANAVERO, Professeur d'Histoire contemporaine à l'Université d'État de Milan.

Gabriele CLEMENS, Professeur d'Histoire contemporaine (histoire européenne) à l'Université de Hambourg.

Étienne DESCHAMPS, Collaborateur scientifique à l'Université catholique de Louvain (CEHEC) et au Secrétariat général du Parlement européen (Maison de l'histoire européenne).

Jürgen ELVERT, Professeur d'Histoire contemporaine à l'Université de Cologne.

Gergely FEJÉRDY, Maître de conférences en Histoire contemporaine à l'Université catholique Pázmány Péter de Budapest-Piliscsaba.

Stanisław KONOPACKI, Professeur associé aux universités de Lodz et à l'Université Cardinal Stefan Wyszynski de Varsovie.

Ulrich LAPPENKÜPER, Professeur à l'Université Helmut-Schmidt de la Bundeswehr (Hamburg) et directeur de la Fondation Otto-von-Bismarck (Friedrichsruh).

Martial LIBERA, Maître de conférences en Histoire contemporaine à l'IUT Robert Schuman de l'Université de Strasbourg.

Jean-Marie MAJERUS, Professeur détaché au Centre d'études et de recherches européennes Robert Schuman de Luxembourg.

Daniela PREDA, Professeur associée d'Histoire contemporaine (Histoire des relations internationales et Histoire et politique de l'intégration européenne) à la Faculté des sciences politiques de l'Université de Gênes, Présidente de l'Association universitaire d'études européennes (AUSE).

Sylvain SCHIRMANN, Président du Comité scientifique de la Maison de Robert Schuman, Directeur de l'Institut d'études politiques de Strasbourg.

Matthieu TROUVÉ, Maître de conférences en Histoire contemporaine à l'Institut d'études politiques de Bordeaux.

Michèle WEINACHTER, Maître de conférences à l'Université de Cergy-Pontoise et chercheur associé au Centre d'information et de recherche sur l'Allemagne contemporaine (CIRAC).

Andreas WILKENS, Professeur d'Histoire contemporaine à l'Université Paul Verlaine-Metz.

Fabio ZUCCA, Professeur titulaire de la Chaire Jean Monnet (Histoire de l'intégration européenne) à l'Université d'Insubrie (Varese).

Remerciements

Placé sous le haut-patronage du président du Parlement européen, M. Jerzy Buzek, du président de la Commission européenne, M. José Manuel Barroso, et du Secrétaire général du Conseil de l'Europe, M. Thorbjørn Jagland, ainsi que du ministère des Affaires étrangères et européennes, le colloque a également bénéficié du haut-patronage scientifique de la Fondation Robert Schuman à Paris, du Centre d'études et de recherches européennes Robert Schuman à Luxembourg, de la Fondation nationale des sciences politiques, de l'Université Paul Verlaine de Metz, et des Universités de Strasbourg et de Nancy 2. Que tous ces partenaires institutionnels et scientifiques soient ici vivement remerciés.

Que toutes celles et tous ceux qui, par leur travail, leur aide, leur conseil, ou de toute autre manière, ont contribué au succès des Journées d'études et à la réalisation des Actes veuillent bien trouver ici l'expression de notre gratitude :

À L'Association *Notre Europe* : Ute Guder (Responsable gestion et évènements) ; Jean-Pierre Bobichon (Conseiller) ;

À la Maison du chancelier Adenauer (Rhöndorf) : Dr Corinna Franz (Directrice) ;

À l'Association Jean Monnet (Paris/Houjarray) : Isabelle Bénoliel (Présidente) et Philippe Le Guen (Directeur) ;

À la Fondation trentine Alcide De Gasperi (Trento/Pieve Tesino) : Dr Giuseppe Tognon (Président) et Dr Beppe Zorzi (Directeur) ;

Et en particulier au Conseil général de la Moselle :

Qu'il nous soit permis de mentionner plus spécialement :

– le Président du Conseil général et sénateur de la Moselle, Philippe Leroy ;

– le Vice-président délégué à la culture, Bernard Hertzog ;

– les Membres de la 5ᵉ Commission affaires culturelles, tourisme, sports et jeunesse : Jacky Aliventi (membre), René Baryga (secrétaire), Jean-Marie Blanchet (vice-président), Jean-Luc Bohl (président), Nathalie Griesbeck (vice-présidente), Bernard Hertzog (membre), Jean-Bernard Martin (membre) ;

Les services et collaborateurs du Conseil général de la Moselle :

– le Directeur général des services : Lionel Fourny ;

– la Direction de la culture, du tourisme et des sports : Denis Schaming (directeur général adjoint), Céline Giurici-Perlo et l'équipe ;

– la Division des affaires culturelles : Odile Petermann (directrice) et l'équipe ;

– la Maison de Robert Schuman : Jean-François Thull (responsable de site et responsable éditorial de l'ouvrage), Anne Flucklinger (adjointe au responsable et coordinatrice des journées d'étude) ainsi que Sébastien Horzinski, Delphine Pochon, Isabelle Michel ; Ghislain Knepper ; Lavinia De Nuntis ; Stéphane Melaye, Marie-Laure Schuck, Élodie Laubu, Vincent Hory et Olivia Fricke pour son attentive relecture.

– le Service des affaires financières et administratives : Marie-Pierre Cuelle-Guérin (chef de service), Danielle Marnet, Éveline Robert ;

– la Direction de la Communication : Sylvie Champetier-Vitale (Directeur), Aline Muller et l'équipe ;

– le Cabinet du président : Brigitte Rock-Schmitt (directeur), Philippe Gleser (chargé de mission), Claude Dupuis-Remond (attachée de presse), et l'équipe.

Un remerciement particulier est adressé aux membres du Comité scientifique de la Maison de Robert Schuman qui ont élaboré le programme des journées d'étude et assuré la présidence des sessions.

Collection : Les Publications de la Maison de Robert Schuman
(Études & Recherches)

Les Publications de la Maison de Robert Schuman rassemblent les Actes des journées d'études organisées par la Maison de Robert Schuman dans le cadre de son activité scientifique. Les thèmes d'études définis par le comité scientifique qui oriente la programmation de la Maison de Robert Schuman couvrent les différents aspects (politiques, économiques, sociaux, culturels, juridiques) de l'intégration européenne. Ces publications se veulent une réflexion sur les questions et les enjeux de la construction de l'Europe communautaire. Elles entendent ainsi apporter par l'investigation de thématiques et d'approches nouvelles une contribution au débat européen actuel.

Directeur de collection : Sylvain Schirmann

N° 1   Sylvain Schirmann (dir.), *Robert Schuman et les Pères de l'Europe. Cultures politiques et années de formation*, 2008, 361 p.

N° 2   Sylvain Schirmann (dir.), *Quelles architectures pour quelle Europe ? Des projets d'une Europe unie à l'Union européenne (1945-1992)*, 2011, 342 p.

Collection : Les Cahiers Robert Schuman
(Archives)

Les Cahiers Robert Schuman s'inscrivent dans la politique de publication scientifique de la Maison de Robert Schuman, décidée à l'initiative de son comité scientifique. Chacun des volumes vise à éclairer la riche personnalité, le parcours et l'œuvre de Robert Schuman. S'appuyant sur des archives souvent inédites ou sur des documents peu commentés (correspondance, documents officiels, notes) chaque volume s'intéresse à un aspect de l'engagement du père de l'Europe. Mis en relief par un historien reconnu, chaque cahier reproduit des sources variées qui permettent d'approcher les différentes facettes de Robert Schuman (l'homme, le politique, le chrétien, le pèlerin de l'Europe, etc.).

Directeur de collection : Sylvain Schirmann

N° 1   Marie-Thérèse Bitsch, *Robert Schuman. Apôtre de l'Europe (1953-1963)*, 2010, 368 p.

Membres du Comité scientifique de la Maison de Robert Schuman

Sylvain SCHIRMANN, *Président*
Professeur des universités
Directeur de l'Institut d'études politiques de Strasbourg

Charles BARTHEL, *Vice-président*
Professeur associé à l'Université de Luxembourg
Directeur du Centre d'études et de recherches européennes Robert Schuman (Luxembourg)

Marie-Thérèse BITSCH
Professeur émérite des universités
Université de Strasbourg

Jean-François BOURASSEAU
Secrétaire général du Musée des deux victoires Clemenceau – De Lattre

Thierry CHOPIN
Maître de conférences à l'Institut d'études politiques de Paris
Directeur des études à la Fondation Robert Schuman (Paris)

Étienne CRIQUI
Professeur des universités
Directeur du Centre européen universitaire (Nancy)

Olivier DARD
Professeur des universités
Directeur du Centre régional universitaire lorrain d'Histoire
Université Paul Verlaine-Metz

Michel DUMOULIN
Professeur des universités
Université catholique de Louvain (Belgique)

Robert FRANK
Professeur des universités
Directeur de l'UMR IRICE
Université de Paris I Panthéon-Sorbonne

Christian LEQUESNE
Directeur du Centre d'études et de recherches internationales
CERI – Sciences Po – CNRS (Paris)

Jean-Denis MOUTON
Professeur des universités
Directeur du Département sciences juridiques et politiques
du Centre européen universitaire (Nancy)

Éric NECKER
Conservateur en chef du patrimoine
Conservation départementale des Musées

Jean-Marie PALAYRET
Directeur des Archives historiques de l'Union européenne (Italie)

Jacques PORTEVIN
Archiviste
Fondation Robert Schuman (Paris)

Laurence POTVIN-SOLIS
Chaire Jean Monnet
Maître de conférences en droit public
Université Paul Verlaine-Metz

Daniela PREDA
Professeur des universités
Université de Gênes (Italie)

François ROTH
Professeur émérite des universités
Université Nancy-2

Georges-Henri SOUTOU
Membre de l'Institut
Professeur des universités
Université Paris IV-Sorbonne

Andreas WILKENS
Professeur des universités
Université Paul Verlaine-Metz

Réseau des Maisons-Musées des Pères de l'Europe

Au lendemain de la Seconde Guerre mondiale, quatre hommes au parcours différent mais partageant les mêmes idéaux de paix et de solidarité ont uni leur force pour construire une Communauté européenne.

Le réseau des Maisons des Pères de l'Europe se donne aujourd'hui pour ambition de transmettre les valeurs communes de ces visionnaires à un large public.

Maison de Robert Schuman
8-12, rue Robert Schuman
F - 57160 Scy-Chazelles
Tel : 00 33 (0)3 87 35 01 40
E-mail : maison-robert-schuman@cg57.fr
Site internet : www.maison-robert-schuman.eu

Stiftung Bundeskanzler-Adenauer-Haus
Konrad-Adenauer-Straße 8c
D - 53604 Bad Honnef-Rhöndorf
Tel : 00 49 (0)2 224/921234
E-mail : info@adenauerhaus.de
Site internet : www.adenauerhaus.de

Museo Casa De Gasperi
Via Alcide De Gasperi 1
I - 38050 Pieve Tesino (TN)
Tel : 00 39 (0)4 61 59 43 82
E-mail : museo.fdg@degasperitn.it
Site internet : www.degasperitn.it

Maison de Jean Monnet
7 chemin du Vieux Pressoir
Houjarray
F - 78490 Bazoches-sur-Guyonne
Tel : 00 33 (0)1 56 33 71 00
E-mail : info@jean-monnet.net
Site internet : www.jean-monnet.net